AUTORIDADE BÍBLICA & EXPERIÊNCIA NO ESPÍRITO

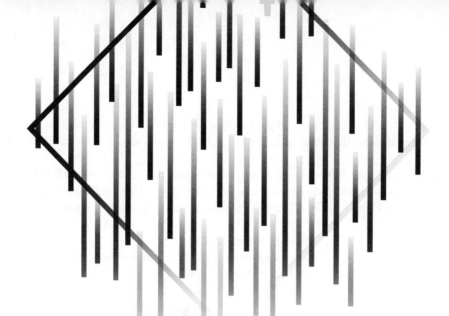

GUTIERRES SIQUEIRA | KENNER TERRA

AUTORIDADE BÍBLICA & EXPERIÊNCIA NO ESPÍRITO

A CONTRIBUIÇÃO DA HERMENÊUTICA **PENTECOSTAL-CARISMÁTICA**

THOMAS NELSON
BRASIL®

Copyright © 2020 por Gutierres Siqueira e Kenner Terra
Todos os direitos desta publicação são reservados por Vida Melhor Editora Ltda.

Os pontos de vista desta obra são de responsabilidade de seus autores e colaboradores diretos, não refletindo necessariamente a posição da Thomas Nelson Brasil, da HarperCollins Christian Publishing ou de sua equipe editorial.

PUBLISHER *Samuel Coto*
EDITORES *André Lodos Tangerino e Bruna Gomes*
PRODUÇÃO EDITORIAL *Daila Fanny*
PREPARAÇÃO *Aldo Menezes*
REVISÃO *Daila Fanny e Jean Xavier*
DIAGRAMAÇÃO *Joede Bezerra*
CAPA *Rafael Brum da Hora*

Dados Internacionais de Catalogação na Publicação (CIP)
(BENITEZ Catalogação Ass. Editorial, Campo Grande/MS)

S631a Siqueira, Gutierres
1.ed. Autoridade bíblica e experiência no espírito : a contribuição da hermenêutica pentecostal-carismática / Gutierres Siqueira, Kenner Terra. – 1.ed. – Rio de Janeiro: Thomas Nelson Brasil, 2020.
352 p. ; 15,5 x 23 cm.

Inclui bibliografia.
ISBN : 978-65-56891-17-0

1. Batista. 2. Espírito. 3. Hermenêutica. 4. Pentecostal. 5. Tradições cristãs. I. Terra, Kenner. I. Título.

CDD 248.2
CDU 2-42

9-2020/23

Índice para catálogo sistemático:
1. Batista : Tradições cristãs
2. Pentecostal : Espírito : Hermenêutica
Bibliotecária responsável: Aline Graziele Benitez CRB-1/3129

Thomas Nelson Brasil é uma marca licenciada à Vida Melhor Editora Ltda.
Todos os direitos reservados à Vida Melhor Editora Ltda.
Rua da Quitanda, 86, sala 218 — Centro
Rio de Janeiro, RJ — CEP 20091-005
Tel.: (21) 3175-1030
www.thomasnelson.com.br

SUMÁRIO

Apresentação 7
Prefácio 10
Introdução 18

CAPÍTULO 1
O ato de interpretar: "A hermenêutica nossa de cada dia" 24

CAPÍTULO 2
A hermenêutica pentecostal contemporânea:
conceituações e desafios 40

CAPÍTULO 3
A história da hermenêutica pentecostal:
origens e desenvolvimento (Parte I) 64

CAPÍTULO 4
A história da hermenêutica pentecostal:
origens e desenvolvimento (Parte II) 101

CAPÍTULO 5
A hermenêutica das emoções 139

CAPÍTULO 6
A hermenêutica pentecostal e os métodos de interpretação 151

CAPÍTULO 7
Experiência no Espírito, racionalidade e hermenêutica 173

CAPÍTULO 8
O Espírito e a Palavra: as autoridades da missão pentecostal 206

CAPÍTULO 9
A identidade hermenêutica pentecostal: como uma hermenêutica
antimoderna e uma escatologia fatalista produziram transformação social? 219

EXCURSO A
O movimento pentecostal e sua herança evangélica 242

EXCURSO B
"O re-volver da religião no terceiro milênio":
pentecostalismos e pós-modernidades 249

EXCURSO C
O Espírito e a interpretação bíblica 281

EXCURSO D
Hermenêutica pentecostal: questões e desafios 315

Biografias 349

APRESENTAÇÃO

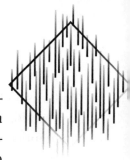

"Porque a palavra de Deus é viva e eficaz, e mais penetrante do que espada alguma de dois gumes, e penetra até à divisão da alma e do espírito, e das juntas e medulas, e é apta para discernir os pensamentos e intenções do coração" (Hebreus 4:12). Os elementos apresentados neste texto — alma, espírito, juntas e medulas — como figuras relacionadas à profundidade da ação da Palavra, não têm etiqueta denominacional. A Palavra de Deus é única, tanto para pentecostais como para os *demais*: ela promove uma só fé em um só Senhor, une todos em um só batismo e em uma só comunhão do Espírito (Efésios 4:4-5). Falo como um dos *demais*, um calvinista presbiteriano que foi membro de uma igreja carismática durante trinta anos. Por isso, sou profundo admirador da piedade pentecostal. Creio firmemente que o mesmo Espírito que está em minha confessionalidade está em cada crente aberto ao "mover do Espírito". Posso testificar que, em púlpitos pentecostais, assim como em toda a igreja que professa com seriedade o nome de Cristo, essa palavra é pregada com fidelidade. Entretanto, o que diferencia uma hermenêutica pentecostal das demais são alguns pressupostos analisados nesta obra que os leitores têm em mãos.

Conheço há algum tempo meu irmão Gutierres Siqueira. Admiro seu trabalho e sua inserção no diálogo público teológico. Sem dúvida, é a nova geração na sucessão de grandes nomes do meio pentecostal, gigantes como Antônio Gilberto, Elienai Cabral, Paulo Romeiro, Esequias Soares, entre outros. Sua parceria com o professor Kenner Terra (Faculdade Unida de Vitória) proporciona aos leitores uma proposta inédita aqui no Brasil. Temos vários manuais de hermenêutica com a perspectiva reformada e *evangelical*, mas, sinceramente, faltava um especificamente relacionado à perspectiva pentecostal. Considero esta uma oportunidade ímpar para que, por um lado, informe nossos irmãos pentecostais dos pressupostos básicos hermenêuticos que unem todas as tradições (protestantes), como também, por outro lado, fustigue a curiosidade e o interesse dos não pentecostais a entender o modo hermenêutico pentecostal que advém não apenas de mero emocionalismo — um estereótipo que se torna cada vez mais injusto — mas de um raciocínio teológico baseado no cânon bíblico, que apresenta o Espírito Santo como um agente decisivo no auxílio do crente na compreensão, vivência e experiência da Palavra de Deus.

Outrora nossos irmãos pentecostais eram considerados avessos à boa teologia ou a discussões mais aprofundadas no mundo da exegese e da hermenêutica. Não tem sido assim há muito tempo no mundo de fala inglesa e, graças a Deus, não é assim em *terra brasilis*. Tenho a certeza, depois de ter lido esse livro, de que o famigerado estereótipo será, pouco a pouco, desfeito. O movimento pentecostal ainda é jovem. Passado pouco mais de um século, a própria dinâmica da igreja leva a um amadurecimento que, na minha opinião, passa pela organização de uma hermenêutica primeiramente bíblica, mas que também dá espaço e voz às manifestações tão caras e peculiares a esse movimento. Nessa tarefa, o despertamento interno desse movimento com relação ao estudo mais detido da Palavra e a influência dos *demais* crentes de outras matizes confessionais também são, nesse sentido, a meu ver, o grande sonho de construirmos neste país uma igreja forte, saudável e cheia do Espírito Santo.

O pentecostalismo leva em consideração o papel das experiências religiosas atribuídas à atuação do Espírito Santo na vida do crente. Entretanto, tais experiências são (e devem continuar sendo) amplamente chanceladas pela compreensão e interpretação bíblicas. No contexto de uma *hermenêutica* pentecostal, isso é construído especialmente levando em consideração textos narrativos, sobretudo os lucanos (Lucas-Atos). Onde muitos enxergam apenas narrativa, nossos irmãos pentecostais e carismáticos ancoram a sua convicção no fato de que o mesmo Deus que outrora fez o que fez, ainda o fará.

Considero, todavia, que o aspecto ainda mais importante e central na discussão de uma *hermenêutica pentecostal* localiza-se na fé, uma fé consciente despertada pelo próprio Espírito em relação ao lugar elevado da

| Apresentação |

Palavra de Deus na vida da igreja. Questões relacionadas à autoridade da Palavra e seu uso pelos cristãos ligam os pentecostais e carismáticos às demais tradições, inclusive a minha, reformada calvinista. Esse não é apenas o ponto de partida de uma hermenêutica pentecostal, mas também de uma hermenêutica cristã ortodoxa. O tempero, porém, que de forma muito perspicaz é explorada nessa obra, é como a Palavra de Deus molda as experiências pneumatológicas.

Em suma, o leitor é presenteado com um livro escrito a várias mãos. Além dos *insights* de Siqueira e Terra, o leitor terá contato com textos de expoentes mundiais e respeitados em todas as tradições. Eruditos como Veli-Matti Kärkkäinen (Fuller Theological Seminary), Craig S. Keener (Asbury Theological Seminary), Kenneth J. Archer (Southern University) e Robert P. Menzies (Asian Pacific Seminary). Homens pentecostais *e* eruditos de primeira linha, cada um em sua área. Ainda que não me sinta à altura desses gigantes, tenho o imenso prazer de recomendar a leitura desta obra, que, com certeza, é para todos, até mesmo para aqueles que são parte, como eu, dos *demais*.

Paulo Won
Cuiabá, outono de 2020.

PREFÁCIO

A hermenêutica pentecostal brasileira foi tratada, durante muitos anos, de forma simplista e desinteressada por valorizar os métodos hermenêuticos alegóricos e literalistas. Apenas há poucas décadas começou-se a dar mais valor ao método histórico-gramatical, que tenta chegar ao sentido do texto, à mente do autor no momento da escrita. A funcionalidade desse método se dá a partir de um conhecimento dos antecedentes linguísticos, históricos, culturais e geográficos da passagem escriturística, nem sempre ao alcance do exegeta pentecostal que não foi instruído a usar o ferramental adequado. Por esse motivo, a alegoria e a simplicidade da literalidade foram eleitas os principais métodos hermenêuticos.

Essa maneira simples de tratar a teologia e, consequentemente, a hermenêutica gerou aproximações e, distanciamentos desses elementos, com medo e fascinação, como algo necessário, mas dispensável, refletindo a própria maneira pela qual foi construída a teologia pentecostal. Essa forma de tratar a teologia, se medida pelas teologias das igrejas históricas, pode ter causado um aparente prejuízo. Digo *aparente* porque, por outro lado, a oralidade e a falta de sistematização inicial ajudaram a desenvolver uma teologia mais contextual e experiencial que deu conta durante décadas de abraçar pessoas marginalizadas, empobrecidas e vilipendiadas, proporcionando-lhes sentido de vida, dignidade e enchendo-lhes de esperança.

Ao longo de nossa história teológica, tivemos muitos teólogos sérios e comprometidos, mas não em número suficiente para dar conta das demandas de um povo com 25 milhões de crentes e com lideranças forjadas apenas no calor do crescimento quase sem limites. Mas nosso déficit teológico está cobrando um alto preço, pois a teologia de base das igrejas não tem maturidade suficiente para avançar no processo de discussão e reflexão hermenêuticas. Por isso, a tarefa para a nova academia pentecostal não tem sido simples.

| Prefácio |

Recentemente tem havido calorosos e positivos debates, os quais levaram vários teólogos brasileiros a se debruçarem com mais afinco sobre o assunto na tentativa de chegar a um desenvolvimento mais acurado dessa forma singular de hermenêutica, sobretudo porque leva em conta a dinâmica do Espírito, que se revela, fala e guia a própria hermenêutica — postulados inadmissíveis para alas mais fundamentalistas da teologia histórica. É claro que essas igrejas são comunidades sérias e comprometidas com o evangelho, mas não conseguem dar o passo para admitir a contemporaneidade da atuação do Espírito conforme o pentecostal o compreende. Essa maneira de fazer hermenêutica tem influenciado a hermenêutica pentecostal a ponto de quase não se reconhecer mais como pentecostal.

Ela atingiu esse lugar exatamente por causa do déficit teológico histórico do pentecostalismo, o qual leva jovens ávidos por organizações teológicas mais bem elaboradas — e isso é positivo — a se fascinarem pelo arcabouço teológico das igrejas históricas. Portanto, talvez estejamos no caminho certo para "reencantar" nossos jovens e líderes com a hermenêutica pentecostal que, na verdade, nada mais é do que a sistematização feita há tempos, desde os primórdios do pentecostalismo.

Assim, reforçando o que mencionei, a hermenêutica pentecostal brasileira está passando por um momento muito rico e desafiador, no qual vários especialistas e acadêmicos estão trazendo o assunto a discussões e reflexões como nunca antes havia sido feito neste país. Isso demonstra que, embora certa rejeição a reflexões acadêmicas ainda esteja presente na liderança da igreja, surge uma geração de novos líderes e pensadores dispostos a enfrentar as agruras de tal tarefa, especialmente num momento político polarizado e binário que o Brasil vive, cuja influência incide de maneira direta sobre a reflexão teológica e hermenêutica.

As críticas desferidas contra o modo pentecostal de fazer teológico proposto pela academia partem de dois lugares principais. Em primeiro lugar, do esquecimento de que os pais pentecostais faziam teologia tendo a experiência como premissa básica sem desprezar a inspiração das Escrituras nem sua origem divina. Em segundo lugar, da incompreensão de um fato histórico importante: os pais pentecostais — especialmente

Charles Parham — romperam de modo proposital com o modo racionalista e frio de fazer teologia; eles começaram a dialogar outra vez com a teologia histórica de forma bem tardia. Esse aparente problema com a teologia poderia ser um dos motivos inconscientes, mas definidores, pelo qual o pentecostalismo teve dificuldades de lidar com as teologias acadêmicas e até mesmo tê-las rejeitado durante muito tempo.

O pentecostalismo inicial rejeitou os estudos teológicos mais aprofundados, mantendo-se apenas nos pressupostos que não comprometessem a experiência com o Espírito Santo. Sabe-se de outros motivos envolvidos, como lutas de poder e anti-intelectualismo, mas esse posicionamento do pentecostalismo pode ser uma desforra de uma teologia acadêmica fria e alienante da vida cotidiana. Ao aceitar essa teologia, o pentecostalismo perderia sua emotividade, espiritualidade e a capacidade de dar conforto a quem não teve acesso aos estudos formais, além de poder aniquilar a riqueza presente na experiência com o Espírito Santo. Com isso, não afirmo que o pentecostalismo é antirracional, apenas que a racionalidade pentecostal é diferente da imposta pelo Iluminismo.

Nesse sentido, o pentecostalismo, ao dar menos importância à teologia acadêmica e à racionalidade cartesiana, tentou deixar a teologia exercer uma de suas principais funções: aproximar o homem de Deus, e este das demandas da vida, além de fazer com que multidões se relacionassem com ele.

Diante desse cenário — por um lado promissor e necessário, e, por outro, arriscado — esta obra se faz necessária para a teologia pentecostal brasileira. No Brasil, existem muitas hermenêuticas pentecostais válidas e utilizadas por mais de um século. Elas, por muitos anos, deram conta da grandiosidade da tarefa de interpretar o texto bíblico, especialmente o método alegórico, ancorado de forma paradoxal na literalidade da interpretação bíblica. Mas nossos irmãos cessacionistas, zelosos na tarefa de salvaguardar sua teologia bem elaborada e endurecida pelos anos, durante muito tempo criticaram nossa maneira de fazer teologia que leva em conta, além do texto bíblico, a experiência.

Os cessacionistas têm conseguido semear dúvidas e conflitos onde antes havia certa homogeneidade de pensamento e interpretação.

| Prefácio |

Some-se a isso a teologia administrativa racionalista (crescente no meio pentecostal), que prioriza algumas partes da Escritura que favorecem o crescimento numérico em detrimento do crescimento orgânico e conceitual, o crescimento do poder e da riqueza eclesiástica em detrimento da liberdade do Espírito e a ocupação de espaços públicos privilegiados em detrimento da inserção do Espírito nas estruturas sociais viciadas e corruptas.

Ora, os problemas apontados vão criando obstáculos e obstruções para o labor teológico pentecostal, que hoje prioriza a racionalidade da Palavra, mas também a experiência e, consequentemente, a emocionalidade do Espírito Santo e as formas dialógica e dialética com que essas duas grandezas — *racionalidade* e *experiência* — influenciam a teologia.

Por um tempo, os pentecostais foram acusados, especialmente pelos defensores do método histórico-gramatical, de fazer teologia com textos narrativos, como se boa parte da teologia não tivesse sido feita a partir de textos narrativos do Antigo Testamento. Tal intimidação funcionou e causou relativa absorção por boa parte da hermenêutica pentecostal, ocasionando dúvidas sobre a contemporaneidade das operações do Espírito conforme descritas no livro de Atos dos Apóstolos.

Há algumas décadas, porém, surgiu nos Estados Unidos um movimento que deu respostas satisfatórias a essa acusação. Uma maior liberdade à hermenêutica pentecostal iniciou-se com a publicação do livro *Fundamentos da narrativa teológica de são Lucas*,[1] de I. Howard Marshall, na década de 1970, e do livro *A teologia carismática de Lucas*,[2] de Roger Stronstad, em 1984, além das obras de James Dunn, especialmente *Unidade e diversidade no Novo Testamento*.[3] Isso mudou de forma radical a compreensão de que Lucas e Atos não são apenas livros históricos, mas são também, de modo intencional, obras teológico-carismáticas no sentido de enfatizar a experiência carismática, sendo, portanto, propositivas para a elaboração da teologia pentecostal.

---

[1] Natal: Carisma, 2018.
[2] Rio de Janeiro: CPAD, 2018.
[3] Santo André: Academia Cristã, 2009.

AUTORIDADE BÍBLICA & EXPERIÊNCIA NO ESPÍRITO

Exatamente pelo desprezo demonstrado pelas teologias históricas antigas às narrativas do Novo Testamento que enfatizavam as operações do Espírito, essas teologias se voltaram para os textos teológico-descritivos do apóstolo Paulo e, com isso, enfatizaram outras doutrinas cristãs, embora importantes inclusive para os pentecostais, em detrimento da dimensão carismática. Foi de tal forma intencional a elaboração das teologias históricas para sutilmente abafar o Espírito que conseguiram relativizar os textos nos quais Paulo enfatiza a experiência com o Espírito Santo e a contemporaneidade dos dons. Desse modo, tentaram fazer o Novo Testamento dizer o que não tenciona dizer.

No sentido tradicional, a Bíblia é a Palavra de Deus que precisa ser interpretada pelos óculos da razão e de métodos rigidamente aprovados e aceitos. No sentido pentecostal, a Bíblia é a Palavra de Deus potencializada pela presença viva de seu autor, o Espírito Santo. Essa compreensão da Bíblia enquanto Palavra de Deus faz o pentecostal se enquadrar menos nos modelos tradicionais ou mesmo ainda na teologia liberal, pois esta nega a inspiração bíblica e não admite a presença do seu autor divino no ato interpretativo.

O método histórico-gramatical tem muitas premissas que nós, pentecostais, também defendemos, como a inspiração da Bíblia, sua infalibilidade e, principalmente, a afirmação de que ela é a Palavra de Deus. Mas nos recusamos a canonizá-lo como o único método, pois isso equivaleria a igualá-lo à própria Palavra de Deus. Por esse motivo, a obra literária aqui oferecida por Gutierres Fernandes Siqueira e Kenner Terra discute um amplo leque de métodos e hermenêuticas que, juntos, poderão facilitar o trabalho do hermeneuta pentecostal.

O professor Kenner Terra, a quem considero um dos melhores expoentes no Brasil da hermenêutica pentecostal, enfatiza que na interpretação bíblica ocorre a dialética entre o sentido original do texto e a prática vivencial do leitor por meio da iluminação, do ensino, do guiamento, do convencimento e da transformação operados pelo Espírito Santo, o que ele denomina "iluminação experiencial ou pneumática tipicamente pentecostal". Ele desmistifica a possibilidade de ir ao texto bíblico sem pressupostos, o que, para os pentecostais, é justamente o ponto central,

| Prefácio |

pois lhes permitem ler o texto bíblico a partir de sua própria experiência com Aquele que o inspirou.

O autor faz um relato sobre a história da hermenêutica, sobretudo a pentecostal, e como os primeiros pentecostais ou os pentecostais mais simples liam e ainda leem a Bíblia, não a partir de ferramentas exegéticas, mas a partir da cotidianidade da vida e dos problemas concretos, perguntando-se onde a Bíblia se encaixa no seu dia ou vice-versa. Essa é uma hermenêutica extremamente pragmática e experiencial que tem aproximado de Deus milhões de pessoas, e contra a qual não há argumentos cessacionistas ou fundamentalistas suficientes. Esse método interpretativo da Bíblia prioriza a vivência cristã no dia a dia. Tal prática evita a bibliolatria letrista e prioriza o Espírito do texto vivo. Kenner traz à discussão a origem e o impacto da "hermenêutica pentecostal contextual", conforme apresentada incialmente em 1993 na revista *Pneuma*, da Society for Pentecostal Studies.

Kenner faz uma revisão literária ampla e abrangente de autores pentecostais, especialmente norte-americanos, demonstrando que por lá as discussões e a academia já estão em um estágio mais avançado que no Brasil e apontam para a necessidade do mesmo caminho ser trilhado aqui, mas sob as peculiaridades tupiniquins. Isso está sendo feito por teólogos hermeneutas, como os autores deste livro, da mesma forma que outros pentecostais, a exemplo de Elienai Cabral, César Moisés de Carvalho, Fernando Albano, Esequias Soares, Ailton Martins, David Mesquiati, Valdinei Gandra, Andréa Nogueira, Esdras Bentho e José Gonçalves.

Uma expressão de Kenner, em especial, chamou-me a atenção e, talvez, defina uma metodologia pentecostal de se fazer hermenêutica e determine o principal objetivo deste livro, a saber: "Os pentecostais estão preocupados com ortopatia e ortopraxia, bem como ortodoxia. Fé, prática e sentimento devem ser trabalhados em conjunto com as afeições que servem de centro integrador". Em outras palavras, repetindo o que disse French Arrington, citado por Kenner, é a ideia da "iluminação pneumática".

O jovem autor Gutierres Fernandes começou como blogueiro pentecostal, desenvolveu uma escrita clara e profunda, e hoje é autor de livros lançados pela maior editora pentecostal da América Latina, a

CPAD. Ele se revela um teólogo que sabe dialogar com o que há de mais importante no pentecostalismo mundial, sempre comprometido com a teologia pentecostal tradicional, mas, ao mesmo tempo, com uma abertura inteligente para hermenêuticas contextuais — as quais, na verdade, sempre estiveram presentes no pentecostalismo, desde que possam contribuir positivamente. Ele esclarece um equívoco muito presente no fazer teológico: não precisa haver dicotomia entre intelecto e emoções, pois ambos são boas criações de Deus, apesar de terem sido afetados pelo pecado. Gutierres desfaz ainda a compreensão cunhada há séculos de que a razão seria superior à emoção e ainda, subjetivamente, considerada intocada pelo pecado, na compreensão deduzida de teologias mais antigas.

O autor ressalta a importância do método histórico-gramatical e sua relevância para o pentecostalismo, e da busca autoral quanto ao contexto social, econômico e religioso, mas concomitantemente acolhe outros métodos, pois um único método não consegue abarcar toda a dinâmica do Espírito presente na hermenêutica pentecostal. Dessa forma, Gutierres enfatiza o método utilizado com apreço pelos pentecostais, mas também demonstra como outros métodos foram utilizados ao longo da história e, mais recentemente, de que modo as hermenêuticas contemporâneas podem ajudar. Entretanto, o autor estabelece critérios e limites para tal utilização, para não comprometer a importância inquestionável do texto bíblico.

Dentro das hermenêuticas contextuais e pós-modernas, Gutierres destaca a importância de ferramentas presentes nesses métodos, não apenas as racionais, mas também a eficácia de percepções para além da razão, tais quais sentimentos, vontades e afetividades, bem como o equilíbrio entre todas essas formas de apreensão da verdade. Mas essas apreensões têm um fim específico para Gutierres: a missão pentecostal no mundo. A prática da experiência hermenêutica pentecostal com o Espírito leva à prática evangelizadora e missionária, retroalimentando-se hermeneuticamente na *dynamis* do Espírito. Assim, o autor aponta caminhos salutares e necessários para a hermenêutica pentecostal, desfazendo premissas equivocadas de purismos fantasiosos e da ausência ingênua de pressupostos na interpretação.

| Prefácio |

Na hermenêutica desenvolvida em países nos quais a teologia pentecostal já foi mais acuradamente discutida não existem problemas no diálogo entre os vários métodos, diferentemente do que acontece no Brasil. Com esta premissa importante em vista, temos a contribuição de Robert P. Menzies, doutor em teologia pela Universidade de Aberdeen e missionário na China; Veli-Matti Kärkkäinen, teólogo finlandês, professor de Teologia Sistemática no Fuller Theological Seminary, ministro luterano e especialista em teologias pentecostal-carismáticas; Craig S. Keener, professor de Novo Testamento no Asbury Theological Seminary, formado em seminários pentecostais e autor de vários livros sobre o Espírito Santo, alguns já traduzidos para o português; e Kenneth J. Archer, doutor em Hermenêutica Bíblica e Teológica pela University of St. Andrews, Escócia, professor de Teologia na Southern University, em Lakeland, Flórida (instituição mantida pelas Assembleias de Deus norte-americanas) e autor do importante livro A *Pentecostal Hermeneutic for the Twenty-First Century: Spirit, Scripture and Community* [Uma hermenêutica pentecostal para o século XXI: Espírito, Escritura e comunidade, tradução livre], no qual propõe o método tridático de interpretação bíblica: o Espírito, a Palavra e a Comunidade, amplamente discutido ao longo desta obra que o leitor tem em mãos.

Lê-la será certamente enriquecedor!

Dr. Claiton Ivan Pommerening*
Inverno de 2020

* Diretor da Faculdade Refidim, comentarista de *Lições Bíblicas* e membro do Conselho de Educação e Cultura da Convenção Geral das Assembleias de Deus do Brasil (CGADB).

INTRODUÇÃO

Nos últimos trinta anos, especialmente no contexto pentecostal anglo-saxão, tem havido um intenso debate sobre as melhores ferramentas hermenêuticas para a interpretação do texto bíblico. Ao longo da história, o protestantismo vem usando duas ferramentas principais: o método histórico-gramatical, em particular entre os evangélicos mais conservadores, e o método histórico-crítico, usado por conservadores e teólogos neo-ortodoxos, além de expoentes do liberalismo teológico. Enquanto isso, o método alegórico, tão comum na história da Igreja, foi abandonado pelos eruditos protestantes, embora seja usado de modo intuitivo nos púlpitos de nossas igrejas. Mas, diante do avanço do que chamamos de pós-modernidade, novos métodos surgiram, os quais podem ser chamados de "pós-críticos". Esses novos instrumentos dialogam com as teorias da linguagem e do texto. Hoje esse é o debate mais intenso na academia pentecostal e gera até mais calor do que outras discussões, como a validade da *glossolalia* na condição de evidência do batismo no Espírito Santo.

O objetivo desta obra é instruir o leitor sobre as posições de ambos os lados do debate, mas não se limita a isso — o livro apresenta um panorama atualizado dos principais tópicos estudados na matéria de hermenêutica e dialoga com grandes hermeneutas e teólogos contemporâneos do quilate de Anthony C. Thiselton, Kevin Vanhoozer, James K. A. Smith, John Milbank, N. T. Wright, entre outros. O leitor deste livro não apenas sairá enriquecido com posições divergentes em diálogo, mas, acima de tudo, ficará bem informado.

Hoje, o tópico "hermenêutica pentecostal-carimática" é um importantíssimo assunto entre as questões teológicas, e faltam-nos publicações em português que apresentem as entranhas dessa discussão. Embora não concordem entre si em alguns pontos quanto à natureza da interpretação, todos professam, na condição de cristãos protestantes, a crença na autoridade das Escrituras. Embora o livro seja uma construção

| Introdução |

pentecostal e carismática, as discussões aqui apresentadas são úteis a qualquer cristão interessado na leitura e exposição das Sagradas Escrituras.

É fundamental reafirmar que a Bíblia é nossa única regra de fé e prática. Disso surge uma questão: Como podemos interpretá-la? Ou, ainda: Onde reside sua autoridade — no texto em si ou na comunidade? Concordamos que a Bíblia é inspirada pelo Espírito Santo, mas a hermenêutica, enquanto método, não o é. O texto sagrado é a voz do Espírito, mas as ferramentas de interpretação são humanas e estão passíveis de erros e críticas, com inclusão daquelas que se julgam mais de acordo com o espírito do nosso tempo.

A essência desta obra é o diálogo, o que pressupõe a capacidade não apenas de articular bem as ideias, mas a sensibilidade para ouvir. Aliás, se aceitarmos os pressupostos das ciências da linguagem, especialmente a partir de Mikhail Bakhtin, a existência mais fundamental da língua é dialógica. Para o teórico russo, não há enunciado solitário no mundo. Quando falamos, cantamos ou escrevemos, estamos, de uma forma ou de outra, em diálogo com outros discursos, mesmo que não o identifiquemos de forma direta. Nesse sentido, a tradição, as memórias e os "outros ditos" sempre serão importantes no processo de construção do saber. A própria identidade é resultado desses encontros e desencontros. Obviamente, sabemos mais de nós mesmos quando identificamos as diferenças nas expressões "outras", as quais, por consequência, ajudam-nos a compreender melhor nossas próprias características. Então, fazer teologia será sempre um ato dialogal e inacabado. Como diria um grande teólogo, a teologia está "a caminho". Isso não significa frouxidão conceitual ou relativismo escapista, mas simplesmente aceitar nossa condição transitória e provisória, o que não poderia ser diferente, uma vez que a teologia é produzida por seres humanos com suas limitações histórico-sociais e temporais. Apenas alguém fora do próprio tempo e da transitoriedade da vida poderia produzir sem essa limitação. Por consequência, Deus sempre será inesgotável e estará acima dos nossos pensamentos e linguagem. Nas palavras do profeta Isaías: "Porque os meus pensamentos não são os vossos pensamentos, nem os vossos caminhos os meus caminhos, diz o Senhor. Porque assim como os céus são mais altos do que a terra, assim são os meus caminhos mais altos do que os vossos caminhos, e os meus pensamentos mais altos do que os vossos pensamentos" (Isaías 55:8-9, ARC). Diante da grandeza dos projetos e da realidade de Deus, os nossos conceitos precisam se prostrar em doxologias, como a confessada por Paulo no final da primeira parte da epístola aos Romanos: "Ó profundidade das riquezas, tanto da sabedoria, como da ciência de Deus! Quão insondáveis são os seus juízos, e quão inescrutáveis os seus caminhos!" (Romanos 11:33, ARC). Por conseguinte, nossa caminhada teológica, desde a construção de métodos aos discursos sistemáticos, deve considerar o diálogo por meio do qual é possível ouvir e falar, ensinar e aprender, confirmar e relacionar.

Esta obra é exatamente a encarnação desse desafio, intentando dar conta de um dos temas mais importantes dos últimos anos entre os pesquisadores da teologia carismática e pentecostal: a hermenêutica pentecostal. Como tantos especialistas nos exortaram, os movimentos pentecostais-carismáticos são multifacetados e plurais, mas isso não significa negar a possibilidade de encontrarmos lugares-comuns. Entre eles poderíamos citar a maneira de interpretarem a Bíblia e o mundo. Localizado na modernidade, esses grupos cristãos representam uma crítica ao racionalismo iluminista e afirmam a presença divina no mundo. Em suas muitas expressões, o ponto comum é a experiência do Espírito sinalizada pelas manifestações individuais e comunitárias dos dons sobrenaturais. Seu caráter restauracionista privilegiará, contra afirmações cessacionistas e naturalistas, a presença atual das mesmas manifestações espirituais vividas nas origens da igreja apostólica. Com o decorrer dos anos, o movimento ganhou força mundial, e o desafio de responder a razão de sua fé (cf. 1Pedro 3:15) exigiu articulação e propostas metodológicas, impulsionando diversos trabalhos capazes de construir as fronteiras da teologia pentecostal e identificar sua maneira de ler o texto bíblico. Desde Howard M. Ervin (1915-2009), essa tarefa necessita enfrentar a pergunta sobre o lugar da experiência sobrenatural do Espírito Santo no processo da leitura bíblica entre carismáticos e pentecostais. Sem dúvida, tal questão é própria da academia. Os crentes não se preocupam com esses arrazoados porque simplesmente leem a Bíblia aplicando-a à vida e cotidiano.

Dessa forma, perguntamos: Há uma hermenêutica tipicamente pentecostal? Alguns seriam rápidos e logo responderiam: "Não!". Diriam ser apenas possível falar em valorização de alguns textos, em particular os

| Introdução |

narrativos — *vide* Atos dos Apóstolos —, usados para fundamentar a presença dos dons sobrenaturais ainda hoje. Contudo, outros afirmarão o contrário e defenderão a autonomia da tradição carismático-pentecostal, afirmando a fundação no século XX de um movimento com traços próprios e uma maneira muito peculiar de leitura bíblica. Aqui, como mostrará Kenneth Archer, encontramos parte do embate em torno dessa questão. O primeiro grupo enraizará os pentecostais na tradição evangélica,[4] com suas fontes históricas no movimento protestante, enquanto o segundo, mesmo não negando a presença dessa relação, avançará, desde os anos 1990, em direção à possibilidade de maior autonomia. Essas diferentes perspectivas reaparecerão nas discussões a respeito da hermenêutica, o que naturalmente desembocará em perspectivas teológicas pentecostais diferentes. Para Amos Yong, por exemplo, a discussão não poderia se resumir à maneira de os pentecostais lerem a Bíblia, mas abrange a compreensão da vida: a partir da fé interpretar a realidade como um todo.[5]

Em torno dessas discussões, há pesquisadores que preservarão a exegese evangélica, especialmente a histórico-gramatical ou histórico-crítica (moderada ou não), como a maneira correta ou tradicional de leitura pentecostal, enquanto outros, que abraçam mudanças paradigmáticas reveladas nas ciências humanas, encontrarão nas ferramentas denominadas "pós-modernas" um caminho de adequação e resgate do etos pentecostal. Poderíamos listar diversos nomes envolvidos, cuja maioria está nos Estados Unidos e, em número menor, na Europa, onde o tema da hermenêutica pentecostal é alvo de muitas produções e pesquisas. Revistas consagradas como *Pneuma: The Journal of the Society for Pentecostal Studies*, *Journal of Pentecostal Theology* e *The Journal of the European Pentecostal Theological Association*, além de espaços à semelhança da Society for Pentecostal Studies, se debruçaram sobre esse espinhoso tema.[6]

---

[4] Este livro intercambiará o uso dos termos *evangélicos* e *evangelicais*. Sobre a diferença entre as duas expressões, veja a nota 9 do capítulo 3.
[5] Veja YONG, Amos. *The Hermeneutical Spirit: Theological Interpretation and Scriptural Imagination for the 21st Century*. Eugene: Cascade Books, 2017.
[6] Nos Estados Unidos, os primeiros debates sobre as ferramentas pós-críticas começaram em 1993 entre Timothy Cargal e Robert P. Menzies pela *Society for Pentecostal Studies* (Sociedade de Estudos Pentecostais).

Essa discussão aterrissou em terras brasileiras apenas nos últimos anos. Contudo, diferentemente dos nossos irmãos norte-americanos, tal assunto não conseguiu ainda produzir espaços de diálogos acurados e amistosos. Nos Estados Unidos, por exemplo, autores com perspectivas pós-críticas, os quais se utilizam de ferramentas pós-modernas, escrevem capítulos e participam de encontros com defensores de métodos diferentes. Exemplo disso é a série "Manifestos Pentecostais", da prestigiada editora Eerdmans, que conta com a coordenação dos teólogos James K. A. Smith e Amos Yong, dois autores de tendência pós-moderna, os quais convidaram Craig Keener, um autor mais *evangelical*, a participar de um livro sobre hermenêutica.[7] Percebemos, comparando-se com o Brasil, que a desconfiança é menor e os lados procuram encontrar caminhos comuns e identificar suas diferenças.

Esse é o trajeto desejado por esta obra. Uma vez compreendidas nossas limitações e fragilidade, vasos de barro, tentaremos apresentar perspectivas diferentes a respeito da hermenêutica pentecostal, permitindo aos leitores a possibilidade de identificarem convergências e divergências, aproximações e afastamentos, a fim de esclarecermos alguns equívocos em torno desse importante assunto.

Partilhamos afirmações sobre a fé manifestadas nos credos cristãos, cremos nas Escrituras como Palavra de Deus, na atuação do Espírito Santo entre os crentes e temos o interesse comum na questão da relação entre a experiência sobrenatural e a interpretação bíblica. Por isso, mesmo não havendo unanimidade em tudo, procuraremos contribuições recíprocas dos dois ou mais horizontes desenvolvidos em torno da leitura bíblica pentecostal e carismática. Assim, optamos pela terceira via entre o racionalismo cessacionista infértil e o subjetivismo radical pós-moderno.[8] Além disso, levamos em consideração a história da interpretação, e temos ciência de que várias metodologias e propostas interpretativas se desenvolveram desde o surgimento dos movimentos de reavivamento.

---

[7] KEENER, Craig. *Hermenêutica do Espírito*. São Paulo: Vida Nova, 2018.
[8] Para uma abordagem equilibrada sobre o uso de ferramentas pós-modernas na interpretação evangélica, veja VANHOOZER, Kevin. *Há um significado neste texto?* São Paulo: Vida, 2005.

| Introdução |

Levaremos até às últimas consequências a assertiva de que "não há nada tão bom que não tenha algo a melhorar, ou tão ruim que não possa contribuir". Dessa forma, cada capítulo tem existência recíproca e dialógica. A despeito de indicarmos algumas vezes os lugares-comuns e as áreas de distanciamento, de maneira geral, deixaremos isso a cargo e aos cuidados dos leitores.

Nos primeiros nove capítulos, faremos a discussão sobre os limites, as práticas e a epistemologia da hermenêutica carismático-pentecostal, nos quais visitaremos a história da discussão, seus desdobramentos e as possibilidades dialogais entre perspectivas diferentes. Na outra parte do livro, "Excurso", reunimos textos com reconhecimento internacional cedidos pelos professores Robert P. Menzies, Veli-Matti Kärkkäinen, Craig S. Keener e Kenneth J. Archer. Registramos nossos agradecimentos ao Rodrigo Bibo de Aquino pelo apoio inicial ao projeto. Somos devedores ao dr. Paulo Mattos Ayres, bispo emérito da Igreja Metodista do Brasil, cujos contatos foram fundamentais para essa parte do trabalho. Também agradecemos ao dr. Claiton Ivan Pommerening, comentarista de *Lições Bíblicas* da CPAD e pastor da Assembleia de Deus em Joinville, SC, pelo prefácio, assim como a apresentação do amigo teólogo reformado e exegeta Paulo Won. Somos gratos ao editor André Lodos Tangerino e a toda equipe da Thomas Nelson Brasil pelo ótimo trabalho. Louvamos a Deus pela oportunidade e parceria.

Esta obra não pretende esgotar o assunto. Pelo contrário, objetiva abrir caminhos de diálogos, demonstra a possibilidade de perspectivas diferentes coexistirem e contribui para a construção dialogal da hermenêutica pentecostal. No mais, cabe-nos lembrar a importante tarefa da teologia, a saber, ser espaço, em amor e humildade, de compreensão da fé, o que não seria possível ser realizado de forma monofônica e individualista. A Deus toda a glória em Cristo Jesus, nosso Senhor, pela ação do Espírito Santo em nossas vidas.

CAPÍTULO 1

O ATO DE INTERPRETAR: "A HERMENÊUTICA NOSSA DE CADA DIA"

KENNER TERRA

Interpretar é uma exigência básica da vida humana. Em uma conversa entre amigos, no sermão do púlpito, nas instruções paternas e maternas ou quando estamos dirigindo, a interpretação é fundamental. O mundo convida-nos o tempo todo à sua compreensão. Mesmo que não percebamos, não é possível fugir do ato de "ler" as mensagens da cultura. Interpretar é automático, inevitável, e sem interpretação não conseguiríamos viver e nos relacionar. A Bíblia, como nossa fonte e instrumento de compreensão da realidade e fé, também é um lugar no qual realizamos essa tarefa. Mesmo o crente em Cristo que nunca tenha frequentado aulas de teologia ou ouvido falar em *exegese* inicia naturalmente uma caminhada hermenêutica quando se aproxima da Bíblia e a lê. A interpretação da Escritura é uma prática que tem diferentes sujeitos, tempos e espaços de realização. Dominicalmente, pregadores e pregadoras explicam passagens bíblicas a pessoas que desejam aprender, servir a Deus e tornar a vida melhor.[1]

Nesse sentido, a tarefa de compreensão da Bíblia é fundamental para a saúde da fé, o equilíbrio e a esperança.

---

[1] ZABATIERO. *Manual de exegese*, "Introdução". Para os dados completos das obras citadas, veja a "Bibliografia" no final do capítulo.

CAPÍTULO 1
| O ato de interpretar: "A hermenêutica nossa de cada dia" |

Contudo, alcança-se essa realidade na vida comunitária ou individual de cada servo de Deus quando há *boa interpretação*, porque, mesmo bem-intencionados, podemos cometer erros. Não é incomum encontramos movimentos e expectativas pessoais extremamente arriscados pelo simples fato de não haver acurada compreensão do texto bíblico. Sim, podemos produzir boa ou má leitura das Escrituras por causa dos diferentes sujeitos, tempos e espaços.

Em Atos 8:26-40 há um exemplo de boa interpretação. Encontramos o etíope tentando interpretar Isaías 53. O problema não era decodificar os sinais gráficos (letras e palavras), mas saber o seu sentido (o que significavam), a relevância para a vida e a quem se referiam. Como dizem os versículos 32 e 33, o texto do profeta lido falava de "ovelha levada ao matadouro", "cordeiro", "justiça" etc. Para o ansioso funcionário de Candace, aquelas palavras não eram inteligíveis. Ao encontrá-lo, guiado pelo Espírito, Filipe lhe pergunta: "Entendes o que lês?" (*ginóskeis há anagnóskeis*). O eunuco demonstra de imediato seu desespero hermenêutico: "Como posso entender se ninguém me *explica*?". O verbo empregado na resposta, traduzido aqui como "explicar", é *hodegéo* — usado também em Mateus 15:14 e Apocalipse 7:17 — que significa literalmente "conduzir". No entanto, na passagem citada, esse verbo tem sentido de "instruir", "ensinar".[2] Ou seja, ele precisava de alguém que o conduzisse metodologicamente. Apenas assim o texto deixaria de ser obscuro e se tornaria compreensível. Nessa ocasião, o resultado foi bom. A interpretação passou pelos olhos cristológicos de Filipe, o que possibilitou, no fim, o batismo daquele ouvinte atento à Palavra.

Já em 2Pedro 3:13-16 temos um caso em que o resultado foi negativo, isto é, um caso de má interpretação. Ficamos sabendo a respeito da circulação de algumas cartas paulinas, as quais, por causa da sua difícil compreensão, ignorantes e instáveis torciam suas interpretações para a própria condenação. Tanto a *ignorância* (do grego *amathés*), que tem relação com pouco acesso a saberes e falta de instrução,[3] quanto a *instabilidade* (do grego *astériktos*), no sentido de faltar firmeza e ter

---

[2] KITTEL; BROMILEY; FRIEDRICH. *Theological Dictionary of the New Testament*, p. 100.
[3] FRIBERG; FRIBERG; MILLER. *Analytical Lexicon of the Greek New Testament*, p. 45.

tendência a mudar com facilidade, podem ser instrumentos de distorções ou má compreensão. Não podemos nos esquecer de que a mesma Bíblia, uma vez interpretada, proporcionará vida ou morte, condenação ou salvação, libertação ou claustro da consciência, fé saudável ou adoecida.

Hermenêutica bíblica e história da interpretação

Na história da Igreja, desenvolveram-se múltiplas maneiras de ler a Bíblia. Começando pelo Novo Testamento, com sua apropriação do Antigo Testamento, passando pela patrística, chegando ao medievo, correndo a Modernidade iluminista até a contemporaneidade, as Escrituras foram recebidas e interpretadas a partir de diversas metodologias e variados interesses.[4] Podemos afirmar: a história da Igreja é marcada pela maneira como a Bíblia foi lida. Dessa forma, é possível listar diversos caminhos de interpretação desenvolvidos desde os rabinos aos mais recentes recursos metodológicos aplicados aos textos bíblicos. Entre as hermenêuticas judaicas, podemos citar:

1. *Pesher*: interpretação ao Antigo Testamento e a obras judaicas em geral. Essa hermenêutica era muito comum entre os essênios de Qumran, os quais privilegiavam as aplicações escatológicas do Antigo Testamento e da literatura pseudepígrafa à realidade da comunidade que vivia nos arredores do mar Morto. Entre os textos pesquisados em Qumran desde o século passado, há o Pesher de Oseias, o Pesher de Habacuque, 11QMelquisedec etc.[5]

---

[4] WATSON; HAUSER. *A History of Biblical Interpretation*, vol. 1. Veja especialmente o capítulo "Introduction and Overview". Para o tema da leitura bíblica desde a Idade Média até o período da Reforma, o segundo volume é muitíssimo indicado: "The Medieval through the Reformation Periods". Sobre a hermenêutica bíblica desde a Reforma até o início do século XX, cf. ibidem, vol. 3, "The Enlightenment through the Nineteenth Century". Uma obra importante a respeito da hermenêutica bíblica desenvolvida depois da Modernidade, especialmente preocupada com o leitor, é THISELTON, Anthony C. *New Horizons in Herneutics: the Theory and Practice of Transforming Biblical Reading*.

[5] A respeito de 11QMelquisedec, veja meu artigo: TERRA, Kenner R. C. O enigma de Melquisedec em 11Q13. Intertextualidade em Qumran e o imaginário do juízo.

CAPÍTULO 1
| O ato de interpretar: "A hermenêutica nossa de cada dia" |

2. *Midrash*: método rabínico de interpretação das porções legais (*midrash halacá*) e narrativas (*midrash agadá*) da Torá, o qual privilegiava a atualização dos textos da Bíblia Hebraica. O Midrash focaliza quais minuciosos aspectos do texto bíblico, palavra ou livro poderiam gerar conclusões exegéticas. Repetições, escritas peculiares, formas de letras, pequenas diferenças entre passagens paralelas e ordem das palavras poderiam levar a conclusões rabínicas sobre o significado e a implicação de um texto em particular.[6]

3. *Peshat*: diferente do Midrash, o Peshat era a interpretação literal realizada pelos rabinos aplicada especialmente a casos de litígios concretos.[7]

4. *Regras de Hillel*: lista de normas hermenêuticas atribuída a Hillel. Eram sete regras que deveriam ser aplicadas aos textos bíblicos. Essas foram ampliadas para treze proposições pelo rabino Ismael e para trinta e duas pelo rabino Eliezer ben Yose ha-Gelili. Tais regras estão no tratado 'Abot de Rabbi Natan.[8]

No Novo Testamento, é possível encontrar essas práticas interpretativas. Aliás, Paulo, judeu e conhecedor da sua tradição hermenêutica, utilizou-se desses mecanismos de interpretação. Podemos também listar superficialmente algumas metodologias de interpretação desenvolvidas desde os primeiros cristãos até os manuais usados hoje em faculdades e seminários.

1. *Hermenêutica patrística*: essa expressão significa, em suma, a prática interpretativa dos pais apostólicos. A hermenêutica patrística oscila entre a alegoria e o literalismo, dividida em duas escolas: Alexandria e Antioquia.

2. *Hermenêutica medieval*: modo de interpretação desenvolvido na Idade Média que percebe a polissemia do texto como se ele em

---

[6] WATSON; HAUSER. *A History of Biblical Interpretation*, vol. 1, p. 26-30.
[7] BARRERA TREBOLLE. *A Bíblia judaica e a Bíblia cristã*, p. 571.
[8] Ibidem, p. 576.

si possuísse pelo menos quatro níveis.⁹ João Cassiano (360-435) formulou em latim o que seria adequado pela interpretação do mundo medievo: *Littera gesta docet, quod credas allegoria; Moralis quid agas; quo tendas Anagogia* (a letra diz o que acontece; a alegoria, em que crer; a moral, como agir; a anagogia, a que tendes).

3. *Hermenêuticas modernas:* estas foram desenvolvidas na modernidade depois da Reforma protestante. Seu fundo epistemológico é o paradigma do sujeito, comum às ciências e ao racionalismo modernos. Os dois conjuntos de ferramentas de interpretação desenvolvidos nesse período ficaram conhecidos como método histórico-crítico e método histórico-gramatical (ou gramatical-histórico).

4. *Hermenêuticas contextuais:* metodologias que foram desenvolvidas especialmente em territórios latino-americanos. Esses métodos surgem na esteira dos métodos modernos, mas estão preocupados com as questões sociais, a emancipação da mulher e do negro, a erradicação da pobreza, entre outros temas. Nesse contexto estão as leituras feminista, popular, negra etc. da Bíblia.

5. *Hermenêuticas pós-paradigma do sujeito:* esse projeto de interpretação bíblica é mais recente e desenvolvido a partir das novas teorias da linguagem, especialmente depois da "virada linguística".¹⁰

---

⁹ De LUBAC, Henri. *Medieval Exegesis*.
¹⁰ Virada linguística, ou *linguistic turn*, é um importante movimento desencadeado no século XX que pode ser definido como uma mudança de perspectiva a respeito do lugar da linguagem na reflexão filosófica. A partir das discussões pós-metafísicas, por meio das quais se rompe com o racionalismo moderno, a linguagem ganha lugar central, deixando de ser objeto da filosofia para se tornar a própria reflexão filosófica. Em termos gerais, compreende-se, nesse novo paradigma, que a realidade inteligível só existe na linguagem, sem a qual não haveria compreensibilidade ou inteligibilidade do mundo. Entre os protagonistas da virada linguística, o filósofo austríaco Ludwig Wittgenstein (1889-1951) tem lugar de destaque. Veja ROCHA, Abdruschin Schaeffer; TERRA, Kenner R. C. Teorias da linguagem e leitura bíblica: provocações pós-metafísicas a partir de Eleazar Meletinski e Northrop Frye, p. 72-96 (*Reflexus* 14.1 [2020]); OLIVEIRA, Manfredo Araújo de. *Reviravolta linguístico--pragmática na filosofia contemporânea*. 3 ed. São Paulo: Loyola, 2006.

CAPÍTULO 1
| O ato de interpretar: "A hermenêutica nossa de cada dia" |

Encontramos, nesse contexto, os métodos que privilegiam a leitura sincrônica do texto. Alguns vão denominar essas hermenêuticas de leitura pós-moderna da Bíblia.[11] Entre essas estão a semiótica, a narratologia, a análise do discurso etc.

A hermenêutica pentecostal faz parte dessa história. Ela surge como uma possibilidade de leitura não somente de Lucas-Atos, mas de todos os textos bíblicos. A experiência do batismo com o Espírito Santo e a presença dos dons colocam o pentecostalismo na história da interpretação bíblica porque sua maneira particular de leitura das Escrituras aponta para novos rumos hermenêuticos e rupturas com perspectivas racionalistas.

Como se percebeu, há diversas possibilidades de interpretação da Bíblia. Em resumo, na longa história da interpretação, encontramos as preocupações se movendo entre a *intentio auctoris* (intenção do autor), *intentio operis* (intenção do texto) e *intentio lectoris* (intenção do leitor). Na história da leitura, o "autor", o "texto" e o "leitor" se tornaram mundos em favor dos quais as perspectivas hermenêuticas lutaram pela defesa de seu valor e imprescindibilidade para a "compreensão", a "construção" ou a "criação" do sentido.

Na modernidade, o enfoque principal era a *intentio auctoris* e suas indicações sociais e históricas. Ou seja, a intenção do sujeito (sujeitos) da produção do texto era a preocupação basilar da prática interpretativa. Para a hermenêutica, isso significava, desde Schleiermacher,[12] compreender as intenções do autor materializadas na obra literária destinada aos ouvintes/leitores "originais". Para a exegese bíblica, isso representou, com todas as ferramentas necessárias e disponíveis, uma espécie de busca arqueológica, por meio da qual se procurava (procura?) saber a intenção primeira do texto sagrado.

---

[11] AICHELE et al. *A Bíblia pós-moderna*.
[12] *Hermeneutics and Criticism and Other Writings*.

Conceitos-chave: exegese e hermenêutica

Os termos técnicos na teologia para interpretação bíblica são *exegese* e *hermenêutica*, que, em suma, significam "interpretação". "Exegese" vem da palavra grega *exégesis*, que pode significar tanto "explicação" como "interpretação".[13] O prefixo grego *"ek"* dá sentido de movimento indutivo: "de dentro para fora". Assim, a expressão significaria *retirar* do texto o seu sentido, fazê-lo falar.

"Hermenêutica", por sua vez, vem do verbo grego *hermeneuein*, cujo significado é igual ao da palavra exegese: interpretar. Em termos gerais, como disciplina e prática, a hermenêutica está mais preocupada com princípios, limites e pressupostos da intepretação — esses detalhes serão discutidos no decorrer do texto.

Tornou-se comum dizer que a exegese é o ato de compreender o texto no passado, o que ele disse e como disse para seus primeiros ouvintes; e que a hermenêutica é a aplicação para a realidade do leitor (o "hoje" do texto). Contudo, essa diferenciação simplista não consegue descrever com precisão o que seriam essas ciências tão comuns às pesquisas bíblicas. Segundo Uwe Wegner, "a hermenêutica bíblica significa, mais particularmente, os princípios que regem a interpretação dos textos; a exegese descreve, mais especificamente, as etapas ou os passos que cabe dar em sua interpretação".[14] Nesse sentido, hermenêutica é a ciência que pensa as regras, reflete sobre os métodos e avalia os pressupostos do ato da interpretação. Como disciplina, ela observa e critica as ações da compreensão do texto e suas aplicações. Hermenêutica seria uma filosofia da ação interpretativa; ela lida com princípios gerais da interpretação e atualização do texto. A exegese, por sua vez, está preocupada com o acesso científico-descritivo ao texto;[15] é a parte prática do trabalho de interpretação porque quer descobrir o sentido em seu próprio contexto e, para isso, utiliza-se de diversos procedimentos metodológicos desenvolvidos no decorrer da história.[16]

---

[13] WEGNER. *Exegese do Novo Testamento*, p. 11.
[14] Ibidem.
[15] BERGER. *Hermenêutica do Novo Testamento*.
[16] Para uma discussão a respeito, veja BENTHO. *Hermenêutica fácil e descomplicada*.

CAPÍTULO 1
| O ato de interpretar: "A hermenêutica nossa de cada dia" |

Em outras palavras, a hermenêutica, como teoria da interpretação, antes de propor caminhos práticos, é a avaliação do ato interpretativo, a crítica aos pressupostos dos múltiplos métodos, a disponibilização dos princípios ou horizontes da interpretação. Por isso, ela é história da interpretação, filosofia do sentido e crítica da aplicação e uso dos métodos. Como parte de sua discussão, a hermenêutica se pergunta pelas possibilidades interpretativas, pelos limites dos métodos, e avalia os seus pressupostos. Ela não é simplesmente teoria da aplicação de textos à realidade. Tal compreensão acaba caindo no erro racionalista de separar a interpretação do texto, como um tipo de acesso ao sentido do passado, de seu uso pelo leitor atual.[17] Por outro lado, na condição de ciência do sentido, a hermenêutica avaliará inclusive esse tipo de perspectiva, mostrando seus limites e problemas.

Entre os avanços das discussões hermenêuticas encontra-se o papel da experiência na interpretação bíblica. Durante um tempo (muito presente ainda hoje), sob a égide do paradigma racionalista, acreditava-se que o uso dos métodos científicos implicaria a possibilidade da neutralização de pressupostos, a anulação dos interesses e das experiências. Esses pressupostos perpassam tanto o método histórico-crítico como o gramatical-histórico em suas formas mais tradicionais. Para a leitura bíblica pentecostal, a experiência não é um empecilho, mas marca uma identitária, sua principal característica. Se, por um lado, a presença carismática do Espírito e suas manifestações são fundamentais na identidade pentecostal, por outro exigem dos pentecostais e carismáticos uma reflexão acurada da relação entre experiência e interpretação.[18]

Interpretação da Palavra de Deus: iluminação

Para nossa tarefa de leitura e interpretação fiel das Escrituras, cabe-nos a iluminação do Espírito Santo. Contudo, isso não elimina o auxílio das metodologias hermenêuticas. Para o pentecostal, o conceito de

---

[17] Um exemplo desse tipo de definição para hermenêutica é o texto de FEE; STUART. *Entendes o que lês?*
[18] CARGAL. Beyond the Fundamentalist-Modernist Controversy, p. 179.

iluminação tem um valor especial porque o mesmo Espírito que entregou dons aos apóstolos e os inspirou para escreverem os textos continua atuando na vida do leitor. O pesquisador pentecostal French Arrington defende a ideia da "iluminação pneumática", o que significaria a atuação do Espírito Santo potencializando o texto para que fale ao fiel nas situações cotidianas e atuais, pois este é o mesmo agente cujo primeiro trabalho foi inspirar os redatores bíblicos.[19] Contudo, enfatiza Arrington, tal perspectiva não dispensa as análises linguística, literária e histórica do texto — mesmo porque a tradição enfatiza ser a Bíblia a Palavra de Deus em palavras humanas. Ele aponta o lugar do Espírito Santo na iluminação e compreensão da Palavra divina, o que significaria pelo menos duas importantes afirmações: a existência de significados mais profundos dos textos bíblicos, os quais podem ser percebidos apenas pelos olhos da fé; e, por consequência, o assentimento da ação divina na interpretação em antagonismo ao "meramente humano".[20] Timothy Cargal explica o significado da iluminação no horizonte pneumático usando o exemplo dos pregadores pentecostais:

> Esse "significado mais profundo do texto bíblico", mais enfatizado pelos pregadores pentecostais, é o "divino" em oposição ao "meramente humano" da Escritura. Assim, expressões como: "O Espírito Santo me mostrou (ou 'revelou') algo nestes versículos que eu nunca tinha visto antes" são ouvidas com frequência nos sermões pentecostais. Aqui reside a origem da tradicional ênfase pentecostal nas múltiplas dimensões do significado do texto bíblico: o Espírito Santo pode "iluminar" as palavras do texto, de modo a "fazê-las falar" a qualquer número de situações imprevistas pelo autor humano do texto. Além disso, dentro de um cenário pentecostal, esses significados "iluminados" exercem muito mais poder sobre os crentes, já que são vistos como portadores da aprovação e autoridade divinas.[21]

---

[19] ARRINGTON. Hermeneutics. Historical Perspectives on Pentecostal and Charismatic, p. 376-389.
[20] Ibidem, p. 382.
[21] Beyond the Fundamentalist-Modernist Controversy, p. 175.

CAPÍTULO 1
| O ato de interpretar: "A hermenêutica nossa de cada dia" |

Esse sentido mais profundo, ou essa autorização divina para percebê-lo no processo de iluminação, revela que a Palavra de Deus é viva e é resposta do Espírito na vida do fiel. Para o pentecostal, esse caráter da Bíblia é fundamental porque lhe permite receber as Escrituras como lugar de ação do Espírito Santo, e não simplesmente como texto histórico do passado. No entanto, a autoridade e aprovação do Espírito não tornam infalíveis, inspiradas ou inerentemente verdadeiras as interpretações dos leitores, o que poderia ser aplicado apenas à Bíblia. Por isso, antes de qualquer coisa, precisamos ter em mente que a iluminação é um processo de auxílio divino na caminhada interpretativa das Escrituras, sempre de caráter dialético entre texto e leitor. Veli-Matti Kärkkäinen então dirá que a Escritura é Palavra-Espírito:

> Se uma doutrina (de inerrância) não é a base para a autoridade, o que é? Alguns teólogos pentecostais argumentam que a Escritura é "Palavra-Espírito", uma interação dinâmica do texto e do Espírito Santo. O Espírito que inspirou e preservou as Escrituras ilumina, ensina, guia, convence e transforma através da Palavra hoje. A Palavra é viva, ágil e poderosa por causa do ministério do Espírito Santo. A relação do Espírito com as Escrituras baseia-se na relação do Espírito com Cristo. Assim como o Espírito formou a Cristo em Maria, também o Espírito usa a Escritura para formar Cristo nos crentes. Land corajosamente coloca a autoridade do Espírito à frente da autoridade da Escritura.[22]

Nesse sentido, na tradição pentecostal, a Bíblia é Palavra de Deus, mas não no sentido tradicional. Pelo contrário, é Palavra viva, pois o "Espírito e a letra" não são a mesma coisa. O Espírito é a força e vida da Escritura; foi ele que tornou possível sua existência, porquanto agiu diretamente na história. Dessa forma, a experiência pneumática dos autores/redatores/comunidades foi anterior à produção linguístico-textual, e o Espírito está acima do texto, o qual, por sua vez, é testemunha da ação da divindade. Por isso, seguindo o raciocínio da

---
[22] Pentecostal Hermeneutics in the Making, p. 82-83.

citação apresentada anteriormente, a autoridade da Bíblia não estaria em alguma afirmação dogmática conceitual, mas na experiência com o Espírito, que precede, conduz e preserva o texto inspirado. Conseguintemente, para o fiel pentecostal, o Espírito confirma a verdade da Escritura por meio de experiências atuais, e esta também é resultado da intervenção sobrenatural. À luz desse projeto hermenêutico, o lugar insuperável de avaliação das manifestações modernas dos carismas é a Escritura, uma vez que ela testemunha as mesmas ações contemporâneas. Assim, apenas por conta do ministério do Espírito a Palavra poderia ser viva e eficaz. Aqui se estabeleceria a ideia de iluminação *experiencial* ou *pneumática tipicamente pentecostal*.

Em 2Timóteo 3:16-17 (RA) afirma-se: "Toda a Escritura é inspirada por Deus e útil para o ensino, para a repreensão, para a correção, para a educação na justiça, a fim de que o homem de Deus seja perfeito e perfeitamente habilitado para toda boa obra". A expressão "inspirada por Deus" (*theópneustos*) tem o sentido de que a Escritura é fruto do falar de Deus na história. E mais: ela tem a função de incidir sobre seus leitores e exige deles uma resposta. Não é como um texto qualquer, mas convoca à postura diante da vida ("repreensão, correção, educação"):

> Mas o fascínio do labor exegético não se deve unicamente àquilo que, através dele, é possível descobrir sobre a Bíblia. Neste caso, esta não passaria de mero objeto de interpretação. O fascínio da exegese reside também no fato de que a Bíblia nos interpreta; ela é também sujeito de interpretação. Como palavra de Deus, ela "penetra até a alma e espírito", julgando "as disposições e as intenções do coração" (Hebreus 4:12). Assim, à medida que vamos descobrindo coisas na e da Bíblia, ela vai nos descobrindo também.[23]

Por isso, mesmo utilizando métodos e auxílios exegéticos, não podemos perder de vista que, como estamos lidando com Palavra inspirada, precisamos do auxílio daquele que a inspirou. Sem um bom trabalho de

---

[23] WEGNER. *Exegese do Novo Testamento*, p. 7.

CAPÍTULO 1
O ato de interpretar: "A hermenêutica nossa de cada dia"

interpretação bíblica estabelece-se a ditadura dos desejos pessoais e dos caprichos humanos. Alguns podem ser citados aqui:

1. *Tradicionalismo desértico.* A tradição é importante para entendermos nossa história e dela extrairmos suas experiências. No entanto, quando ela se engessa, torna-se tradicionalismo e acaba tomando até mesmo o lugar da Palavra de Deus. Todo e qualquer protestante conhece a expressão "Somente a Escritura". Contudo, se deixarmos as afirmações cristalizadas, ganharem o lugar das Escrituras, seremos infiéis ao texto sagrado e construiremos espaços de arrogância espiritual causada por "preceitos e ensinamentos dos homens" (cf. Colossenses 2:20-23). O próprio Jesus denunciou o perigo das tradições cristalizadas aos seus interlocutores porque alimentavam o descumprimento dos mandamentos (Mateus 15:5-9).

2. *Misticismo alienante.* A espiritualidade bíblica é equilibrada, eloquente, transformadora e saudável. Ela trata de como devemos nos portar no mundo. Basta darmos uma olhada no modelo de espiritualidade em Gálatas 5:22-24 e veremos que não há espaço para misticismos desencarnados. Ao falar dos dons do Espírito em 1Coríntios 12 e 14, Paulo mostra como estes deveriam ser usados para melhorar a vida da comunidade, e não para levar à fuga da realidade. Uma igreja que não interpreta a Palavra nem permite ser interpretada por ela torna o êxtase um lugar sem operatividade, gera somente escapismos antiéticos e produz poucas experiências de arrependimento. Isso não significa que a ação do Espírito e suas manifestações sejam desvalorizadas. Pelo contrário, estas devem entrar em uma relação dialógica com as Escrituras. Falaremos mais sobre isso nos próximos capítulos.

3. *Analfabetismo bíblico.* É caudado pelo conhecimento superficial a respeito das instruções contidas no texto sagrado. Não há possibilidade de amadurecimento na caminhada de fé se não houver a direção transformadora das Escrituras. O analfabeto bíblico é uma presa fácil para manipulações.

Orientações hermenêuticas básicas

A Bíblia é um livro com características peculiares, a começar pelas línguas nas quais os textos foram escritos. Esse é simplesmente um exemplo dos desafios que os leitores enfrentam. Por causa deles, alguns desistem da leitura bíblica esperando receber do púlpito ou de outros ambientes porções de seu conteúdo. E, mesmo assim, acabam caindo em muitas mazelas hermenêuticas quando arriscam interpretá-la.

Estamos lidando com *contextos* diferentes! O contexto histórico das Escrituras é *outro* em relação ao nosso. As pessoas que produziram a Bíblia viviam em uma mundo com imaginários, modos de produção, organização política e percepção de gênero, entre outras coisas, bem diferentes dos nossos dias. O contexto literário também é completamente diferente. As fraseologias, as estratégias e os usos de gêneros literários, os sentidos das palavras, a linguagem e a sua organização pertencem ao Antigo Oriente. Por isso, um passo importante na tarefa da leitura do texto é a aplicação de instrumentos que deem conta dessas peculiaridades. Por sua vez, para o pentecostal esses detalhes interpretativos não poderão anular um dado básico de sua fé: a experiência do Espírito Santo.

A boa leitura do texto permite iluminar as experiências, corrige a caminhada e ajuda na exposição das Escrituras. Como as discussões hermenêuticas nos mostram, não é possível ir ao texto nos anulando. Essa esperança é fadada ao fracasso para aqueles que desejam interpretar e pregar a Bíblia. Quando vamos ao texto sagrado, levamos conosco nossas perguntas e preocupações. O movimento pentecostal não vê qualquer problema com isso porque foram exatamente as experiências com o Espírito Santo que lhe permitiram ler as manifestações de Atos dos Apóstolos, por exemplo, como sinais presentes na igreja moderna. Gordon Fee, importante biblista pentecostal e defensor dos métodos gramaticais e históricos, afirma:

> É provavelmente justo e importante notar que, em geral, a experiência dos pentecostais precedeu sua hermenêutica. Em certo sentido, o

CAPÍTULO 1
| O ato de interpretar: "A hermenêutica nossa de cada dia" |

pentecostal tende a interpretar a própria experiência ou a do outro. Por exemplo, a doutrina do batismo no Espírito Santo, distinto e subsequente à conversão, não é extraída naturalmente em outra leitura fora da pentecostal. Ocorreu que eles próprios, por um considerável tempo após a conversão, sentiram falta de poder espiritual, viram a qualidade dinâmica e transformadora da experiência apostólica em Atos 2 e pediram a Deus algo similar. Quando tiveram uma experiência no Santo Espírito, disseram como Pedro: "Isto é aquilo". O que aconteceu depois de sua conversão ajudou-os a ver esse mesmo padrão na Escritura: eles viram a analogia com Jesus e os apóstolos, o precedente em Samaria (Atos 8) e em Paulo (Atos 9). O que veio em seguida foi perfeitamente natural. Eles tomaram o padrão escriturístico que tinham encontrado, apoiados pela experiência pessoal e pela de milhares de outros, tornando-a normativa para todos os cristãos.[24]

Para a hermenêutica pentecostal, a experiência com o Espírito Santo e suas ações carismáticas, antes de serem simples empecilhos, ajudam na compreensão do texto. Isso não significa dizer que estão adulterando a Bíblia, mas lhes permite ouvir seus ensinamentos para os nossos dias. Assim, precisamos ler a Escritura observando suas articulações e seus contextos, mas sem olvidarmos o que ela tem a nos dizer com relação tanto às nossas perguntas como às dos nossos interlocutores modernos. Sem isso, acabaremos sempre respondendo às perguntas que não nos foram feitas. Talvez esse seja o grande ponto do lugar da experiência na leitura pentecostal e carismática.

---

[24] *Gospel and Spirit: Issues in New Testament Hermeneutic*, p. 81.

Bibliografia

AICHELE, G. et al. A *Bíblia pós-moderna: Bíblia e cultura coletiva*. São Paulo: Loyola, 2000.

ARRINGTON, French. Hermeneutics. Historical Perspectives on Pentecostal and Charismatic. In: BURGESS, Stanley; BURGESS, M.; MCGEE, Gary B.; ALEXANDER, Patrick H. (eds.). *Dictionary of Pentecostal and Charismatic Movements*. Grand Rapids: Zondervan, 1988.

BENTHO, Esdras. C. *Hermenêutica fácil e descomplicada*. Rio de Janeiro: CPAD, 2009.

BERGER, K. *Hermenêutica do Novo Testamento*. São Leopoldo: Sinodal, 1999.

CARGAL, Timothy B. Beyond the Fundamentalist-Modernist Controversy: Pentecostals and Hermeneutics in a Postmodern Age. *Pneuma: The Journal of the Society for Pentecostal Studies* 15 (1993), p. 163-187.

De LUBAC, Henri. *Medieval Exegesis*. Vol. 1: The Four Sense of Scripture. Michigan: Eerdmans, 1998.

FEE, Gordon. *Gospel and Spirit: Issues in New Testament Hermeneutic*. Peabody: Hendrickson, 1991.

_____; STUART, D. *Entendes o que lês? Um guia para entender a Bíblia com auxílio da exegese e hermenêutica*. São Paulo: Vida Nova, 2011.

FRIBERG, T.; FRIBERG B.; MILLER, N. F. *Analytical Lexicon of the Greek New Testament*. Vol. 4. Grand Rapids: Baker, 2000.

KÄRKKÄINEN, Veli-Matti. Pentecostal Hermeneutics in the Making: On the Way from Fundamentalism to Postmodernism. *The Journal of the European Pentecostal Theological Association* 18.1 (1998), p. 76-115.

KITTEL, G.; BROMILEY, G. W.; FRIEDRICH G. (eds.). *Theological Dictionary of the New Testament*. Vol. 5. Compilado por Ronald Pitkin. Ed. eletrônica. Grand Rapids: Eerdmans, 1964-c1976.

SCHLEIERMACHER, Friedrich D. E. *Hermeneutics and Criticism and Other Writings*. Traduzido e editado por Andrew Bowie. Cambridge: Cambridge University Press, 1998.

TERRA, Kenner R. C. O enigma de Melquisedec em 11Q13. *Revista Oráculo* 5.10 (2009), p. 100-121.

THISELTON, Anthony C. *New Horizons in Hermeneutics: The Theory and Practice of Transforming Biblical Reading*. Grand Rapids, Michigan: Zondervan, 1992.

TREBOLLE, Julio Barrera. *A Bíblia judaica e a Bíblia cristã*. Petrópolis: Vozes, 1999.

WATSON, Duane F.; HAUSER, Alan J. (orgs.). *A History of Biblical Interpretation: The Ancient Period*. History of Biblical Interpretation Series. Vol 1. Grand Rapids: Eerdmans, 2003.

_____. *A History of Biblical Interpretation: The Medieval through the Reformation Periods*. History of Biblical Interpretation Series. Vol. 2. Grand Rapids: Eerdmans, 2009.

_____. *A History of Biblical Interpretation: The Enlightenment through the Nineteenth Century*. History of Biblical Interpretation Series. Vol. 3. Grand Rapids: Eerdmans, 2017.

WEGNER, U. *Exegese do Novo Testamento: manual de metodologia*. São Leopoldo: Sinodal, 1998.

ZABATIERO, J. *Manual de exegese*. São Paulo: Hagnos, 2007.

CAPÍTULO 2

A HERMENÊUTICA PENTECOSTAL CONTEMPORÂNEA: CONCEITUAÇÕES E DESAFIOS

GUTIERRES FERNANDES SIQUEIRA

Envia a tua luz e a tua verdade, para que me guiem e me levem ao teu santo monte e aos teus tabernáculos. Então irei ao altar de Deus, de Deus, que é a minha grande alegria; ao som da harpa eu te louvarei, ó Deus, Deus meu.
Salmos 43:3,4 NAA[1]

O amor e a verdade se encontraram, a justiça e a paz se beijaram.
Salmos 85:10 NVT

O que é hermenêutica pentecostal? Quando trabalhamos o conceito de hermenêutica pentecostal não estamos falando propriamente de ferramentas instrumentais de interpretação bíblica — por exemplo, as técnicas de exegese das línguas originais, a análise histórica, a literatura comparada e a filologia. O foco é entender a própria arte da interpretação dentro da tradição carismática. A hermenêutica, "como teoria,

---

[1] Os textos escritos por mim, Gutierres Siqueira, usam como referência a tradução Almeida Revista Corrigida (ARC) da Sociedade Bíblica do Brasil (SBB), salvo indicação contrária. Fiz essa escolha porque essa é a versão do imaginário pentecostal brasileiro. Essa tradução já faz parte da memória afetiva desta comunidade (embora eu prefira a Nova Almeida Atualizada [NAA], também da SBB, que será minha versão alternativa).

CAPÍTULO 2
| A hermenêutica pentecostal contemporânea: conceituações e desafios |

preocupava-se em estabelecer princípios para a interpretação correta. Desde o século XIX, o escopo da disciplina se expandiu além da interpretação dos textos. Atualmente, a hermenêutica é a teoria da compreensão em geral".[2] De acordo com o teólogo anglicano Anthony C. Thiselton, um dos principais hermeneutas da atualidade, em seu livro *The Two Horizons: New Testament Hermeneutics and Philosophical Description* [Os dois horizontes: descrição hermenêutica e filosófica do Novo Testamento], "a hermenêutica genuína exige uma abordagem interdisciplinar que requer linguística, filosofia, teologia, história e filosofia linguística".[3]

Normalmente, aqueles que se incomodam com a ideia de uma hermenêutica pentecostal esquecem que a epistemologia é uma questão essencial nessa matéria, ou seja, a forma como entendemos o processo de construção do conhecimento é imprescindível para a interpretação de qualquer texto, até mesmo das Escrituras. A hermenêutica pentecostal é um modo de pensar o problema da interpretação, do conhecimento e da comunicação em nossas comunidades. Quando pensamos na hermenêutica geral, comum a todos os cristãos, ou na específica, o caso da hermenêutica de determinada tradição, o nosso foco não é apenas entender o texto em si como uma entidade autônoma, mas também compreender o papel do leitor, do autor, do mundo do autor, do mundo dos leitores, dos símbolos, da tradição, dos pressupostos filosóficos, da história da interpretação etc.

A hermenêutica busca alcançar o entendimento sobre o meio e a mensagem, além de entender como o meio influencia a própria mensagem. Cada grupo tem uma hermenêutica própria porque cada tradição tem preocupações e necessidades bem peculiares. Desse modo, podemos falar em uma hermenêutica pentecostal, luterana, católica, reformada, fundamentalista, neo-ortodoxa, conservadora, liberal etc. Ao estudar a hermenêutica específica de determinada comunidade literária estamos em busca de seus pressupostos básicos. Vale ressaltar, porém, que não se nega a existência de um núcleo hermenêutico comum a

---

[2] ELWELL; TREIER. *Evangelical Dictionary of Theology*, p. 1589. Para os dados completos das obras citadas, veja a "Bibliografia" no final do capítulo.
[3] P. 8.

todos os cristãos nem que esse núcleo seja incapaz de encontrar verdades básicas e atemporais. Ao contrário, a história da Igreja mostra muito bem onde está exposto o âmago da hermenêutica cristã, a saber, nos grandes credos ecumênicos: Credo Apostólico, Credo Niceno-Constantinopolitano, Credo Atanasiano e Credo Calcedoniano.

Levando-se em consideração esses aspectos introdutórios, vejamos as bases da hermenêutica pentecostal.

1. É marcada pelo conceito sólido da Bíblia como Palavra de Deus.
Tal qual o evangelicalismo, o movimento pentecostal tem a Bíblia em altíssima estima. Desde os primórdios da fé pentecostal, seus líderes e pensadores buscam o respaldo das Escrituras para suas crenças e práticas. Na Escola Bíblica Betel, em Topeka, Estados Unidos, local da inauguração do pentecostalismo moderno em janeiro de 1901, os alunos, antes de tudo, exploraram Atos dos Apóstolos e só depois tiveram a experiência glossolálica descrita no livro bíblico. Ao contrário do que normalmente se pensa, a reflexão bíblica precedeu a experiência entre os alunos do ministro metodista Charles Fox Parham (1873-1929). A maioria dos pentecostais professa a crença na autoridade, inerrância, infalibilidade, suficiência e inspiração plenária das Escrituras. É o caso, por exemplo, da *Declaração de fé das Assembleias de Deus no Brasil*, a qual reafirma a doutrina clássica dos evangélicos sobre a Bíblia, enquanto nega qualquer crendice em uma inspiração mecânica do texto: "Deus soprou nos escritores sagrados, os quais viveram numa região e numa época da história e cuja cultura influenciou na composição do texto. Esses homens não foram usados automaticamente; eles foram instrumentos usados por Deus, cada um com sua própria personalidade e talento".[4] Os pentecostais costumam

---

[4] O trecho completo diz: "Nossa declaração de fé é esta: cremos, professamos e ensinamos que a Bíblia Sagrada é a Palavra de Deus, única revelação escrita de Deus dada pelo Espírito Santo, escrita para a humanidade e que o Senhor Jesus Cristo chamou as Escrituras Sagradas de a 'Palavra de Deus'; que os livros da Bíblia foram produzidos sob inspiração divina: 'Toda a Escritura é inspirada por Deus e útil' (2 Tm 3.16 — ARA). Isso significa que toda a Escritura foi respirada ou soprada por Deus, o que a distingue de qualquer outra literatura, manifestando, assim, o seu caráter *sui generis*. As Escrituras Sagradas são de origem divina; seus autores humanos falaram e escreveram por inspiração verbal e plenária do

CAPÍTULO 2
| A hermenêutica pentecostal contemporânea: conceituações e desafios |

cantar em suas liturgias o hino 259 da *Harpa cristã* que retrata a Bíblia em linguagem sacramental e como meio de graça:

> Creio eu na Bíblia, livro de meu Deus;
> Para mim a Bíblia é o maná dos céus!
> Mostra-me o caminho para o lar celestial;
> Acho eu na Bíblia, graça divinal!

A compreensão prévia da Bíblia como a Palavra de Deus é totalmente compatível com a própria essência do pentecostalismo. Ouso dizer que seria impossível pensar no próprio surgimento do movimento pentecostal sem a compreensão elevada das Escrituras na condição de voz *autoritativa* de Deus. Os pentecostais sempre creram em Deus como Aquele que intervém e se revela. Não é possível abraçar a ideia de a Bíblia ser a voz do Espírito, um livro vivo e transmissor de vida, e ao mesmo tempo abraçar teorias diversas que minam a autoridade do texto. Qualquer tentativa de construir uma hermenêutica pentecostal que conteste a autoridade das Escrituras e a sua infalibilidade já deixou a marca do pentecostalismo.

2. É consciente da experiência e marcada pela experiência.

Com isso, não afirmamos que a experiência esteja acima das Escrituras ou que a subjetividade seja *autoritativamente* equivalente ao texto sagrado, nem estamos resumindo as Escrituras a um registro histórico de um conjunto de experiências religiosas do passado. A Sagrada Escritura

---

Espírito Santo: 'Porque a profecia nunca foi produzida por vontade de homem algum, mas os homens santos de Deus falaram inspirados pelo Espírito Santo' (2 Pe 1.21). Deus soprou nos escritores sagrados, os quais viveram numa região e numa época da história e cuja cultura influenciou na composição do texto. Esses homens não foram usados automaticamente; eles foram instrumentos usados por Deus, cada um com sua própria personalidade e talento. A inspiração da Bíblia é especial e única, não existindo um livro mais inspirado e outro menos inspirado, tendo todos o mesmo grau de inspiração e autoridade. A Bíblia é nossa única regra de fé e prática, a inerrante, completa e infalível Palavra de Deus: 'A lei do SENHOR é perfeita' (Sl 19.7). É a Palavra de Deus, que não pode ser anulada: 'e a Escritura não pode falhar' (Jo 10.35 — ARA)", p. 20.

é o único livro vivo. A Bíblia nos mostra que toda autoridade pertence a Deus e que ele, em sua soberania, concedeu às Escrituras o status de "Palavra de Deus". Como pentecostais, estamos cientes de que apenas movimentos sectários e tresloucados fazem da experiência de um líder carismático ou de um mito esotérico a fonte máxima da revelação. Por outro lado, a experiência é parte importante da leitura pentecostal. Olhamos para os registros de Atos dos Apóstolos ou para a história do profeta Eliseu não apenas como meros fatos passados que nos trazem lições morais no presente, mas como um tipo de vida possível de viver sob o poder do Espírito Santo. O pentecostal pensa: "Se Deus não mudou, por que não posso viver os mesmos milagres expostos nas Escrituras?". A própria Palavra de Deus se comporta mais como ação do que abstração, e ela nos mostra que o mistério escondido na Antiga Aliança não era uma verdade meramente conceitual, mas a manifestação concreta do Filho do Homem nas vielas de Jerusalém (cf. 1Coríntios 2:9).

Na liturgia pentecostal, que é o espaço marcante da experiência, o falar em línguas desempenha um papel preponderante como uma espécie de ato sacramental, e até mesmo essa prática de culto influencia a hermenêutica dos pentecostais porque "o papel do falar em línguas dentro de uma comunidade parece estar necessariamente vinculado a uma 'visão de mundo' que evita o naturalismo reducionista e encontra o mundo como uma espécie de 'sistema aberto' — tal qual um local para a invasão do divino", segundo observa acertadamente James K. A. Smith.[5] William Samarin (1926-2020) afirmava que "as línguas dizem 'Deus está aqui', da mesma forma que uma catedral gótica diz 'Deus é majestoso'".[6]

Outro ponto a destacar neste tópico é até uma obviedade: ninguém é capaz de ler um texto sem carregar as marcas da experiência pessoal. O uso da experiência (positiva ou negativa) no ato da leitura não é uma exclusividade das tradições carismáticas. Mesmo o mais racionalista dos teólogos carrega um montante de subjetividade em seu trabalho de interpretação. Os teólogos pentecostais compreenderam que não adianta

---

[5] *Thinking in Tongues*, p. 139.
[6] *Tongues of Men and Angels*, p. 154.

CAPÍTULO 2
| A hermenêutica pentecostal contemporânea: conceituações e desafios |

fingir uma neutralidade que nunca será alcançada plenamente. É mais sábio, isso sim, reconhecer os limites da racionalidade e fazer o bom uso da experiência como fonte de enriquecimento da leitura. A subjetividade pode ser uma sujeira no vidro dos óculos, mas, se usada com prudência, será o lenço que clareará ainda mais as lentes do leitor.

É também necessário lembrar que a própria formação da Sagrada Escritura se deu por um processo formativo que envolve, pela ordem, o fato histórico, a memória do fato histórico, a narração dessa memória dentro de uma comunidade e a vivência experiencial dessa memória pela narração formativa da liturgia ministrada pelos mestres e profetas da Igreja. Toda essa trajetória se reveste da ação do Espírito Santo. Como resultado desse desenvolvimento, a Igreja constituiu o dogma de modo a ser uma expressão da memória recuperada e sintetizada. Ela também abraçou a tradição porque esta permite que, entre as novas gerações, o dogma seja transmitido e confessado.[7] É o processo do quádruplo "E":

- Espírito Santo;
- Escritura;
- Eclésia;[8]
- Experiência humana.[9]

3. *Usa os insights da crítica da redação sem desacreditar a unidade das Escrituras.*

A crítica da redação é um método de análise exegética — dos Evangelhos, em especial — nascido entre os adeptos do método histórico-crítico e que busca a teologia por trás dos escritos dos evangelistas

---

[7] "A memória gera narração, e a narração é performativa na medida em que ativa experiência e ação; o dogma como memória prática recupera, para além da rigidez das fórmulas, a experiência que se fixa nelas e está destinada a ativar outras experiências". GIBELLINI, Rosino. *A teologia do século XX*. São Paulo: Loyola, 1998, p. 323.

[8] Transliteração do grego *ekklēsía*, de onde vem nossa palavra "igreja", que foi grafada "egreja" até o século XVIII. Para não quebrar a sequência dos "Es", optamos pela transliteração.

[9] Para um complemento a esse tópico, veja: SIQUEIRA, Gutierres Fernandes. *O Espírito e a Palavra: Fundamentos, características e contribuições da hermenêutica pentecostal*. Rio de Janeiro: CPAD, 2019, p. 52-70.

neotestamentários (Marcos, Mateus, Lucas e João). A crítica da redação surgiu após a Segunda Guerra Mundial em resposta aos exageros da crítica das formas, que via nos evangelistas meros compiladores e editores de coleções e tradições orais já existentes. Embora os exegetas críticos normalmente não se importem com a unidade das Escrituras e coloquem tradições neotestamentárias diferentes como antagônicas (paulina *versus* petrina; paulina *versus* lucana; paulina *versus* tiagana etc.), os pentecostais que usaram esse método em suas pesquisas acadêmicas sempre reafirmaram a crença na unidade das Escrituras, especialmente nomes da envergadura de Roger Stronstad, William Menzies (1931-2011), Robert P. Menzies, James Shelton, entre outros. De acordo com Antonio Gilberto (1927-2018), teólogo pentecostal brasileiro, a unidade das Escrituras pode ser entendida como um fluxo contínuo: "O pensamento de Deus corre uniforme e progressivo através da Bíblia, como um rio que, brotando de sua nascente, vai engrossando e aumentando suas águas até tornar-se caudaloso".[10] O uso moderado da crítica da redação não é incompatível com o método histórico-gramatical, e hoje praticamente nenhum grande exegeta evangélico conservador despreza as contribuições do método histórico-crítico, embora todos mantenham a crença básica na unidade das Escrituras e rejeitem os pressupostos céticos desse método.

4. É marcada pela narrativa.

A Bíblia é uma grande narrativa, mas não é uma narrativa desprovida de dogma; pelo contrário, a narrativa bíblica está carregada de teologia. Os autores das Escrituras, inspirados pelo Espírito Santo, normalmente empregavam narrativas mesmo em porções epistolares — como é o exemplo da história de Abraão registrada em Gênesis e usada pelo apóstolo Paulo em Romanos 4 no contexto da discussão sobre a justificação pela fé. Nas Escrituras, não há dicotomia entre ensino e narração. Falando sobre Lucas, enquanto historiador e teólogo, o professor Stephen I. Wright diz:

---

[10] *A Bíblia através dos séculos*, p. 52.

CAPÍTULO 2
| A hermenêutica pentecostal contemporânea: conceituações e desafios |

A habilidosa narrativa de Lucas não é mera fiação de cordas para edificar ou entreter. Sua história se concentra em eventos históricos. É baseada na tradição de testemunhas oculares e em sua própria investigação cuidadosa (1:2,3). Mais do que qualquer outro livro bíblico, Lucas nos lembra de que a teologia não ancorada na história é subcristã e docética.[11]

Os evangelistas possuíam narrativas controladoras que permitiam o destaque de determinados episódios da história de Israel para afirmar e reafirmar crenças à comunidade. O Cântico de Maria (Lucas 1:46-54), por exemplo, é claramente inspirado no Cântico de Ana (1Samuel 2:1-10). Isso não significa que o narrador inventou o *Magnificat* e o pôs nos lábios de Maria, mas Lucas com certeza selecionou determinada fração da história factual sobre a doxologia de Maria para que a conexão teológica entre a mãe do Nosso Senhor e a mãe do profeta Samuel fosse possível. As histórias não eram ficções como uma novela ou um romance moderno, nem era um relato jornalístico padrão. A narração de fatos se dava numa cadeia muito bem estruturada de ensinos impulsionados por uma narrativa maior (por exemplo, a messianidade de Jesus).

De Gênesis a Apocalipse, é possível ver que estamos participando do drama trinitário. Deus é aquele que entrega o seu único Filho pelos homens de "dura cerviz", permitindo assim que o Santo Espírito transforme vidas à luz dessa relação de amor eterno. Esse é o maior drama jamais encenado nos teatros com a mesma vivacidade, realismo e crueza do Calvário. O Espírito Santo é o vicário de Cristo, e, por isso mesmo, o cristão cheio do Espírito experimenta as mesmas tensões do carpinteiro de Nazaré: perseguições, milagres e perspectiva escatológica, além do socorro e da compaixão. Após sua morte e ressurreição, Cristo estabelece a Igreja, e ela é a ligação sempre presente entre a história memorizada e narrada com a experiência atual dos seguidores de Cristo. Diante da ausência de uma conclusão em Atos do Apóstolos, os pentecostais afirmam que o seu desenlace acontece por meio da Igreja. Revestida pelo

---

[11] VANHOOZER. *Dictionary for Theological Interpretation of the Bible*, p. 470.

Espírito, ela continua o trabalho dos apóstolos. "É a promessa do Pai que a vocação de Cristo e a vocação dos discípulos se tornem indissociáveis por meio do Espírito Santo, pois a unção sobre Cristo deve ser transferida para os discípulos e para a Eclésia", pontua o teólogo carismático anglicano Mark J. Cartledge.[12] O drama divino não é para ser apenas contemplado, mas encarnado pela comunidade eleita. Os pentecostais amam narrativas e sabem que a história de Jesus não está nas Escrituras como um mero achado arqueológico, mas essa história está em uma linha contínua e contém inúmeras "recapitulações tipológicas" na vivência dos crentes dentro da Igreja. Os pentecostais também cultivam um grande apreço pela tipologia.[13] Inserimo-nos continuamente nas leituras devocionais e nos sermões como integrantes das histórias bíblicas, do mesmo modo que fazia a comunidade de Qumran.[14]

5. *Não despreza a tradição.*
    A hermenêutica pentecostal não abraça o "esnobismo cronológico" nem se vê como revolucionária. Ela busca fundamentação escriturística e, ao mesmo tempo, procura honrar a rica história carismática do cristianismo. Embora o movimento pentecostal seja um fenômeno do século XX, os movimentos carismáticos sempre estiveram no meio da Igreja desde o episódio de Atos 2. A hermenêutica pentecostal não quer ser o reino da subjetividade e do descontrole, que a ninguém edifica, mas também não quer apagar o Espírito e engessá-lo numa estrutura soberba e fechada. Esse equilíbrio entre a continuidade carismática do Novo Testamento e os pés no chão da razão só será possível com a Escritura e com os ricos ensinamentos de uma tradição de dois mil anos.

6. *Deve culminar, por fim, em doxologia.*
    O *Breve Catecismo de Westminster* tem uma linda passagem que diz: "O fim principal do homem é glorificar a Deus, e alegrar-se nele para sempre". Se o estudo das Escrituras não nos levar a uma paixão mais

---

[12] *The Mediation of the Spirit*, p. 90.
[13] EVANS. O Antigo Testamento no Novo Testamento, p. 144.
[14] WRIGHT. *Paulo*, p. 26.

intensa por Deus, tudo será em vão. O objetivo central da hermenêutica não é a interpretação, mas a comunhão com Deus através das letras sagradas. A Bíblia é um meio de graça, e essa verdade não pode ser esquecida pelo hermeneuta. Devemos nos alegar em Deus e regozijar em sua presença santa mesmo diante de uma tarefa técnica como a exegese.

Principais equívocos das hermenêuticas de horizonte pós-moderno

Em algum nível, todos somos pós-modernos a partir do momento que superamos e criticamos os exageros e equívocos do período moderno. Por exemplo, a fé e a razão, no cristianismo, não são diferentes na essência, pois ambas são ferramentas de conhecimento e participação na mente de Deus. Igualar fé à razão é superar o modernismo. Mas curiosamente a fé cristã também está nas bases do modernismo assim como do pós-modernismo. Ambas são filhas da cristandade, embora rejeitem a mãe com todas as forças enquanto distorcem parte de sua herança. Todavia, abraçar de forma integral e acrítica a filosofia moderna ou pós-moderna é um equívoco monumental para o cristão comprometido com a Palavra de Deus, assim como rejeitar os acertos e as contribuições dos modernos e pós-modernos. A fé cristã está além dos períodos históricos e suas filosofias. O mais provável é que ambas as correntes nem estejam tão distantes entre si, pois, segundo o historiador cultural britânico Robert Hewison, o pós-modernismo é um modernismo sem otimismo; a crítica literária Christine Brooke-Rose (1923-2012), por sua vez, dizia que o pós-moderno era um moderno mais moderno, demonstrando com isso se tratar apenas de um aprofundamento do modernismo, mas não sua superação. Concordo com o teólogo anglicano N. T. Wright quando diz: "Minha proposta é não termos medo da crítica pós-moderna. Ela tinha de vir. Creio que é um julgamento necessário sobre a arrogância da modernidade e é, em essência, um julgamento interno".[15]

Embora haja lições preciosas a aprender com os pós-modernos, como as que serão mencionadas neste livro, também há erros a rejeitar,

---

[15] Idem. The Resurrection and the Postmodern Dilemma. p. 4.

dos quais também trataremos mais adiante. Infelizmente, não são erros triviais. Os teólogos de horizonte pós-moderno tendem a valorizar as descobertas e as reflexões das ciências humanas na teologia, sobretudo as da antropologia, da sociologia e da psicologia. Muitas vezes, os erros nascem justamente na valorização das ciências humanas como uma espécie de novo magistério[16]. É o velho risco de transformar a teologia, que um dia foi a rainha das ciências, em vassala das ciências humanas e sociais.

O ponto focal da crítica pós-moderna reside no fato de os métodos histórico-gramatical e histórico-crítico objetivarem o purismo da objetividade. Embora essa promessa fosse mais realçada pelos exegetas críticos, mergulhados numa mentalidade iluminista, é bem verdade que tal tarefa está fadada ao fracasso. Outra crítica importante dos pós-modernos está no apontamento da ilusão racionalista — a razão não esgota o acesso ao conhecimento. O teólogo católico carismático Yves Congar (1904-1995) defendia o equilíbrio entre a irracionalidade e o racionalismo: "Lutaremos, então, contra um espiritualismo que defende em seu programa uma irracionalidade que subtrai e despreza o racional, mas defenderemos um espiritualismo que transcende o racional, porque há uma profundidade e uma série de aberturas que a razão não pode alcançar por si só".[17]

A seguir, listo os principais equívocos dos expoentes das teologias e das hermenêuticas de horizonte pós-moderno. Mas, antes de prosseguir, em primeiro lugar, é importante esclarecer que estou ciente da minha limitação ao generalizar em máximas o pensamento de muitos teólogos que escreveram a partir do rompimento com a modernidade. Qualquer máxima, obviamente, não pode resumir todos os teólogos e teologias construídas do lugar da crítica ao modernismo e ao pré-modernismo. Em segundo lugar, evito o uso da ideia de "hermenêutica pós-moderna"

---

[16] Uso a palavra "magistério" em analogia ao sentido de autoridade confessional que está presente no colegiado episcopal da Igreja Católica. Como lembra o *Dicionário do Concílio Vaticano II*: "Etimologicamente, magistério deriva do termo latino *magisterium*, oriundo de *magis* (maior), em oposição a *minus* (menor), indicando a relação de autoridade de uma pessoa ou instância diante de outras pessoas ou instâncias a elas subordinadas" (p. 574).
[17] CONGAR. *Sobre el Espíritu Santo*, p. 54.

CAPÍTULO 2
A hermenêutica pentecostal contemporânea: conceituações e desafios

até porque não existe uma hermenêutica pós-moderna. O que existe são hermenêuticas construídas a partir de culturas acadêmicas coletivas (ou coletivistas) que abrangem um número enorme de grupos que são até mesmo concorrentes entre si. Por exemplo, estou colocando na mesma análise teólogos da libertação que enxergam a teologia a partir dos conceitos econômicos de Karl Marx (1818-1883) e a crítica pós-estruturalista mais radical. Um marxista não é um pós-moderno porque o marxismo é uma metanarrativa, ou seja, é uma explicação do mundo em conceitos de encaixe lógico. Um relativista radical jamais abraçaria qualquer perspectiva que se acredita abrangente, atemporal e universal. Em terceiro lugar, as máximas apresentadas a seguir indicam que os pós-modernos "tendem" a determinado caminho conceitual, mas, como já dito, não podemos generalizar porque estamos falando de grupos tão díspares como estruturalistas, pós-estruturalistas, feministas, teologias da libertação, teologia negra, crítica da resposta do leitor, narratologia etc.[18]

Vamos aos pontos de conflito.

1. Os teólogos de horizonte pós-moderno tendem a rejeitar qualquer assertiva propositiva da fé cristã como resquício de racionalismo.

Quando escreveu aos coríntios, o apóstolo Paulo, que não era, por assim dizer, um iluminista europeu, observou: "Antes de tudo, entreguei a vocês o que também recebi: que Cristo morreu pelos nossos pecados, segundo as Escrituras, e que foi sepultado e ressuscitou ao terceiro dia, segundo as Escrituras" (1Coríntios 15:3-4, NAA). Observem no discurso paulino que há conteúdo a ser afirmado, informado e confessado. O evangelho é vida, mas também é cognição a ser absorvida. Embora a fé cristã seja mais do que uma doutrina, ela naturalmente não prescinde de argumentos e estruturas racionais. Como bem recorda a *Declaração de fé das Assembleias de Deus*, a salvação não é mero "assentimento intelectual", mas isso não quer dizer que a salvação não possa ser

---

[18] A dificuldade de nomear todas as escolas teológicas em um único grupo é enorme e, provavelmente, desnecessária. Talvez possamos falar em "novas hermenêuticas", mas com o risco de, também, ver grupos concorrentes como iguais.

proclamada como uma verdade inteligível. O Espírito Santo não pode servir de amuleto à hermenêutica pentecostal para justificar qualquer ensinamento não refletido, pois "uma mensagem que de outra forma não é convincente não pode alcançar o poder de persuadir simplesmente apelando para o Espírito Santo. A argumentação e a operação do Espírito não estão em competição entre si. Ao confiar no Espírito, Paulo de forma alguma se poupou a pensar e a discutir", como escreveu o teólogo alemão Wolfhart Pannenberg (1928-2014).[19] Os pós-modernos abraçam de modo convencional uma filosofia emotivista, segundo a qual a ética não tem base cognitiva ou racional, mas meramente prática e emotiva. Quem assim pensa recorre aos mesmos exageros reducionistas dos racionalistas mais rígidos.

2. *Os teólogos de horizonte pós-moderno tendem a olhar qualquer preocupação doutrinária como sinal de arrogância, prepotência e até de violência.*

Afirma-se que a linguagem não descreve fatos ou verdades nem produz conhecimento, mas apenas cria atitudes e desejos nos ouvintes. Desse modo, quem controla o discurso tem as chaves do poder nas mãos. O discurso não é apenas cognitivo e o convencimento "racional" envolve doses de afetividade, mas nenhum homem é uma tábula rasa. É verdade que a apologética de muitos teólogos se move pelos piores sentimentos e perversidades, mas também é verdade que a preocupação com o dogma sempre se fez legítima dentro da história da Igreja Primitiva e da cristandade posterior. Mesmo a tradição mística do cristianismo — conhecida pelo cultivo da espiritualidade amorosa, silenciosa e solidária — não jogou fora o apego aos credos e às confissões da Igreja. É importante destacar que os primeiros apologistas cristãos não nasceram na aridez do escolasticismo católico ou protestante, mas no período vivíssimo da patrística. Aliás, a luta dos apóstolos Paulo, Pedro e João contra os primeiros sinais do gnosticismo mostra a força das atividades apologéticas no cristianismo primitivo.

---

[19] *Basic Questions in Theology*, p. 34-35.

CAPÍTULO 2
| A hermenêutica pentecostal contemporânea: conceituações e desafios |

3. *Os teólogos de horizonte pós-moderno tendem a uma abertura exagerada ao diálogo inter-religioso.*

Os teólogos Veli-Matti Kärkkäinen[20] e Amos Yong,[21] ambos de tradição pentecostal, hoje apresentam defesas extensas da ideia de que o Espírito Santo atua em todas as religiões. Amos Yong, por exemplo, afirma que as religiões "são, de várias maneiras, instrumentos do Espírito Santo realizando os propósitos divinos no mundo".[22] Sobre esse tópico, vale a pena reproduzir um longo trecho do recente artigo em que o teólogo pentecostal Robert P. Menzies critica essa proposta:

> O ensaio de Kärkkäinen também aponta para uma questão importante que seu trabalho e o de outros, como o de Amos Yong, levantam para os pentecostais. Como devemos fazer teologia? Pode parecer uma pergunta simples e direta, mas não é. À primeira vista, podemos supor ser claro que nossa teologia deve fluir de um estudo cuidadoso da Bíblia. No entanto, vários sinais sugerem que Kärkkäinen e Yong não estão satisfeitos com essa abordagem ou resposta simples. A primeira indicação de que essa resposta simples é insuficiente para Kärkkäinen está na afirmação: "Toda a teologia é contextual e local". É claro que, em certo sentido, essa afirmação é formalmente verdadeira. Toda declaração é feita em um idioma específico e por uma pessoa localizada em uma cultura e época específicas. No entanto, também é verdade que seria sensato desconfiar como definitiva a aceitação dessa afirmação sem uma qualificação. Isso significa que somos incapazes de transmitir a essência do evangelho de forma clara através das culturas? Isso significa que estamos irremediavelmente presos em nosso "gueto" cultural, incapazes de nos comunicar de maneira significativa com outros cristãos ao redor do mundo? Acho que não. De fato, como missionário que vive há mais de vinte anos na China, continuo impressionado com as semelhanças (e não as diferenças) que unem todos os seres humanos — compartilhamos sonhos, aspirações, fraquezas e medos semelhantes

---

[20] *The Spirit in the World*, p. 155-180.
[21] *The Spirit Poured Out on All Flesh*, p. 235-236.
[22] Ibidem, p. 236.

— e com o poder da mensagem bíblica para se comunicar com pessoas de diversos contextos culturais. Como observamos, o "mapa do universo" bíblico ressoa com pessoas de todo o mundo, e os pentecostais têm sido bem-sucedidos em seus esforços evangelísticos e de plantação de igrejas precisamente porque levam a sério essa visão de mundo. A verdadeira questão é, então, qual é o tamanho da divisão cultural? Quanto maior vemos a divisão, mais sentimos a necessidade de "traduzir" ou reconstruir a mensagem. Historicamente, isso levou muitas das principais igrejas a deixar de declarar a mensagem apostólica e, em alguns casos, a abandonar a própria noção de compartilhar o evangelho através de fronteiras culturais. Uma abordagem pentecostal ao empreendimento teológico, eu sugeriria, vê a divisão em termos muito gerenciáveis. Este é o caso em especial quando recordamos a promessa da capacitação do Espírito (Atos 1:8). Nosso trabalho não é reconstruir a mensagem, mas traduzi-la e aplicá-la para que possa ser apropriada e claramente entendida. Observaria que a questão da autoridade é central aqui, pois quanto maior a divisão, mais focaremos na análise da cultura contemporânea e não no testemunho bíblico. Em muitos círculos do Conselho Mundial das Igrejas (CMI) que falavam de contextualização, há pouca dúvida de que as necessidades ou preocupações percebidas da cultura contemporânea rapidamente prevaleceram sobre a mensagem apostólica.[23]

Embora seja importante enfatizar que Amos Yong e Veli-Matti Kärkkäinen[24] não negam a singularidade de Jesus Cristo e do Espírito Santo na salvação ontológica do homem, e afirmam os pontos de contato com outras religiões como preparativo para o evangelho,[25] concordo com Ro-

---

[23] The Nature of Pentecostal Theology, p. 203-204.
[24] O próprio Veli-Matti Kärkkäinen reconhece que há exageros nas abordagens da *pneumatologia plural*: "Embora haja muito entusiasmo com relação à mudança para pneumatologias plurais, também há casos em que o movimento em si é celebrado a ponto de os contornos de uma compreensão teológica distintamente cristã do Espírito Divino serem borrados" (*Interdisciplinary and Religio-Cultural Discourses on a Spirit-Filled World*, p. 37). Yong admite que os exageros na teologia pública podem transformar a teologia em mera antropologia (*The Spirit Poured Out on All Flesh*, p. 238).
[25] Para uma perspectiva bem equilibrada sobre a relação da fé cristã com outras religiões, veja NEWBIGIN. *O segredo relevado*, p. 161-188.

CAPÍTULO 2
| A hermenêutica pentecostal contemporânea: conceituações e desafios |

bert P. Menzies que uma teologia focada excessivamente no diálogo inter-religioso está bem distante da fé do pentecostal comum e abre espaço para uma pluralidade excessiva que pode minar a missão cristã, que é o coração do pentecostalismo. Por outro lado, Yong e Kärkkäinen têm razão quando criticam a espiritualidade pietista excessivamente preocupada com a salvação individual.[26] Eles também criticam, acertadamente, a tendência de relacionar o Espírito Santo apenas ao íntimo do indivíduo, mas nunca ao cosmo e à criação como um todo. Ambos, igualmente, apostam que a cosmologia não iluminista, especialmente do sul global, comunica melhor com a fé bíblica sobre realidades *sobrenaturais* do que o ceticismo moderno.[27] Mas o risco, como bem apresentou R. Menzies — e creio que Yong e Kärkkäinen estejam cientes — é o de criar uma pneumatologia divorciada de Cristo e da igreja. Jesus é inseparável de sua igreja. Foi no calor do Pentecostes que a igreja floresceu e que Pedro pregou sobre a exclusividade de Jesus: "E em nenhum outro há salvação, porque também debaixo do céu nenhum outro nome há, dado entre os homens, pelo qual devamos ser salvo" (Atos 4:12).

4. *Os teólogos de horizonte pós-moderno tendem a desprezar a ideia de valor e hierarquia.*

Desde a patrística, os teólogos concordam que existem doutrinas primárias e secundárias. Nas primárias, encontramos as bases do nosso edifício espiritual, isto é, da nossa religião; nas secundárias, há verdades provisórias que podem e devem ser toleradas na diversidade do cristianismo. Essa hierarquia é importante porque ninguém, na realidade, produz pesos iguais para valores diferentes. Sobre esse assunto, o filósofo britânico Terry Eagleton provoca:

> Os teóricos culturais às vezes gostam de fingir que o valor não tem importância, e houve decerto um grande culto a ele na antiga academia literária; mas enquanto a *intelligentsia* populista nega a superioridade

---
[26] YONG. *Quem é o Espírito Santo?*, p. 19.
[27] Veja KÄRKKÄINEN. *Interdisciplinary and Religio-Cultural Discourses on a Spirit-Filled World*, p. 32-33. Uso a palavra "sobrenatural", apesar de ser condenada na academia como dualista, porque não há outra melhor para o contexto.

de George Eliot (*romancista*) em relação a Beavis & Butthead (*programa da MTV*), o populacho que teima em julgar continua a preferir um programa de televisão a outro. [...] A crença de que os valores se constroem, variam com a história e mostram-se inerentemente passíveis de revisão se torna muito atraente, embora funcione muito melhor com Gorki (*escritor russo*) do que com o genocídio.[28]

5. *Os teólogos de horizonte pós-moderno normalmente negam a ideia de uma natureza humana.*

Para eles, toda a nossa experiência, assim como os gêneros, a moralidade e até o altruísmo são meras construções sociais. Nem mesmo a arte escapa. Para o pós-moderno não há significado objetivo ou beleza palpável na arte, mas apenas uma expressão política, social ou econômica. Esse pensamento extremado se sobressai também na análise literária, incluindo a Bíblia, em que a "hermenêutica da suspeita" e a "exegese da desconfiança" se resumem a buscar intenções de poder e opressão por trás do texto. Mais uma vez, cito N. T. Wright, que nos pontua em uma sequência bonita de palavras:

> A hermenêutica radical da suspeita que caracteriza a pós-modernidade é essencialmente niilista, negando a própria possibilidade de amor criativo ou curativo. Na cruz e ressurreição de Jesus encontramos a resposta: o Deus que fez o mundo se revela em termos de um amor que se dá a si mesmo e que nenhuma hermenêutica da suspeita pode tocar; em um Eu que se encontrou entregando-se, em uma História que nunca foi manipuladora, mas sempre curadora e recriadora; e em uma Realidade que pode ser verdadeiramente conhecida, uma Realidade que, sendo conhecida, revela uma nova dimensão de conhecimento, a dimensão de amar e ser amada.[29]

Sobre a "hermenêutica da suspeita" há duas questões para refletir: Ela é aplicada aos próprios mestres da suspeita? Normalmente não.

---

[28] *As ilusões do pós-modernismo*, p. 94-96.
[29] *The Resurrection and the Postmodern Dilemma*, p. 4.

CAPÍTULO 2
| A hermenêutica pentecostal contemporânea: conceituações e desafios |

Outro ponto: A fé pode sustentar por muito tempo a suspeita? Certamente não. Embora a fé cristã não produza o crédulo ingênuo, ela é antônimo do cinismo e do ceticismo.

6. *Os teólogos de horizonte pós-moderno tendem a domesticar Deus segundo suas próprias consciências e agendas ideológicas.*
Sejamos justos: esse pecado não é exclusividade dos teólogos aqui citados, afetando também os teólogos conservadores na mesma intensidade. Todavia, um exemplo de teologia domesticada pelo problema da consciência está na obra do teólogo reformado alemão Jürgen Moltmann,[30] que despe Deus de qualquer resquício de onipotência. A rejeição legítima de Moltmann contra os regimes autoritários leva-o a construir uma teontologia na qual Deus não exerce poder. Mas as Escrituras estão cheias de referências ao poderio de Deus, inclusive comparando o Senhor a um guerreiro (cf. 2Samuel 5:10; Isaías 40:10; Jeremias 51:15; Judas 1:25; Apocalipse 4:11 entre outros). Embora essas analogias firam sensibilidades pós-modernas, a tônica do Deus guerreiro estava bem presente nos hinos dos negros escravizados na América do Norte. Podemos lembrar, por exemplo, o hino *Joshua Fit the Battle of Jericho*, composto no início do século XIX pelas vítimas da escravidão e interpretado magistralmente pela cantora Mahalia Jackson (1911-1972), conhecida como a rainha do *gospel*. É interessante observar de que modo as vítimas das maiores atrocidades históricas estão mais confortáveis com um Deus que se apresenta forte. Como disse Luiz Felipe Pondé: "Enquanto a teologia da libertação fez a opção pelo pobre, o pobre fez a opção pelo pentecostalismo".[31]

7. *Os pós-modernos abraçam uma espécie de "teologia romantizada".*
Não pense na palavra "romântica" no sentido vulgar, mas filosófico, segundo o qual o amor passou a ser um atributo autônomo e o

---

[30] Moltmann não é pós-moderno; pelo contrário, sua teologia escatológica depende de metanarrativas. Cito o teólogo alemão neste capítulo porque seu discurso contra o poder, inclusive o poder de Deus, é atraente para os pós-modernos.
[31] Santos entre taças e vinhos, p. 22.

próprio Deus tornou-se menor do que o amor. É o amor pelo amor. É a inversão da teologia joanina que afirma ser Deus amor e luz, e não o amor endeusado. Ao divinizar o amor como um agente autônomo, independente de Deus e do seu caráter, os pós-modernos tendem a um sentimentalismo exagerado. Na hermenêutica, isso é trágico porque o sentimento pessoal sempre falará mais alto do que a voz do Espírito no texto bíblico, e tal prática será legitimada pela autoridade do próprio indivíduo. Não é, portanto, apenas sentimentalismo, mas o mais vulgar individualismo. Como nos lembra N. T. Wright, embora a pós-modernidade tenha sido necessária para corrigir a arrogância moderna, que sempre arrotou altivez de suas glórias e conquistas científicas, a pós-modernidade pecou ao não nos trazer uma alternativa realmente sustentável. Wright escreve: "Sua visão de Deus, na medida que se tem uma, é confusa, abrindo a porta para todos os tipos de teologias românticas, da Nova Era, gnósticas e outras em que o ateísmo funcional em alguns setores se mistura sem esforço com elementos do misticismo panteísta e do escapismo gnóstico".[32]

8. *Os teólogos de horizonte pós-moderno tendem a atribuir qualquer preocupação com a historicidade do texto como algo "moderno demais".*
É importante evitar extremos. Obviamente, a fé não pode depender apenas da história. Muitas vezes os relatos das Escrituras mais revelam sobre a história primária dos seus autores humanos do que sobre o relato em si, ou seja, a história secundária. Exemplo disso é o relato de Gênesis sobre a criação. Esse relato mosaico é uma teologia cósmica, e não uma descrição jornalística, e seu objetivo apologético estava no combate às cosmologias das religiões pagãs de seu tempo. A história não deve ser desprezada em uma atitude docética defendendo a ideia distorcida que só o "espírito atrás da letra" importa de verdade.[33] Joseph Ratzinger escreve:

---

[32] *Creation, Power and Truth*, p. 74.
[33] Para uma defesa da importância da história na interpretação, veja: FEE, Gordon D. *Ouvindo Deus: uma abordagem multidisciplinar da leitura bíblica*. São Paulo: Shedd, 2001, p. 11-38.

CAPÍTULO 2
| A hermenêutica pentecostal contemporânea: conceituações e desafios |

A opinião de que a fé enquanto tal não conhece absolutamente nada dos fatos históricos, e deve deixar tudo isto aos historiadores, é gnosticismo: esta opinião desencarna a fé e a reduz a uma pura ideia. Para a fé que se baseia na Bíblia é, ao contrário, exigência constitutiva precisamente o realismo do acontecimento. Um deus que não pode intervir na história nem mostra-se nela não é o Deus da Bíblia. Por isso, a realidade do nascimento de Jesus da Virgem Maria, a efetiva instituição da Eucaristia por parte de Jesus na Última Ceia, a sua ressurreição corporal dos mortos — é este o significado do sepulcro vazio — são elementos da fé enquanto tal, que ela pode e deve defender contra uma só presumível melhor consciência histórica.[34]

9. Os teólogos de horizonte pós-moderno apresentam a ideia de que toda crença é fruto de imposição violenta.
Ou, como dizem: "A história é escrita pelos vencedores." Não é o caso do cristianismo primitivo. Jesus venceu quando morreu e a ninguém feriu ou matou, e todos os primeiros cristãos faziam parte de uma seita judaica excêntrica que não representava nenhuma ameaça física ao Império Romano. Os pós-modernos insistem que toda perspectiva é uma estratégia de poder. O historiador britânico Edward Gibbon (1737-1794) lembrou que o cristianismo — a religião das classes inferiores — derrotou o Império Romano.

Embora seja verdade que muitas crenças, ideologias e dogmas foram impostas pela violência, não podemos generalizar essa afirmação. A própria história do cristianismo mostra como um grupo nada viável alcançou o mundo todo em poucas décadas pelo poder da proclamação, e não pelo poder das armas ou do Império. O que muitos teólogos de horizonte pós-moderno ignoram é a imposição violenta da correção política — popularmente conhecida como "politicamente correto".[35]

---

[34] *Ser cristão na era neopagã*, p. 106.
[35] Para a crítica de um pensador progressista ao "politicamente correto", veja: BOSCO, Francisco. *A vítima tem sempre razão?* São Paulo: Todavia, 2017. De um pensador conservador, veja: PONDÉ, Luiz Felipe. *Uma filosofia pós-moderna*. Rio de Janeiro: Globo, 2020. Ambos apontam a natureza autoritária da correção política.

É crescente a "cultura do cancelamento" nas redes sociais e um clima de "puritanismo identitário" que busca corrigir injustiças históricas com imposição, coerção e impetuosidade de discurso. No passado, a Inquisição queimava hereges na fogueira, mas hoje os "hereges" são "queimados" com demissão e corte de verbas de departamentos universitários ou de espaço na imprensa tradicional.

10. *Os teólogos de horizonte pós-moderno tendem a exagerar o poder dos pressupostos.*

O famoso ensaio "É possível a exegese sem pressupostos?",[36] de Rudolf Bultmann (1884-1976), é constantemente lembrado em discussões hermenêuticas, mas cabe enfatizar que Bultmann não queria dizer que o pressuposto era um determinismo. O problema, segundo Anthony C. Thiselton, está na palavra *pressuposto*, a qual "parece promover uma cláusula de exclusão do diálogo genuíno. Isso sugere que os pressupostos são sempre rígidos e incapazes de iniciar negociações ou diálogos. Sugere-se que cada lado esteja firmemente ligado ao seu".[37] Segundo Bultmann, os pressupostos — ou melhor, o conhecimento prévio do exegeta — podem até mesmo ajudar na leitura do texto. Reconhecer o conhecimento prévio e os pressupostos filosóficos não quer dizer que a busca pela objetividade deva ser descartada como uma tarefa inútil.

Por último,

11. *Os teólogos de tendência pós-moderna tendem a uma relativização exagerada.*

---

[36] ALTMANN. *Rudolfo Bultmann: crer e compreender*, p. 223-229.
[37] *The Holy Spirit*, p. 96. O autor Anthony C. Thiselton continua na página 98: "Não rejeito tudo no pós-modernismo, em especial sua reação à padronização do conhecimento. Mas estou menos inclinado à fragmentação e ao pluralismo do que Michael Welker parece estar. Na minha opinião, mina a própria identidade do pentecostalismo e do movimento de renovação. É certo que essa abordagem atrai alguns pentecostais ao parecer uma teoria altamente sofisticada da hermenêutica. Mas os pentecostais estudaram e publicaram seriamente sobre hermenêutica apenas nos últimos 25 anos, e é muito apressado nesse estágio tentar lucrar com a hermenêutica pós-moderna até que haja tempo suficiente para compreender a natureza sedutora do secularismo pós-moderno que tais abordagens hermenêuticas ocultam".

CAPÍTULO 2
| A hermenêutica pentecostal contemporânea: conceituações e desafios |

Crentes de que não é possível falar em uma religião ou cultura superior, os pós-modernos tendem a nivelar todas as manifestações de culto como iguais em importância. Embora a presunção religiosa seja um perigo, a falta de qualquer critério de diferenciação mata a própria essência do Evangelho. Como cristãos protestantes e evangélicos, somos apologistas da liberdade religiosa e da liberdade de culto, além do respeito pelos direitos humanos de todos os crentes e não crentes, mas daí a concluir que o Espírito Santo opera salvação objetiva através de outras religiões é um salto demasiadamente alto e arriscado. Os evangélicos reconhecem que os lampejos da graça divina estão presentes em muitas manifestações culturais e humanas não cristãs, inclusive religiosas, mas a marca do pecado pesa como força esmagadora e inescapável. Entre as instituições humanas, todas manchadas pelo pecado, a igreja, que também é contaminada pelo pecado, é a única chamada de santa (Efésios 5:26-27).[38] Portanto, é impossível divorciar o Espírito Santo de Jesus Cristo, e é impossível divorciar Jesus Cristo da igreja. O Espírito é o vicário de Cristo, que aponta para ele através do evangelho proclamado pela "igreja do Deus vivo, a coluna e firmeza da verdade" (1Timóteo 3:15). Quando Paulo pregou em Atenas (Atos 17:15-34), ele dialogou e fez pontos de contato com a religiosidade pagã, mas, acima de tudo, exaltou o Criador. O texto diz que o seu "espírito se comovia em si mesmo" ao observar a idolatria dos atenienses. Não imagino o apóstolo defendendo a ideia de que o Espírito Santo estava derramando graça salvífica através do culto aos deuses atenienses.

Tendo em vista os aspectos observados, o nosso maior desafio como defensores da hermenêutica pentecostal é o compromisso com Cristo e sua Palavra, glorificando a Deus pelo poder do Espírito Santo. Devemos nos manter distantes do racionalismo enquanto também rejeitamos o subjetivismo. É tão fácil abraçar extremos que o nosso desafio se traduz numa sentença do nosso Senhor: "Sejam prudentes como as serpentes e simples como as pombas" (Mateus 10:16, NVI).

---

[38] "A igreja é santa e pecadora", como diria Agostinho de Hipona.

Bibliografia

ALTMANN, Walter (ed.). *Rudolfo Bultmann: crer e compreender*. São Leopoldo: Sinodal, 1986.
CARTLEDGE, Mark J. *The Mediation of the Spirit: Interventions in Practical Theology*. Grand Rapids: Eerdmans, 2015.
CGADB. *Declaração de fé das Assembleias de Deus no Brasil*. Rio de Janeiro: CPAD, 2016.
CONGAR, Yves. *Sobre el Espíritu Santo*. Salamanca: Sígueme, 2003.
EAGLETON, Terry. *As ilusões do pós-modernismo*. Rio de Janeiro: Zahar, 1998.
ELWELL, Walter A.; TREIER, Daniel J. *Evangelical Dictionary of Theology*. Grand Rapids: Baker Academic, 2017.
EVANS, Craig A. O Antigo Testamento no Novo Testamento. In: MCKNIGHT, Scot; OSBORNE, Grant R. (eds.). *Faces do Novo Testamento*. Rio de Janeiro: CPAD, 2018.
NEWBIGIN, Lesslie. *O segredo revelado: Uma introdução à teologia da missão*. São Paulo: Vida Nova, 2019.
KÄRKKÄINEN, Veli-Matti. Pentecostal Pneumatology of Religions: The Contribution of Pentecostalism to Our Understanding of the Work of God's Spirit in the World. In: _____ (ed.). *The Spirit in the World: Emerging Pentecostal Theologies in Global Contexts*. Grand Rapids: Eerdmans, 2009.
_____; KIM, Kirsteen; YONG, Amos (eds.). *Interdisciplinary and Religio-Cultural Discourses on a Spirit-Filled World: Loosing the Spirits*. New York: Palgrave Macmillan, 2013.
PONDÉ, Luiz Felipe. Santos entre taças e vinhos. *Revista Veja* 2225 (2011), p. 17-21.
MENZIES, Robert. The Nature of Pentecostal Theology: A Response to Veli-Matti Kärkkäinen and Amos Yong. *Journal of Pentecostal Theology* 26 (2017).
MILBANK, John. The Programme of Radical Orthodoxy. In: PAUL-HEMMING, Laurence. *Radical Orthodoxy?: A Catholic Enquiry*. Aldershot: Ashgate, 2003.
PANNENBERG, Wolfhart. *Basic Questions in Theology*. London: SCM, 1971.
RATZINGER, Joseph. *Natureza e missão da teologia*. Petrópolis: Vozes, 2008.
_____. *Ser cristão na era neopagã*. Vol. 2. Campinas: Ecclesiae, 2015.
SAMARIN, William J. *Tongues of Men and Angels: The Religious Language of Pentecostalism*. London: Collier-Macmillan, 1972.
SILVA, Antonio Gilberto da. *A Bíblia através dos séculos*. Rio de Janeiro: CPAD, 1992.
SMITH, James K. A. *Thinking in Tongues: Pentecostal Contributions to Christian Philosophy*. Grand Rapids: Eerdmans, 2010.
THISELTON, Anthony C. *The Holy Spirit — in Biblical Teaching, through the Centuries, and Today*. Grand Rapids: Eerdmans, 2013.
_____. *The Two Horizons: New Testament Hermeneutics and Philosophical Description*. Grand Rapids: Eerdmans, 1980.

CAPÍTULO 2
| A hermenêutica pentecostal contemporânea: conceituações e desafios |

VANHOOZER, Kevin J. (ed.). *Dictionary for Theological Interpretation of the Bible*. Grand Rapids: Baker Academic, 2005.

WRIGHT, N. T. *Creation, Power and Truth: The Gospel in a World of Cultural Confusion*. London: SPCK, 2013.

_____. *Paulo: Novas perspectivas*. São Paulo: Loyola, 2009.

_____. The Resurrection and the Postmodern Dilemma. *Sewanee Theological Review* 41.2 (1998).

YONG, Amos. *Quem é o Espírito Santo? Uma caminhada com os apóstolos*. Cuiabá: Palavra Fiel, 2019.

_____. *The Spirit Poured Out on All Flesh: Pentecostalism and the Possibility of Global Theology*. Grand Rapids: Baker Academic, 2005.

CAPÍTULO 3

A HISTÓRIA DA HERMENÊUTICA PENTECOSTAL: ORIGENS E DESENVOLVIMENTO (PARTE I)

KENNER TERRA

A hermenêutica, enquanto teoria da interpretação, avalia o ato interpretativo, critica os pressupostos dos múltiplos métodos e disponibiliza os princípios ou horizontes de leitura. Por isso, um professor dessa disciplina gastará tempo, entre outras coisas, expondo a história da intepretação, cuja descrição perguntará pelo funcionamento dos métodos e seus pressupostos. Hermenêutica também é filosofia do sentido. Como parte de sua discussão, ela apresenta as possibilidades interpretativas, os limites dos referenciais metodológicos usados e avalia os pressupostos de cada caminho de leitura. Isso evita, por exemplo, o dogmatismo metodológico, porque coloca cada ferramenta exegética em seu contexto epistemológico e traz a lume o paradigma no qual se estabelece. A hermenêutica nos alerta que a inspiração pertence à Bíblia, e não aos métodos!

Quando falamos em hermenêutica pentecostal, estamos diante de alguns dilemas. Há uma hermenêutica pentecostal distinta? Se sim, o que a caracteriza? Poderíamos afirmar que o pentecostalismo é um fenômeno de leitura bíblica? Os pentecostais criaram um tipo novo de leitura bíblica ou somente leram Atos com outros pressupostos? A leitura pentecostal da obra lucana pode apontar para um modelo hermenêutico identificável? Há algum tipo de método desenvolvido pela

CAPÍTULO 3
| A história da hermenêutica pentecostal: origens e desenvolvimento (Parte I) |

história da hermenêutica que seja "a" ferramenta correta para a hermenêutica pentecostal? Depois de longo arrazoado sobre o tema, Marius Nel, no artigo "A distinctive pentecostal hermeneutic: possible and/or necessary?" [Uma hermenêutica pentecostal distintiva: possível e/ou necessária?], afirmou: "Falar de uma hermenêutica pentecostal distinta não é possível nem necessário, uma vez que a interpretação pentecostal já contribuiu, e ainda contribui, para o surgimento de uma dimensão pneumática/espiritual da interpretação bíblica".[1] Para Nel, a contribuição da leitura pentecostal seria tão somente (o que não é pouco) a observação mais cuidadosa da dimensão do Espírito Santo na hermenêutica já estabelecida na história cristã. Mesmo que a pneumatologia tenha ganhado destaque nos movimentos carismáticos, como veremos no decorrer das nossas discussões, essa ideia não me parece totalmente correta. Aliás, a maioria das pesquisas internacionais não concorda com Marius Nel. Pelo contrário, a tarefa nos últimos anos, uma vez aceita a expressão "hermenêutica pentecostal", tem sido definir suas características, especificidades e os métodos mais adequados. Sobre isso, Louis W. Oliverio Jr., de forma perspicaz, explica o poder da experiência em avaliar — confirmando ou negando — as afirmações interpretativas da tradição. Ou seja, quem tem vivência no Espírito desconfia das hipóteses a respeito das Escrituras, mas nunca das Escrituras em si. Exemplo disso é o questionamento feito pela leitura pentecostal quanto às afirmações doutrinárias do cessacionismo, colocando-a como parte do desenvolvimento do protestantismo: "Em outro sentido, então, essa hermenêutica é também um desenvolvimento radical da fé protestante na autoridade e perspicuidade da Escritura".[2]

A despeito de não ser possível falar em uma epistemologia[3] pentecostal nos moldes da defendida por Howard M. Ervin, isso não impede

---

[1] P. 98. Para os dados completos das obras citadas doravante, veja a "Bibliografia" no final do capítulo.
[2] *Theological Hermeneutics in the Classical Pentecostal Tradition*, p. 34.
[3] O termo se aplica à discussão a respeito do "como conhecemos as coisas". Essa ciência se pergunta pelos processos do conhecimento e de que modo as ciências produzem seus saberes. Além disso, explica a dinâmica e desenvolvimentos dos processos cognitivos. Isso significaria perguntar como os pentecostais adquirem conhecimento e compreendem o mundo. Cf.: LEWIS. Towards a Pentecostal Epistemology, p. 95-125.

de nos perguntarmos a respeito da maneira como os pentecostais leram a Bíblia e quais seriam os métodos mais adequados para o "jeito" pentecostal de se aproximar dos textos sagrados. Para respondermos à segunda parte desse problema, será necessário discutir neste texto o papel da experiência na tradição pentecostal e em sua leitura das Escrituras. Por agora, vamos nos deter na descrição da história da hermenêutica pentecostal.

Os pentecostais sempre leram a Bíblia de uma única maneira?

Ficou popular afirmar que a leitura bíblica pentecostal sempre usou o método histórico-gramatical desenvolvido na tradição reformada. Pelo menos no Brasil, essa parece ser a compreensão da maioria. Contudo, muitos se esquecem da influência que as ferramentas do método histórico-crítico exerceram na hermenêutica pentecostal no tempo em que o movimento se expandiu e seus principais representantes acadêmicos entraram em diálogo com os demais evangélicos norte-americanos, os quais adaptaram os trabalhos da crítica bíblica às suas leituras. O interessante é que, em nossos seminários e cursos, o método histórico-crítico sempre foi tratado com desconfiança, e seu uso entre os pentecostais norte-americanos é desconhecido pela maioria dos leitores brasileiros.

A respeito desse assunto, precisamos explicar algumas coisas. "Exegese histórico-gramatical", que se tornou um termo técnico, é o resultado do desenvolvimento das preocupações da Reforma, cuja principal militância foi romper, em parte, com a leitura alegórica realizada pelos medievais. Esse caminho interpretativo tornou-se possível especialmente por conta da influência do humanismo renascentista europeu nos séculos XV-XVI, que colocou como prioridades o texto original, a análise linguístico-gramatical e histórica do texto, a fim de acessar o sentido simples e claro da Escritura. Isso significaria priorizar a intenção do autor e a mensagem enviada para os primeiros leitores. Erasmo de Roterdã (e não somente ele) enfatizou a importância das circunstâncias históricas, do sentido das palavras, do contexto histórico

CAPÍTULO 3
| A história da hermenêutica pentecostal: origens e desenvolvimento (Parte I) |

e literário, do conhecimento das línguas originais e de se interpretar textos obscuros à luz dos mais claros.[4] Tal apreciação influenciou muitíssimo a perspectiva de Martinho Lutero e, por sua vez, aparece nas preocupações de Calvino. No entanto, essa compreensão gramatical-histórica dos primeiros reformadores não pode ser considerada, obviamente, um método estabelecido, mas são princípios, filhos do seu tempo e contexto, de acesso ao texto.

Na outra ponta, encontra-se o método histórico-crítico, que pode ser descrito como um conjunto de ferramentas exegéticas desenvolvidas durante a modernidade iluminista. Alguns autores defenderam que essa leitura crítica e histórica foi a inevitável consequência do *Sola Scriptura* e do desencadeamento das ciências bíblicas depois da Reforma. Da maior atenção dada ao texto, as ciências bíblicas avançaram em direção às análises mais críticas aplicadas à Bíblia.[5] Como instrumento racionalista de interpretação, o método histórico-crítico preocupou-se com a formação histórica, o desenvolvimento das tradições, a transformação das fontes, a avaliação historicista dos textos bíblicos e a intenção dos redatores. Diferentemente do gramatical, o método histórico-crítico não apenas usa a Escritura como fonte histórica, mas emite uma série de juízos sobre seu valor histórico.[6] Entre os métodos críticos estão a crítica literária ou crítica das fontes, crítica das formas, crítica da tradição e crítica da redação.

Na história do movimento pentecostal, quando alguns de suas fileiras entraram nos debates da academia, a sua hermenêutica cooptou, com reservas e habilidade, esses dois conjuntos de métodos. Tal apropriação colocou os pentecostais em diálogo e interação com os evangélicos norte-americanos. Como bem explica Timothy Cargal,

> Os pentecostais dentro da academia tenderam a se alinhar com o movimento evangélico de adaptação aos métodos da crítica histórica, mesmo que mantendo um compromisso com a confiabilidade da

---

[4] ANGLADA. *Introdução à hermenêutica reformada*, p. 71.
[5] VOLKMANN; DOBBERAHN; CÉSAR. *Método histórico-crítico*, p. 12.
[6] WEGNER. *Exegese do Novo Testamento*, p. 17.

narrativa bíblica. Talvez um bom exemplo de um estudioso que tipifique essa tendência seja Gordon Fee; seu livro sobre a exegese do Novo Testamento poderia ter sido escrito por qualquer biblista evangélico. Ainda, William Menzies defendeu a ênfase da relação positiva entre a crítica de redação e a teologia dos autores bíblicos para descrever "a hermenêutica necessária para uma teologia pentecostal" derivada de textos narrativos. Um de seus filhos utilizou a mesma crítica de redação exatamente para tais propósitos.[7]

O uso dos métodos histórico-gramatical e histórico-crítico entrou na história da hermenêutica pentecostal especialmente quando a Assembleia de Deus dos Estados Unidos foi integrada à National Association of Evangelicals (NAE) — Associação Nacional de Evangelicais —[8] cujos traços eram neo-ortodoxos e barthianos, sobretudo pelo uso construtivo

---

[7] Beyond the Fundamentalist-Modernist Controversy, p. 163-164.
[8] "Evangelical" em inglês não tem o mesmo sentido que "evangélico" em português. "Evangélico" em português engloba o mundo cristão protestante de modo geral (fundamentalistas, conservadores, tradicionais, pentecostais, renovados, neopentecostais). Nos Estados Unidos, não. Quando se usa o termo "evangelical", se faz referência, grosso modo, a protestantes que não são nem fundamentalistas nem liberais. Não são *fundamentalistas* porque não veem problema em usar as ferramentas usadas pelos protestantes liberais para interpretar a Bíblia (a crítica da forma, da redação etc.), mas não são *liberais* porque negam os pressupostos do liberalismo teológico e não abrem mão de certas doutrinas marcadamente evangélicas, como a inspiração e autoridade da Bíblia (negada pelos liberais, embora os *evangelicals* não vejam problema em questionar certos aspectos da inerrância bíblica, tão cara ao fundamentalismo), a necessidade de "nascer de novo" em Cristo a fim de ser salvo e da pregação do evangelho. Diríamos em português que todos os *evangelicals* são evangélicos, mas nem todos os evangélicos são *evangelicals*. No entanto, o Brasil não tem essa distinção (o termo *evangelical* não é dicionarizado, sendo considerado um neologismo), o que torna meio espinhoso e desafiador traduzir "evangelical", visto que o inglês usa um termo que nos é familiar, mas com um sentido próprio que não se aplica à nossa realidade. Neste artigo, e em outros, para efeitos práticos e didáticos, quando estiver em foco o contexto norte-americano, usaremos ora o termo "evangélico" (mais totalizante), ora o termo "evangelical" (mais específico). Para mais informações sobre o uso e os desafios de definir *evangelical* em nosso contexto, veja SIMÕES, Eduardo V. S. *Evangelicalismo latino-americano: uma perspectiva histórica*. 2016. 115 p. Dissertação (Mestrado em Ciências da Religião). Pontifícia Universidade Católica de Campinas, Campinas, SP, 2016. Para um estudo adicional sobre "evangelicais" e "fundamentalistas", veja MARSDEN, George M. *Understanding Fundamentalism and Evangelicalism*. Grand Rapids: Eerdmans, 1991. (N. dos R.)

CAPÍTULO 3
| A história da hermenêutica pentecostal: origens e desenvolvimento (Parte I) |

e piedoso das ferramentas exegéticas modernas, um tipo de "criticismo moderado".[9] Por isso, os pentecostais não são exatamente dependentes dos métodos desenvolvidos no contexto da Reforma e na modernidade iluminista. Essa é apenas uma parte da história da hermenêutica pentecostal.

Hermenêutica pré-crítica: a leitura pragmática da Bíblia entre os pentecostais

Roger Stronstad chama a leitura bíblica pentecostal em seu primeiro momento de "hermenêutica pragmática".[10] Oliverio Jr. chama-a de "original clássica".[11] O teólogo pentecostal coreano Chang-Soung Lee, por sua vez, nomeia-a como "pré-moderna, pré-crítica e continuísta".[12] Nessa fase, não encontramos a preocupação com discussões teóricas. Havia um vácuo analítico até as primeiras abordagens acadêmicas.

O movimento pentecostal inaugurado por Charles Parham, considerado pai do pentecostalismo moderno, em Topeka, Kansas, foi o clímax de outros reavivamentos anteriores, especialmente entre os movimentos de santidade,[13] e não representa o único reconhecimento do valor da experiência, mas uma nova compreensão bíblica em relação a isso.[14] Stronstad, depois de citar o relatório de Parham, encontra na descrição do líder da escola de Topeka as principais características das raízes do movimento pentecostal:

> No relatório de Parham encontramos a essencial distinção do movimento pentecostal: a) a convicção de que a experiência contemporânea é idêntica da apostólica; b) a separação do batismo do Espírito Santo da santificação (como o movimento *holiness* havia antigamente separado

---
[9] LEE. A History and an Evaluation of Pentecostal Biblical Hermeneutic, p. 15-16.
[10] Trends in Pentecostal Hermeneutics, p. 11.
[11] *Theological Hermeneutics in the Classical Pentecostal Tradition.*
[12] A History and an Evaluation of Pentecostal Biblical Hermeneutic, p. 4.
[13] SYNAN. Raízes Pentecostais, p. 30-58; GOFF. Línguas iniciais na teologia de Charles Fox Parham, p. 63-82.
[14] STRONSTAD. *Spirit, Scripture and Theology*, p. 12.

a santificação da conversão/iniciação); c) que o falar em línguas é a indiscutível evidência ou prova do batismo no Espírito Santo.[15]

Diferentemente dos métodos modernos, a leitura pragmática no contexto desses primeiros anos do movimento, como explica Kenneth Archer, não se preocupava muito com o contexto histórico da Escritura e a intenção original do autor.[16] Os primeiros pentecostais, e ainda hoje há essa apropriação, liam a Bíblia como Palavra de Deus compreendida sem mediação técnica, em uma apropriação direta. Por conseguinte, era mais evidente a fusão do horizonte do leitor e sua experiência sobre o texto[17] porque se preocupava com sua aplicação no cotidiano a fim de resolver questões comuns e dar conta das experiências da comunidade incipiente. O sentido imediato caracterizava tanto a hermenêutica quanto os sermões nas primeiras décadas do pentecostalismo, os quais serviam como caminho de experiência direta para os seus ouvintes, sem a mediação de trabalhos exegéticos das ferramentas da erudição bíblica.[18] Ou seja, o modelo hermenêutico das primeiras décadas do movimento pentecostal era firmado não em uma epistemologia bem desenvolvida, mas estabelecido na experiência. Carl Brumback, um importante representante dessa fase, simplesmente afirmava, de forma pragmática, que a presença atual da manifestação é idêntica ao tempo dos apóstolos e de Jesus.[19] Esses sinais seriam a marca do fim dos tempos e a última ação do Espírito no mundo. Por isso, havia uma ênfase na missão. As línguas, as curas e os milagres eram interpretados escatologicamente, vistos como a *latter rain* (última chuva/chuva serôdia).[20]

Esse sistema interpretativo constrói-se na ideia da inter-relação das três experiências:

1. A experiência de Jesus e seus discípulos, anterior ao texto bíblico;

---

[15] Ibidem, p. 13.
[16] Pentecostal Hermeneutic, p. 133.
[17] Ibidem, p. 132.
[18] BYRD. Paul Ricoeur's Hermeneutical Theory and Pentecostal Proclamation, p. 204.
[19] STRONSTAD. *Spirit, Scripture and Theology*, p. 17.
[20] OLIVERIO JR. *Theological Hermeneutics in the Classical Pentecostal Tradition*, p. 32.

CAPÍTULO 3
| A história da hermenêutica pentecostal: origens e desenvolvimento (Parte I) |

2. A experiência escrita no texto;

3. A experiência das comunidades contemporâneas.

Consequentemente, antes das primeiras discussões entre os acadêmicos pentecostais, reviver a experiência carismática era o lugar hermenêutico privilegiado.[21]

Como mostram as pesquisas, a hermenêutica de Parham, e posteriormente de Carl Brumback, era contrária à alta crítica e favorável ao continuísmo. O pai do pentecostalismo moderno não usou a razão iluminista e os métodos científicos para sua interpretação da Bíblia. Ele rejeitou o cessacionismo fundamentalista e o criticismo liberal. No entanto, Parham não era representante do irracionalismo, mas apresentou doutrinas para além da razão kantiana ou iluminista.[22] A racionalidade pentecostal, diferente do racionalismo moderno, era um tipo de realismo pragmático e integrado à compreensão da primazia do sobrenatural.[23]

Outra característica dos primeiros momentos da hermenêutica pentecostal foi sua similaridade com a leitura bíblica dos movimentos de santidade, o "método de leitura bíblica" (*Bible Reading Method*).[24] Suas estratégias interpretativas — preocupadas menos com sistematização do que viver a vida cristã — geraram a tradicional doutrina pentecostal: o batismo no Espírito Santo evidenciado pela glossolalia.[25]

O "método de leitura bíblica" tinha indícios indutivos e dedutivos. Como um caminho hermenêutico do tipo "texto-prova", essa forma de leitura observava exaustivamente certas expressões e formulava uma verdade baseada na leitura desses textos. A harmonização era imprescindível, tornando os dados em afirmações doutrinárias, o que ajudava na produção da compreensão bíblica do tópico ou tema da investigação.

---

[21] LEE. A History and an Evaluation of Pentecostal Biblical Hermeneutic, p. 5.
[22] Ibidem, p. 2.
[23] OLIVERIO JR. *Theological Hermeneutics in the Classical Pentecostal Tradition*, p. 32.
[24] ARCHER. *A Pentecostal Hermeneutic*, p. 209.
[25] Menos presente no Brasil, o unicismo — que rejeita a tradicional doutrina da Trindade (Pai, Filho e Espírito Santo) — também apareceu nesse contexto entre os pentecostais.

Não menos comum, inicialmente entre as igrejas de brancos, sobretudo na Assembleia de Deus nos Estados Unidos, foi a presença da hermenêutica dispensacionalista-fundamentalista. Como explica Veli-Matti Kärkkäinen:

> Pentecostais, principalmente das denominações brancas como Assembleias de Deus e Quadrangular, aceitaram de imediato a hermenêutica fundamentalista-dispensacionalista, na qual o literalismo e a inerrância eram enfatizados. O fundamentalismo, claro, emergiu de uma crítica ao estudo histórico-crítico da Bíblia desenvolvido na modernidade. Os fundamentalistas e pentecostais procuraram lutar contra o modernismo e o estudo histórico-crítico da Bíblia dentro dos limites da mesma perspectiva epistemológica. Por causa de sua herança fundamentalista, o pentecostalismo foi marcado por um forte anti-intelectualismo que persiste até os dias de hoje.[26]

Por um lado, a leitura bíblica dos evangelicais norte-americanos dialogava com alguns pontos do fundamentalismo; por outro, a mesma perspectiva hermenêutica aplicava a exegese crítica de maneira moderada e com traços neo-ortodoxos. Os pentecostais moveram-se (movem-se) entre os dois grupos. No Brasil, a erudição pentecostal parece estar mais próxima, em termos de leitura bíblica, da segunda opção. No entanto, paradoxalmente, mesmo preservando os conceitos de "inspiração plenária e verbal" e "inerrância" bíblicas presentes no fundamentalismo, os quais eram os pontos fundamentais do antagonismo aos princípios dos métodos críticos, os pentecostais no Brasil não se sentem incomodados com a utilização moderada da crítica da redação e das formas. A razão talvez seja o desconhecimento dessas ferramentas e sua história na hermenêutica bíblica.

Até as décadas de 1970 e 1980, a hermenêutica pragmática das origens do pentecostalismo não se preocupou com a sistematização ou avaliação mais criteriosa. Na condição de movimento do Espírito, essa

---

[26] Pentecostal Hermeneutics in the Making, p. 80.

CAPÍTULO 3
| A história da hermenêutica pentecostal: origens e desenvolvimento (Parte I) |

primeira fase tinha o texto bíblico como espaço de leitura carismática, e não técnica. No decorrer dos anos, os pentecostais entraram nas discussões públicas e nos diálogos acadêmicos, o que possibilitou o acesso às teorias e pesquisas bíblicas conhecidas na época, com as quais os demais evangélicos interpretavam o texto. Contudo, novos desafios e o crescimento do movimento exigiram adequações e discussões mais acadêmicas sobre hermenêutica.

Desde sempre, diferentemente das demais denominações cristãs, os pentecostais colocavam a experiência como parte importante da leitura bíblica. Não seria exagerado dizer que a "experiência", tanto para a vida quanto seu papel na leitura bíblica, é central entre as preocupações pentecostais. Cabe aqui citar a esclarecedora explicação do William Oliverio Jr. a respeito do lugar da experiência na hermenêutica pentecostal nas primeiras décadas de seu surgimento:

> Aquele hábito de interação vem da original forma da hermenêutica pentecostal clássica. No entanto, a Escritura era certamente considerada a autoridade acima da experiência, mas em uma dinâmica de interdependência entre a autoridade da Escritura e a experiência emergida na vida dos cristãos pentecostais. A espiritualidade e as demais experiências pentecostais eram o lugar no qual eles testavam suas crenças em contraste com a realidade, incluindo aquelas crenças elevadas ao nível de doutrinas essenciais ao ensinamento das comunidades de fé pentecostais. A dinâmica entre Escritura, hipótese doutrinária e experiência permitiu tanto a produção de uma nova leitura da Bíblia como ocorrências de experiências religiosas.[27]

Como será explicado de forma criteriosa na hermenêutica pentecostal pós-crítica, a relação dialética entre texto bíblico e experiência estava nas bases da leitura bíblica do pentecostalismo das origens. Por isso, o valor da experiência não é uma preocupação apenas de atuais "pós-modernos" que supostamente tentam dar-lhe especial atenção nas últimas

---
[27] *Theological Hermeneutics in the Classical Pentecostal Tradition*, p. 33.

décadas. Pelo contrário, essa questão sempre esteve na história da leitura bíblica pentecostal. A grande preocupação nos primeiros anos do movimento pentecostal foi exatamente a manifestação sobrenatural de Deus, visível no batismo e nos dons do Espírito entre os primeiros fiéis.

Em suma, seguindo o resumo de alguns pesquisadores a respeito da leitura bíblica na fase pragmática, podemos listar os seguintes pontos:[28]

1. A Escritura era tratada como Palavra de Deus inspirada, totalmente confiável.

2. A leitura não reconhecia a distância histórica entre o texto e os leitores, o que gerava um sentido imediato e contextual.

3. A leitura literal era privilegiada; não havia muita preocupação com o contexto histórico do texto, e a Bíblia era compreendida à luz da aplicação do leitor.

4. A interpretação pentecostal era delineada e modelada pelo cristológico "evangelho completo" (Jesus salva, santifica, cura, batiza com o Espírito Santo e breve voltará).

5. Não há uma discussão formal, teórica e epistemológica a respeito da teologia e da hermenêutica. Esse último ponto será o desafio do período posterior da história do movimento pentecostal.

A leitura bíblica acadêmica entre os pentecostais

Um fator importante na história da hermenêutica pentecostal foi sua aproximação e aliança com o movimento evangelical norte-americano. Com a formação da National Association of Evangelicals (NAE) nos anos 1940, e a aceitação dos pentecostais no grupo, a relação com os evangelicais norte-americanos ganhou laços sociais e institucionais, redundando na assimilação de seu método hermenêutico.

---

[28] KÄRKKÄINEN. Pentecostal Hermeneutics in the Making, p. 76-115; ARRINGTON. Hermeneutics. Historical Perspectives on Pentecostal and Charismatic, p. 376-389.

CAPÍTULO 3
| A história da hermenêutica pentecostal: origens e desenvolvimento (Parte I) |

O evangelicalismo emergiu dentro do bloco conservador do cristianismo como uma tentativa de preservar as doutrinas cristãs clássicas, por um lado, e por ser mais aberto aos desafios do mundo moderno, por outro. A participação pentecostal na National Association of Evangelicals na década de 1940 foi motivada pelo desejo de receber a aceitação das outras igrejas evangélicas. Ao mesmo tempo, significava sintonizar o pentecostalismo às preocupações evangelicais, e uma das mais importantes era a inerrância bíblica.[29]

Para essa tradição, cujas perspectivas já rodeavam havia algumas décadas os pentecostais, o centro da interpretação era a intenção do autor e seu sentido histórico, tornando a teologia resultado da exegese.[30] Nesse contexto, a relação da teologia bíblica com a experiência, tão cara aos primeiros pentecostais, poderia ser tratada de diferentes maneiras: pouca preocupação com os pressupostos da experiência, prevendo diminuir sua influência; ou valorização da experiência como pressuposto para a leitura dos textos, o que ajudaria na formação da teologia propriamente pentecostal.

Em suma, esse evangelicalismo pentecostal transformou a teologia pragmática da experiência e colocou o papel da autoridade das Escrituras nos moldes do movimento evangelical norte-americano, que advogava o caminho para o contexto original como parte primeira do trabalho, o que geraria, depois, a aplicação ou sistematização teológica contemporânea. Isso não significa dizer que os primeiros pentecostais não tinham a Bíblia na qualidade de centro da fé. Na fase pragmática, o texto não era tratado exatamente conforme os evangelicais norte-americanos faziam. Se assim fizessem, não seria possível aceitar a ação do Espírito na atualidade como voz para além da leitura direta da Escritura. Ou seja, as ações escritas não eram as últimas possibilidades colocadas no passado, mas sinais do que seria possível vivenciar atualmente.

Então, pentecostais assimilaram a metodologia de seus pares: o jeito evangelical de fazer teologia sistemática após o acesso ao sentido original

---

[29] KÄRKKÄINEN. Pentecostal Hermeneutics in the Making, p. 81.
[30] OLIVERIO JR. *Theological Hermeneutics in the Classical Pentecostal Tradition*, p. 134.

do texto. Essa adaptação pentecostal da hermenêutica teológica evangelical gerou uma hermenêutica híbrida: "Hermenêutica pentecostal evangelical".[31] Veli-Matti Kärkkäinen, tratando do contexto norte-americano, faz uma excelente descrição dessa fase de transição da hermenêutica pentecostal e suas consequências:

> Pentecostais na academia têm procurado interagir e construir alianças com os evangelicais seguindo seu modelo de adaptação dos métodos histórico-críticos, mesmo que mantendo o comprometimento com a factualidade das narrativas bíblicas. Como resultado de tal uso, biblistas pentecostais da academia têm insistentemente enfatizado o contexto histórico das narrativas bíblicas e reduzido seu foco na intenção do autor inspirado. Essa e outras perspectivas desenvolvidas têm como consequência o significado de negar ou romper com a antiga ênfase na imediaticidade do texto, seus múltiplos sentidos e a relevância do "aqui e agora". Isso permitiu um crescimento de divergências nas práticas de interpretação bíblica entre pentecostais das igrejas locais e da academia.[32]

A tendência da erudição bíblica pentecostal foi adaptar-se aos pressupostos da tradição evangélica, em geral, e da NAE, em particular. Os métodos críticos e gramaticais foram utilizados pelos acadêmicos assembleianos e demais movimentos carismáticos, os quais seguiam o horizonte da modernidade sob o paradigma do sujeito e suas pretensões de objetividade e historicismo. Se, por um lado, os primeiros pentecostais liam a Bíblia de maneira direta e sem mediações teóricas, com a formação acadêmica desses pentecostais evangelicais, os métodos racionalistas foram se adaptando à sua leitura bíblica pneumática. Os evangelicais da NAE, como os demais no contexto norte-americano, tratavam as Escrituras como um estático depósito divino de verdades transmitidas pela mente e escritas pelo autor original. No entanto, explica Gordon D. Fee citando Willian Menzies, a hermenêutica pragmática clássica dos pentecostais seguia o caminho inverso. Antes de ler a Bíblia para dar

---

[31] Ibidem.
[32] Pentecostal Hermeneutics in the Making, p. 81.

CAPÍTULO 3
| A história da hermenêutica pentecostal: origens e desenvolvimento (Parte I) |

origem à sua teologia, acessavam-na para verificação bíblico-teológica de sua experiência.[33] Por isso, mesmo adotando os métodos desenvolvidos na Reforma, o autor de *Entendes o que lês?* afirma que a experiência na hermenêutica pentecostal precede à leitura do texto.[34]

Os evangelicais fundamentalistas, sob a égide do racionalismo pós-reforma, com os quais os pentecostais flertavam na academia, admitiam que a única fonte da verdade teológica seria a Bíblia.[35] Por outro lado, para os pentecostais a ação sobrenatural do Espírito Santo, mesmo que confirmada pela Escritura, também era fonte da ação de Deus e revelação. Craig Keener, defensor do método histórico-gramatical, por exemplo, depois de longa descrição da importância do sentido simples da Bíblia e acesso à intenção do autor em seu contexto linguístico e histórico, será obrigado a confirmar, por sua fidelidade ao movimento pentecostal, que Jesus, segundo João 16, prometeu continuar revelando coisas secretas aos seus futuros discípulos: "O Espírito certamente não revelou todas as coisas de Jesus no Novo Testamento; o Espírito continua revelando as coisas de Jesus nos permitindo conhecê-lo".[36] A partir dessa leitura de João, Keener afirma ser a revelação não subscrita somente à Bíblia, porque Deus também poderia falar para além da sua leitura, como se percebe na discussão sobre o dom da profecia em 1Coríntios 12—14. Ele afirma: "Na verdade, está bem claro com base nas próprias narrativas bíblicas que a revelação não está limitada à Bíblia".[37] Quando a revista presbiteriana *Fides Reformata* publicou a resenha de *Hermenêutica do Espírito*, o responsável pela recensão deixou claro o seguinte:

> Keener espera que continuemos a ter em nossa época as experiências espirituais descritas nas Escrituras como o dom de profecia por causa da relação que ele faz da narrativa de Atos 2.17-19 com a promessa de Jesus sobre a futura ação do seu Espírito em João 16.12-15. [...]

---

[33] FEE, Gordon. Hermeneutics and Historical Precedent, p. 87.
[34] Ibidem, p. 87
[35] OLIVERIO JR. *Theological Hermeneutics in the Classical Pentecostal Tradition*, p. 140.
[36] KEENER. *Spirit Hermeneutics*, p. 107.
[37] Ibidem.

Embora a epistemologia da revelação que Keener articula e sobre a qual ele fundamenta sua abordagem hermenêutica não seja compartilhada por todas as tradições cristãs, especialmente pela tradição reformada, sua obra oferece uma contribuição importante para os estudos hermenêuticos da igreja em geral, pois ele nos encoraja a fazer o indispensável exame do contexto e da intenção autoral no processo de interpretação dos textos bíblicos para que sejamos fiéis à mensagem original.[38]

Ou seja, para a leitura reformada há um impasse instransponível aqui: a experiência. Nesse ponto, estamos em um entrave entre o método indutivo de leitura bíblica dos reformados no Brasil, ou evangelicais nos Estados Unidos, cujo caminho é centralizado no texto eliminando os pressupostos e as experiências além da Bíblia e em diálogo com ela, e o movimento pentecostal que começa, então, a se firmar no mundo inteiro. Se há expectativas sobrenaturais da profecia e revelação, por exemplo, sem perder de vista a Bíblia como Palavra de Deus e fonte da verdade, não seria possível tornar as narrativas bíblicas o único caminho para a experiência com o Espírito Santo, porque ele, como agiu dando dons e manifestando-se poderosamente na história dos discípulos, poderia fazer o mesmo hoje. Por conseguinte, especialistas como Fee, W. Menzies e outros enfrentaram o desafio da utilização ou adequação dos pressupostos racionalistas desses referenciais exegéticos evangelicais para a teologia pentecostal, marcadamente preocupada com a experiência. Voltaremos a essa discussão, mas antes precisamos falar um pouco mais da National Association of Evangelicals (NAE).

Em 1942, a Assembleia de Deus dos Estados Unidos, maior denominação pentecostal, juntou-se à NAE para escapar do isolamento, após romper com os amigos fundamentalistas em 1928. Consequentemente, igrejas locais, seminários e faculdades pentecostais acompanharam a crescente presença de acadêmicos filiados aos métodos críticos, o que não seria compatível com os interesses de Charles F. Parham e William H. Durham.[39]

---

[38] SILVA. Resenha, p. 136.
[39] LEE. *A History and an Evaluation of Pentecostal Biblical Hermeneutic*, p. 6.

CAPÍTULO 3
| A história da hermenêutica pentecostal: origens e desenvolvimento (Parte I) |

Essa hermenêutica evangelical, por meio da qual a leitura bíblica era realizada no espaço da NAE, tinha traços neo-ortodoxos (nomenclatura europeia) ou neoevangelicais (nomenclatura norte-americana). À luz do horizonte barthiano, aceitavam-se os métodos críticos e as ciências bíblicas na análise dos textos, o que seria o caminho para ouvir a Palavra de Deus na Bíblia. Antes de qualquer coisa, essa perspectiva de leitura priorizava o histórico. Ou seja, acolhiam-se as críticas e o trato historicista na interpretação da Bíblia, mas sem negar sua inspiração ou seu lugar de encontro com a Palavra de Deus. Em uma postura menos fundamentalista e literalista, esses integrantes da NAE insistiam que a Escritura é infalível em relação ao cumprimento da sua função de fé e salvação em Cristo, mas falível em algumas de suas informações sobre história e cosmologia.[40] Com certeza, essa leitura evangelical citada seria facilmente chamada no Brasil de "liberal".

No limiar da leitura crítica e piedosa do texto, os evangelicais aceitavam um tipo de "criticismo piedoso" ou "criticismo moderado", que confessava ser a Escritura inspirada Palavra de Deus em palavras humanas. Isso permitia a investigação crítica, na condição de palavra humana, e, ao mesmo tempo, tratá-la como divina,[41] enquanto revelação. O próprio Robert Menzies se instrumentalizará da crítica da redação e das fontes nessa perspectiva mais moderada, sem desconsiderar a inspiração ou o valor do texto bíblico, seguindo o estatuto do neoevangelicalismo.[42]

Os membros da NAE aplicavam aos textos, uma vez aceitos como revelação e aptos a ensinar, as ferramentas críticas e seus pressupostos. William W. Klein, Craig L. Blomberg e Robert L. Hubbard Jr. — neoevangelicais recomendados pelo pentecostal Robert Menzies — afirmaram que o sentido do texto estava na análise das palavras e da gramática enquanto caminho de acesso à intenção do "autor/redator" e da compreensão dos primeiros leitores.[43] Ao usar o termo "redator", os autores

---

[40] Ibidem, p. 16.
[41] MARSHALL; VANHOOZER; PORTER. *Beyond the Bible*.
[42] Cf. MENZIES, R. *Empowered for Witness the Spirit in Luke-Acts*.
[43] WILLIAM; BLOMBERG; HUBBARD JR. *Introduction to Biblical Interpretation*, p. 133.

estão sintonizados às pesquisas modernas e críticas, as quais definem o texto como resultado do trabalho redacional a partir de tradições. Essa leitura neo-ortodoxa do texto, mesmo que ele mesmo não admitisse, pode ser encontrada em algumas afirmações de Craig L. Blomberg. Por exemplo, quando aceita negar a historicidade de algumas partes da Bíblia, especialmente em suas discussões sobre os Evangelhos, seguindo intuições adotadas por Michael Licona,[44] ele se insere em uma ala mais crítica dos evangelicais. Dentro do próprio movimento evangelical há uma discussão tensa entre Blomberg e seus pares,[45] a ponto de aquele chamar estes de "excessivamente conservadores", citando Norman Geisler, Albert Mohler, Danny Akin, Robert Thomas, David Farnell, William Roach. Um dos pontos fundamentais dessa discussão é exatamente a questão relacionada à inerrância da Bíblia e sua historicidade. O neoevangelical Craig Blomberg, entre tantas outras coisas pouco conservadoras, defende haver partes importantes e históricas na Bíblia, mas, por outro lado, desconfia da historicidade de outras porções, as quais seriam, segundo sua compreensão, mais periféricas.[46] Blomberg até mesmo ironiza os que tentam harmonizar as aparentes contradições na Bíblia com o uso da crítica da redação,[47] o que é feito pela exegese pentecostal acadêmica. Com algumas mudanças e adaptações, essa perspectiva neoevangelical será utilizada e formará a consciência hermenêutica pentecostal na fase acadêmica. Um tipo de modernismo moderado, mas ainda racionalista: piedosamente crítico, mas devedor do paradigma racionalista; pentecostal, porque indicará os pressupostos da experiência do Espírito, mas exageradamente evangelical. Como mostra William Oliverio Jr.,

> Da metade do século XX e início do XXI, a hermenêutica pentecostal evangelical tem desenvolvido uma grande apreciação pelo método histórico-crítico e seu uso na interpretação dos textos bíblicos à luz da

---

[44] ROACH. The Resurgence of Neo-Evangelicalism, p. 231-261.
[45] A respeito desse debate, veja ROACH. The Resurgence of Neo-Evangelicalism.
[46] *Can We Still Believe The Bible?*, p. 258.
[47] Ibidem, p. 119.

CAPÍTULO 3
| A história da hermenêutica pentecostal: origens e desenvolvimento (Parte I) |

composição do contexto original. No lugar da rejeição em si do método por conta de seu ceticismo, os biblistas e teólogos começaram a utilizar o método histórico-crítico na interpretação bíblica. Eles adotaram um tipo de "criticismo piedoso", no qual a historicidade e veracidade dos textos bíblicos são defendidas ao lado da instrumentalização de várias críticas bíblicas.[48]

Essa fase é marcada pela presença da formação da erudição bíblica pentecostal. O contexto, como vimos, é a relação entre os neoevangelicais e as igrejas pentecostais na NAE. É nesse espaço que os métodos mais racionalistas da academia são inseridos na história da exegese pentecostal. Pelo que parece, não há boa demarcação ou definição entre o que seria histórico-gramatical ou histórico-crítico moderado — às vezes essas coisas quase se confundem entre os biblistas pentecostais acadêmicos. A defesa pelo contexto histórico, a avaliação do gênero e as questões linguísticas serviriam aos mesmos pesquisados que usavam eloquentemente os instrumentos das críticas da redação ou das formas.[49]

Assim, a exegese acadêmica pentecostal dialogará com a tradição evangelical. Por essa razão, as ferramentas gramaticais e histórico-críticas, nos moldes do evangelicalismo norte-americano, terão lugar na hermenêutica pentecostal. É compreensível tal tendência, porque dava conta dos desafios e das críticas àquele crescente movimento tratado com tanta desconfiança. Teólogos como Gordon D. Fee, William Menzies, Howard Ervin e outros tentaram responder com as mesmas ferramentas bíblicas às críticas e leram, como fez Roger Stronstad, Lucas-Atos de maneira academicamente aceita, por um lado, e "pentecostalmente" adequado, por outro. Percebemos, então, que o uso dos métodos críticos e reformados não seriam os únicos caminhos seguidos pela hermenêutica pentecostal, mas parte desse movimento deve ser tratado como um momento e historicamente localizado.

---

[48] *Theological Hermeneutics in the Classical Pentecostal Tradition*, p. 133.
[49] Cf.: STRONSTAD. *A teologia carismática de Lucas* e *Teologia Lucana sob exame*; MENZIES, R. *Pentecostes*, 2017.

Os pentecostais acadêmicos no contexto da exegese moderna

Os pentecostais eram acusados pelos evangelicais norte-americanos de fazerem irresponsável alegorização e espiritualização dos textos.[50] Gordon D. Fee, seguindo o modelo hermenêutico evangelical, será um dos primeiros a inserir a leitura pentecostal no nível acadêmico. Fee tenta resolver essa querela e responder às críticas defendendo o sentido histórico e o uso da crítica do gênero literário na leitura pentecostal — tal trilha metodológica levará Fee a ler Atos, por exemplo, como livro histórico, não didático e pouco apropriado para a construção teológica.[51] Cada texto, segundo sua proposta, precisa ser lido à luz da forma e do conteúdo próprios, o que evitaria aberrações e alegorizações. Citando, inclusive, Martin Debelius, importante crítico das formas do Novo Testamento, temido no Brasil ao lado de Bultmann, Fee afirma que cada texto tem seus traços formais identificáveis, o que exige do intérprete a capacidade de delinear o gênero do texto:

> Deve ser um axioma da hermenêutica bíblica que o intérprete precisa levar em conta o gênero literário da passagem interpretada, juntamente com as questões de texto, gramática, filologia e história. Tal princípio parece ser autoevidente, mas raramente é aplicado ao Novo Testamento, exceto para Apocalipse. Entretanto, os Evangelhos, as Epístolas e Atos também são tipos literários distintos, e a consciência desse fato deve se tornar parte de uma hermenêutica válida. O ponto é que nem toda declaração bíblica é a Palavra de Deus exatamente da mesma maneira.[52]

O acadêmico pentecostal segue os princípios da exegese moderna para regular a leitura do texto. Ele afirma nessa citação que a Palavra de Deus é mediada por tipos de textos diferentes, os quais precisam ser identificados e lidos dentro desse quadro teórico. Contudo, Fee segue tal trato exegético levando em consideração a experiência pentecostal.

---

[50] LEE. A History and an Evaluation of Pentecostal Biblical Hermeneutic, p. 8
[51] Ibidem, p. 7.
[52] Hermeneutics and Historical Precedent, p. 89.

CAPÍTULO 3
| A história da hermenêutica pentecostal: origens e desenvolvimento (Parte I) |

Ele admite que a experiência na leitura bíblica pentecostal precede o texto e serve como sua verificação: "É provavelmente justo e importante notar que, em geral, a experiência dos pentecostais precedeu sua hermenêutica".[53]

Para Fee, os dois principais pontos da hermenêutica pentecostal são: a experiência do batismo com o Espírito Santo subsequente à salvação e o falar em línguas como sua evidência inicial. Em sua exposição, ele ainda informará que essa perspectiva tem sua fundamentação na ideia de Atos dos Apóstolos enquanto texto normativo, cujas imagens servem de padrão para as igrejas atuais.[54] Contudo, ele desenvolverá um programa complexo de aplicação e leitura de Atos. Seguindo seu critério do gênero literário, o biblista pentecostal mostrará que as Epístolas têm propósitos de ensino de maneira diferente das narrativas históricas, a exemplo de Atos. Ele não radicaliza a ponto de negar o caráter didático das narrativas históricas, como fez Stott,[55] mas separa os textos que pretendem ensinar dos *incidentais*. Observando a moldura redacional de Atos, na qual encontra o interesse maior de Lucas, Fee separará o que é "ensinável" das outras informações (tratadas como incidentais), as quais não são teologicamente equivocadas ou incorretas, mas não servem de modelo ou normatividade.[56] Por exemplo, ele explica que a intenção primária e principal de Lucas com sua narrativa foi mostrar a igreja como movimento insurgente desde Jerusalém com alcance em todo o mundo antigo pelo poder do Espírito Santo. Por isso, afirma Fee, o desejo de Lucas para a igreja não seria a reprodução de todos os detalhes narrados, mas a visão maior da dependência pneumática da igreja.[57] Por consequência, as narrativas tratadas por Fee como periféricas ou menores não poderão ser usadas para ensinar práticas gerais ou normativas. O problema, pelo menos para os pentecostais, está exatamente no que Fee indica ser periférico ou não normativo:

---

[53] Ibidem, p. 81.
[54] Ibidem, p. 85.
[55] *The Baptism and Fullness of the Holy Spirit*.
[56] Hermeneutics and Historical Precedent, p. 97.
[57] Ibidem, p. 93.

> Não há ensino expresso quanto ao *modo* do batismo, à idade dos que hão de ser batizados, nem aos fenômenos carismáticos específicos que devem ser evidenciados quando alguém recebe o Espírito [...]. A Escritura simplesmente não diz que [...] os cristãos devem ser batizados no Espírito Santo com a evidência das línguas como uma segunda obra da graça [...].[58]

Roger Stronstad não concordará com essa descrição, mesmo seguindo a leitura redacional de Atos. Ao contrário de Fee, encontrará também nas narrativas "incidentais" um lugar tanto de normatividade da experiência quanto para a teologia pentecostais.[59] Aliás, seus textos sobre Lucas-Atos exemplificarão o caminho bíblico-teológico por ele escolhido.

Na verdade, Gordon D. Fee convida os pentecostais a aceitarem parte da crítica dos reformados ou demais denominações tradicionais porque acreditava na razoabilidade das exortações dos tradicionais e admitiu que os pentecostais acabavam projetando no texto suas experiências, em especial a doutrina do batismo do Espírito Santo com evidência inicial das línguas. Seguindo sua metodologia, Fee acusa os pentecostais em geral de darem valor normativo ao que é incidental. Se levarmos a sério suas reflexões, a glossolalia seria antes um sinal da dimensão e presença pneumático-carismática do que norma de identificação do batismo com o Espírito.

Por essa e outras razões, após reconhecer a sua importância e capacidade exegética, Stronstad afirma que Fee incidiu no erro de reconhecer o batismo no Espírito Santo como parte da conversão, e não de uma experiência subsequente:

> Enquanto Fee permanece um pentecostal experimentalmente, e até defenda a possibilidade de falar em línguas quando o Espírito é recebido, sua hermenêutica não é mais pentecostal em qualquer sentido normativo da palavra, porque tem inserido o batismo do Espírito na conversão em vez da vocação.[60]

---

[58] Ibidem, p. 94.
[59] *A teologia carismática de Lucas* e *Teologia Lucana sob exame*, p. 13-30.
[60] *Spirit, Scripture and Theology*, p. 23-24.

CAPÍTULO 3
| A história da hermenêutica pentecostal: origens e desenvolvimento (Parte I) |

Com sua divisão rápida entre narrativas normativas e incidentais, centrais e periféricas, aptas a serem modelos atuais e outras não paradigmáticas, Fee permanece no sistema neoevangelical barthiano e neo-ortodoxo sem, talvez, dar-se conta disso. Quem sabe levando em consideração a maneira como os pentecostais da primeira geração liam a Bíblia, as intuições de Fee não seriam benquistas na hermenêutica pragmática dos pentecostais das origens. É possível intuir que a mesma desconfiança seria aplicada a alguns pentecostais acadêmicos brasileiros porque defendem as ferramentas da exegese filha da modernidade e os seus pressupostos racionalistas.

Outro projeto hermenêutico pentecostal importante nessa fase acadêmica é a complexa proposta de Howard M. Ervin, conhecida como "hermenêutica pneumática". Formado na Universidade de Princeton, pastor batista e professor na carismática Oral Roberts University por quarenta anos, Ervin era muito respeitado pelos biblistas pentecostais.[61] Na condição de filho do seu tempo, respirava o contexto das ciências modernas e sua epistemologia. Por isso, tentou apresentar uma síntese entre experiência sensorial e razão. Criticando a dicotomia irreconciliável entre experiência mística e razão, Ervin denunciou o racionalismo destrutivo e o misticismo irracional.[62]

Segundo Ervin, a hermenêutica do Espírito está enraizada na realidade e na compreensão de mundo da Bíblia. Se por um lado a exegese moderna havia transformado as narrativas sobrenaturais da Escritura em linguagem mitológica e primitiva, as quais não poderiam ser aceitas pelo homem moderno e racional, para ele as experiências espirituais de milagres, exorcismos, línguas, profecias e maravilhas eram provas empíricas e fenomenológicas da realidade e verdade da presença do sobrenatural tanto nas Escrituras como no mundo atual. Por ser Palavra transcendente de Deus, os autores dos textos bíblicos usaram a linguagem do Espírito Santo, o que, diria Ervin, exigiria o novo nascimento para que essa distância fosse rompida e o Espírito, o mesmo que revelou a Palavra

---

[61] Há uma obra em homenagem a ele, na qual estão William Menzies e Cecil Robeck. Cf.: ELBERT. *Essays on Apostolic Themes*.
[62] Hermeneutics, p. 11-25.

aos autores, ajudaria na compreensão e interpretação. Nesse sentido, fala-se em hermenêutica pneumática, porque o Espírito conhece as profundezas de Deus e somente uma hermenêutica pneumática seria capaz de explicar a Bíblia.[63]

> Ervin sugere um método pneumático para a compreensão através da interpretação, mas aceitou o linguístico, literário e histórico do método crítico para tal compreensão. Ele apresenta quatro elementos que podem afetar qualquer desenvolvimento da hermenêutica pentecostal. Em sua apresentação, por um lado, ele rejeitou a mitologização das histórias bíblicas e manteve o caráter histórico e objetivo das narrativas da Escritura. Mas, por outro lado, aceitou todas as contribuições metodológicas e atuais da exegese crítico-contextual, assim como a exegese histórico-gramatical tradicional. Para ele, "precisamente por causa da encarnação, as análises linguística, literária e histórica são indispensáveis como um primeiro passo para a compreensão das Escrituras". Ervin viu a Bíblia através da alta crítica, ao mesmo tempo que dizia conclusivamente que as experiências testemunhadas nos escritos bíblicos de fato aconteceram na história antes de os textos serem escritos. Por isso, os leitores de hoje podem reviver as experiências através da continuidade pneumatológica.[64]

O sistema hermenêutico de Ervin é ontológico e fenomenológico. A Escritura é realidade transcendente, inspirada pelo Espírito Santo, e somente uma ação contínua do Espírito poderia tornar possível a sua compreensão, uma vez que o leitor nasceu de novo. Contudo, essa ação pneumática está em parceria com a utilização dos métodos da moderna exegese crítica, mas em perspectiva moderada. Enquanto fenomenológica, a hermenêutica pentecostal é epistemologicamente estabelecida na verificabilidade. Ou seja, as experiências pneumáticas atuais dão a certeza empírica da ação do Espírito no tempo e espaço, além de confirmar

---

[63] STRONSTAD. *Spirit, Scripture and Theology*, p. 24-25; LEE. A History and an Evaluation of Pentecostal Biblical Hermeneutic, p. 10.
[64] LEE. A History and an Evaluation of Pentecostal Biblical Hermeneutic, p. 11.

CAPÍTULO 3
| A história da hermenêutica pentecostal: origens e desenvolvimento (Parte I) |

a realidade das narrativas sobrenaturais testemunhadas na Bíblia. Ervin afirmará que a presença histórica dos sinais e maravilhas é a prova da verdade e certeza empírica da realidade do sobrenatural no mundo. Para o teólogo batista, isso confirmaria a frase paulina a respeito da "demonstração de Espírito e poder" (1Coríntios 2:4).

Ainda no contexto acadêmico da história da hermenêutica pentecostal, o nome de William W. Menzies precisa ser lembrado. Pai de Robert Menzies e fundador da Society for Pentecostal Studies (SPS) — Sociedade para Estudos Pentecostais — W. Menzies seguirá de perto as perspectivas da hermenêutica evangelical-pentecostal, como na NAE, e também aplicará a proposta de verificação experiencial. W. Menzies conjugará experiência, crítica bíblica e metodologia científica.[65]

Em um texto escrito com seu filho, W. Menzies defendeu o uso da crítica bíblica. No contexto da discussão com perspectivas pós-modernas, cujo foco seria a denúncia do racionalismo na exegese pentecostal de cunho evangelical, ele dirá claramente que as críticas das fontes e da redação são ferramentas importantes para a compreensão da formação e do sentido do texto,[66] o que o coloca entre os demais críticos moderados. Ele propõe um esquema hermenêutico com o seguinte processo:[67]

1. Nível indutivo.

2. Nível dedutivo.

3. Nível de verificação.

Como os demais evangelicais, no primeiro nível, o indutivo, o leitor precisaria usar as ferramentas da exegese tradicional, entre as quais estariam as ferramentas críticas. W. Menzies, diferentemente de Fee, aplicou a crítica da redação a Lucas-Atos e afirmou ser Lucas um teólogo independente de Paulo, o que se tornou um dado quase inquestionável na exegese pentecostal. Seu projeto hermenêutico afirmava que após a

---

[65] The Methodology of Pentecostal Theology, p. 1-14.
[66] *Spirit and Power*, p. 66.
[67] The Methodology of Pentecostal Theology.

leitura crítica e histórica do texto, a fim de acessar seu sentido original, as deduções teológicas surgiriam como corolários do primeiro passo. Depois, seguindo o esquema, aparece o papel da experiência. Nesse ponto, a hermenêutica pentecostal mostraria sua identidade e propriedade. Ou seja, os trabalhos hermenêuticos e teológicos seriam verificados ou certificados em face da experiência do Espírito, porque, segundo W. Menzies, "a verdade bíblica defendida precisa ser demonstrada na vida".[68] É perceptível que o importante biblista pentecostal permanece firme no pressuposto historicista e moderno de leitura bíblia e coloca a experiência não como pressuposto, mas instrumento de verificação final, como na fenomenologia indicada por Ervin. Todavia, Roger Stronstad proporá, no importante artigo "Pentecostal Experience and Hermeneutics",[69] exatamente o contrário, pois defenderá ser impossível ler a Bíblia sem pressupostos, os quais seriam para o pentecostalismo a experiência do Espírito Santo e sua presença carismática:

> Segundo MacDonald e Menzies, então, a experiência é o elemento final na teologia e hermenêutica, certificando ou verificando o empreendimento teológico. Embora seja válido atribuir à experiência pentecostal uma função de certificação ou verificação, é uma descrição inadequada ou incompleta do lugar da experiência na hermenêutica pentecostal — e essa é a tese deste artigo — porque a experiência entra no trabalho hermenêutico no início da tarefa; ou seja, como uma pressuposição, e não meramente como uma certificação/verificação.[70]

Stronstad admite a inevitável realidade dos pressupostos na leitura bíblica. Em seu artigo supracitado, ele duvidará da possibilidade de as ciências humanas, entre elas a hermenêutica bíblica, agirem com a "cabeça vazia", ou seja, livres da influência dos pressupostos. Contudo, ainda que admita e cite a afirmação bultmanniana dos pressupostos,

---

[68] Ibidem, p. 10.
[69] Pentecostal Experience and Hermeneutics, p. 11-30.
[70] Ibidem, p. 57.

CAPÍTULO 3
| A história da hermenêutica pentecostal: origens e desenvolvimento (Parte I) |

Stronstad segue a exortação de Oscar Cullmann, cuja advertência preserva a busca pela objetividade no trabalho exegético a despeito dessa constatação dos pressupostos.[71] O biblista pentecostal mostrará que carregamos diversas pré-compreensões no trato com a Bíblia, incluindo os que negam a presença carismática dos textos. Ele, então, defenderá que os pentecostais, por sua vez, trazem para a leitura bíblica a experiência carismática do Espírito Santo. Essa pré-compreensão, aliás, protegerá o leitor da tendência ocidental de reduzir a Bíblia às proposições racionalistas.[72] Sua proposta é contrária à defendida por W. Menzies, porque não termina com a experiência carismática do Espírito Santo, cujo poder e cujas manifestações são presentes na vida da Igreja nos nossos dias, mas a coloca no início do trabalho hermenêutico. Ele está afirmando, em resumo, que o pentecostal lê o texto bíblico com pressupostos/experiências carismáticos. Dessa forma, se toda leitura é sempre influenciada pelas pré-compreensões, para o pentecostal a experiência do Espírito é inevitável. Apesar de seguir a tradição metodológica da hermenêutica evangelical, ou seja, dentro do paradigma da modernidade, Stronstad conseguiu ler Atos sem negar a experiência carismática presente no texto e, ao mesmo tempo, confirmou a presença dos dons como parte da vida das comunidades cristãs dos primeiros séculos. Veja o que ele afirma:

> Assim, se a observação de Pinnock, com a qual começamos este artigo, está correta, ou seja, que os pentecostais restauraram uma leitura clara da Bíblia (por exemplo, Atos) para a igreja [...] isso é principalmente porque os pentecostais trazem um pressuposto experiencial válido para a interpretação de Atos e não porque fazem uma exegese histórico-gramatical superior de Atos. Em outras palavras, sua experiência carismática é uma pressuposição experiencial que lhes permite entender a vida carismática da igreja apostólica, como relata Lucas, melhor do que os cristãos contemporâneos que carecem dessa experiência.[73]

---

[71] Ibidem, p. 59.
[72] Ibidem, p. 71.
[73] Ibidem, p. 57-58.

Com essa afirmação é possível tirar duas conclusões da sua perspectiva hermenêutica: historicamente, na leitura pentecostal, a experiência precede o texto, e foi exatamente isso que deu as cores pentecostais à interpretação de Lucas-Atos; e a experiência não pode ser anulada no processo interpretativo.

Assim, seja na leitura pentecostal (assumida) ou tradicional (negada), a experiência está no bojo do processo de leitura do texto. Para o pentecostal, o reviver a experiência do Espírito, marcado por manifestações carismáticas/dons (especialmente o batismo no Espírito Santo), é o lugar a partir do qual o texto é lido. Contudo, isso não é sinônimo de subjetivismo irrestrito e legitimador de aberrações nem de desqualificação do lugar da Bíblia, como se ela estivesse em segundo plano.

Stronstad defende a experiência carismática, a iluminação pneumática e a análise do gênero literário como partes da hermenêutica pentecostal. Com isso, o leitor pentecostal seria fiel à sua tradição e cumpriria a exigência do elemento racional da hermenêutica.[74] Em síntese, como consequência natural de suas intuições, Stronstad apresentará quatro componentes para a hermenêutica pentecostal:[75]

1. Pressuposição da experiência carismática.

2. Análise do gênero literário.

3. Exegese.

4. Verificação da experiência.

Essa perspectiva inclui as seguintes dimensões: "experiencial", "pneumática" e "racional". Seguindo as características hermenêuticas da tradição protestante em geral, acrescenta-lhe tanto a pressuposição quanto a verificação da experiência. Com o uso moderado das ferramentas da crítica da redação e as preocupações histórico-gramaticais, Stronstad continua no paradigma da hermenêutica pentecostal evangelical, efetuada na NAE, sem se esquecer do lugar da experiência na

---

[74] Ibidem, p. 76.
[75] Ibidem.

CAPÍTULO 3
| A história da hermenêutica pentecostal: origens e desenvolvimento (Parte I) |

interpretação. A despeito da desinformação de muitos exegetas hiper-racionalistas, Stronstad defende a impossibilidade da neutralidade e ausência de pressupostos. Contudo, antes de ser um problema, esse dado para a hermenêutica pentecostal é seu lugar comum e principal. Se por um lado as ciências da interpretação constataram a impossibilidade da neutralização dos pressupostos ou da experiência, por outro a leitura pentecostal, assegura Stronstad, comprova e articula muito bem tal realidade. Todavia, a experiência, segundo essa perspectiva, entrará no processo hermenêutico dialogando com a exegese desenvolvida na Reforma e na modernidade. No fim de seu importante artigo, ele faz um esclarecedor resumo da articulação entre exegese acadêmica e experiência em sua perspectiva hermenêutica:

> Se a experiência carismática e a iluminação do Espírito constituem os elementos experienciais e pneumáticos de uma hermenêutica pentecostal, então o respeito pelo gênero literário e pela hermenêutica bíblica protestante constitui o elemento racional de uma hermenêutica pentecostal. Agora, ao afirmar o lugar das pressuposições experienciais carismáticas em uma hermenêutica pentecostal não estou mudando o fundamento e as bases da exegese e da teologia da revelação divina e lançando sobre a experiência. Além disso, ao afirmar o lugar do pneumático não estou dizendo que o Espírito forneça o conhecimento para o intérprete independentemente do estudo e da pesquisa. Ainda, ao afirmar o lugar do gênero literário na hermenêutica não estou colocando a forma acima do conteúdo. A experiência carismática, a iluminação do Espírito e a sensibilidade ao gênero literário, cada qual tem seu lugar essencial e apropriado na hermenêutica; mas, individual e coletivamente, esse lugar nunca pode ser mais do que complementar ao espaço da exegese histórico-gramatical e dos princípios hermenêuticos sobre os quais ela é construída.[76]

Dessa forma, Stronstad defenderá que a hermenêutica pentecostal tem na experiência um lugar a partir do qual as ferramentas modernas funcionam. Como é possível perceber, quase que de modo paradoxal,

---
[76] Ibidem, p. 78.

independentemente de ser o pressuposto da hermenêutica pentecostal, a experiência "complementará" o sistema histórico-gramatical.

No Brasil, pelo menos entre os acadêmicos pentecostais, popularizou-se o modelo histórico-gramatical. Essa seria a perspectiva mais próxima da proposta de Craig Keener[77] e Gordon L. Anderson,[78] para citar apenas dois, os quais defendem, como os demais, a importância da experiência, mas valorizam a utilização da análise do contexto linguístico, gramatical e histórico dos textos bíblicos em uma perspectiva mais adequada ao horizonte da hermenêutica desenvolvida na Reforma do que neo-ortodoxa ou neoevangelical.

Craig Keener pressupõe a experiência como parte da hermenêutica pentecostal, mas defende a preocupação com o contexto cultural, histórico e a intenção original por ocasião da escrita do texto. Enquanto método, ele e Stronstad[79] falam em um círculo hermenêutico.[80] Gordon L. Anderson, ao defender declaradamente o método histórico-gramatical, indicará cinco características da hermenêutica pentecostal:

> 1. Exegese histórico-gramatical e filosofia da linguagem: pentecostais usam os mesmos métodos que os outros evangélicos. 2. Papel do Espírito Santo (pneumático): a visão pentecostal do papel do Espírito Santo não é única e está dentro da perspectiva dos outros evangélicos. 3. Papel dos vários gêneros: os pentecostais veem as narrativas históricas como tendo maior valor didático do que a maioria dos evangélicos, e as usam muito mais na construção de doutrinas. 4. Experiência pessoal: todos os intérpretes intencionalmente ou de forma inadvertida incorporam a experiência pessoal em sua hermenêutica, mas os pentecostais fazem isso de forma consciente, intencional e crítica. 5. Experiência histórica: novamente, como na experiência pessoal, todos os intérpretes usam a história, mas os pentecostais fazem isso de maneira consciente, intencional e crítica.[81]

---

[77] *O Espírito na Igreja* e *Spirit Hermeneutics*.
[78] Pentecostal Hermeneutic: Part I, p. 13-22.
[79] *Spirit, Scripture and Theology*, p. 64.
[80] KEENER. *Spirit Hermeneutics*, p. 121.
[81] Pentecostal Hermeneutic: Part II, p. 3-4.

CAPÍTULO 3
| A história da hermenêutica pentecostal: origens e desenvolvimento (Parte I) |

Os cinco pontos resumem bem a história da hermenêutica pentecostal acadêmica, privilegiam o método histórico-gramatical e aceitam os resultados das pesquisas sobre Lucas-Atos a partir da crítica da redação moderada. A experiência é admitida como parte do processo de interpretação, mas, para vencer os subjetivismos ilimitados, preserva-se a busca pela intenção original, o que eles mesmos admitem não poderem acessar com total certeza.[82]

A Convenção Geral das Assembleias de Deus no Brasil (CGADB) publicou pela Casa Publicadora das Assembleias de Deus (CPAD), em 2016, sua *Declaração de fé*. Na parte separada sobre a Sagrada Escritura, afirmam-se estas linhas:

> A Bíblia é, portanto, a mensagem clara, objetiva, entendível, completa e amorosa de Deus, cujo alvo principal é, pela persuasão do Espírito Santo, levar-nos à redenção em Jesus Cristo. Nós a interpretamos sob a orientação do Espírito Santo, observando as regras gramaticais e o contexto histórico e literário.[83]

Na *Declaração de fé* não se indica que tipo de análise representaria as observações gramaticais e dos contextos histórico e literário. Esses termos poderiam ser avaliados a partir das perspectivas dos métodos histórico-gramatical, histórico-crítico (no modelo da hermenêutica evangelical-pentecostal ou não) ou à luz das teorias literárias, as quais dariam conta do último termo da proposição ("literário"), o que seria possível usando as ferramentas da narratologia, das teorias literárias, da análise do discurso ou da semiótica, que são metodologias do contexto pós-moderno — esse assunto será tratado no decorrer das discussões. Além disso, no documento da CGADB não há qualquer discussão a respeito da relação entre "gramático, histórico e literário" e a experiência no processo de intepretação. Em se tratando dessa relação, William Menzies, Roger Stronstad, Craig Keener, Kenneth Archer e Timothy Cargal dariam respostas diferentes.

---

[82] Ibidem, p. 10.
[83] CGADB. *Declaração de fé*, p. 16.

Um balanço epistemológico

Que paradigma hermenêutico subjaz ou está no pano de fundo dessa hermenêutica pentecostal-evangelical? Tal pergunta lança-nos às questões relacionadas aos limites do conhecimento e ao objetivo da interpretação. A leitura bíblica reformada, como reação ao modelo medieval, encontrou na tradição humanista e renascentista instrumentos para privilegiar o sentido literal, simples e claro do texto, o que seria no medievo o primeiro passo da leitura, cuja continuidade passaria pelo sentido moral, alegórico e anagógico. Em suma, a tradição reformada privilegiou o sentido desejado pelo autor exposto aos primeiros leitores através do texto, o que significaria valorizar as perguntas filológicas, gramaticais, retóricas e históricas do texto; isso seria a descoberta do sentido original. Essa atitude diante do texto é filha do seu tempo e ganhará o nome de método histórico-gramatical. Nesse ambiente — pós-reforma e modernidade — o método histórico-crítico surgirá a partir do mesmo paradigma de interpretação, mas, diferentemente do método reformado, fará críticas não apenas à alegorização do texto ou ao uso dogmático da Bíblia, mas ao próprio texto e sua historicidade.

Nesse sentido, no contexto da modernidade, a hermenêutica — tanto a conservadora como a crítica — se desenvolverá sob o paradigma do sujeito racionalista e cientificista, cujas principais característica são a objetividade, a neutralidade científica e o historicismo. Por sua vez, alguns adeptos do método reformado defenderão que a preocupação com o gramatical, o sentido simples ou a intenção do autor já estava presente na patrística, como na escola de Antioquia, e antes da modernidade.[84] Contudo, encontrar nas leituras pré-modernas os interesses presentes no método histórico-gramatical, tentando responder às acusações de ser racionalista, acaba deixando de lado detalhes muito particulares e suas diferenças, tornando essa conexão histórica muito superficial e anacrônica.

A hermenêutica devedora do pensamento metafísico da modernidade se estabelece em uma antropologia cujo sujeito é dotado da

---

[84] KEENER. *Spirit Hermeneutics*, p. 136.

CAPÍTULO 3
| A história da hermenêutica pentecostal: origens e desenvolvimento (Parte I) |

iluminação da razão, o qual, instrumentalizando métodos objetivos, é capaz de alcançar o sentido do passado de forma direta e neutra. Encontramos no binômio "a aparência e o ser" desenvolvido por Markus Gabriel uma explicação simples e pedagógica a respeito do pensamento metafísico. Metafísica é a tentativa de desenvolver uma teoria do mundo como um todo. Ela pretende descrever de que modo o mundo é de verdade, e não a forma que ele se apresenta a nós ou aparenta ser. O pensamento metafísico costuma supor que exista uma diferença entre como as coisas parecem ser e como são na realidade. "Para descobrir como realmente são, precisamos, portanto, subtrair toda participação humana no processo de conhecimento".[85] A razão moderna enfrentará exatamente esse desafio de superação do aparente e negará qualquer força interna ou externa para produzir o caminho até o conhecimento. Para isso, usará métodos racionais e tecnicamente objetivos. Aqui, estamos no limite do racionalismo e sua perspectiva triunfante e "invencível". Se nas universidades esse paradigma se estabeleceu, o trabalho crítico proporcionou à hermenêutica bíblica a cientificidade requerida pela academia marcadamente racionalista. Por isso, o método histórico-gramatical e o histórico-crítico podem ser considerados ferramentas filhas desse paradigma racionalista, porque negam a neblina embaçadora dos desejos, da tradição e da experiência, uma vez que o biblista seja capaz de usar as ferramentas científicas de maneira correta. Diversos teólogos, pentecostais ou de demais denominações, têm a consciência de que tanto a perspectiva fundamentalista ou crítica dividem a mesma chave epistemológica de compreensão de mundo: o conceito iluminista de objetividade.[86] A teologia liberal, por exemplo, desenvolvida desde os séculos XVIII-XIX, é uma tentativa de adequação do discurso da fé a esse projeto racionalista iluminista de conhecimento, cujo caminho, sob os auspícios kantianos e hegelianos, seria tornar o fenômeno religioso expressão da cultura e sujeito à análise das ciências e seus pressupostos.[87]

---

[85] GABRIEL. *Por que o mundo não existe*, p. 10.
[86] KÄRKKÄINEN. Pentecostal Hermeneutics in the Making, p. 81.
[87] HODGSON. Liberal Theology, p. 5.

AUTORIDADE BÍBLICA & EXPERIÊNCIA NO ESPÍRITO

A hermenêutica pentecostal, ao entrar na academia e buscar seu lugar ao sol, preservou o paradigma racionalista da modernidade, especialmente ao usar os métodos desenvolvidos pela crítica bíblica, mas seguiu à maneira dos neo-ortodoxos — os quais são tratados como liberais pelos conservadores e, por outro lado, como conservadores pelos mais liberais. Na verdade, a neo-ortodoxia é um movimento bíblico-teológico crítico ao liberalismo, e afirmou a ideia do Deus transcendente ("Tu"), totalmente Outro, que se revela ao ser humano. Na perspectiva neo-ortodoxa, a Bíblia precisa ser lida na condição de humana e histórica, cuja roupagem, por vezes tratada de forma mitológica e metafórica, esconde a Palavra de Deus. Assim, tal leitura, tanto entre os mais radicais quanto os mais moderados, aceitou a utilização das ferramentas críticas para a interpretação do texto sem perder de vista o encontro com a Palavra, a revelação transcendental de Deus.[88]

O uso moderado da crítica da redação, das formas, das fontes e da história das religiões pelos exegetas pentecostais coloca-os na esteira do paradigma racionalista, mas tentando dar conta do dado pouco racionalista da experiência. Desde Ervin, passando por William Menzies, Gordon D. Fee até Roger Stronstad, eloquentemente a hermenêutica pentecostal presta contas à objetividade e à racionalidade modernas e, ao mesmo tempo, não perde de vista a fé na ação sobrenatural do Espírito Santo. Para os reformados e histórico-gramaticais, o Espírito seria o iluminador na leitura do texto e a Bíblia, o lugar das experiências com Deus. Por outro lado, para os críticos e neo-ortodoxos, as ferramentas críticas são aptas para abrir o acesso do conteúdo essencial do texto, no qual encontraria a Palavra de Deus, o que significaria, aliás, aceitar a possibilidade da não historicidade de algumas narrativas. Pelo que parece, a maioria dos biblistas pentecostais aceitou a primeira parte dessa proposição. Esses eruditos concordaram com o uso de todas as ferramentas científicas à disposição, mas como caminho de rompimento com as alegorizações e leituras pragmáticas dos primeiros pentecostais, e não para averiguação da historicidade dos textos. Por isso, mais do que

---

[88] WILLIAM; BLOMBERG; HUBBARD JR. *Introduction to Biblical Interpretation*.

CAPÍTULO 3
| A história da hermenêutica pentecostal: origens e desenvolvimento (Parte I) |

subserviente do método histórico-gramatical, essa exegese pentecostal privilegiou e privilegia as ferramentas diacrônicas, ou seja, críticas, em uma perspectiva moderada e piedosa de afirmação do texto, principalmente a crítica da redação.

Nessa fase da hermenêutica pentecostal, os conceitos de "histórico", "verdade do texto", "sentido do texto" etc., serão defendidos à moda da modernidade racionalista iluminista. Por outro lado, o dado novo será a presença da experiência e sua importância, o que coloca a hermenêutica pentecostal no limiar da modernidade racionalista e perspectiva pós-metafísica, pós-moderna.

Outro ponto importante nesse momento da hermenêutica pentecostal-evangelical é a maneira de traduzir as ferramentas modernas da exegese científica. Há o rompimento e a modificação da interpretação imediata e pragmática do início do movimento pentecostal, mas perguntando-se pelo lugar da experiência. Dessa forma, se por um lado preservam-se os instrumentos exegéticos da modernidade e sua teoria do sentido, por outro acrescenta-se a intervenção sobrenatural do Espírito Santo como lugar importante de leitura. Com hipóteses diferentes, os exegetas pentecostais acadêmicos desenvolveram uma maneira muito peculiar de ler Lucas-Atos, encontrando no texto a libertação do claustro paulino (Lucas também ensina com sua narrativa, e não somente descreve), e descobriram os cristãos descritos na obra lucana como empoderados e batizados pelo Espírito Santo, com evidência inicial da glossolalia. Segundo mostram esses biblistas, tais verdades só seriam descortinadas por conta de os movimentos modernos de avivamento reviverem atualmente a experiência.

Cabe ainda destacar que essa perspectiva moderna e erudita da exegese bíblica não alcançou exata e totalmente as práticas e os pregadores pentecostais locais. Pelo contrário, na prática, tanto nos Estados Unidos como aqui no Brasil, as comunidades locais usam a Bíblia ainda seguindo o caminho do texto-prova, a iluminação imediata, o auscultar da voz de Deus a partir das questões da vida cotidiana e, não menos importante, a partir das experiências coletivas e pessoais, nas quais o Espírito fala-lhes por vários caminhos. A sofisticação está entre os acadêmicos, porque na prática do dia a dia das comunidades a resolução dos desafios acontece na força informal do Espírito Santo. Eu mesmo, como pastor e teólogo com formação acadêmica, deparo-me o tempo todo com situações em que a palavra de sabedoria, o milagre, a profecia e as demais manifestações do Espírito são o único jeito para dar conta dos desafios poimênicos. Da mesma forma, o pentecostalismo se expandiu no mundo não porque foram bons exegetas, mas pela capacidade de ouvirem a voz do Espírito e receberem seu empoderamento.

Uma vez dito isso, podemos passar para a outra fase da hermenêutica pentecostal.

CAPÍTULO 3
| A história da hermenêutica pentecostal: origens e desenvolvimento (Parte I) |

Bibliografia

ANDERSON, G. L. Pentecostal Hermeneutic: Part I. *Paraclete* 28.1 (1995), p. 1-11.
_____. Pentecostal Hermeneutic: Part II. *Paraclete* 28.2 (1995), p. 13-22.
ANGLADA, Paulo Roberto Batista. *Introdução à hermenêutica reformada: correntes históricas, pressuposições, princípios e métodos linguísticos*. Ananindeua: Knox, 2006.
ARCHER, Kenneth J. Pentecostal Hermeneutic. In: LEE ROY, Martin (ed.). *Pentecostal Hermeneutic: A Reader*. Leiden: Brill, 2013.
_____. *A Pentecostal Hermeneutic: Spirit, Scripture and Community*. Cleveland: CPT, 2005.
ARRINGTON, French. Hermeneutics. Historical Perspectives on Pentecostal and Charismatic. In: BURGESS, Stanley; BURGESS, M.; MCGEE, Gary B.; ALEXANDER, Patrick H. (eds.). *Dictionary of Pentecostal and Charismatic Movements*. Grand Rapids: Zondervan, 1988.
BLOMBERG, Craig L. *Can We Still Believe The Bible? An Evangelical Engagement with Contemporary Questions*. Grand Rapids: Brazos, 2014.
BYRD, Joseph. Paul Ricoeur's Hermeneutical Theory and Pentecostal Proclamation. *Pneuma: The Journal of the Society for Pentecostal Studies* 15.2 (1993), p. 203-214.
CARGAL, Timothy B. Beyond the Fundamentalist-Modernist Controversy: Pentecostals and Hermeneutics in a Postmodern Age. *Pneuma: The Journal of the Society for Pentecostal Studies* 15 (1993), p. 163-187.
CGADB. Declaração de fé das Assembleias de Deus no Brasil. Rio de Janeiro: CPAD, 2016. Disponível em: <assembleia.org.br/wp-content/uploads/2017/07/declaracao-de-fe-das-assembleias-de-deus.pdf>. Acesso em: 6 ago. 2020.
ELBERT, Paul. *Essays on Apostolic Themes: Studies in Honor of Howard M. Ervin*. Peabody: Hendrickson, 1985.
ERVIN, H. M. Hermeneutics: a Pentecostal Option. *Pneuma: The Journal of the Society for Pentecostal Studies* 3 (1981), p. 11-25.
FEE, Gordon. Hermeneutics and Historical Precedent — A Major Issue in Pentecostal Hermeneutics. In: _____. *Gospel and Spirit: Issues in New Testament Hermeneutic*. Peabody: Hendrickson, 1991.
GABRIEL, Markus. *Por que o mundo não existe*. Petrópolis: Vozes, 2016.
GOFF JR., James R. Línguas iniciais na teologia de Charles Fox Parham. In: MCGEE, Gary (ed.). *Evidência inicial: Perspectivas históricas e bíblicas sobre a doutrina pentecostal do batismo no Espírito Santo*. Natal: Carisma, 2017.
HODGSON, Peter C. Liberal Theology. *The Expository Times* 122.1 (2010), p. 4-10.
KÄRKKÄINEN, Veli-Matti. Pentecostal Hermeneutics in the Making: On the Way from Fundamentalism to Postmodernism. *The Journal of the European Pentecostal Theological Association* 18.1 (1998), p. 76-115.
KEENER, Craig S. *O Espírito na Igreja: O que a Bíblia ensina sobre dons*. São Paulo: Vida Nova, 2017.

_____. *Spirit Hermeneutics*. Reading Scripture in Light of Pentecost. Grand Rapids: Eerdmans, 2016. Publicado no Brasil como *Hermenêutica do Espírito: Lendo as Escrituras à luz do Pentecostes* (São Paulo: Vida Nova, 2018).

LEE, Chang-Soung. A History and an Evaluation of Pentecostal Biblical Hermeneutic. *Journal of Youngsan Theology* 36 (2016), p. 261-299. Disponível em: <www.academia.edu/33641646/A_History_and_an_Evaluation_of_Pentecostal_Biblical_Hermeneutics_changsoung_lee_pdf>. Acesso em: 4 ago. 2020.

LEWIS, Paul W. Towards a Pentecostal Epistemology: The Role of Experience in Pentecostal Hermeneutics. *The Spirit & Church* 2.1 (2000), p. 95-125.

MARSHALL, I. H; VANHOOZER, K.; PORTER, S. E. *Beyond the Bible: Moving from Scripture to Theology*. Grand Rapids: Baker Academic, 2004.

MENZIES, Robert. *Empowered for Witness the Spirit in Luke-Acts*. Edinburgh: T & T Clark International, 1994.

_____. *Pentecostes: essa história é a nossa história*. Rio de Janeiro: CPAD, 2017.

MENZIES, William W. The Methodology of Pentecostal Theology: An Essay on Hermeneutics. In: ELBERT, Paul (ed.). *Essays on Apostolic Themes: Studies in Honor of Howard M. Ervin*. Peabody: Hendrickson, 1985.

_____; MENZIES, R. *Spirit and Power: Foundations of Pentecostal Experience*. Grand Rapids: Zondervan, 2000.

NEL, Marius. A distinctive Pentecostal hermeneutic: Possible and/or Necessary? *Acta Theologica* 37.2 (2017), p. 86-103.

OLIVERIO JR., Louis William. *Theological Hermeneutics in the Classical Pentecostal Tradition: A Typological Account*. Leiden: Brill, 2012.

ROACH, William C. The Resurgence of Neo- Evangelicalism: Graig Blomberg's Latest Book and the Future of Evangelical Theology. *Mid-America Journal of Theology* 26.2 (2015), p. 231-261.

SILVA, Alex Gonçalves. Resenha. *Fides Reformata* 23.2 (2018), p. 131-137.

STOTT, J. *The Baptism and Fullness of the Holy Spirit*. Downers Grove: Inter-Varsity, 1964.

STRONSTAD, R. *A teologia carismática de Lucas: Trajetórias do Antigo Testamento a Lucas-Atos*. Rio de Janeiro: CPAD, 2018.

_____. *Spirit, Scripture and Theology: A Pentecostal Perspective*. Baguio: APTS, 1995.

_____. *Teologia lucana sob exame: Experiências e modelos paradigmáticos em Lucas-Atos*. Natal: Carisma, 2018.

SYNAN, Vinson. Raízes pentecostais. In: _____. *O século do Espírito Santo: 100 anos do avivamento pentecostal e carismático*. São Paulo: Vida, 2009.

VOLKMANN, Martin; DOBBERAHN, Friedrich Erich; CÉSAR, Ely Éser Barreto. *Método histórico-crítico*. São Paulo: CEDI, 1992.

WEGNER, U. *Exegese do Novo Testamento: Manual de metodologia*. São Leopoldo: Sinodal, 1998.

WILLIAM, W. Klein; BLOMBERG, Craig L.; HUBBARD JR., Robert L. *Introduction to Biblical Interpretation*. Dallas: Word Books, 1993.

CAPÍTULO 4

A HISTÓRIA DA HERMENÊUTICA PENTECOSTAL: ORIGENS E DESENVOLVIMENTO (PARTE II)

KENNER TERRA

Essa fase da hermenêutica pentecostal também é acadêmica. Seu surgimento é fruto da desconfiança, em especial, do uso das ferramentas críticas e da visão de mundo racionalista entre os pentecostais eruditos, o que significou a adequação da tradição pentecostal ao racionalismo iluminista da modernidade. Oliverio Jr. chama essa fase de "hermenêutica pentecostal contextual".[1] Ao mesmo tempo que os pentecostais acolheram os métodos críticos e gramaticais, outros pesquisadores, também pentecostais, encontraram na crítica à modernidade e nos métodos menos racionalistas maior alinhamento à maneira como se lia a Bíblia nas comunidades locais e, consequentemente, aptos a darem conta da fé no contexto da experiência sobrenatural. Por isso, Timothy Cargal afirmará que a perspectiva pós-moderna estaria mais próxima da maneira não crítica e polissêmica de leitura realizada pelos pregadores, os pentecostais nas igrejas locais e no pentecostalismo clássico.[2] Os defensores da hermenêutica pós-moderna

---

[1] *Theological Hermeneutics in the Classical Pentecostal Tradition*, p. 185. Para os dados completos das obras citadas, veja a "Bibliografia" no final do capítulo.
[2] *Beyond the Fundamentalist-Modernist Controversy*, p. 165.

ou pós-crítica,[3] então, antes de militar por uma "nova hermenêutica", intentam resgatar a maneira clássica de leitura bíblica carismático-pentecostal instrumentalizando-se de ferramentas sofisticadas das ciências bíblicas mais atuais. Esses hermeneutas pentecostais perceberam na maneira pragmática de o pentecostalismo clássico ler a Bíblia traços germinais do que seria desenvolvido e polido na erudição bíblica pós-moderna.[4] A crítica dos biblistas pentecostais dessa fase contextual não seria exatamente à ausência do lugar da experiência na hermenêutica evangelical em terrenos carismáticos, mas à maneira como tentaram (tentam) adaptar a visão de mundo e fé pentecostais ao paradigma da modernidade. Tanto estes quanto aqueles enfrentaram o desafio do lugar da experiência no procedimento hermenêutico. Contudo, enquanto um grupo preservou os métodos desenvolvidos na exegese crítica e gramatical, outros sublinharam a importância das ferramentas pós-críticas (pós-modernas).

Em suma, os biblistas pentecostais pós-críticos identificam a conexão entre a hermenêutica pentecostal e o horizonte pós-moderno[5] porque este parece ser mais aberto ao sobrenaturalismo religioso e capaz de perceber a polissemia do texto. Para esses exegetas, as ferramentas do paradigma pós-moderno se identificariam melhor com a leitura bíblica carismática e sua ênfase na experiência. Assim, pesquisadores pentecostais críticos da modernidade relativizam a prioridade do conhecimento objetivo e racionalista divorciado da experiência, da emoção e do sobrenatural.[6]

Hermenêutica pentecostal contextual

O nascimento formal da hermenêutica pentecostal contextual pode ser datado com a publicação do volume 15, em 1993, da revista *Pneuma*:

---

[3] O termo "pós-crítico" não é sinônimo de "pré-crítico" ou anticrítico, mas significa certa reação à hegemonia da razão, à sua pretensão de ser o único caminho de conhecimento da realidade e aos seus corolários nas ciências bíblicas, especialmente aos pressupostos dos métodos histórico-crítico e histórico-gramatical.
[4] JOHNS, D. Novas diretrizes hermenêuticas na doutrina da Evidência Inicial do Pentecostalismo Clássico, p. 195.
[5] JOHNS, J. Pentecostalism and The Postmodern Worldview, p. 74.
[6] KÄRKKÄINEN. Pentecostal Hermeneutics in the Making, p. 91.

CAPÍTULO 4
| A história da hermenêutica pentecostal: origens e desenvolvimento (Parte II) |

The Journal of the Society for Pentecostal Studies, na qual autores pentecostais ofereceram caminhos alternativos à hermenêutica pentecostal evangelical (ver capítulo anterior).[7] Essa edição é resultado de um evento importante, o Pentecostal Studies Annual Meeting [Encontro Anual de Estudos Pentecostais]. Ou seja, o surgimento das novas reflexões hermenêuticas pentecostais se deu no mesmo espaço em que o modelo anterior se estabeleceu. A Society for Pentecostal Studies (Sociedade para Estudos Pentecostais), responsável pela revista *Pneuma*, teve William Menzies como primeiro presidente, cofundador e também editor da revista. É importante frisar: ainda que tenha internamente perspectivas comuns, essa nova fase da hermenêutica pentecostal também é plural.

Enquanto matriz epistemológica, a hermenêutica pós-crítica ou pós-moderna carismático-pentecostal tem algumas características:

1. Crítica à "hermenêutica pentecostal evangelical", especialmente à sua dependência dos métodos considerados racionalistas.

2. Dialoga com a filosofia da linguagem contemporânea e recentes discussões hermenêuticas.

3. Maior atenção ao contexto do leitor e aplicação de metodologias preocupadas com esse componente do processo interpretativo.

4. Em relação à intenção do autor, parte desse movimento caracteriza sua abordagem como um tipo de rompimento com a exegese acadêmica pentecostal-evangelical, porque o "original/histórico" pensado pelo redator/escritor bíblico não seria acessado sem mediações. Por isso, alguns membros desse novo movimento criticam os adeptos da hermenêutica pentecostal evangelical por desconsiderarem os limites do conhecimento humano, simplificarem a complexidade da hermenêutica e não enfrentarem os dilemas da nova historiografia.[8]

---

[7] Sobre as nuances de sentido entre os termos "evangelical" e "evangélico", veja a nota 9 do capítulo 3.
[8] OLIVERIO JR. *Theological Hermeneutics in the Classical Pentecostal Tradition*, p. 85-86.

No importante número 15 da revista *Pneuma*, Cargal seguirá as intuições de pesquisadores e pesquisadoras como Margaret Poloma — cujo trabalho a respeito da Assembleia de Deus demonstrou ser o pentecostalismo "um protesto antropológico contra a modernidade"[9] porque serviu de mediação entre o sobrenatural e o natural, o racional e o emocional, o carismático e o institucional, em um jeito reconhecidamente pós-moderno. Para Poloma, a visão de mundo (*Weltanschauung*) pentecostal é uma alternativa ao racionalismo instrumental estabelecido desde o século XVIII.[10] Ela e os demais enfatizam que o pentecostalismo surge como defesa da ação direta do Espírito Santo na vida dos fiéis e seu acolhimento para a glorificação de Cristo, a fim de empoderá-los para testemunhar e possibilitar um tipo de adoração nos moldes descritos em Atos e nas Epístolas. À vista disso, as manifestações carismáticas pentecostais ofereceram a invencível certeza de que o sobrenatural narrado na Bíblia é verdadeiramente real. O etos pentecostal, diriam os pentecostais dessa fase da hermenêutica carismática, é uma intensa escatologia cuja certeza de viverem no fim dos tempos — o imediato período antes da volta de Cristo — estabeleceu-se com o derramamento atual do Espírito Santo, e isso seria a prova da "última chuva" antes da chegada do Reino de Deus em sua plenitude.[11]

Essa perspectiva histórico-epistemológica colocaria o movimento pentecostal, segundo esses autores, menos ao lado do paradigma do sujeito (modernidade) e mais próximo do pensamento pós-metafísico desenvolvido na pós-modernidade. Amos Yong, importante teólogo pentecostal, afirma que a experiência do batismo no Espírito Santo é símbolo da abertura ao sobrenatural e crítica tanto ao cessacionismo fundamentalista quanto ao liberalismo crítico:

> A primeira e mais elementar razão é que os pentecostais são filhos do mundo moderno. O surgimento do pentecostalismo nas primeiras

---

[9] *The Assemblies of God at the Crossroads*, p. XII
[10] Ibidem, p. XIX.
[11] KÄRKKÄINEN. Pentecostal Hermeneutics in the Making, p. 78.

CAPÍTULO 4
| A história da hermenêutica pentecostal: origens e desenvolvimento (Parte II) |

décadas do século XX pode ser entendido, pelo menos em parte, como uma reação ao liberalismo e ao modernismo. Ao contrário dos fundamentalistas que reagiram ao modernismo usando o próprio racionalismo moderno, os pentecostais reagiram ao modernismo em parte ecoando um grito do interior do espírito humano. A glossolalia simboliza esse contradiscurso modernista que perturbou e derrubou os "claustros de ferro" (Weber) do racionalismo iluminista".[12]

O pentecostalismo, nessa perspectiva, não seria um movimento contrário à razão humana, mas ao racionalismo tecnicista e fechado; não negaria a ciência e suas formas, mas o cientificismo naturalista; não desqualificaria o lugar do saber humano sobre a realidade, mas permitiria perceber que o sobrenatural, a despeito de não ser enquadrado ao paradigma moderno, é outra forma de acesso ao mundo e conhecimento da fé. Não é irracional, mas propõe outra racionalidade. Então, o(s) pentecostalismo(s) e os movimentos carismáticos em geral não seriam uma cópia de todos os pressupostos da pós-modernidade. Eles são localizados na modernidade, mas sua perspectiva sobrenatural é uma oposição direta ao modernismo e à visão de mundo naturalista.[13] Jackie D. Johns, ao descrever as características da visão de mundo pentecostal, afirma que, além de o movimento compreender o mundo tendo Deus como centro, "porque todas as coisas são realizadas por Deus", também é "transracional":

> Os pentecostais não limitam a verdade ao reino da razão. Para eles, o espectro do conhecimento inclui cognição, afeto e comportamento, cada um dos quais é fundido aos outros dois. Assim, os pentecostais estão preocupados com *ortopatia* e *ortopraxia*, bem como *ortodoxia*. Fé, prática e sentimento devem ser trabalhados em conjunto com as afeições que servem como centro integrador.[14]

---
[12] Academic glossolalia?, p. 62-63.
[13] OLIVEIRA; TERRA. *Experiência e hermenêutica pentecostal*, p. 39-40.
[14] JOHNS. Pentecostalism and The Postmodern Worldview, p. 89.

O saber para além do racionalismo tecnicista daria ao pentecostalismo outra perspectiva de racionalidade, na qual a cognição, o afeto e a prática estão em relação integradora. Os pentecostais, como dizem esses teóricos, afirmam a realidade e o acesso à verdade, mas não somente à verdade estabelecida por formas proposicionais ou conceituais, mas mediada na *ortopraxia, ortopatia* e *ortodoxia*. É racional, mas com abertura a outros meios de conhecimento e relação com a verdade. Conseguintemente, Kenneth Archer denomina o pentecostalismo de "paramoderno":

> Paramoderno poderia ser a melhor maneira para classificar o início do pentecostalismo. Este conceito captura o fato de que o pentecostalismo emerge na modernidade (a definição histórica do período), ainda existia à margem da modernidade (tanto no senso sociológico e econômico quanto em sua ênfase na evidência física da presença do Espírito — o viés modernista na científica linguagem experimental). O pentecostalismo nunca poderia aceitar completamente a visão de mundo da modernidade, mas utilizou aspectos da modernidade (como tecnologia, linguagem, razão indutiva) para o avanço da causa pentecostal. O pentecostalismo era (e é) o protesto contra as principais características da modernidade. O movimento pentecostal começou como um movimento paramoderno de protesto à modernidade e ao cristianismo cessacionista.[15]

À luz da hermenêutica pentecostal pós-moderna, que não é um movimento uníssono, os pentecostais seriam mais fiéis aos seus traços identitários se assumissem menos o modelo moderno e mais a crítica ao paradigma do sujeito porque, mesmo surgindo no contexto da modernidade, a epistemologia pentecostal revoltou-se contra parte dele, a saber, principalmente, a negação do fenômeno sobrenatural e o imperialismo triunfante do racionalismo. Por isso, o movimento pentecostal destrona o intelecto humano como única e arbitrária concepção da verdade, o

---

[15] *A Pentecostal Hermeneutic*, p. 45.

CAPÍTULO 4
| A história da hermenêutica pentecostal: origens e desenvolvimento (Parte II) |

que possibilita a inclusão do não racional e outros caminhos de conhecimento, incluindo as emoções e a intuição. Essa perspectiva se confirmaria, segundo essa fase da hermenêutica pentecostal, especialmente na importância dada à experiência não mediada do Espírito.[16]

Cargal, por exemplo, apontará que o conceito de sentido histórico da modernidade, adaptado na hermenêutica pentecostal influenciada pela academia e compreensão evangelicais, tem suas bases no objetivismo positivista. Ou seja, o biblista pentecostal expõe o limite do conceito "histórico" do paradigma moderno porque mostra sua hipervalorização do passado e seu sentido subscrito, no qual se encontraria a verdadeira voz primeira de Deus, cujo acesso seria possível com o uso correto de ferramentas científicas, críticas ou gramaticais. Para tais pesquisadores, esse caminho neutro e objetivo só seria possível ao se anular as influências do leitor e suas experiências.

> O modernismo encontra suas raízes epistemológicas e, alguns diriam, sua característica definidora no ideal iluminista de "objetividade". Seu pressuposto básico é que a realidade é objetivamente cognoscível e, por implicação, apenas o que é objetivamente cognoscível é real. Essa pressuposição objetivista/positivista é, então, levada ao serviço de uma visão historicista do significado; a história se torna o "campo abrangente" que dá significado e sentido ao conhecimento sobre a "realidade objetiva".[17]

Os pentecostais acadêmicos influenciados pelos métodos historicistas serão criticados pelos seus pares da hermenêutica pentecostal contextual porque, precisamente, preservam essa visão de mundo iluminista. Então, segundo Cargal, o pós-moderno se diferenciará do moderno exatamente por contrariar a ideia segundo a qual "apenas o histórico e objetivamente verdadeiro é significativo".[18] Nessa parte de seu artigo, ele mostrará que a objetividade das ciências modernas recebeu sérios golpes desde Albert Einstein, por exemplo, ao mostrar que a ideia triunfante de acesso à

---

[16] FOGARTY. Toward a Pentecostal Hermeneutic.
[17] CARGAL. Beyond the Fundamentalist-Modernist Controversy, p. 167.
[18] Ibidem, p. 171.

realidade do tempo depende da circunstância de observação do objeto. Por isso, o autor confessará já em 1993:

> [...] defenderei no restante deste artigo que certas características próprias da hermenêutica pentecostal clássica são de fato mais receptivas a esse paradigma pós-moderno do que ao paradigma moderno dominado pelo positivismo e pelo historicismo.[19]

Paralelo à emergência nestes últimos anos de um novo paradigma de conhecimento, os biblistas pentecostais pretendem formar, à luz dessas relações e aproximações, outros modelos de hermenêutica bíblica. Após essa confissão, Cargal acrescentará à discussão o tema da polissemia do texto, que, para Veli-Matti Kärkkäinen, seria compatível com a maneira como os pentecostais clássicos faziam, porque a Bíblia para eles era a Palavra de Deus inerrante, apesar de minimizarem o papel do autor humano, visto que desconsideravam a distância entre contexto histórico e o seu próprio lugar de leitura.[20] Com uma ilustração, Cargal cita a premissa básica da tradição pentecostal-carismática: Deus pode falar coisas novas em um mesmo texto. Apesar de admitir o perigo de ser essa ação uma porta para todo tipo de interpretação, legitimada pela suposta voz de Deus, ele aponta, por outro lado, o perigo de esse temor negar ou subtrair a realidade de o texto, na prática, ser sempre interpretado de maneiras diferentes na vida das igrejas. O problema é que ele descreve a questão, mas parece não indicar uma solução. Ou seja, ele assume a polissemia sem indicar com exatidão como dar conta dela.[21]

Cargal vai levar até às últimas consequências o que Stronstad e William Menzies admitiram a partir de outros horizontes: o lugar da experiência. Ele seguirá Arrington e indicará três características da hermenêutica pentecostal: ênfase na iluminação pneumática, o dialógico papel da experiência e a narrativa bíblica. Para o exegeta pós-moderno, tratar a experiência como instrumento de verificação da interpretação, como

---

[19] Ibidem, p. 173.
[20] Pentecostal Hermeneutics in the Making, p. 79.
[21] Beyond the Fundamentalist-Modernist Controversy, p. 175.

CAPÍTULO 4
| A história da hermenêutica pentecostal: origens e desenvolvimento (Parte II) |

fez a hermenêutica dos pentecostais evangelicais, ainda representaria o paradigma positivista e racionalista. Seguindo a crítica pós-moderna da impossível superação objetiva e neutra dos pressupostos da experiência na hermenêutica pentecostal, o autor, em diálogo com Arrington, defenderá o papel dialógico da experiência na interpretação bíblica.

> Em todos os pontos, a experiência incide no processo de interpretação, e o fruto da interpretação incide sobre a experiência. É certamente verdade que Deus comunica a revelação através da experiência pessoal, bem como da Escritura, e pode ser justificável reconhecer ainda que tal revelação experiencial possa revelar verdades escriturísticas nunca descobertas.[22]

A relação circular dá ao texto seu lugar e coloca também a experiência no processo. Como isso, ele responde à crítica de subjetivismo incontrolado, porque o texto e as manifestações sobrenaturais se interpenetram e se iluminam. Ao mesmo tempo, Cargal propõe romper com as perspectivas historicistas de intenção do autor, segundo a qual o sentido é acessado de forma direta por metodologias exegéticas. O que ele faz é exatamente dar proeminência para a relação entre texto e experiência do(s) leitor(es).

O teólogo pentecostal Veli-Matti Kärkkäinen fortalece essa discussão sobre a relação entre Bíblia e iluminação do Espírito Santo. Se Cargal tinha falado a respeito da ação do Espírito para o processo de iluminação, Kärkkäinen aprofunda e defende tal conceito para além do segundo momento no processo de leitura bíblica. Explico. Ele argumenta que a autoridade da Bíblia para o pentecostal não se estabelece pela doutrina da inerrância ou qualquer outra, mas por sua experiência de encontrar-se com um Deus vivo, direta e pessoalmente.[23] Em suma, a Bíblia existe por conta da experiência direta com o Espírito Santo, o qual atua agora entre os crentes pentecostais. Sua verdade, então, é experiencial.

---

[22] Ibidem, p. 179.
[23] Pentecostal Hermeneutics in the Making, p. 82.

O mesmo poder que anima a Escritura nos aviva hoje. Essa é a porta de entrada para o rompimento com o biblicismo fundamentalista ou o liberalismo crítico-racionalista, porque a tradição pentecostal trataria a iluminação não apenas como caminho para colher proposições históricas do passado, mas a compreensão desse sentido na vida dos crentes hoje, porque o mesmo Espírito que agiu com os apóstolos opera com poder e ilumina sua Palavra agora.

Cargal não nega a importância dos métodos críticos usados pelos pentecostais, mas indica suas limitações, porque eram capazes de descobrir a história da formação dos textos bíblicos, mas não poderiam dizer tudo que havia de significativo neles.[24] Essa mesma afirmação deve ser aplicada ao histórico-gramatical, por ser apto para perceber parte do que é importante no texto, a saber, seu sentido histórico e do passado, mas não tudo que lhe é significativo. Pelo visto, o pesquisador pentecostal deseja colocar nas discussões pós-modernas os exegetas pentecostais, os quais ainda estavam muito bem inseridos em parte da preocupação da interpretação bíblica. A partir desse horizonte epistemológico de relação dialógica com o texto e sua irredutibilidade, os biblistas pentecostais deveriam, segundo ele, se apropriar, como fizeram quando entraram na academia, de ferramentas exegéticas de diversas áreas do conhecimento, algumas delas já bem estabelecidas nas ciências bíblicas pós-críticas ou no pós-pensamento metafísico. Por isso, uma nova geração de pesquisadores pentecostais tem se interessado pelas reflexões de Wilhelm Dilthey, Heidegger, Hans-Georg Gadamer, Paul Ricoeur, Habermas,[25] e, especificamente, pelas teorias da linguagem em geral e literárias — e tem trabalhado de maneira crítica. Por consequência, a hermenêutica pentecostal, a discussão científica em geral e as ciências humanas ou do espírito serão analisadas a partir de pressupostos e métodos vinculados a outro paradigma. A interpretação deixará de ser um ato limitado ao texto e será vista como um dado antropológico, ou seja, "tudo é interpretação". O conceito "texto" ganhará novos contornos, deixando de ser

---

[24] CARGAL. Beyond the Fundamentalist-Modernist Controversy, p. 177.
[25] KÄRKKÄINEN. Pentecostal Hermeneutics in the Making, p. 92.

CAPÍTULO 4
| A história da hermenêutica pentecostal: origens e desenvolvimento (Parte II) |

obra fechada e objetivamente analisável, tornando-se aberto e passível de múltiplas interpretações, o que fará surgir novas teorias hermenêuticas. A linguagem deixará de ser referente direto da realidade, e os conceitos, antes de serem reflexos do mundo, serão vistos como construtores da realidade, e não o contrário. Toda essa mudança paradigmática exigirá novas formulações metodológicas, algumas das quais serão utilizadas pelos acadêmicos pentecostais.

Perspectivas e propostas metodológicas da hermenêutica pentecostal contextual

Em parte deste capítulo, discutiu-se a epistemologia da hermenêutica pentecostal no horizonte pós-moderno ou pós-crítico. Cabe agora apresentar algumas ferramentas metodológicas e teóricas desenvolvidas nesse contexto. Entre as já citadas características do etos ou modo de ser da hermenêutica pentecostal, o valor da narrativa não poderia deixar de ser destacado. A importância destinada às narrativas bíblicas — a Atos dos Apóstolos em especial — é considerada uma das maiores contribuições da exegese carismática. O pentecostalismo encontrava nas histórias milagrosas, marcadamente perpassadas por sinais e maravilhas, sua própria história.[26] A primeira e mais simples constatação do valor da narrativa entre os primeiros pentecostais era a certeza da realidade atual das experiências narradas nas Escrituras, em geral, e em Atos, em particular. Com isso, a narrativa, antes de ser história do passado ou descrição cronológica, tornou-se paradigma de compreensão de fé na experiência com o Espírito Santo. De maneira sofisticada, a hermenêutica pentecostal-evangelical, utilizando-se da crítica da redação, desenvolveu convincente defesa de Lucas como teólogo, cuja obra não era apenas descritiva, mas desejava ensinar: "Os elementos episódicos, tipológicos, programáticos e paradigmáticos são a chave para interpretar a dimensão histórico-teológica da historiografia lucana".[27] Dessa forma, Lucas foi

---
[26] MENZIES, R. *Pentecostes*, p. 22.
[27] STRONSTAD. *A teologia carismática de* Lucas, p. .24.

tratado na qualidade de teólogo, o qual fez teologia com narrativa. Assim, sua obra é vista como histórica, mas também didática e teológica. "Cai por terra", para usar uma expressão comum, a subserviência lucana à teologia paulina. Entre os acadêmicos pentecostais, Lucas, usando outro gênero (*acta*), é tão teólogo quanto Paulo, tem autonomia discursivo-teológica e faz história teológica.

Outro ponto não menos importante dessa mesma discussão quanto à "narração" e à teologia bíblica é o que tradicionalmente chamamos de "teologia narrativa". César Moisés de Carvalho, teólogo pentecostal brasileiro, defende, seguindo outros autores, o lugar importante desse *modus* não científico-argumentativo-especulativo de discurso sobre a fé. Sua obra tem intuições similares às dos autores citados nesta parte do nosso capítulo. Seu texto é importantíssimo para esse contexto de discussão e único no modo como trata a teologia narrativa entre os pentecostais assembleianos brasileiros, posicionando-a de forma corajosa em um lugar de destaque. Depois de citar Manuel Duque, César Moisés explica:

> Justamente por causa desse último aspecto e da dilatação do conceito de teologia, isto é, ela não se circunscreve apenas à "inteligência da fé" sendo igualmente "discurso sobre Deus", é que ao mesmo tempo, um problema para o protestantismo histórico, posto que este ostenta uma metanarrativa teológica absolutizante que, por sua dependência do racionalismo, ignora completamente os diversos contextos e as diferentes culturas [...]. a teologia narrativa se inscreve dentro de um quadro de superação do liberalismo teológico e da ortodoxia reformada, sendo, portanto, uma perspectiva de consideração das Escrituras independente de ambos os extremos, daí sua importância para o pentecostalismo.[28]

A teologia menos propositiva e mais testemunhal inegavelmente faz parte das entranhas históricas do pentecostalismo. A pregação e o testemunho eram meios orais e narrativos de reanimação dos textos bíblicos e da construção teológica. Tal realidade da identidade pentecostal trata-se

---

[28] CARVALHO. *Pentecostalismo e Pós-modernidade*, p. 247.

CAPÍTULO 4
| A história da hermenêutica pentecostal: origens e desenvolvimento (Parte II) |

de uma inteligência narrativa, não racionalista-propositiva-argumentativa, mas aberta, polissêmica e polifônica. É um tipo de saber prático desenvolvido na narração. Os teólogos narrativos desenvolvem suas falas sobre Deus e fé à luz da afirmação da inteligibilidade narrativa, que mostra "mais afinidade com uma sabedoria prática ou o julgamento moral do que com a razão teórica".[29] Por conta dessa característica oral-narrativa da tradição pentecostal, o que significa reler as categorizações comuns da teologia protestante europeia e evangelical norte-americana, Kärkkäinen afirmará:

> A experiência pentecostal-carismática não pode ser alvo de resistência no processo interpretativo, e isso não é necessariamente oposta a ser "crítico" no sentido positivo da palavra, como parte da investigação científica. A insistência dos pentecostais na importância dos textos narrativos da Bíblia, que se origina da leitura especialmente do livro de Atos como *a narrativa*, ecoa os pontos de vista do pós-modernismo. Com a ascendência do pensamento sistêmico e o declínio do historicismo, o pós-modernismo reabilitou o papel das narrativas e até criou, com estatuto próprio, a "teologia narrativa". A narrativa sempre foi "uma parte indispensável do pentecostalismo". Não é mais necessário, nem certo, manter uma clara distinção entre a narrativa bíblica e a instrução teológica.[30]

Enquanto ferramenta bíblico-teológica, a teologia narrativa tornou-se, entre os hermeneutas pentecostais, fonte de produção acadêmica e resgate da identidade carismática, e, ao mesmo tempo, integrou o discurso da fé dialogável com o contexto pós-moderno. O teólogo Anthony D. Palma relacionará a "analogia narrativa" com a tradicional compreensão pentecostal do batismo com o Espírito Santo tendo por base o livro de Atos.[31] Com seu caráter prático e inteligível, ou seja, apta para comunicar sentido por caminhos mais participativos/práticos, a teologia narrativa,

---

[29] RICOEUR. Rumo a uma teologia narrativa, p. 289.
[30] Pentecostal Hermeneutics in the Making, p. 94.
[31] PALMA. *O Batismo no Espírito Santo e com Fogo*, p. 12.

sobre as bases da ideia de narração, melhor se adequaria à ênfase na compreensão prática da Escritura nos moldes dos *holiness* wesleyanos e dos pentecostais porque "eles eram mais preocupados com a vida fiel e responsável com Deus e menos em articular uma interpretação de Deus intelectualmente cognitiva".[32] Essa teologia é reflexo das novas perspectivas instaladas na construção da hermenêutica pentecostal.

Entre tantas discussões teóricas, Paul Ricoeur, para além da questão sobre teologia e narrativa,[33] tem recebido acolhimento entre os pentecostais da hermenêutica contextual sobretudo por tratar dialeticamente a preocupação com a objetividade e a expansão de sentido. No Brasil, o teólogo pentecostal Esdras Bentho pesquisou esse autor no seu trabalho de mestrado, depois publicado como livro.[34] Um artigo emblemático a respeito da relação entre hermenêutica pentecostal e as intuições do filósofo francês foi escrito por Joseph Byrd.[35] Ao tratar da pregação pentecostal, ele afirma que os trabalhos ricoeurianos são importantes para a hermenêutica pentecostal. A propósito, no final do seu texto, Byrd faz um exercício demonstrando como se aplicaria tal metodologia.[36] Ele explica que a teoria de Paul Ricoeur é a mediação entre a leitura objetiva — realizada a partir dos métodos da modernidade — e as suas apropriações contextuais, levando em consideração a potência de sentido do texto.

Ricoeur fala do distanciamento entre texto-autor e texto-leitor. Ele admite que, depois de escrita a obra, há certa liberdade desta em relação ao seu autor; por sua vez, o leitor também precisa perceber sua distância da obra. Por isso, exige-se do leitor certa atitude de respeito para com as tramas e formas internas do texto. Byrd parte da divisão entre *Verstehen* (compreensão) e *Erklaren* (explicação), e avalia as contribuições do filósofo francês para a hermenêutica pentecostal. Em suma, *explicar* é o

---

[32] ARCHER, 2005, p. 86.
[33] Rumo a uma teologia narrativa, p. 285-299.
[34] *Da história à Palavra*.
[35] Paul Ricoeur's Hermeneutical Theory and Pentecostal Proclamation, p. 203-2014. Além desse texto, cf.: PLÜSS. Azusa and Other Myths, p. 189-201.
[36] Paul Ricoeur's Hermeneutical Theory and Pentecostal Proclamation, p. 212-214.

CAPÍTULO 4
| A história da hermenêutica pentecostal: origens e desenvolvimento (Parte II) |

trabalho das ciências naturais quando fatos externos estão presentes e são observados, gerando hipóteses que podem ser verificadas. A *compreensão* é a função dos métodos hermenêuticos, das ciências humanas.[37] Ricoeur propõe a relação dialética entre explicar e compreender. O intérprete move-se, então, da compreensão para a explicação e da explicação para a compreensão. Inicialmente, há uma compreensão mais ingênua do significado do texto, na qual se "adivinha" ou se pressupõe de antemão o sentido. Esse é o primeiro *naïveté*, o qual será sucedido progressivamente por uma compreensão mais acurada do texto.[38] Ricoeur mostrou que a objetividade e a subjetividade não precisam ser consideradas em oposição, mas são dois aspectos coexistentes, como duas partes de um mesmo processo. Para a hermenêutica pentecostal, o método pós-crítico de Paul Ricoeur foi importante, segundo Byrd, porque respeita a reconstrução original do texto e, ao mesmo tempo, sua leitura contemporânea.

Outro trabalho importante de diálogo com Ricoeur para a hermenêutica pentecostal encontra-se no artigo "Pentecostals and Hermeneutics: Texts, Rituals and Community" [Pentecostais e hermenêutica: textos, rituais e comunidade], escrito por Richard D. Israel, Daniel Albrecht e Randal McNally. Os autores explicam que a experiência do Espírito entre os pentecostais é um lugar ontológico a partir do qual interpretam a Palavra; seria o horizonte de leitura pentecostal, como diria Gadamer, que se funde com o horizonte do texto.[39] É exatamente nesse lugar intransponível para o pentecostal que o processo interpretativo inicia. Os autores explicarão nessa publicação a relação circular entre texto e experiência:

> Assim, é uma parte legítima da compreensão trazer a experiência do indivíduo para o evento interpretativo. Também é legítimo sondar o horizonte do texto para uma compreensão da semelhança, bem como da divergência da experiência de Deus que está envolvida no horizonte da compreensão. O texto e o horizonte do intérprete fazem parte do

---

[37] Ibidem, p. 209.
[38] Ibidem, p. 210.
[39] P. 145.

"ser-no-mundo", no qual um diálogo significativo entre o texto e o intérprete pode dar origem a uma fusão de horizontes.[40]

Desta forma, à luz das discussões hermenêuticas atuais, a exposição apresentada anteriormente coloca a experiência e a leitura acurada do texto em diálogo. O leitor e sua comunidade acessam o texto sem deixar de lado suas experiências e, ato contínuo, o texto ilumina e desenvolve essa expressão pneumática, tanto corrigindo quanto se identificando. Assim, segue-se a mediação entre a intenção do texto e do leitor pentecostal, o qual encontra na experiência pneumática lugar importante de significação. No desenvolvimento dessa relação circular com o texto, os autores ainda relembram que Ricoeur, aprofundando as discussões propostas por Gadamer, poderia ajudar os pentecostais no papel da experiência tanto na *explicação* como na *compreensão*. A postura equilibrada do filósofo e hermeneuta francês possibilita, segundo esses autores, identificar as limitações da leitura puramente explicativa (sendo esta um acesso ao sentido do passado) e, por outro lado, desenvolve a capacidade de evitar o império da subjetividade. Para esses hermeneutas pentecostais, a orientação ricoeuriana poderia ser uma ótima opção:

> Dois excessos possíveis podem ser evitados por esse modelo. Por um lado, explicação é um modo de leitura que rege os excessos das impressões subjetivas, ao mesmo tempo que se admite que a linguagem, como tal, aceita múltiplas formas de interpretar o sentido de um texto, as quais também são limitadas pela linguagem. Afirmar uma variedade de sentidos em um texto não é o mesmo que negar a existência de uma interpretação equivocada. Todavia, os fundamentos para a validação não podem ser levados para além dos limites da semiótica, como se fosse possível acessar a mente do autor, porque a restrição do sentido de um texto ao que o autor tinha em mente é uma perspectiva muito estreita. O entendimento envolve a capacidade criativa do intérprete de abrir novos *insights* que transcendem à situação limitada pelo tempo do

---

[40] Ibidem.

CAPÍTULO 4
| A história da hermenêutica pentecostal: origens e desenvolvimento (Parte II) |

autor original e do público original. É neste ponto que a transcendência criativa é necessária, na qual o Espírito pode sem a menor dúvida nos ensinar e nos conduzir a toda verdade.[41]

Nesta fase da hermenêutica pentecostal, então, as ferramentas semióticas e narratológicas servirão para esse diálogo com o texto. Ricoeur ajudará, então, como instrumento de meio caminho entre o racionalismo historicista e o subjetivismo relativista. Contudo, ele não foi apropriado acriticamente, mas traduzido à luz da tradição pentecostal. Para os exegetas pentecostais contextuais, o trato sério com o texto, o valor atribuído à força simbólica do texto bíblico, o lugar das pré-compreensões, a experiência do texto e a relação circular entre texto-leitor tornam as intuições ricoeurianas campo fértil na hermenêutica que valoriza a experiência carismática, não racionalista, polissêmica e performática.

William Oliverio Jr. ainda fala da fase nominada por ele como "hermenêutica pentecostal ecumênica". Essa seria a mais recente entre as discussões sobre hermenêutica teológica pentecostal, cujo objetivo é articular a fé por meio da perspectiva da unidade cristã à luz das raízes do pentecostalismo clássico.[42] Segundo o próprio Oliverio Jr. admite desde o início do seu texto, a historiografia da hermenêutica pentecostal que desenvolveu preocupa-se não somente com a interpretação bíblica e seus métodos, mas alcança a interpretação da vida sob o olhar da fé, ou seja, é hermenêutica teológica.[43] Por isso, essa fase da teologia e hermenêutica pentecostais compreende o pentecostalismo como parte maior da tradição e espiritualidade cristãs. Oliverio explica que, nesse período da história da hermenêutica pentecostal, os teólogos estão preocupados em interpretar Deus e sua criação em diálogo com outras teologias desenvolvidas na *oikouméne* (casa comum) cristã. Isso significaria a comunhão dialogal com as outras práticas cristãs e a identificação da contribuição da voz pentecostal no amplo mundo da teologia.[44]

---

[41] Ibidem, p. 146.
[42] Theological Hermeneutics in the Classical Pentecostal Tradition, p. 253.
[43] Ibidem, p. 5.
[44] Ibidem, p. 253.

Esse assunto (e o próprio termo) ainda é muito periférico entre as pesquisas pentecostais brasileiras.[45]

Ainda no contexto da hermenêutica pentecostal contextual e a relação entre experiência e texto, os trabalhos de John Christopher Thomas[46] e Kenneth J. Archer[47] apontam para pelo menos duas coisas: a tríade Espírito-Escritura-Comunidade e o uso de ferramentas das ciências do texto e da linguagem para interpretação bíblica. O primeiro, depois de apresentar uma rápida crítica à perspectiva racionalista de leitura bíblica a partir da hermenêutica holística de Arrington,[48] incorpora as ideias de iluminação pneumática e a relação dialógica entre Escritura e experiência. O autor propõe um interessante paradigma hermenêutico à luz de Atos 15, no qual a experiência do Espírito, na comunidade, ilumina o texto. Ou seja, a experiência de Pedro em Atos 10, quando o Espírito Santo foi derramado sobre a família gentílica de Cornélio, serviu de lugar hermenêutico para que Tiago e a comunidade por ele representada interpretassem Amós 9:11-12 (Atos 15:13-18) como cumprimento da entrada dos gentios no cristianismo. A experiência narrada por Pedro iniciará, segundo esse autor, o processo hermenêutico, e não o contrário; ou seja, a comunidade move-se do seu contexto para o texto a partir da experiência com o Espírito. Segundo o biblista pentecostal, a experiência do derramamento do Espírito na comunidade (e não apenas individualmente) iluminou o texto, levando seus intérpretes a encontrarem a esperança prevista no profeta Amós, e não em Davi, mas nos gentios que entrariam na fé cristã.[49] Seguindo o modelo subentendido em Atos 15, Thomas defende que na esfera da comunidade pneumática

---

[45] Entre alguns trabalhos realizados por pentecostais no Brasil, encontramos alguns livros organizados pela Rede Latino-americana de Estudos Pentecostais (Relep) e as pesquisas de Gedeon Alencar, Adriano Lima e David Mesquiati Oliveira. Cf.: OLIVEIRA. *Pentecostalismos e Unidade e Diálogo e missão nos Andes*; LIMA. *A pneumatologia como fundamento teológico do diálogo inter-religioso para as Assembleias de Deus no Brasil*; ALENCAR. *Ecumenismos e pentecostalismos*.
[46] Women, Pentecostalism, And the Bible: An Experiênt in Pentecostal Hermeneutic.
[47] *Pentecostal Hermeneutic: Spirit, Scripture and Community* e Pentecostal Hermeneutics: Retrospect and Prospect.
[48] THOMAS. Women, Pentecostalism, and the Bible, p. 84.
[49] Ibidem, p. 84-88.

CAPÍTULO 4
| A história da hermenêutica pentecostal: origens e desenvolvimento (Parte II) |

a leitura das Escrituras vence o risco da subjetividade ilimitada e torna a experiência um lugar importante da interpretação. Em suma, a experiência vivenciada na comunidade ilumina a leitura do texto.

> A hermenêutica desenvolvida por Thomas contém três componentes principais: a comunidade, a atividade do Espírito Santo e a Escritura. Esses componentes não são estáticos, mas dialogam um com o outro. A comunidade testifica a experiência atribuída ao Espírito Santo e, então, vai às Escrituras (de uma perspectiva literária formalista) para validar ou repudiar a experiência ou questão.[50]

Kenneth Archer aprofundará e desenvolverá essa ideia apresentada por Thomas. Para Archer, sua proposta seria realmente levar a sério o evangelho pleno (Jesus salva, cura, santifica, batiza com o Espírito Santo e voltará) da comunidade pentecostal. Em sua obra, ele descreve tanto a perspectiva fundamentalista/cessacionista quanto a modernista/liberal como dependentes do contexto racionalista/iluminista, contra o qual o pentecostalismo se posicionou, sobretudo quando defendeu a realidade sobrenatural da ação do Espírito Santo.[51] O autor acredita que o uso dos métodos críticos entre os pentecostais é resultado do perigoso desejo de aceitação no *mainstream* racionalista dos evangelicais norte-americanos, o que tornou a leitura do texto entre os pentecostais sinônimo de busca do sentido original do passado, o sentido do autor.[52] Para Archer, essa escolha estaria desconectada da maneira como funcionava a hermenêutica dos pentecostais clássicos. Sua crítica é dirigida especialmente ao uso do método histórico-crítico. Segundo tal interpretação, ao entrarem na arena acadêmica buscando romper com a hermenêutica pragmática dos primeiros pentecostais, os eruditos carismáticos abraçaram o método crítico, mesmo que mantendo conclusões mais conservadoras sobre a Escritura e a historicidade de seus textos. Todavia, essa fase da hermenêutica, segundo Archer, dispensou menos valor ao papel da comunidade no

---

[50] *Pentecostal Hermeneutic: Spirit, Scripture and Community*, p. 197.
[51] Ibidem, p. 42-44.
[52] Ibidem, p. 201-202.

processo interpretativo pentecostal. Então, afirma: "Este autor defende que nenhuma estratégia hermenêutica pode olvidar a tensão entre os dois horizontes (o do texto e o do leitor na comunidade)".[53] Para Archer, o pentecostal encontra autoridade tanto na Escritura quanto na experiência. Por isso, ele defende que "Escritura e experiência vivida" estão dentro de uma criativa e dialética tensão porque a experiência pentecostal é mais bem compreendida na interpretação da Bíblia, e a compreensão da Bíblia é moldada pela experiência.[54] Por essa razão, Archer concluirá:

1. o pentecostalismo tem melhor adequação à hermenêutica pós-crítica, mesmo que não seja um movimento de fato pós-moderno;

2. é necessário construir uma terceira via que não caia no relativismo pós-moderno e, ao mesmo tempo, não afirme inteiramente o objetivismo racionalista-iluminista moderno;

3. um caminho seria levar em consideração a importância da comunidade e sua convicção narrativa central (os cinco pontos cristológicos pentecostais e a crença na "última chuva")[55] como o lugar a partir do qual a comunidade interpreta a Bíblia;

4. utilizar ferramentas exegéticas pós-críticas que se preocupem com a interpretação narrativa.

Archer seguirá a tríade Espírito-Escritura-Comunidade propondo a instrumentalização de métodos menos racionalistas e capazes de darem conta tanto da experiência pentecostal em comunidade quanto da autoridade da Escritura. Segundo ele, a fé no Cristo que salva, cura, santifica, batiza com o Espírito Santo e voltará, ao lado da ideia apocalíptica da "chuva serôdia" (última chuva) — a convicção narrativa central — seria o filtro do movimento pentecostal usado para "peneirar"

---

[53] Ibidem, p. 209.
[54] Ibidem, p. 87.
[55] A manifestação do Espírito representava o último período da Igreja.

CAPÍTULO 4
| A história da hermenêutica pentecostal: origens e desenvolvimento (Parte II) |

o sentido da Escritura. Com força de coerência e coerção, seriam esses dados a visão de mundo por meio da qual a comunidade pentecostal percebe a realidade e a ela responde.[56] A partir desse horizonte, Archer mapeará ferramentas, conceitos e propostas para esse tipo de trabalho interpretativo. Com sofisticação, ele dialoga com diversos teóricos, entre eles Umberto Eco, e apresenta perspectivas da semiótica, da narratologia e expõe criticamente a *estética da recepção* (*Reader-response criticism*), cujos teóricos desenvolveram o papel do leitor na construção do sentido do texto. Mesmo indicando as contribuições desta última ciência interpretativa, Archer critica seus exageros. O biblista pentecostal alerta sobre o peso desproporcional colocado no leitor, quase que anulando o claustro do sentido encontrado no próprio texto.[57] Contudo, isso não o impede de aproveitar as intuições dessa ferramenta interpretativa.

A proposta de Archer é construída a partir da definição de Umberto Eco a respeito dos horizontes de leitura. A história da hermenêutica cambiou entre a *intentio auctoris* (intenção do autor), *intentio operis* (intenção do texto) e *intentio lectoris* (intenção do texto). A *intentio operis* se estabelece, em certo nível, na observação das marcas do próprio texto. Assim, o texto, que é aberto, tem seus próprios mecanismos de limitação. No léxico e sistema interno do texto, o intérprete encontrará limitadores hermenêuticos. Nesse sentido, para Archer, só é possível falar em intenção do texto levando-se em consideração sua relação com o leitor, o qual, por sua vez, encontra nas suas linhas os limites de sentido. Aqui, Archer aponta, usando Eco, a "terceira via", entre autor-leitor, cujo valor pode ser apreciado pela hermenêutica pentecostal. Ou seja, entre a inalcançável intenção do autor, como tantos já identificaram, e o radicalismo da intenção do leitor está a transparência da intenção do texto, o que possibilita refutar interpretações insustentáveis. À vista disso, Archer afirmará outro caminho entre o acesso racionalista à intenção do autor e o risco do radical papel do leitor: manterá a relação dialética entre texto e leitor.

---

[56] *Pentecostal Hermeneutic: Spirit, Scripture and Community*, p. 157.
[57] Ibidem, p. 237.

Na relação Escritura-intérprete será importante, adverte Archer, levar em consideração o gênero do texto, como Fee e Stronstad indicavam, por ter estratégias literárias que limitam os sentidos do texto.[58] Consequentemente, esta proposta reconhece o lugar da experiência do leitor, ao mesmo tempo que enfrenta o problema da multiplicidade de sentidos. Por conseguinte, há um diálogo entre as perspectivas mais modernas e "pós-modernas", porque afirma a importância de se observar o gênero literário do texto, o papel gramatical, a linguagem específica, o contexto cultural e social de onde ele surge e, de maneira honesta, admite-se a negociação no processo de interpretação entre texto, comunidade e Espírito. Para Archer, a melhor ferramenta para fazer este trabalho seria a narratologia e suas muitas ferramentas disponíveis, porque observa o texto exegeticamente, avalia seu enredo, descortina as estratégias literárias, observa o contexto sociocultural presente na construção do texto, além de aceitar a participação da experiência do leitor no processo hermenêutico.[59]

Avaliação epistemológica

A hermenêutica pentecostal contextual desenvolvida nos Estados Unidos é fruto do diálogo com o paradigma pós-crítico, pós-iluminista ou pós-moderno. Tal qual a hermenêutica pentecostal nos anos 1970 e 1980, quando os acadêmicos dialogaram com as ferramentas exegéticas gramaticais e críticas a fim de inserir a leitura bíblica pentecostal no contexto da academia e entre os evangelicais norte-americanos, os biblistas da hermenêutica contextual tentam dar conta da mudança de paradigma. Da mesma maneira que as críticas da redação e das fontes do método histórico-crítico foram usadas moderadamente, levando os acadêmicos pentecostais a se apropriarem de suas contribuições exegéticas sem aceitar todos os seus pressupostos críticos, em especial a suspeita a respeito da historicidade da Bíblia, a hermenêutica pentecostal contextual tem aplicado métodos pós-críticos para aperfeiçoar a leitura bíblica

---

[58] Ibidem, p. 221.
[59] Ibidem, p. 167.

CAPÍTULO 4
| A história da hermenêutica pentecostal: origens e desenvolvimento (Parte II) |

pentecostal. Antes de qualquer coisa, é evidente que essa hermenêutica é crítica ao que chama de "racionalismo" e pertence ao contexto epistemológico posterior ao pensamento metafísico, cuja visão de vida é marcadamente técnica e conceitual. Isso significa questionar a crença do triunfo da razão sobre a emoção, a intuição, a tradição, os desejos e a experiência. Se para os hermeneutas pentecostais evangelicais a experiência é parte do caminho interpretativo e pode estar no começo do processo de leitura bíblica (Stronstad, Ervin) ou no final para servir de modelo de avaliação posterior (William Menzies), podemos listar alguns pontos ainda em discussão entre esses dois horizontes (hermenêutica pentecostal evangelical e hermenêutica pentecostal contextual), por vezes intercambiáveis ou não.

A principal crítica à perspectiva da hermenêutica pentecostal pós-década de 1990 é o risco do subjetivismo e relativismo pós-modernos, o que poderia tornar a leitura bíblica pentecostal uma babel incontrolável. Por outro lado, o próprio Robert Menzies admite os limites da interpretação evangelical e dos métodos tradicionais que buscam o sentido histórico, ao mesmo tempo que alerta sobre o risco da pouca preocupação histórica e do ceticismo epistemológico pós-moderno em relação ao sentido, porque, segundo ele, levariam ao relativismo.[60] Em sua resenha, o filho do grande William Menzies, mesmo temendo a falta de limites em relação ao sentido do texto, não nega a realidade da sua polissemia. Assim, o perigo do relativismo estaria sempre cercando os leitores pentecostais, os quais já eram acusados de espiritualizarem demasiadamente a Bíblia ou fazerem exegese da experiência. Essa crítica tem seu lugar e precisa ser tratada com seriedade por esse novo movimento porque a polissemia do texto levada até as últimas consequências seria a porta de entrada para a legitimação de todo tipo de invencionices e bizarrices. E, talvez, esse seja o grande medo de alguns estudiosos pentecostais brasileiros, porque sempre foram alvos de críticas e preconceitos. Se por um lado as manifestações esdrúxulas encontram freios na disputa pela intenção do autor, por outro a experiência tem ganhado novos ares e discussões. Em suma,

---

[60] MENZIES, Robert. Jumping Off the Postmodern Bandwagon, p. 116.

a dúvida se estabelece no "como" tratar a experiência e a importância da Escritura. Segundo os Menzies (pai e filho), Stronstad e Keener, o problema se resolveria simplesmente acionando e reafirmando a busca pelo sentido histórico e a intenção original do autor. À primeira vista, essa resposta parece clara e inquestionável. Ora, é simples: se temos o risco da multiplicidade dos sentidos, basta-nos buscar o sentido inspirado por Deus ao autor, o qual viveu em outro contexto cuja realidade é diferente da nossa, exigindo-nos uma viagem ao seu próprio mundo e sua realidade sem passar por nossos interesses ou experiências, os quais são empecilhos para a leitura correta do texto. Contudo, essa aparente obviedade é mais medo legítimo e retórica do que a realidade e suas possibilidades. Robert Menzies, por exemplo, depois de rigorosamente dizer que "pularia fora" da constatação e do convite pós-modernos, precisou admitir o seguinte: "Embora seja evidente que não podemos obter certeza sobre a intenção autoral dos textos históricos, podemos obter conhecimento".[61] O próprio Stronstad, em uma de suas obras sobre Atos, dirá que Lucas tem propósitos múltiplos, ou seja, ele é polissêmico — à semelhança do que diria o pós-moderno Timothy Cargal. E, a respeito da intenção do autor, Stronstad, conhecido defensor do método histórico-gramatical, fará um revelador arrazoado que cabe citar aqui:

> Mas a questão da intenção autoral é complicada por uma série de fatores, os quais incluem o propósito ser explícito ou implícito e se ele é simples ou complexo — ou seja, se há um propósito principal ou uma combinação de propósitos: principal, secundário e até mesmo terciário. Por conseguinte, há vários desafios para quem busca determinar a intenção autoral. Um deles é a tendência geral na direção do reducionismo, enfatizando um dos propósitos com a exclusão de todos os demais. Outro desafio é confundir a utilização que será dada ao documento, parcial ou totalmente, em relação ao seu propósito. O desafio mais assustador é identificar os interesses e a agenda tanto do estudioso como do autor.[62]

---

[61] Ibidem, p. 116.
[62] *Teologia Lucana sob exame*, p. 37.

CAPÍTULO 4
| A história da hermenêutica pentecostal: origens e desenvolvimento (Parte II) |

Essa citação honesta do teólogo tão conhecido na academia pentecostal brasileira mostra-nos que mesmo a defesa da intenção do passado ou do autor sempre será um desafio, a despeito de Stronstad ter afirmado o sentido histórico e gramatical em outras obras. Nesse estrato, ele aponta o reducionismo em relação aos propósitos originais, porque o autor poderia ter não somente uma, mas diversas intenções em uma mesma obra. No entanto, tal constatação, desde sua primeira afirmação, já diluiria a intenção unívoca ou única do texto, pois ele mesmo, desde o sentido "original", já seria plural. Faltou muito pouco para Stronstad concordar com os pentecostais da hermenêutica contextual e afirmar a polissemia do texto.

Por sua vez, depois de fazer suas críticas aos exageros pós-modernos, aos quais devemos voltar no próximo ponto, Craig Keener escreveu uma interessante descrição do conceito "intenção do autor":

> Inferir o significado desejado pelo autor não é o mesmo que se fazia antigamente, ou seja, a abordagem romântica psicologizadora de reconstrução do sentimento ou pensamento do autor. Intenção autoral inferida do texto não é sinônimo do inacessível "processo de pensamento" do autor. Por causa do limitado conhecimento do autor e do contexto do seu público, nós não temos infalível acesso à mente do autor. Em sentido técnico, só podemos falar com plausibilidade do que o texto parece pretender comunicar.[63]

A confissão de Keener mostra que a âncora da intenção do autor também tem limites e pode ser perpassada por exageros, tal qual a ideia romântica de acessar o pensamento do escritor original. Se o relativismo é um risco, a crença no acesso livre, objetivo, neutro e direto à mente do autor é o outro lado perigoso da mesma moeda; seria mais retórico do que constatável. Keener então falará da intenção do texto ou "o que o texto pretende comunicar". Neste ponto, o autor pentecostal parece abrir uma possibilidade de diálogo entre os métodos modernos e os

---

[63] *A hermenêutica do Espírito*, p. 139.

pós-críticos. No decorrer da sua argumentação, ele defende a busca pela intenção do autor, mas revela os limites dessa tarefa. Mesmo admitindo esse limite, reforça que tal busca não perde seu valor porque "oferecer reconstruções históricas da forma mais responsável possível [...] é um objetivo racional que não precisa ser descartado simplesmente porque não pode ser alcançado de forma perfeita".[64] Ele reitera a ideia porque, no mesmo parágrafo, confessa outra vez ser evidente a impossibilidade de reconstrução perfeita do significado original. Para resolver isso, Keener falará, como na citação anterior, do autor *subentendido*, o autor pressuposto pelo texto.

> A objeção atual de que a intenção do autor é irrecuperável — embora estritamente falando isso seja verdadeiro com respeito a se alcançar níveis sofisticados de certeza — estabelece um padrão por demais elevado para a investigação histórica. Todo o esforço histórico é necessariamente condicionado por probabilidades, e os estudiosos muitas vezes fazem interferências prováveis sobre o autor *subentendido* com base nas estratégias literárias do texto em seu contexto original [...]. Falando de forma estrita, não conseguimos reconstruir de modo infalível a intenção de um autor; no entanto, essa afirmação não impede que examinemos o plano do texto e infiramos dessas estratégias alguns aspectos relevantes dos interesses do autor *subentendido* do texto.[65]

A ideia do "autor previsto pelas estratégias do texto", a despeito de não o admitir, limita a figura do autor à imagem criada pelo texto, o autor de papel, e não o real fora dele. Keener defende longamente a intenção do autor histórico, a figura humana real por trás da literatura, mas acaba afirmando ser ele exatamente o autor pressuposto pelo texto. Para inter-relacionar um com o outro, precisa admitir que a "imagem" construída pelas estratégias do texto é o mesmo escritor por trás dele. Sua posição é ambígua e retórica porque afirma a intenção histórica e original, e também a sua busca como a razão da hermenêutica, mas

---

[64] Ibidem, p. 245.
[65] Ibidem, p. 244.

CAPÍTULO 4
| A história da hermenêutica pentecostal: origens e desenvolvimento (Parte II) |

depois diz que a única coisa que pode ser acessada é o autor subjacente no (ou subentendido pelo) texto. Aqui, Keener, sem se dar conta, acaba se aproximando muito das propostas interpretativas que colocam sobre o texto e suas estratégias a preocupação da interpretação, e não no autor histórico. A narratologia, por exemplo, cujo trabalho e pressupostos podem ser incluídos entre os métodos pós-críticos, defenderá antes o autor pressuposto no texto do que o autor histórico; ou, como o próprio Keener diz, o autor "subtendido". Daniel Marguerat e Yvan Bourquin explicarão no manual de narratologia que as estratégias do texto não mostrarão tudo do autor real por trás da obra. Por isso, a teoria narrativa falará do narrador que guia o leitor, a voz condutora da narrativa, e do *autor implícito*, cuja forma e identidade se mostram nos indícios deixados na obra, a saber, encarnadas em suas estratégias literárias.

> De um lado, há o autor real, fora do texto, o ser de carne e osso cuja personalidade (em se tratando dos autores bíblicos) em grande parte nos escapa; os narratólogos não se interessam por ele. Por outro lado, há o autor tal como está envolvido na obra, por suas escolhas narrativas; a análise narrativa o nomeia *autor implícito* [...]. Um autor, com efeito, se objetiva em sua obra, não pela vida que leva fora dela, mas pela orientação que dá a seu texto [...]. A imagem do autor implícito resulta da soma das escolhas de escrita identificadas no texto.[66]

Se olharmos com calma a digressão de Keener a respeito do autor previsto, em especial quando fala da dificuldade de acesso ao escritor real, e compararmos com a descrição sobre "autoria" da narratologia, perceberemos indiscutíveis pontos de contato. A diferença está no fato de que esta aceita a impossibilidade do acesso direto ao autor e constrói caminhos de interpretação exegeticamente verificável sem buscá-lo fora do texto, enquanto aquela compreende que esse autor previsto à luz da estratégia literária da obra coincide com a figura real fora da obra. É interessante o fato de Keener afirmar com entusiasmo a busca

---

[66] MARGUERAT; BOURQUIN. *Para ler as narrativas bíblicas*, p. 24-25.

| 127 |

pelo autor e sua intenção histórica ao mesmo tempo que mostra as fragilidades dessa afirmação.

Nesse ponto, talvez seja possível perceber aproximações e diálogos metodológicos entre os pentecostais pós-críticos da hermenêutica pentecostal contextual e as metodologias tradicionais de exegese adaptadas pela hermenêutica pentecostal evangelical, ou seja, as ferramentas interpretativas modernas e pós-modernas adaptadas pelos acadêmicos pentecostais. Ainda que defensor do método histórico-gramatical e da intenção do autor original, Keener acaba enfraquecendo a fronteira entres os horizontes diferentes de leitura e o trato com a questão de autoria porque, sem perceber, relativiza o acesso ao autor real do texto, aproximando suas reflexões a respeito de autoria das pesquisas narratológicas, das análises do discurso, das ciências semióticas do texto e de muitas perspectivas desenvolvidas por hermeneutas como Umberto Eco (1932-2016).

Seguindo essas reflexões, mesmo para os defensores do método histórico-gramatical ou histórico-crítico, falar da intenção do autor tem seus limites, porque a velha e liberal ideia moderna de reconstrução histórica do sentido também não é convincente. Seguindo a exposição de Keener, há limites tanto na inocente e triunfalista busca pela intenção original quanto na hiperfunção do leitor. Talvez aqui esteja o possível diálogo entre esses dois horizontes, porque se abre a possibilidade de correções recíprocas de excessos: o relativismo pós-moderno e o historicismo inocente, retórico e radical da intenção do autor. A isso tentarei me dedicar agora.

Entre os pentecostais, como mostram os pesquisadores pós-críticos, a multiplicidade de sentidos está na prática das comunidades, desde o pentecostalismo clássico, um dado visível, o que possibilita riscos e potências. Sem caminhos metodológicos claros e ferramentas adequadas, a confusão e legitimação de qualquer interpretação ou experiência significariam sérios perigos. Por outro lado, com correções e equilíbrio, a polissemia do texto é sinal da presença viva da Palavra e de sua importância na vida cotidiana das igrejas.

Não há como negar as muitas histórias de irmãos e irmãs que testemunham ter ouvido a voz de Deus de maneira diferente a partir do

CAPÍTULO 4
| A história da hermenêutica pentecostal: origens e desenvolvimento (Parte II) |

mesmo texto, servindo-lhe de consolo e "revelação na Palavra". Negar isso seria um elitismo arrogante e desconsideração da história carismática. Por sua vez, discussões sobre a hermenêutica pentecostal possibilitariam criar limites mais racionais e impediriam a transformação dessa bonita experiência em louvor à ignorância. Talvez, como Keener aponta de forma indireta, o texto possa ser o lugar de diálogo. Ou seja, apropriar-se das ciências do texto, as quais valorizam e não negam a polissemia natural da leitura, mas buscam o "conhecimento" (para usar o termo de Menzies) e criam as fronteiras de possíveis sentidos que brotam da Escritura — "possíveis" e não "todos". Sem dúvida, as ferramentas surgidas no horizonte da hermenêutica pós-crítica (semiótica, narratologia, teorias literárias, análise do discurso, estética da recepção e outras) seriam a fronteira entre o triunfalismo da intenção autoral da modernidade e o relativismo pós-moderno. Até mesmo as discussões gramaticais e históricas, ao lado dos novos instrumentos, renovar-se-iam, e sua tendência racionalista seria enfraquecida. Assim, as ferramentas seriam usadas sem aceitarmos passivamente todos os seus pressupostos hermenêuticos ou epistemológicos.

Outro ponto ligado ao anterior é a questão da mediação da experiência. A hermenêutica pós-racionalista/iluminista indicou a impossibilidade do acesso não mediado ao texto. De acordo com o que definem seus teóricos, "o pós-moderno seria o crescente reconhecimento de que a leitura e a interpretação são sempre interessadas, jamais desinteressadas".[67] Essa não seria uma escolha epistemológica, como se o leitor pudesse decidir entre ser ou não objetivo, eliminar ou não suas pressuposições. Pelo contrário, essa é a condição de todo intérprete, pois nunca deixará de ser humano. Na hermenêutica pentecostal, tanto a moderna/reformada quanto a pós-moderna, a experiência é um dado insuperável com o qual é preciso lidar. Se Stronstad estiver certo — e, na condição de pentecostal, tem tornado isso seu lugar de pesquisa — a experiência do Espírito foi o instrumento iluminador para que Atos dos Apóstolos pudesse ser visto como "a nossa própria história", ou seja, a experiência

---

[67] AICHELE et al. A Bíblia pós-moderna, p. 24.

não foi um problema, mas a razão de o carisma ser percebido como parte da realidade do texto e na vida dos fiéis no mundo hoje. Assim, para o pentecostal, mesmo que afirme a intenção do autor, sempre carregará na leitura bíblica, tal qual óculos insuperáveis, os pressupostos da manifestação atual do Espírito, a crítica ao cessacionismo e a fé no Cristo "que cura, salva, batiza com o Espírito Santo, santifica e que brevemente voltará". Dito de outra maneira, a leitura bíblica carismático-pentecostal sempre será mediada pelas principais doutrinas cristológicas em diálogo com a pneumatologia e suas experiências carismáticas vividas de maneira pessoal ou comunitária. Ou seja, não seria possível ir ao texto antes de passar pelas lentes das experiências; não é real nem comprovável a capacidade de eliminar os pressupostos. Então, nenhuma ferramenta tem capacidade de eliminar o óbvio: aquele que lê ou aqueles que leem.

Mesmo o pentecostal acadêmico, por ser fiel à sua tradição pneumática, sempre admitirá a mediação. Novamente, Stronstad diz: "O estudioso pentecostal, como é meu caso, traz sua própria experiência de ser cheio do Espírito como pressuposição para o relato lucano".[68] Com isso, confirma-se a constante mediação na leitura. Conforme diriam os pós-modernos: a interpretação do autor terá sempre intenções prévias, cuja presença é intransponível. Dizer o contrário seria o mesmo que jogar fora pelo menos duzentos anos de discussões das ciências humanas, em geral, e hermenêuticas, em particular. É digno de nota que até mesmo autores filhos da modernidade racionalista, como Bultmann,[69] já explicavam ser impossível interpretação sem pressupostos.

Nossa história, a tradição e a experiência não podem ser eliminadas na leitura do texto. Então, isso significa que não há limites e todos os sentidos estariam corretos? Claro que não! Chegar a essa conclusão como corolário natural da afirmação da subjetividade na leitura do texto é um simplismo próprio de reflexões rápidas. Segundo a mesma história da hermenêutica pentecostal demonstra, há muito essa questão foi tratada entre hermeneutas e filósofos do sentido, os quais reconhecem, por um

---

[68] *Teologia lucana sob exame*, p. 30.
[69] *Crer e compreender*, p. 363-370.

CAPÍTULO 4
| A história da hermenêutica pentecostal: origens e desenvolvimento (Parte II) |

lado, a irredutibilidade do texto e as condições históricas do leitor e, por outro, os limites da interpretação. Apenas um racionalismo radical e fideísta afirmaria o contrário. Ainda, uma postura extremamente racionalista se configuraria uma grande traição ao método de interpretação e história desenvolvido nos movimentos carismáticos e pentecostais, porque esses se estabeleceram exatamente sobre a valorização da manifestação do Espírito e seus dons na igreja contemporânea, permitindo serem percebidas as expressões carismáticas e sobrenaturais como manifestações atuais. Mesmo os exegetas pentecostais ligados aos método histórico-crítico (W. Menzies, H. Ervin, R. Menzies) e histórico-gramatical (Keener, Stronstad), segundo temos demonstrado aqui, admitem isso e tentam relacionar o pressuposto da experiência do Espírito e a interpretação bíblica. Se para o biblista não pentecostal é necessário defender a anulação das subjetividades e experiências, na tradição hermenêutica pentecostal é indubitavelmente o contrário: esse dado a diferencia das demais formas de leitura bíblica. William Menzies, por exemplo, diz ser a experiência o final do processo interpretativo porque ela averiguaria se a hermenêutica tem sustentabilidade vivencial. Stronstad, em outra mão, afirma o contrário, colocando a experiência como pressuposto no início do processo e como verificação no fim. Então, na hermenêutica pentecostal contextual, a afirmação da presença da experiência no processo de leitura será levada até as últimas consequências sem torná-la simples adendo, "por desencargo de consciência pentecostal", e será tratada com a rigorosidade necessária. Pelo que nos parece, os outros biblistas pentecostais, aqueles fixados na hermenêutica evangelical, admitem por um instante essa realidade e, sem qualquer explicação, depois voltam à prática dos que, paradoxalmente, sempre negaram a importância da experiência.

Em suma, aqui residem as grandes críticas ao paradigma moderno e suas perspectivas:

1. a possibilidade de a linguagem ou a pesquisa terem referencialidade direta com a realidade;

2. a técnica ser capaz de eliminar todas as mediações;

3. a separação entre sujeito-objeto quando do uso dos métodos;

4. a sublimação da experiência; e

5. o historicismo que nega o lugar histórico do leitor como parte da possibilidade de acessar o objeto de pesquisa.

Sobre essas inquietações se estabelecem todas as críticas pós-pensamento metafísico e seriam os grandes desafios da hermenêutica que busca entender o texto e torná-lo comunicável com alguma legitimidade. Para os pentecostais, essa afirmação será tratada de maneira muito plural. Sem dúvida, é exatamente a resposta ao dado da experiência que revelará a fronteira entre a hermenêutica pentecostal e as demais. Não é sem razão que Howard Ervin falará em hermenêutica pneumática, porque precisa preservar a experiência do Espírito para ser pentecostal.

Cabe aos envolvidos com as discussões hermenêuticas perguntarem-se também pelos limites e fraquezas de suas práticas interpretativas e possíveis soluções. Na hermenêutica pentecostal, esse desafio seria enfrentado observando sua própria tradição marcadamente polissêmica, não racionalista, prática e sobrenaturalista, o que permitiria dialogar com as críticas hermenêuticas contemporâneas.

Segundo alguns eruditos pentecostais declararam, os biblistas pentecostais devem reler ou refazer o caminho da hermenêutica pentecostal evangelical, especialmente seus pressupostos interpretativos. Para isso, autores como Paul Ricoeur, Gadamer e outros foram visitados e traduzidos para as demandas pentecostais, tal qual fizeram com o método histórico-crítico, usando-o de forma moderada. Por isso, hipóteses metodológicas foram desenvolvidas. Na hermenêutica pentecostal dessa nova fase, os limites de sentido e inteligibilidade seriam identificados, e os métodos não racionalistas — os quais aceitam a presença do leitor no ato da interpretação — seriam aplicados na tarefa da hermenêutica pentecostal. Se por um lado é ariscado idolatrar a vontade do "leitor" como soberana e ilimitada, negá-la seria outro equivocado extremo.

Por conta dessas dificuldades listadas, alguns pesquisadores pentecostais privilegiam métodos hábeis para responder às novas perguntas.

CAPÍTULO 4
| A história da hermenêutica pentecostal: origens e desenvolvimento (Parte II) |

Por exemplo, aplicando-se a narratologia, perguntarão pelo autor, mas aquele que está inscrito no texto ("o autor de papel"),[70] o qual, por meio das experiências do leitor pentecostal e técnicas literárias, iluminado pelo Espírito, conseguirá ser apreendido. Ao texto, com estratégias literárias, não se perguntará então pelo que se passou na cabeça do autor, mas se indagará acerca das potências e possibilidades de sentido que o texto tem. Quaisquer possibilidades de sentido? Não (!), mas as limitadas pelas ferramentas exegéticas usadas na leitura e compatíveis com a realidade da experiência que não está cima da Bíblia, mas por ela é delimitada, confirmada, ampliada ou criticada. Dialeticamente, a vivacidade atual do Espírito, suas manifestações libertadoras e seus sinais maravilhosos iluminam o texto, e o texto os ilumina. Aqui se dá o lugar da relação circular entre Bíblia e experiência. Consequentemente, não é negada a criatividade do leitor. Contudo, para essa hermenêutica isso não é sinônimo de violação do texto nem legitimação de invencionices subjetivistas. Como diz a epístola pastoral, toda a Escritura (o texto) é inspirada e serve para repreender, corrigir e ensinar (2Timóteo 3:16). A Bíblia continua preservada, mas em diálogo com a tradição e a história carismáticas, o que ajuda, inclusive, na correção da equivocada bibliolatria. Na verdade, essa proposta enfrenta a realidade de que na leitura, ao entrar nesse círculo Espírito-Escritura-Comunidade, encontramos espaço para a criatividade, as emoções e a experiência. A maneira como o texto é avaliado, as intuições gramaticais, a descrição do enredo, as tipologias pressupostas na narrativa, os sentidos subjacentes e as percepções intuídas resultam não do acesso direto à realidade dura e autônoma da intenção do passado/original/do autor, mas do diálogo entre leitor especializado ou não (com suas categorias e pressupostos) e a Bíblia.

---

[70] A respeito das teorias narrativas e narratologia, veja: PRINCE, Gerald. *Narratology: The Form and Functioning of Narrative*. Berlin: De Gruyter, 1982; WALSH, T. Jerome. *Old Testament Narrative: A Guide to Interpretation*. Louisville: Westminster John Knox, 2010.; FLUDERNIK, Monika. *An Introduction to Narratology*. New York: Abingdon, 2009; MARGUERAT, D.; BOURQUIN, Y. *Para ler as narrativas bíblicas: iniciação à análise narrativa*. São Paulo: Loyola, 2009.

Ainda nessa avaliação final, é preciso ponderar a afirmação de que o pentecostalismo poderia se casar fielmente com os pressupostos pós-modernos. Por isso, é importante explicar duas coisas: há diferentes maneiras de relacionamento com a pós-modernidade (há "pós-modernos" e "pós-modernos"); e, por sua vez, precisamos diminuir a lógica dualista da relação desses horizontes hermenêuticos. A respeito do tema "pentecostalismo e pós-modernidade", Kärkkäinen faz uma preciosa exortação:

> Vamos, no entanto, ser cautelosos. Parece-me que as supostas semelhanças entre o pentecostalismo e o pós-modernismo não são tão óbvias quanto se defende. É verdade que há muitas convergências em potencial (pluralidade de significado dos textos, o papel do afeto na leitura etc.), mas as convergências podem existir apenas no "nível superficial". Entre o(s) pós-modernismo(s) e o pentecostalismo existe uma lacuna tão grande em termos de pressuposições que é sensato não inflacionar aparentes semelhanças. Por exemplo, não há "metanarrativa" para os pós-modernistas, mas há para os pentecostais; não há verdade absoluta de qualquer tipo para os pós-modernistas, mas existe a verdade para os pentecostais. São esses os tipos de pressupostos filosóficos que devem ser considerados cuidadosamente antes que o casamento seja celebrado.[71]

A cautela aqui indicada pelo teólogo pentecostal poderia ser interpretada pela inocente e triunfalista identificação pentecostalismo/pós-modernidade, como se uma coisa fosse continuidade, expressão similar ou sinônimo da outra. Outro erro, nesse caso, também é a afirmação de que a pós-modernidade é desenfreadamente relativista, porque os pós-modernos dirão que a verdade não é única e atemporal, mas está no interior das múltiplas formulações que dela se dão.[72] Aplicando-se à hermenêutica bíblica, a verdade como fonte eterna seria revelada em Cristo. Contudo, todas as interpretações são como espelhos embaçados, e somente Deus,

---

[71] Pentecostal Hermeneutics in the Making, p. 97.
[72] PEREYSON. *Verdade e Interpretação*.

CAPÍTULO 4
| A história da hermenêutica pentecostal: origens e desenvolvimento (Parte II) |

em sua eternidade, teria condição de conhecer e revelar o todo de todas as coisas, cabendo sempre à humanidade as limitadas possibilidades das históricas compreensões.

Na prática, não é possível negar que o uso das mesmas ferramentas sobre as mesmas narrativas produz resultados interpretativos diferentes, possibilitando novos significados. Caso não haja essa humildade "relativista", seremos obrigados a afirmar o erro fundamental de qualquer outra leitura que não fosse a nossa. Por isso, algumas críticas pós-modernas são fundamentais, especialmente sua desconfiança com o racionalismo fechado e naturalista, como se tudo pudesse ser explicado por leis, sob a tutela teísta ou não. Todavia, não é possível negar no pentecostalismo a defesa da metanarrativa da salvação e suas pretensões de explicação total da realidade, na qual a presença do Espírito é a certeza da condução divina da história.

No contexto da disputa por acurácia terminológica, quando nos referimos a pentecostais dialogando com a hermenêutica pós-moderna, não é possível afirmar somente um tipo de aproximação. Há perspectivas com maior ou menor valorização da potência do leitor, por exemplo. Encontramos pesquisadores mais abertos às teorias da linguagem, outros gastando tempo com as discussões hermenêuticas etc. Assim, alguns até poderiam ser acusados de subjetivistas, mas isso exigiria uma análise cuidadosa. Todo exagero é perigoso, e o medo não pode impedir as fronteiras de dialogarem.

Por fim, a história da interpretação pentecostal nessa fase mostra que não existe "a" hermenêutica da identidade pentecostal, mas um desenvolvimento de possibilidades à luz dos desafios contemporâneos. Os pontos comuns seriam a Bíblia como palavra inspirada, a defesa por reviver a experiência do Espírito, a contemporaneidade dos dons, o batismo no Espírito Santo e sua presença escatológica. Em síntese, a experiência como parte do processo interpretativo é a fundamental característica da leitura pentecostal, tanto para os autores devedores dos métodos evangelicais quanto os contextuais.

Assim, não seria justo afirmar a canonicidade de qualquer método, mas somente do texto. Então, a hermenêutica pentecostal evangelical e a contextual defendem, cada uma à sua maneira, as possibilidades de acesso ao texto, suas escolhas metodológicas, os pressupostos epistemológicos, os diálogos com teóricos de seu contexto e suas releituras na teologia e hermenêutica pentecostais. Por isso, a trincheira não é a melhor escolha. Pelo contrário, sempre haverá a possibilidade do diálogo e da contribuição mútua, permitindo correções recíprocas. Talvez Menzies seja um bom exemplo desse diálogo quando percebe os riscos e as potências das ferramentas voltadas ao leitor em diálogos com aquelas preocupadas com o autor.[73] Essa ponderação aponta potências e limitações, o que já é um ótimo caminho. Contudo, como lamenta Oliverio Jr., ainda é comum os pós-modernos chamarem o outro grupo de inocentes fiéis da objetividade, enquanto os tradicionais acusam os demais de relativistas (e aqui no Brasil, por incrível que pareça, de liberais).

---

[73] Jumping Off the Postmodern Bandwagon, p. 118.

CAPÍTULO 4
| A história da hermenêutica pentecostal: origens e desenvolvimento (Parte II) |

Bibliografia

AICHELE, G. et al. *A Bíblia pós-moderna: Bíblia e cultura coletiva*. São Paulo: Loyola, 2000.

ALENCAR, Gedeon Freire de. *Ecumeninsmos e pentecostalismos: A relação entre o pescoço e a guilhotina?*. São Paulo: Recriar, 2018.

ARCHER, Kenneth J. *Pentecostal Hermeneutic: Spirit, Scripture and Community*. Cleveland: CPT, 2005.

_____. Pentecostal Hermeneutics: Retrospect and Prospect. In: MARTIN, Lee Roy (ed.). *Pentecostal Hermeneutic: A Reader*. Leiden: Brill, 2013.

BENTHO, Esdras. *Da história à Palavra: A teologia da revelação em Paul Ricoeur*. São Paulo: Reflexão, 2016.

BULTMANN, R. *Crer e compreender: Ensaios selecionados*. Ed. rev. e ampl. São Leopoldo: Sinodal, 2001.

BYRD, Joseph. Paul Ricoeur's Hermeneutical Theory and Pentecostal Proclamation. *Pneuma: The Journal of the Society for Pentecostal Studies* 15.2 (1993) p. 203-214.

CARGAL, Timothy B. Beyond the Fundamentalist-Modernist Controversy: Pentecostals and Hermeneutics in a Postmodern Age. *Pneuma: The Journal of the Society for Pentecostal Studies* 15.1 (1993), p. 163-187.

CARVALHO, César Moises. *Pentecostalismo e pós-modernidade: Quando a experiência sobrepõe-se à teologia*. Rio de Janeiro: CPAD, 2017.

FOGARTY, Stephen. Toward a Pentecostal Hermeneutic. *PCBC Journal / Association of Pentecostal and Charismatic Bible Colleges of Australasia* 15.2 (2001).

ISRAEL, Richard D.; ALBRECHT, Daniel; MCNALLY, Randal. Pentecostals and Hermeneutics: Texts, Rituals and Community. *Pneuma: The Journal of the Society for Pentecostal Studies* 15.1 (1993), p. 137-161.

JOHNS, Donald. Novas diretrizes hermenêuticas na doutrina da Evidência Inicial do Pentecostalismo Clássico. In: MCGEE, Gary (ed.). *Evidência inicial: Perspectivas históricas e bíblicas sobre a doutrina pentecostal do batismo no Espírito Santo*. Natal: Carisma, 2017.

JOHNS, Jackie David. Pentecostalism and The Postmodern Worldview. *Pneuma: Journal Pentecostal of Theology* 17.1 (1995), p. 73-93.

KÄRKKÄINEN, Veli-Matti. Pentecostal Hermeneutics in the Making: On the Way from Fundamentalism to Postmodernism. *The Journal of the European Pentecostal Theological Association* 18.1 (1998), p. 76-115.

KEENER, Craig. *A hermenêutica do Espírito: lendo as Escrituras à luz do Pentecostes*. São Paulo: Vida Nova, 2018.

_____. *Spirit Hermeneutics. Reading Scripture in Light of Pentecost*. Grand Rapids: Eerdmans, 2016.

LIMA, Adriano. *A pneumatologia como fundamento teológico do diálogo inter-religioso para as Assembleias de Deus no Brasil*. 2016. 216 p. Dissertação (Doutorado em Teologia). Pontifícia Universidade Católica do Paraná, Curitiba, PR, 2016.

MARGUERAT, D.; BOURQUIN, Y. *Para ler as narrativas bíblicas: Iniciação à análise narrativa*. São Paulo: Loyola, 2009.

MENZIES, Robert. *Pentecostes: Essa história é a nossa história*. Rio de Janeiro: CPAD, 2017.

_____. Jumping Off the Postmodern Bandwagon. *Pneuma: The Journal of the Society for Pentecostal Studies* 16.1 (1994), p. 115-120.

OLIVEIRA, David Mesquiati. *Pentecostalismos e unidade: Desafios institucionais, teológicos e sociais*. São Paulo: Fonte, 2015.

_____. *Diálogo e missão nos Andes: Um estudo de teologia da missão latino-americana*. São Paulo: Garimpo, 2016.

_____; TERRA, Kenner R. C. *Experiência e hermenêutica pentecostal: Reflexões e propostas para a construção de uma identidade teológica*. Rio de Janeiro: CPAD, 2018.

OLIVERIO JR., Louis William. *Theological Hermeneutics in the Classical Pentecostal Tradition: A Typological Account*. Leiden: Brill, 2012.

PALMA, D. Anthony. *O batismo no Espírito Santo e com fogo: Os fundamentos bíblicos e a atualidade da doutrina pentecostal*. Rio de Janeiro: CPAD, 2014.

PEREYSON, L. *Verdade e interpretação*. São Paulo: Martins Fontes, 2005.

PLÜSS, Jean-Daniel. Azusa and Other Myths: The Long and Winding Road from Experience to Stated Belief and Back Again. *Pneuma: The Journal of the Society for Pentecostal Studies* 15.2 (1993), p. 189-201.

POLOMA, Margaret. M. *The Assemblies of God at the Crossroads: Charisma and Institutional Dilemmas*. Knoxville: The University of Tennessee Press, 1989.

RICOEUR, P. Rumo a uma teologia narrativa: sua necessidade, seus recursos, suas dificuldades. In: _____. *A hermenêutica bíblica*. São Paulo: Loyola, 2006.

STRONSTAD, R. *A teologia carismática de Lucas: Trajetórias do Antigo Testamento a Lucas-Atos*. Rio de Janeiro: CPAD, 2018.

_____. *Teologia lucana sob exame: Experiências e modelos paradigmáticos em Lucas-Atos*. Natal: Carisma, 2018.

THOMAS, Christopher John. Women, Pentecostalism, and the Bible: An Experiment in Pentecostal Hermeneutics. IN: LEE ROY, Martin (ed.). *Pentecostal Hermeneutic: A Reader*. Leiden: Brill, 2013.

YONG, Amos. Academic glossolalia? Pentecostal scholarship, multidisciplinarity, and the science-religion conversation. *Journal of Pentecostal Theology* 14.1 (2005), p. 62-63.

CAPÍTULO **5**

A HERMENÊUTICA DAS EMOÇÕES
GUTIERRES FERNANDES SIQUEIRA

Dr. Spock é o personagem mais conhecido da série *Star Trek* (*Jornada nas Estrelas*). Meio humano e meio vulcano, ele é um ser muitíssimo inteligente. Nos quadrinhos, os habitantes do planeta Vulcano eram conhecidos pelo rigoroso pensamento racional e reprimiam qualquer manifestação emocional. A ideia por trás desse personagem é que a emoção atrapalha a razão. Os racionalistas, de maneira geral, têm um desprezo muito grande pela emoção. Essa antipatia contra o emocional não nasceu no Iluminismo, mas na filosofia grega, que sempre viu a paixão (*pathos*) como antagônica à razão. Aliás, o verdadeiro Deus só poderia ser Deus se desprovido de paixão. A emoção ficou associada ao irracional. Os estoicos acreditavam que as emoções eram juízos falsos. Os romanos diziam que a ira era um breve ataque de loucura. Dessa forma, quem age pela emoção foge completamente da verdade, pensavam os gregos.

Em geral, as literaturas apologéticas e teológicas costumam apresentar os grandes riscos do emocionalismo presente nos grupos pentecostais e carismáticos. De fato, o fideísmo, o sentimentalismo e o completo desprezo pela razão, além de um anti-intelectualismo rasante, infelizmente afetam inúmeras igrejas e pastores pentecostais. Contudo, como veremos neste texto, o remédio para esse mal não é uma religião cerebral. Os riscos do racionalismo não devem ser desprezados, e a apologética evangélica parece ainda não ter percebido que o racionalismo pode ser igual ou até mais danoso do que o emocionalismo. Na verdade, um homem desprovido de emoções, como Spock, jamais agiria sabiamente. Na teologia, não devemos jogar fora a razão e a fé, como bem sintetiza o teólogo luterano Carl Braaten: "*Intellectus* sem *fides* leva ao racionalismo; *fides* sem *intellectus* cai para o emocionalismo".[1] Neste texto, mostro como o pensamento que coloca razão e emoção como inimigas está longe das Escrituras.

A falsa dicotomia entre razão e emoção

O grande problema do racionalismo é a arrogância advinda da ideia de que é possível conhecer toda a realidade existente através da razão humana. Sabemos que a verdade existe e tem um caráter absoluto. A negação da verdade é a negação do próprio Cristo (cf. João 14:6). É um absurdo do ponto de vista bíblico a ideia de que é possível conhecer Cristo, a verdade encarnada, meramente pela via da razão. A conversão — o meio usado pelo próprio Deus para nos colocar junto a Cristo — envolve o ser humano em toda a sua integralidade, a saber, os afetos, a vontade, as emoções e também a própria razão. O amor a Deus envolve todos esses elementos: "Ame o Senhor, o seu Deus, de todo o seu coração, de toda a sua alma e de todo o seu entendimento" (Mateus 22:37, NVI). É assim que evitamos o cinismo pós-moderno, que não acredita na verdade, e a arrogância moderna, que se acredita dona dela.[2]

O cristianismo ocidental sofreu influência do chamado Iluminismo, movimento intelectual e filosófico que dominou a Europa no século XVIII, especialmente denominado "o século da filosofia". De

---

[1] *Christian Dogmatics*, p. 18. Para os dados completos das obras citadas, veja a "Bibliografia" no final do capítulo.
[2] Sobre esse assunto, veja o ótimo ensaio "O perfil do conhecimento humano e do ministério cristão", de Andrew Root, em LINHART. *Ensinando as próximas gerações*, p. 79-88.

CAPÍTULO 5
| A hermenêutica das emoções |

maneira grosseira, podemos definir o Iluminismo como o período histórico em que se acreditou de modo ingênuo em uma razão pura, objetiva e neutra. Os iluministas acreditavam, como se fosse possível, que o pensamento deveria ser totalmente autônomo, não tutelado, porque apenas assim o homem poderia chegar à completa independência. De certa forma, eles voltaram aos gregos antigos mencionados no primeiro parágrafo. No século XIX, na esteira do Iluminismo, nasceu também a chamada "teologia liberal", que desconfiava da autoridade da Igreja e propagava a expulsão das "superstições", isto é, toda ideia que sugerisse algum elemento de sobrenaturalidade. Os teólogos liberais não acreditavam nos milagres registrados na Bíblia e passaram a duvidar de qualquer tradição que atribuísse determinado livro bíblico a algum profeta ou apóstolo. Esses teólogos também sonhavam com a convergência do cristianismo com a cultura moderna moldada pelos ideais de pensamento, ética e política do período. E, no início do século XX, em reação ao liberalismo teológico alemão, nasceu nos Estados Unidos o chamado fundamentalismo protestante, com uma proposta de explicar a fé pela razão enquanto defendia "uma volta aos fundamentos". O grande problema do fundamentalismo é que, assim como o liberalismo teológico, ele também acreditava em uma razão pura, neutra e objetiva. Embora não sejam comparáveis em danos, porque o liberalismo é infinitamente pior ao desprezar verdades centrais da cristandade, o fundamentalismo pecou ao usar a mesma ferramenta epistemológica do seu oponente.

O liberalismo teológico chegou ao Brasil especialmente entre os acadêmicos luteranos, anglicanos e metodistas, mas quem reinou e ainda reina em nosso país é a teologia protestante fundamentalista/racionalista, hoje bem representada pelo ressurgimento do *calvinismo propositivista* exposto pelos pregadores populares dessa tradição. Nomes reformados propositivistas que provocam fascínio em nosso meio são teólogos como John MacArthur Jr., Steven Lawson, Joel Beeke, Albert Mohler, Sinclair Ferguson, Derek Thomas, entre outros. Embora sejam arqui-inimigos, o que une os liberais e os fundamentalistas ou evangélicos *propositivistas* é o grande apego pelo racionalismo. Os fundamentalistas[3] seguem os pontos essenciais da fé cristã e, via de regra, apresentam grande apreço pelas Escrituras e também grande respeito pela pureza doutrinária da Igreja, o que é em si virtuoso, mas, ao mesmo tempo, estão presos em um ciclo excessivamente moderno ao desprezarem todo o aspecto carismático, experiencial e emocional da fé cristã. Na tradição reformada mais conservadora, "tudo o que diz respeito à mística, à meditação e à experiência lhe parece sobremodo suspeito".[4]

Em geral, o racionalismo moderno afeta a forma como os fundamentalistas leem o texto das Escrituras.[5] Com isso, não quero em momento algum afirmar que toda a tradição reformada — tão rica e diversa — abraça essa tendência que aponto anteriormente, até porque hoje alguns

---

[3] Tendo em vista que o adjetivo "fundamentalista" se tornou uma espécie de ofensa, poucos teólogos se reconhecem como fundamentalistas, embora cultivem todas as características de um: o racionalismo, o sectarismo, o reacionarismo (que difere do conservadorismo), o anti-intelectualismo (transvertido agora em um sentimento *antiestablishment* contra a figura do intelectual público) e o senso de agrupamento messiânico (todo fundamentalista se acredita parte de uma classe muito seleta de iluminados que salvarão o mundo da completa decadência). O fundamentalismo, enquanto comportamento, não é exclusivo de teólogos mais conservadores.

[4] HOCH, L. C. Reflexões em torno do método da teologia prática. In: SCHNEIDER--HARPPRECHT, Christoph (org.). *Teologia prática no contexto da América Latina*. São Leopoldo: Sinodal: Aste, 1998, p. 74. Citado em: CARVALHO. *Uma pedagogia para a educação cristã*.

[5] "Os cristãos pentecostais abraçam uma cosmovisão sobrenaturalista em oposição tanto ao cessacionismo de muitos cristãos fundamentalistas à direita, como também do naturalismo de alguns ramos do protestantismo liberal à esquerda. Essas foram as opções teológicas dominantes durante a primeira metade do século XX, contra as quais os primeiros pentecostais modernos reagiram e com as quais muitos cristãos pentecostais continuam lutando diante de seus compromissos teológicos. Considerando que o cessacionismo limitou o funcionamento miraculoso do Espírito Santo à era apostólica e, portanto, rejeitou as manifestações pentecostais como espúrias mais do que religiosamente autênticas, a espiritualidade pentecostal insiste que os carismas do Espírito nunca foram revogados e que, de fato, o poderoso funcionamento do Espírito se intensificou na e através da moderna renovação pentecostal. Por outro lado, o naturalismo teológico que surgiu durante a primeira metade do século XX estimulou os pentecostais a adotar uma visão sobrenaturalista da ação divina. Os pentecostais resistiram às definições naturalistas do que era possível (ou não); em vez disso, estavam interessados no Deus que poderia realizar o que não poderia ser realizado por meios comuns." YONG. *The Spirit of Creation*, p. 75.

CAPÍTULO 5
| A hermenêutica das emoções |

dos grandes críticos desse tipo de racionalismo são reformados, especialmente os de tradição filosófica. Nomes como James K. A. Smith, Kevin Vanhoozer, Timothy Keller, John Frame, entre outros, representam a melhor face *não propositivista* dessa tradição.

Os fundamentalistas creem nos milagres bíblicos e acreditam que Deus os realiza de forma esporádica em nosso tempo, mas tendem a rejeitar o pentecostalismo e a sua crença na contemporaneidade dos dons espirituais. Eles também tendem a defender uma liturgia excessivamente voltada ao intelecto, em que a explanação do sermão é semelhante a uma aula, e rejeitam com veemência qualquer louvor que não seja cheio de referências doutrinárias explícitas. Essa religiosidade exageradamente cerebral — que disseca poesias, histórias e músicas como cadáveres — divorcia o intelecto da apreciação artística. Como bem escreveu o filósofo britânico Roger Scruton (1944-2020), "a vida da mente, privada do esforço estético, permanece pesada e distante".[6] Embora a Bíblia nos apresente louvores com abundantes conceitos doutrinários, como é o caso da *doxologia* paulina em 1Timóteo 3:16, muitos dos salmos veterotestamentários são expressões da alma e ressoam dor, pranto, espanto e grande alegria (p. ex. Salmos 55:4: 86:4,12; 143:4). O zelo pelo conteúdo teológico dos hinos é importantíssimo, mas isso não impede que o louvor seja um canal de comunicação das emoções. É verdade que o emocionalismo representa um perigo, mas o mesmo pode ser dito do racionalismo, pois nas Escrituras não apenas a emoção é enganosa, mas o próprio intelecto também o é (cf. Provérbios 3:5). O pecado original não afetou e distorceu apenas as emoções, mas fez o mesmo com a razão.

O curioso é que essa dicotomia moderna entre mente e emoção é uma das principais causas do anti-intelectualismo, bem presente em especial entre a segunda geração de fundamentalistas dos Estados Unidos e que também afetou as primeiras gerações pentecostais. O

---

[6] Scruton ainda observa: "Na arte, nossas ideias são derramadas no molde da experiência imediata, cristalizadas como histórias, imagens, dramas — e, assim, colocadas à prova da compaixão" (Living with a Mind, p. 43).

anti-intelectualismo emocionalista e o racionalismo ingênuo são dois filhos extremados da modernidade.

Coração hebreu

A guerra entre racionalismo e emocionalismo é um fenômeno desconhecido na história hebraica. Embora o judaísmo seja conhecido como a religião do livro, não havia entre os hebreus o entusiasmo racionalista — a própria identidade hebraica se desenvolveu antes dos escritos sagrados. O judaísmo também era a religião da poesia e da música, e estava distante do emocionalismo tão presente nas religiões de mistério. O interessante é que essa divisão rígida entre a esfera emocional e intelectual do ser humano não é encontrada nas Escrituras. Os hebreus entendiam que o pensamento nascia do coração (Jó 38:36), tido ao mesmo tempo como o centro da vida intelectual, moral e afetiva. Não havia compartimentos da razão e do afeto. Outro ponto é que os judeus associavam a memória e a imaginação à metáfora do coração (Salmos 37:31; 51:6; 77:6), sempre apreciaram os estudos desde cedo com muito rigor e viam a meditação das Escrituras como parte de sua vida devocional. Eles, de maneira geral, não se viam como seres meramente afetivos ou intelectuais. É importante observar que a palavra "coração" em inúmeros textos bíblicos indica funções intelectuais (cf. Gênesis 6:5; Deuteronômio 7:17; 1Crônicas 29:18; Apocalipse 18:7), enquanto em outros indica emoções (Êxodo 4:14; Levítico 19:17; Deuteronômio 28:67; Juízes 5:9; 16:15; 1Samuel 1:8; João 16:16; Atos 2:26; Tiago 3:14).

Os cristãos pré-modernos, igualmente, não distinguiam instrução de fé ou cristianismo pensante de cristianismo de coração. Não havia divisão entre conhecimento e experiência. "Acreditamos para que possamos entender", diziam eles. A prova disso é que grandes obras de reflexão teológica — a exemplo de *Confissões* de Agostinho e *Proslógio* de Anselmo — foram escritas como orações direcionadas a Deus. Nisso, cabe destacar, a patrística estava bem mais próxima dos hebreus. Um dos mais belos textos da tradição cristã sobre o valor do sofrimento é do filósofo, físico, matemático e teólogo francês Blaise Pascal (1623-1662) intitulado

CAPÍTULO 5
| A hermenêutica das emoções |

Oração para pedir a Deus o bom uso das doenças, escrito em 1660 em forma de uma bela prece.[7] Em Pascal não havia problema em ser um gênio capaz de fazer ciência, assim como de elaborar belas orações que soavam poéticas.

Por isso tudo, podemos lembrar a história de dois biblistas: Charles S. Price (1887-1947) e Eta Linnemann (1926-2009), teólogos racionalistas adeptos do liberalismo mais denso e incrédulo. De igual modo, duvidavam de milagres, da ressurreição de Cristo, da concepção virginal etc. O que fez esse metodista e essa luterana mudarem de ideia? Algum livro de teologia sistemática escrito por um racionalista cheio de argumentos lógicos e em cadeia? Não, nada disso. Ambos abandonaram o liberalismo após a participação em um culto pentecostal. A ortodoxia não se mantém apenas com ótimos tratados apologéticos, mas também pela efusão do Espírito envolvendo o homem na sua inteireza. O racionalista radicalizado não é quebrado com mais argumentos, mas com o quebrantamento do coração vindo do Santo Espírito.

Cessacionismo emocionalista

Como venho enfatizando, o cristianismo tem três grandes tendências bem delimitadas: a cognitiva (ênfase na doutrina racionalizada), a carismática (ênfase na experiência expressiva) e a litúrgica (ênfase na tradição formativa). Se entendermos que precisamos de cada um desses aspectos na vivência cristã, evitaremos extremos como o racionalismo, a mágica espiritualista, o romantismo relativista, a arrogância dogmática, entre outros. O extremo sempre nasce quando reduzimos a fé cristã a qualquer uma dessas tendências, a exemplo do cessacionismo, que nega a validade dos dons espirituais para hoje.

Uma ilusão frequente dos cessacionistas — os críticos mais ácidos do pentecostalismo — é que nós seríamos emocionalistas, enquanto eles, claro, seriam completamente "racionais". Por outro lado, a psicologia

---

[7] PASCAL. *Do espírito geométrico e da arte de persuadir e outros escritos de ciência, política e fé*, p. 156-169.

e a filosofia da ciência têm mostrado há bastante tempo que emoções negativas, como a raiva e o nojo, diminuem o processamento de informações e aumentam a dependência de estereótipos. Na prática, muitos se tornam cessacionistas radicais não pelo convencimento lógico das Escrituras, mas sim pelas experiências ruins que viveram em comunidades carismáticas. Muito de sua teologia não é fruto de reflexão bíblica, mas sim de sutil de amargura, raiva e ressentimento. Não estou generalizando, obviamente, mas já vi muito esse filme. Não é à toa que cessacionistas fundamentalistas, como John MacArthur Jr., usam tantas histórias de gabinete pastoral e testemunhos de ex-carismáticos para embasar a sua teologia.

Daniel B. Wallace, conhecido exegeta conservador, editou um livro bem interessante chamado *Who's Afraid of the Holy Spirit?* [Quem tem medo do Espírito Santo?].[8] É uma coletânea de artigos de teólogos cessacionistas que repensam o tratamento dado ao Espírito Santo pela tradição da qual fazem parte prefaciado pelo teólogo continuísta Wayne Grudem. Wallace, na apresentação do livro, conta a história marcante da doença de seu filho e como, naquele momento de tribulação, ele percebeu que tinha uma "fé" demasiadamente racionalista e bibliólatra, mas nenhuma intimidade real com Deus. Ele sabia dissecar Deus numa exegese do texto, mas não o tinha como um Ser realmente vivo. Wallace conta que continua cessacionista, mas percebe hoje como a maior parte dos cessacionistas está dependente de um racionalismo estranho ao mundo bíblico e que é sedenta de controle sobre todos os aspectos da vida, inclusive sobre a ação de Deus.

A emoção como fortalecedora da razão

O neurocientista e filósofo português António Damásio escreveu um interessante livro chamado *O erro de Descartes*, no qual defende a ideia — bem diferente da construída pela filosofia ocidental — de que a emoção não é inimiga da razão e, na maioria das vezes, é uma

---

[8] Richardson: Biblical Studies Press, 2013.

CAPÍTULO 5
| A hermenêutica das emoções |

auxiliadora poderosa de raciocínios elaborados. Com isso, não se quer dizer que a emoção é um substituto para a razão nem que toda emoção seja coerente, como lembra o próprio Damásio, mas sim que, no geral, a emoção ajuda o raciocínio a tomar decisões mais assertivas. Por exemplo, "a emoção também auxilia no processo de manter na mente os vários fatos que precisam ser levados em consideração para chegarmos a uma decisão".[9] Em muitos casos, a emoção ajuda no chamado "problema de enquadramento", quando o indivíduo deve separar informações essenciais de informações irrelevantes diante de uma decisão rápida e urgente. O filósofo canadense Ronald de Sousa observa: "As emoções nos poupam da paralisia potencialmente induzida pelo problema do enquadramento controlando a saliência das características da percepção e do raciocínio [...] circunscrevendo [assim] nossas opções práticas e cognitivas".[10] Em outras palavras, as emoções nos ajudam a selecionar o que de fato importa em uma decisão relevante. De trinta anos para cá, os estudiosos da filosofia da mente têm concluído que a emoção não deve ser considerada estruturalmente oposta à razão. Hoje já se fala em uma razão com múltiplas racionalidades. O respeitado teólogo anglicano Alister McGrath observa: "Agora também está claro que a cognição é afetiva — isto é, que está intimamente ligada ao valor percebido do objeto de cognição para o observador. Esse reconhecimento do papel das emoções nos ajuda a entender a racionalidade mais profunda de decisões aparentemente irracionais".[11]

Podemos concluir lembrando a igreja de Corinto, a mais carismática das comunidades do Novo Testamento. Quando o apóstolo Paulo fala abertamente do culto desordenado dos coríntios (1Coríntios 14), ele nunca apela à racionalidade, mas à edificação. O problema dos coríntios não era o culto emocional, mas tão somente que o culto estava centrado num individualismo extremado em que ninguém se importava com o crescimento alheio. O problema deles não era a falta de raciocínio

---

[9] Posição 153.
[10] *The Rationality of Emotion*, p. 172.
[11] *The Territories of Human Reason*, p. 23.

lógico, mas de amor (1Coríntios 13). A ordem no culto é necessária não para antagonizar razão e emoção, mas para que todos os crentes saiam totalmente edificados. O desafio do pentecostalismo é aprender a pensar e aprender a sentir para que não caia nos extremos do racionalismo e do sentimentalismo. O coração hebreu era intelectual, afetivo e carismático, e assim deve ser o centro da alma cristã.

A força do sentimento e da emoção no processo de leitura precisa ser reconhecida para o bem da própria interpretação. Quanto mais ciente o leitor está de si, melhor será a sua leitura. Como lembra o crítico literário George Steiner, não há experiência mais complexa do que o encontro do texto com a sua percepção:

> O mesmo livro e a mesma página podem ter efeitos completamente díspares sobre diferentes leitores. Podem exaltar ou aviltar; seduzir ou enojar; estimular à virtude ou à barbárie; acentuar a sensibilidade ou banalizá-la. De maneira verdadeiramente desconcertante, podem fazer as duas coisas, praticamente ao mesmo tempo, em um impulso tão complexo, tão híbrido e tão rápido em sua alternância que nenhuma hermenêutica, nenhuma psicologia pode predizer em calcular sua força. A depender do momento de vida do leitor, um livro suscitará reações completamente diferentes.[12]

Em suma, é óbvio que a Escritura — na qualidade de autoridade em matéria de fé e prática — está acima das nossas experiências. Nenhum protestante com o mínimo de bom senso nega essa verdade fundamental. A questão é o quanto a nossa subjetividade afeta a leitura do texto. Nenhum leitor é uma tábula rasa, ou seja, ninguém chega ao texto totalmente "limpo" ou desprovido de conceitos, pensamentos e ideias prévias. A resistência em se reconhecer que a nossa experiência afeta a forma como lemos o texto bíblico pode nos levar a um processo de autoengano. A tradição pentecostal, que é evangélica em essência, jamais negará a autoridade máxima das Escrituras e jamais desconfiará do texto

---

[12] STEINER. *Aqueles que queimam livros*, p. 15.

CAPÍTULO 5
A hermenêutica das emoções

sagrado inspirado pelo Santo Espírito, sempre infalível e inerrante, mas deve cultivar um saudável ceticismo diante da qualidade da leitura que os cristãos como um todo fazem das Escrituras. A Escritura é sagrada e perfeita, mas a interpretação humana não é nem sagrada nem perfeita. O estado emocional, a personalidade, a cultura, os preconceitos, a formação familiar e mesmo os ensinos denominacionais podem servir como ruídos na comunicação entre o texto e o intérprete. A subjetividade é mais comum do que normalmente reconhecemos.

Por fim, podemos lembrar a triste trajetória do protestantismo na Europa. O liberalismo é outro evangelho, mas ele matou o cristianismo na Europa? Sim, porém não o matou sozinho. O protestantismo, mesmo conservador, também afundou junto. O motivo? O protestantismo, conservador e liberal, casou-se com o racionalismo. Foi um beijo de morte. Ao valorizar excessivamente o discurso e a razão, e esquecendo-se do rito e da emoção, o protestantismo rapidamente foi sugado pelo crescente secularismo. Uma religiosidade sem rito e sem entusiasmo virou uma filosofia. No auge do Iluminismo, a Europa passou a ter muitas filosofias para concorrer. Infelizmente, o racionalismo minou o cristianismo europeu.

Bibliografia

BRAATEN, Carl E.; JENSON, Robert W. (orgs.). *Christian Dogmatics*. Filadélfia: Fortress, 1984.

CARVALHO, César Moisés de. *Uma pedagogia para a educação cristã*. Rio de Janeiro: CPAD, 2015.

DAMÁSIO, António. *O erro de Descartes*. Ed. Kindle. São Paulo: Companhia das Letras, 2012.

LINHART, Terry (ed.). *Ensinando as próximas gerações*. Rio de Janeiro: CPAD, 2018.

MCGRATH, Alister. *The Territories of Human Reason*. Oxford: Oxford University Press, 2019.

PASCAL, Blaise. *Do espírito geométrico e da arte de persuadir e outros escritos de ciência, política e fé*. Belo Horizonte: Autêntica, 2017.

SCRUTON, Roger. Living with a Mind. *First Things: A Monthly Journal of Religion and Public Life* 258 (2015). Disponível em: <www.firstthings.com/article/2015/12/living-with-a-mind>. Acesso em: 4 ago. 2020.

SOUSA, Ronald de. *The Rationality of Emotion*. Cambridge: MIT Press, 1987.

STEINER, George. *Aqueles que queimam livros*. Belo Horizonte: Âyiné, 2017.

YONG, Amos. *The Spirit of Creation: Modern Science and Divine Action in the Pentecostal-Charismatic Imagination*. Grand Rapids: Eerdmans, 2011.

CAPÍTULO 6

A HERMENÊUTICA PENTECOSTAL E OS MÉTODOS DE INTERPRETAÇÃO
GUTIERRES FERNANDES SIQUEIRA

Nos Estados Unidos, e agora no Brasil, há um intenso debate entre teólogos pentecostais sobre o método de interpretação da Bíblia mais característico da tradição pentecostal e o mais adequado para a sua fidelidade doutrinária e vitalidade experiencial. Esse debate é importante porque o pentecostalismo ainda está amadurecendo sua estrutura teológica. O movimento pentecostal é um fenômeno relativamente jovem e se faz cada vez mais necessário pensar a sua teologia, a sua hermenêutica e o seu método interpretativo. O assunto é do meu total interesse, e em 2019 escrevi sobre esse tema um livro intitulado *O Espírito e a Palavra: fundamentos, características e contribuições da hermenêutica pentecostal* (CPAD).[1] Em um debate sereno, quero, neste texto, assim como neste livro, contribuir um pouco mais com o assunto.

Em primeiro lugar, é verdade que o movimento pentecostal não nasceu abraçado aos métodos históricos.[2] A leitura dos primeiros pentecostais era indutiva e dedutiva, sem

---

[1] Para os dados completos das obras citadas, veja a "Bibliografia" no final do capítulo.
[2] Para uma abordagem histórica da hermenêutica pentecostal, veja o capítulo 1 de STRONSTAD. *Spirit, Scripture, and Theology*, e o capítulo 2 de SIQUEIRA. *O Espírito e a Palavra*.

muito foco em contextos, exegese ou na leitura tradicional da Igreja — raramente a primeira geração de pentecostais citava a patrística. Outro ponto é que a leitura alegórica, tipológica e "espiritual" mandava e desmandava nas pregações cheias de fervor evangelístico. De certo modo, isso aconteceu porque a maior parte dos líderes da primeira geração pentecostal tinha baixa formação teológica — com as exceções de praxe — ou vinha de um contexto pietista restrito, o qual negava a importância dos estudos formais em universidades, ainda que não rejeitasse o conhecimento em si.

É possível afirmar que até hoje boa parte dos pentecostais lê a Bíblia do mesmo modo dos pioneiros. Em alguns círculos do nosso meio o método histórico-gramatical ainda nem chegou. Exemplo disso são os sermões em igrejas como a Congregação Cristã no Brasil e a Igreja Cristã Maranata. Outro exemplo são as obras escatológicas de um passado não tão distante. Vários livros na temática "últimas coisas" escritos pelos teólogos pentecostais brasileiros na década de 1970 e 1980 usavam e abusavam de analogias e tipologias com interpretações bem criativas — o que menos havia nessas interpretações de Daniel e de Apocalipse era análise histórica e gramatical.

Por outro lado, em especial nos Estados Unidos, muitos pentecostais adentraram na academia evangélica a partir da década de 1940 e passaram a adotar o método histórico-gramatical, e alguns a partir da década de 1970 passaram a trabalhar com elementos do método histórico-crítico, destacando-se a crítica da redação. Essa trajetória se repetiu parcialmente no Brasil — e com algum atraso. Os pentecostais mais instruídos sob a ótica teológica passaram a usar o método histórico-gramatical. Curiosamente, mas diferente dos pares norte-americanos, os teólogos pentecostais brasileiros sempre resistiram ao método histórico-crítico — e não fizeram uso dele nem mesmo em doses moderadas.

Fases da hermenêutica

É de conhecimento de todos os estudantes de teologia que a hermenêutica pré-moderna enfatiza o sentido espiritual do texto bíblico,

CAPÍTULO 6
| A hermenêutica pentecostal e os métodos de interpretação |

enquanto a hermenêutica moderna enfatiza o sentido literal,[3] ou seja, a intenção autoral humana. A hermenêutica pós-moderna, por outro lado, enfatiza especialmente o papel do leitor ou da comunidade de leitores. Sem dúvida não há método canônico nem completo. Qualquer metodologia de leitura é humana, portanto, de ação limitada e nascida em um determinado contexto histórico. Deus não nos indicou de forma explícita na revelação escriturística qual era a melhor metodologia de leitura das Escrituras. Portanto, creio que será sempre mais sábio que nós, pentecostais, não rejeitemos nenhum método *apressadamente* e que possamos aproveitar o melhor de cada um deles reconhecendo suas limitações e potencialidades. Isso não quer dizer obviamente que todos os métodos são equivalentes em benefícios e males, porém, é inteligente observar que nenhum deles está desprovido de oportunidades e riscos.

Uma visão teológica equilibrada é normalmente holística, ou seja, nunca toma a parte pelo todo, mas procura sempre olhar a parte *a partir* do todo. Portanto, cabe perguntar: O sentido espiritual do texto que é fruto de uma leitura alegórica pode ser desprezado? A intenção do autor pode ser jogada fora? E os leitores com seus respectivos contextos devem ser abandonados? A resposta é um sonoro *não* para cada uma dessas perguntas. Do ponto de vista holístico, a nossa leitura bíblica deve buscar o sentido espiritual, literal e contextual das Escrituras. O nosso foco não deve ser primeiro a *localização* do sentido — questão sempre limitante — mas sim se em determinado contexto de leitura o *sentido depende mais*

---

[3] Não confunda o sentido *literal* com o sentido *literalista*, algo mais comum no fundamentalismo popular. Sobre essa questão, o escritor e acadêmico Guilherme de Carvalho traz uma importante contribuição que vale a pena citar: "Interpretar literalmente a Escritura *é interpretar cada texto de acordo com a intenção do seu autor e à luz de toda a Escritura Sagrada*. Isso significa que precisamos dar atenção ao gênero e à estrutura de cada texto, para determinar sua intenção. Se um texto é, por exemplo, uma prosa, seus elementos narrativos devem ser tomados literalmente (é o caso, por exemplo, do evangelho de Lucas); se é uma parábola, sua narrativa pode ser puramente fictícia (como as parábolas de Jesus). Literalismo é a prática de tratar toda a Escritura de um modo uniforme, mesmo quando o gênero nos sugere outra leitura" ("Dez questões sobre o 'Teste da fé': uma resposta inicial aos críticos". Disponível em: <ultimato.com.br/sites/testedafebrasil/2013/10/21/dez-questoes-sobre-o-teste-da-fe/>. Acesso em: 9 ago. 2020).

do autor, do texto ou mesmo do leitor.[4] Há, portanto, espaço para a busca do autor, do texto e do leitor em qualquer leitura. Por exemplo, os teólogos patrísticos, embora gastassem muita tinta com interpretações alegóricas e tipológicas (muitas até bem exóticas e criativas), ao mesmo tempo faziam conexões intertextuais, trabalhavam a etimologia das palavras e entravam nos detalhes de significado das línguas originais. Eram exegetas rígidos e alegóricos ao mesmo tempo. Eles interpretavam e oravam as Sagradas Escrituras. Mesmo nos primeiros séculos do cristianismo tinha-se a consciência de que a leitura bíblica não se resumia a apenas um método. Outro exemplo de necessidade de métodos múltiplos: caso eu faça da busca da intenção autoral a única tarefa legítima de leitura bíblica terei, sem dúvida, de ler Isaías 52—53 apenas como um texto judaico sobre o Servo Sofredor, e não como uma peça profética altamente cristológica e cumprida na figura histórica de Jesus de Nazaré.

Observe um exemplo. Ao entrar em algumas igrejas pentecostais pelo mundo, você verá mulheres com véu sobre a cabeça no momento do culto. Esse costume é fruto de uma leitura histórica, ainda que deficiente e equivocada, do texto de 1Coríntios 11. É uma leitura que busca o sentido no texto, mas não obedece a nenhuma regra histórico-crítica-gramatical. Eles enxergam no texto uma sentença objetiva válida para os dias de hoje. Ao trabalharem com um texto objetivamente, essas regras não são frutos da subjetividade de cada leitor e passam a gerir a forma de vida de toda uma comunidade. Não há como negar que esses pentecostais fazem uma leitura bem *intencional* do texto, do tipo "o texto diz A e eu não farei B, pois essa é a vontade (intenção) de Deus para a minha vida". Eles não são pós-modernos relativistas, mas também estão longe de um historicismo racionalista. Muitos desses pentecostais vivem em comunidades não ocidentais, distantes da tecnologia e do conforto, alguns ainda sem energia elétrica, ou seja, em um mundo praticamente pré-moderno, como no centro da África e em algumas regiões da Ásia e da América Latina. Agora observe a própria composição do texto bíblico de 1Coríntios. É uma carta pastoral, respondendo a problemas

---

[4] Sobre isso, veja CLARK. A hermenêutica geral.

CAPÍTULO 6
| A hermenêutica pentecostal e os métodos de interpretação |

específicos de uma comunidade que está distante quase dois milênios da nossa própria existência. O texto paulino — em sua totalidade — se preocupa com as práticas sociais dos crentes em Corinto,[5] e a sua escrita é de ordem dos hábitos. Paulo escreveu uma carta, não um tratado teológico; ainda assim, a Epístola aos Coríntios é lida como um tratado moral e molda a forma e a teologia litúrgica da cristandade há séculos, até mesmo desses cristãos que olham o véu como um objeto imprescindível do culto. De que forma isso seria possível sem uma leitura que busca a intenção perene do texto? Veja que essa leitura nada tem a ver com a modernidade. Esses pentecostais pensam: "Se está escrito, logo tenho de cumprir". Mesmo os cristãos pré-modernos olham a Bíblia como um tempo atemporal. E, nesse momento, não há uma leitura meramente simbólica ou subjetiva, mas, na prática, a Bíblia é lida na condição de guia. Há também, ainda que equivocada, uma reverência mística ao texto nas leituras simplistas, legalistas e literalista de muitos pentecostais. A convivência entre o manual e o místico pode parecer paradoxal, mas convivem bem.

Outro ponto indiscutível é que, historicamente, o pentecostalismo sempre teve uma fé firme na autoridade, inerrância e inspiração da Bíblia. Ainda que, na falta de treinamento teológico, os pioneiros pentecostais não exaltassem o método histórico-gramatical, a própria crença na autoridade das Escrituras facilitou a busca desse método quando os primeiros pentecostais entraram na academia. Era um caminho natural. Leia, por exemplo, o livro *A Bíblia através dos séculos*, do pastor Antonio Gilberto (1927-2018),[6] pioneiro no ensino teológico brasileiro, e é claro como esse pensador pentecostal abraçava com entusiasmo a objetividade do conhecimento das Escrituras por meio da busca autoral.[7] Outro

---

[5] STARLING. *Hermenêutica: A arte da interpretação ensinada pelos próprios escritores bíblicos*, p. 133.
[6] Rio de Janeiro: CPAD, 2014.
[7] O mesmo pode ser dito de Raimundo de Oliveira, outro teólogo pioneiro, o qual foi taxativo ao afirmar: "As palavras do texto bíblico devem ser interpretadas no sentido que tinham no tempo do autor" (*Como estudar e interpretar a Bíblia*. Rio de Janeiro: CPAD, 2016, p. 114).

exemplo histórico é o livro *Hermenêutica*, do teólogo pietista Eric Lund (1852-1933),[8] que foi missionário na Espanha e escreveu um manual evangélico de interpretação que foi traduzido do espanhol para o inglês — e publicado em 1934 — pelo teólogo Peter Christopher Nelson (1868-1942), um dos maiores entusiastas do ensino de teologia e humanidades nas Assembleias de Deus dos Estados Unidos.

Sem dúvida, achar que qualquer leitura que busque o sentido objetivo do texto seja fruto da modernidade é um exagero. Assim como é exagero dizer que os pentecostais historicamente procuravam *apenas* o sentido espiritual do texto, desprezando a Bíblia como texto objetivo. A própria literalidade legalista de muitos pentecostais pelo mundo desfaz essa percepção. A literalidade legalista também existiu em muitos movimentos carismáticos da Antiguidade — a exemplo do montanismo[9] — e ninguém pode culpá-los de reproduzir valores que estão "inseridos numa cultura iluminista". Mesmo em leituras desprovidas de boa exegese, os pentecostais estavam buscando o *sentido* do texto e não se imaginavam na classe de meros construtores do *significado* do texto.

A importância do método histórico-gramatical

Antes de abordar o método histórico-gramatical, é necessário desmitificar uma crítica comum a essa ferramenta. Quando se fala em busca pela "intenção autoral", não se quer dizer, com isso, que é possível recuperar processos mentais perdidos ou ler a mente do autor — como se o exegeta fosse uma espécie de professor Charles Xavier dos quadrinhos *X-Men*. Obviamente nunca saberemos ao certo a intenção "íntima" de Paulo, Lucas, João... Exegese não é sessão de psicologia aplicada à Antiguidade. O teólogo pentecostal Glen Menzies corrige essa caricatura ao lembrar, a partir da obra do crítico literário Eric Donald Hirsch, que, na intenção autoral, buscam-se os atos públicos

---

[8] 2 ed. São Paulo: Vida, 2012.
[9] Doutrina de Montano (157-212), líder carismático da Ásia Menor que anunciava o iminente fim do mundo, o estabelecimento da Nova Jerusalém na terra e recomendava um rigoroso ascetismo. Ele se apresentava como profeta e porta-voz do Espírito Santo.

CAPÍTULO 6
| A hermenêutica pentecostal e os métodos de interpretação |

do autor, isto é, a escrita e as ideias expressas no texto. Não é, portanto, uma busca do íntimo do autor:

> Uma vez que a noção de que qualquer leitor poderia ler os pensamentos privados do autor é absurda, identificar o significado com a intenção autoral é, portanto, impossível. Hirsch não foi intimidado por este argumento, julgando-o baseado em um mal-entendido do que a intenção autoral implicava. Falar e escrever são atos públicos. Em contraste, pensar é um ato privado. A equação de discernir a intenção autoral com a leitura de mente é equivocada porque a intenção do autor não é determinada a partir dos pensamentos privados do autor, mas, sim, de seus atos públicos. Sem dúvida, os atos públicos de um autor podem ser inconsistentes com seus pensamentos privados, como quando o autor pretende enganar seus leitores. Também pode ser o caso quando o autor é movido por motivos subconscientes, dos quais não tem conhecimento. Apesar de tais fatores ocultos, o significado não é determinado pela congruência com os pensamentos privados do autor, o que exigiria necessariamente leitura mental, mas, sim, congruência com os atos públicos conhecidos do autor, especialmente o ato de escrever.[10]

Ou seja, quando se busca a intenção autoral, busca-se, na verdade, o contexto da produção literária. A saber, qual era o perfil do público-alvo? Quais eram os problemas tratados? Como era a dinâmica social do grupo? Qual era o tipo de linguagem usada? De que tipo de escola de pensamento o autor fazia parte? Tudo isso é, de alguma forma, recuperável pelo exercício da história e da gramática.

Outra crítica comum ao método histórico-gramatical é que a busca pela "intenção autoral" seria puro modernismo, portanto, algo ausente na história dos primeiros séculos do cristianismo. Embora os pré-modernos não usassem essa linguagem, eles buscavam dois sentidos no texto bíblico: o espiritual (*sensus spiritualis*) e o literal (*sensus literalis*). E, como lembra Jonathan T. Pennington, "o sentido literal correspondia

---

[10] Echoing Hirsch: do readers find or construct meaning? p. 84.

um pouco ao que hoje chamamos de intenção autoral".[11] A diferença era que a busca não se restringia a uma arqueologia histórica do autor humano, mas também se buscava a intenção do autor original, isto é, o Espírito Santo. O teólogo pentecostal Craig Keener complementa:

> A interpretação gramatical e histórica é simplesmente uma maneira de descrever uma abordagem que, longe de ser um produto do modernismo, foi tomada como um senso comum por muitos pensadores durante a maior parte da história, incluindo Crisóstomo e muitos reformadores. Levar a sério o fato de que Deus repetidamente escolheu inspirar autores humanos exige que levemos a sério as dimensões humanas do texto — as matrizes linguísticas e culturais nas quais ele é codificado. Esses autores procuraram se comunicar, e se estamos realmente interessados na Palavra de Deus do jeito que ele deu através desses autores, procuraremos ouvir o que eles procuraram transmitir. Até mesmo os desconstrucionistas aparentemente querem que os leitores entendam algo de seu ponto de vista, e os autores antigos dificilmente seriam desconstrucionistas.[12]

É comum achar que a busca da intenção autoral pela análise gramatical não faça sentido porque ninguém hoje escreve um e-mail ou um *post* no Facebook pensando estrategicamente em cada palavra usada. Porém, esquece-se de que os autores da Antiguidade viviam em uma cultura oral. Era muito comum oradores decorarem e memorizarem os seus longos discursos antes de ditar para qualquer escriba capacitado a escrever. As palavras eram pensadas de forma mais cuidadosa do que nos autores de uma cultura letrada como a nossa. Por exemplo, por que o cântico de Maria é tão próximo ao cântico de Ana? Não é porque Lucas simplesmente inventou essa conexão, atribuindo a Maria um cântico que nunca existiu, mas sim porque Maria, uma mulher criada em uma

---

[11] *Lendo os Evangelhos com Sabedoria*, p. 165.
[12] Response to Reviews of Spirit Hermeneutics, p. 222-244. Veja também como Keener desmente esse mantra que afirma ser a busca pela intenção autoral fruto do "iluminismo racionalista" (cf. *A Hermenêutica do Espírito*, p. 233-246).

CAPÍTULO 6
| A hermenêutica pentecostal e os métodos de interpretação |

tradição religiosa e oral, tinha o cântico de Ana bem vivo em sua memória. Apesar de a Bíblia ser um texto, esse texto foi escrito numa tradição de oralidade e com o objetivo de leituras coletivas, portanto, qualquer interpretação mais séria das Escrituras não pode desprezar a importância da cultura oral da Antiguidade.[13]

Como já dito anteriormente, não acredito que o método histórico-gramatical seja o único válido, mas certamente é o mais importante. Podemos usar metodologias pré-modernas, a exemplo da alegoria, assim como métodos literários (análise de narrativas) e até o método crítico (crítica da redação e crítica das formas). Podemos também aprender muita coisa com os pós-modernos, como abordarei mais adiante, mas o método histórico-gramatical é simplesmente indispensável. De todos os métodos, o histórico-gramatical apresenta melhores ferramentas para evitar a inserção da opinião do próprio intérprete no texto analisado. Esse processo nunca será perfeito, é claro, mas será melhor do que qualquer outro método que permita alguém inserir o que quiser no texto. Craig Blomberg aponta:

> Sem uma base na história e na gramática, os métodos filosóficos/teológicos distorcem facilmente os significados dos textos para se adequarem às sínteses desejadas ou preexistentes ou para abordar questões para as quais esses textos nunca foram projetados. [...] Na melhor das hipóteses, essas conclusões representam o que tem sido chamado de "a doutrina certa dos textos errados". Na pior das hipóteses, esses métodos levam completamente à doutrina errada. Com as verificações e os balanços gramaticais e históricos fornecidos pelo método histórico-crítico-gramatical, todas essas outras abordagens (literárias, pós-modernas, filosóficas) podem avançar de maneira responsável.[14]

De acordo com a observação de Gordon D. Fee, teólogo carismático assembleiano, o bom exegeta deve ser um bom historiador.[15] É a busca

---

[13] Para um ótimo estudo sobre a importância da oralidade na manutenção de ideias na Antiguidade, veja DUNN. *Jesus em nova perspectiva*, p. 43-68.
[14] The Historical-Critical/Grammatical View, p. 41-42.
[15] *Exegese? Para Quê?*, p. 307.

pela história social, pelas ideias e pelas personagens relevantes. Mas também, como lembra Fee, é a busca pela história de Deus. As pessoas de fé acreditam que Deus intervém na história. Não é um deus deísta que deixa a autonomia humana cuidar de tudo. O pentecostalismo não tem dificuldade de olhar o passado como ação providencial de Deus porque é uma tradição que realmente acredita em milagres.

O grande risco

Como vimos no início deste capítulo, a adoção do método histórico-gramatical acontece apenas a partir da segunda geração pentecostal no contexto norte-americano. Mas a questão que nasce — provocada pelos críticos dos métodos históricos — é se esse método nos trouxe algum prejuízo teológico. A resposta é um sonoro não. Julgo exagerado qualquer afirmação que tenta fazer do método histórico-gramatical um entrave ao pentecostalismo. Não estou com isso afirmando a "perfeição" do método histórico-gramatical nem mesmo insinuando que essa seja sempre a melhor metodologia de leitura.

O grande risco dos métodos históricos é tornar a hermenêutica um exercício meramente de museologia. A preocupação excessiva com o passado pode, de fato, atrapalhar o foco na interpretação para o presente. A exegese não deve se limitar a entender a história, mas deve, acima de tudo, comunicar ao coração do leitor contemporâneo.

Mas por que o método histórico é importante?

Quando pensamos no livro paradigmático da teologia pentecostal — Atos dos Apóstolos — devemos lembrar que o seu próprio autor indica o propósito de informação histórica (Atos 1:1-5; cf. Lucas 1:1-4). Lucas, embora teólogo, também escreveu na posição de historiador. Caso o intérprete use apenas métodos hermenêuticos mais recentes como a crítica literária (foco no texto) e os métodos pós-críticos (foco no leitor), na certa dirá a Lucas que o seu esforço histórico foi, no mínimo, pouco útil e, talvez, totalmente desnecessário. Os autores do

CAPÍTULO 6
| A hermenêutica pentecostal e os métodos de interpretação |

Novo Testamento com certeza não relataram fatos históricos como meros enfeites para o texto.

Outro ponto para destacar a importância da história na hermenêutica pentecostal é sua a tendência restauracionista. Os restauracionistas só querem restaurar o que já existiu concretamente no passado, em especial a vida da igreja primitiva.

Mas se preocupar com explicações históricas não é historicismo? Antes, cito uma definição precisa de historicismo feita pelo teólogo anglicano Anthony Thiselton: "O historicismo é geralmente definido como a visão de que qualquer evento, pessoa, cultura ou situação podem ser explicados e entendidos apenas em termos de causa e efeito históricos".[16] Há um abismo enorme entre entender a importância da história e abraçar o historicismo iluminista, assim como alguém pode destacar a relevância da tradição sem ser tradicionalista. A insistência dos conservadores na afirmação e reafirmação dos eventos históricos relacionados ao drama da salvação (nascimento virginal ou ressureição de Cristo, por exemplo) não deve ser confundida com a ideologia de que a chave para qualquer realidade está em sua origem histórica — como afirmavam os historicistas.

Essa ênfase na construção de sentido apenas através do leitor ou da comunidade de leitores sem se preocupar com qualquer aspecto histórico do texto parece uma forma estranha de docetismo. O docetismo era uma antiga doutrina com raízes gnósticas que afirmava que Jesus não teve corpo físico humano, mas só a aparência dele. Segundo os docetistas, Jesus não podia concretamente vivenciar este mundo, e qualquer experiência com o mundo seria apenas "espiritual". Mas o próprio fato de a Palavra se tornar carne na "plenitude dos tempos" (Gálatas 4:4) nos mostra que a história concreta não deve ser menosprezada.

A fim de rejeitar tanto o historicismo quanto o racionalismo do liberalismo teológico e das correntes fundamentalistas, não devemos abraçar o extremo oposto do subjetivismo. O teólogo italiano Nicola Ciola escreve:

---

[16] *The Thiselton Companion to Christian Theology*, p. 427.

Do historicismo positivista da teologia liberal passa-se assim ao subjetivismo da fé, tão estéril quanto o primeiro. O crente e a comunidade se explicam por si mesmos, e o diálogo da revelação se exaure no monólogo autointerpretativo do homem. A diferença é que aqui, mais marcadamente do que na teologia liberal, o dado de fé representa a variável de uma opção antropocêntrica que se quer autojustificar.[17]

Uma hermenêutica que dependa apenas da comunidade interpretativa apresenta um caminho fácil para subjugar a Bíblia aos caprichos de determinado grupo. As hermenêuticas focadas na construção de sentido do leitor devem ser exploradas, mas especialmente para entender de que modo a nossa subjetividade está presente na interpretação — e não para romantizá-la como o modo "correto" de ler as Escrituras. A hermenêutica da crítica à resposta do leitor pode ser usada mais na condição de exame do que na de remédio.

Mas a leitura pós-crítica é sempre ruim?

Os teólogos conservadores, especialmente no Brasil, tendem a rejeitar qualquer contribuição da chamada nova hermenêutica. Para eles, tudo isso é eco da voz da serpente e nos lavará para o subjetivismo intelectual e moral dos mais grosseiros. Na minha condição de conservador, creio que uma rejeição completa à crítica da resposta do leitor é igualmente exagerada. Mesmo os pós-modernos mais radicais podem nos ajudar em alguma coisa. Essa também é a opinião dos teólogos Moisés Silva e Walter Kayser, ambos bem conservadores e de tradição reformada, que escreveram:

> Quer nós gostemos ou não, os leitores podem criar sentidos — e com frequência o fazem — para um texto que leem. Assim sendo, há várias opções à nossa disposição (além de ignorar a realidade!).

---
[17] *Introdução à cristologia*, p. 24.

CAPÍTULO 6
| A hermenêutica pentecostal e os métodos de interpretação |

Em um extremo, podemos legitimar todas as respostas dos leitores, ou pelo menos aquelas que sejam apoiadas pela autoridade de alguma comunidade; é de se duvidar, entretanto, que a integridade do Cristianismo possa ser preservada dentro desse tipo de estrutura. No outro extremo, podemos tentar suprimir os preconceitos do leitor. Com efeito, esse tem sido o alvo da exegese histórica: a objetividade total por parte do intérprete a fim de evitar a injeção dentro do texto de qualquer significado além do histórico. Mas tal objetividade não existe. E se existisse, seria de pouca utilidade, pois estaríamos, então, envolvidos simplesmente numa árida repetição do texto que não leva em consideração nenhum valor duradouro. Paradoxalmente, muito do sucesso do criticismo bíblico moderno foi obtido à custa de uma perda da relevância bíblica [...]. A minha própria posição tanto no campo literário quanto no teológico é de que o sentido da passagem bíblica não precisa ser identificado completamente com a intenção do autor. É uma questão bem diferente, entretanto, sugerir que o significado autoral é dispensável ou até mesmo secundário. Enquanto em certos casos a tarefa de identificar o que o autor bíblico queria dizer não é a única forma legítima de se proceder, essa tarefa é sempre legítima e deve, de fato, continuar a funcionar como nosso objetivo essencial.[18]

A ajuda do foco no leitor passa especialmente pelos estudos da linguagem, da neurociência e da psicologia. Proliferam estudos nessas áreas apontando como a subjetividade nos conduz mesmo quando não estamos minimamente cientes disso. É um erro desprezar esses estudos porque, se não encararmos a nossa subjetividade latente, não saberemos que voz está de fato falando no texto.

Concluo esta seção dizendo que na hermenêutica devemos lidar com diversas correntes e métodos não na base do "ou um ou outro", mas na base do "tanto um com como o outro", ainda que se faça uma hierarquia de prioridades.

---

[18] *Introdução à hermenêutica bíblica*, p. 235-237.

O que podemos aprender com os pós-modernos?

Muitas vezes não percebemos que a pré-modernidade, a modernidade e a pós-modernidade refletem pensamentos derivados da própria fé cristã, embora, é claro, envolvam outros pressupostos incompatíveis com a fé. Especificamente sobre a pós-modernidade, o teólogo anglicano John Milbank escreveu:

> Consideramos a pós-modernidade, tal qual a modernidade, como uma espécie de resultado distorcido de energias desencadeadas pela própria igreja. Se esse é o caso, então nossa atitude está fadada a ser complexa: nem a recusa absoluta, nem aceitação direta, mas mais uma tentativa de redirecionamento radical daquilo que encontramos. Ao recomendar tal redirecionamento, sugiro que nem uma reiteração da ortodoxia cristã em fórmulas repetidas de forma idêntica, nem uma adaptação liberal às suposições pós-modernas nos servirão bem. A última resposta seria claramente uma traição, mas a primeira poderia muito bem ser uma traição de um tipo mais sutil, que nos permite a ilusão de uma continuação da fé em termos meramente formais e vazios. Tais termos não descobrirão nenhuma habitação real para a fé em nossos tempos. Em vez disso, devemos permitir um envolvimento muito crítico com a pós-modernidade para nos forçar a expressar outra vez nossa fé de uma maneira surpreendentemente radical. Tal expressão trará consigo um senso real de nova descoberta do evangelho e o legado da ortodoxia cristã.[19]

A hermenêutica de horizonte pós-moderno (ou pós-crítica)[20] pode colaborar bastante com os pentecostais, embora, é claro, ofereça também grandes riscos se usada de maneira descuidada. Tanto os pré-modernos,

---

[19] The Gospel of Affinity, p. 157.
[20] Como expliquei no capítulo "A hermenêutica pentecostal contemporânea: conceituações e desafios", evito o uso da expressão "hermenêutica pós-moderna" porque não existe "a" hermenêutica pós-moderna. O que existe são hermenêuticas pós-críticas e pós-históricas em uma diversidade enorme e não necessariamente ligadas entre si.

CAPÍTULO 6
| A hermenêutica pentecostal e os métodos de interpretação |

os modernos e o cristianismo histórico acreditavam (e ainda acreditam) que há metanarrativas no mundo — aquelas grandes histórias pelas quais o homem ordena a vida. O marxismo, por exemplo, é uma metanarrativa secular e fruto direto do período moderno-iluminista. Enquanto isso, os cristãos abraçam a história da redenção como a sua principal metanarrativa. Mas é importante destacar que a metanarrativa do cristianismo existe desde sempre, nascida muito antes de o modernismo florescer e é totalmente independente dele.

Mas os pós-modernos podem ajudar? É claro que sim. Os pós-modernos não acreditam na razão como o único canal de percepção e conhecimento. Esses pensadores corretamente lembram que há outros caminhos válidos para a construção do conhecimento, tais como a intuição, a experiência e as emoções. A razão pode até ser o principal canal de aprendizado do homem, mas não é o único. Há, assim, um apelo para uma humildade epistemológica segundo a qual nenhum homem pode reivindicar para si o domínio do conhecimento *total* da verdade. Paulo, com certeza, não teria problemas em aceitar a ideia de que o conhecimento completo da verdade nesta vida é impossível: "Porque, agora, vemos por espelho em enigma; mas, então, veremos face a face; *agora, conheço em parte*, mas, então, conhecerei como também sou conhecido" (1Coríntios 13:12; grifo meu). Os pós-modernos correm de ideias totalizantes como o diabo foge da cruz. E, de fato, ideias totalizantes, especialmente na política, produziram milhões de mortos. Os pós-modernos também sempre apontaram para a ingenuidade positivista que acredita na ciência e na tecnologia como a solução para todos os problemas. Outro ponto bem positivo é que os pós-modernos revalorizaram o conceito de comunidade e nos lembraram dos malefícios do individualismo.

Mas e a hermenêutica da suspeita? Obviamente não podemos suspeitar das intenções do Espírito Santo, o autor das Escrituras, nem dos apóstolos e profetas inspirados pelo Espírito, mas devemos suspeitar da nossa própria leitura do texto bíblico. Será de fato que a minha interpretação não é viciada pelos meus pensamentos, preferências, cultura e preconceitos? Os pós-modernos estão corretos quando apontam que não existe leitura pura. Sobre esse ponto, sabiamente o teólogo anglicano N. T. Wright escreve:

> Qualquer pessoa que tenha trabalhado dentro da erudição bíblica sabe, ou deveria saber, que os estudiosos bíblicos vão ao texto com tantas estratégias interpretativas e expectativas como qualquer outra pessoa, e que a integridade não consiste de não ter pressuposições, mas de estar cientes de quais são os pressupostos e da obrigação de escutar e interagir com aqueles que têm pressupostos diferentes".[21]

Mas a hermenêutica da suspeita, vítima do cinismo pós-moderno, facilmente abraça teorias da conspiração.

Obviamente, como qualquer movimento humano, há expoentes radicalizados e moderados do pós-modernismo. Diferente do que normalmente se pensa, os pós-modernos não se apresentam como um grupo monolítico. Alguns, mais inflamados, desconfiam tanto das reivindicações de conhecimento que caem no extremo de dizer que a verdade não existe e que também não existe propósito ou sentido na vida. Essas ideias claramente se chocam com o cristianismo, pois o próprio Cristo reivindica para si o título de "o caminho, a verdade e a vida" (João 14:6). Esse ceticismo extremado contra a possibilidade de conhecimento factual é chamado de relativismo. Com muita razão, os cristãos se preocupam com os efeitos práticos e com as possibilidades teóricas de alguém que não acredita na existência da verdade. Destaco apenas que devemos ter cuidado com os dois extremos em relação aos pressupostos pós-modernos, a saber, uma rejeição completa e um entusiasmo descuidado.

Dentre os teólogos mais apegados à leitura radicalmente pós-moderna — que exalta a subjetividade acima de todas as coisas — nenhum aceita como legítimas doutrinas estranhas do pentecostalismo popular (exemplo, "palavra da fé", "curandeirismo", "unção apostólica") nem ouve sermões alegóricos e performáticos de pregadores itinerantes. Muito menos frequenta cultos "carismaníacos" em que gritos e pulos

---

[21] *Scripture and the Authority of God*, p. 29.

CAPÍTULO 6
| A hermenêutica pentecostal e os métodos de interpretação |

histéricos são justificados sob "a liberdade do Espírito" (2Coríntios 3:17), que é uma clara distorção do sentido contextual do texto paulino. No fundo, eles mesmos sabem que não há como viver sem algum critério objetivo de interpretação bíblica.

Nesse tipo de debate também é comum que os defensores do método histórico-gramatical vejam os defensores do método pós-crítico como liberais relativistas. A caricatura também ocorre do outro lado, onde os defensores do método histórico-gramatical são vistos como seguidores ingênuos e racionalistas do "mito da objetividade". Nem tanto lá nem tanto cá. Mesmo um pentecostal entusiasta da hermenêutica pós-crítica, como Kenneth Archer, rejeita a interpretação radical que é centrada apenas no leitor.[22] No outro lado, Robert P. Menzies, defensor do método histórico-crítico-gramatical, observa que "o pós-modernismo tem muito a contribuir"[23] com a consciência da nossa limitação cognitiva e da nossa falta real de objetividade. O caminho saudável é o diálogo produtivo.

A leitura pentecostal

"Nós, pentecostais, lemos as Escrituras antecipando que encontraremos o Deus vivo",[24] escreve Kenneth Archer. Não é uma leitura que trata o texto bíblico como um animal a ser dissecado. A expectativa sempre é ouvir a voz de Deus, o autor das Escrituras. Por isso, como lembra Archer, o pentecostal não pode esquecer as dimensões literária, gramatical, histórica e teológica das Sagradas Escrituras:

> Uma interpretação exegética pentecostal da Escritura pode ser definida como uma investigação cuidadosa e uma conversa atenta com o Espírito Santo e com as Escrituras à medida que examinamos de perto as dimensões primárias de um texto bíblico. As dimensões de um texto são literárias, histórico-culturais e teológicas. A dimensão literária afirma a

---

[22] *A Pentecostal Hermeneutic: Spirit, Scripture and Community*, p. 236.
[23] *No Poder do Espírito*, p. 77.
[24] Pentecostal Biblical Interpretation, posição 3336.

Bíblia como comunicação escrita. Investiga de que modo a passagem na forma de peça de literatura transmite significado. A dimensão histórico-cultural reconhece que os escritores da Escritura viveram em um passado moldado por costumes e práticas culturais particulares e que comunicaram em diferentes línguas. Essa lacuna histórica é a distância entre nós e eles. A distância envolve tempo, idiomas, costumes e visões de mundo. A dimensão teológica afirma que a Bíblia é uma história teológica abrangente e está interessada em textos específicos como algo a ser envolvido. Aqui, o foco é mais a formação e a transformação do que o acúmulo de informações. Uma leitura paciente e atenta pode trazer um encontro experiencial com Deus. O texto bíblico é, antes de tudo, um ato teológico de comunicação que afeta a formação espiritual pessoal e comunitária.[25]

A leitura pentecostal não pode, acima de tudo, se esquecer do papel do Espírito Santo como guia da interpretação. "Através do Espírito, a Palavra de Deus se torna viva e fala à nossa situação com novas possibilidades de transformação pessoal e social", de acordo com French Arrington.[26] O Espírito Santo não só encharca a nossa mente na memória das Escrituras, mas exalta a Cristo como Senhor em nosso coração. Ler as Escrituras com o seu real intérprete é uma oportunidade riquíssima de aprofundar-se na glória do Senhor por meio da exaltação do Filho. Assim, não lemos com o interesse de competir por conhecimento com o outro, mas de nos deleitarmos no Pai.

C. S. Lewis (1898-1963), que foi um grande crítico literário, escreveu sobre a diferença entre a leitura massificada e a leitura do literato, em que, no segundo grupo, o texto ganha uma vida de permanência. Para aqueles que leem com apreciação, segundo Lewis, "cenas e personagens de livros fornecem-lhes uma espécie de iconografia pela qual eles interpretam ou sumarizam sua própria experiência".[27] Essa observação de Lewis lembra bastante de que modo nós, pentecostais, lemos Atos

---

[25] Ibidem, posição 3571.
[26] Pentecostal Identity and Interpretation of the Bible, posição 204.
[27] *Um experimento em crítica literária*, p. 11.

CAPÍTULO 6
| A hermenêutica pentecostal e os métodos de interpretação |

dos Apóstolos. A pregação pentecostal costuma falar com frequência da chamada "igreja primitiva" não como um mero fato histórico enterrado pela distância do tempo, mas, acima de tudo, como um *modelo* para o presente. A própria expressão "igreja primitiva" virou uma espécie de ícone no qual nos espelhamos.

Os críticos da visão mais conservadora sobre a Escritura dizem que essas teorias (inerrância, autoridade e inspiração) são uma reação contra a crítica literária e histórica da Bíblia, e que são ataques anticientíficos, irracionais e anti-intelectuais ao trabalho de especialistas. Ao mesmo tempo, esses mesmos críticos dizem que tais teorias representam uma volta a visões pré-críticas e pré-científicas, uma tentativa desesperada de reforçar tradições obsoletas. Essas observações se contradizem quando tentam colocar a visão mais conservadora como fruto da modernidade iluminista, enquanto dizem que ela é ao mesmo tempo pré-moderna. Ou é uma coisa ou é outra. Portanto, caso essas crenças sejam realmente pré-modernas, isso só prova que tais estruturas epistemológicas não são incompatíveis com o pentecostalismo, já que epistemologicamente o pentecostalismo está mais próximo dos pré-modernos.

Conclusão

O pentecostalismo, diferente do calvinismo ou mesmo do luteranismo, não é um sistema doutrinário enlaçado que abrange todos os aspectos de uma teologia sistemática. É, e continua sendo, uma *doutrina e prática pneumatológica* — e apenas isso e tudo isso.[28] Portanto, ser pentecostal independe da soteriologia, eclesiologia, antropologia ou mesmo da escatologia de alguém, embora, obviamente, o pentecostalismo conceda um toque carismático a cada uma dessas correntes da dogmática. O compromisso formal do pentecostal é com a pneumatologia que produz vitalidade missionária pelo culto. A teologia pentecostal trabalha a tensão *lex orandi, lex credendi* (lei da súplica, lei da fé), ou

---

[28] Alguns pentecostais discordam e acham pouco falar que a teologia pentecostal é essencialmente pneumatológica. Talvez esses não se atenham ao fato de que a pneumatologia possui uma amplitude pouco explorada.

seja, há uma ligação inseparável entre o culto cristão e a crença cristã. Tanto o culto pentecostal alimenta a teologia[29] pentecostal como a teologia pentecostal alimenta o culto pentecostal. É uma troca mútua.[30] A oração (isto é, práticas carismáticas no culto) corrige e alinha a teologia (isto é, a reflexão racional) de qualquer caminho de formalismo, farisaísmo, liturgismo etc., assim como a teologia corrige e alinha as práticas carismáticas do fanatismo, personalismo, falso profetismo etc. É mais fácil encontrar esse equilíbrio dentro da própria tradição pentecostal do que aderir ao racionalismo que sempre teve a tendência a valorizar excessivamente do cognitivo em que a *lex credenti* com frequência fala mais alto do que a *lex orandi*. A hermenêutica pentecostal é uma leitura feita como oração. Ao mesmo tempo a hermenêutica pentecostal é uma experiência carismática com os pés no chão e centrada das Escrituras. É, por assim dizer, holística.

---

[29] Observe que a palavra usada é *teologia*, e não *Bíblia*. Ou seja, o texto não quer dizer que a liturgia influencia a Bíblia, mas sim a interpretação da Bíblia, isto é, a teologia do grupo. A forma como a Bíblia é lida passa a ser influenciada pela vivência litúrgica e carismática.

[30] "Assim como a espiritualidade tem algo a dizer sobre a doutrina, a doutrina também tem algo a dizer sobre a espiritualidade. Se os teólogos pentecostais permitirem que a espiritualidade e a doutrina mantenham uma relação adequada entre si, os resultados podem ser a articulação de doutrinas que não são antagônicas aos aspectos da espiritualidade abraçados intencionalmente por uma comunidade pentecostal, bem como doutrina que pode voltar a informar e, se necessário, corrigir os aspectos da espiritualidade de uma comunidade pentecostal que precisam ser ajustados". STEPHENSON, Christopher. *Types of Pentecostal Theology: Method, System, Spirit*. New York: Oxford University Press, 2013, p 116.

CAPÍTULO 6
A hermenêutica pentecostal e os métodos de interpretação

Bibliografia

ARCHER, Kenneth J. Pentecostal Biblical Interpretation. In: WHITT, R. Keith; ARRINGTON, French L. (eds.). *Issues in Contemporary Pentecostalism*. Cleveland: Pathway, 2012.

_____. *A Pentecostal Hermeneutic: Spirit, Scripture and Community*. Cleveland: CPT, 2009.

ARRINGTON, French. Pentecostal Identity and Interpretation of the Bible. In: WHITT, R. Keith; ARRINGTON, French L. (eds.). *Issues in Contemporary Pentecostalism*. Cleveland: Pathway, 2012.

BLOMBERG, Craig. The Historical-Critical/Grammatical View. In: PORTER, Stanley; STOVELL, Beth (eds.). *Biblical Hermeneutics: Five Views*. Downers Grove: Intervarsity, 2012.

CIOLA, Nicola. *Introdução à cristologia*. São Paulo: Loyola, 1992.

CLARK, Greg. A hermenêutica geral. In: MCKNIGHT, Scot; OSBORNE, Grant R. (eds.). *Faces do Novo Testamento: um exame das pesquisas mais recentes*. Rio de Janeiro: CPAD, 2018.

DUNN, James D. G. *Jesus em nova perspectiva: O que os estudos sobre o Jesus histórico deixaram para trás*. São Paulo: Paulus, 2013.

FEE, Gordon Donald. *Exegese? Para quê?* Rio de Janeiro: CPAD, 2019.

KAYSER, Walter; SILVA, Moisés. *Introdução à hermenêutica bíblica*. 3 ed. São Paulo: Cultura Cristã, 2014.

KEENER, Craig S. Response to Reviews of Spirit Hermeneutics. *Journal of Pentecostal Theology* 27.2 (2018), p. 222-244.

_____. *A hermenêutica do Espírito: lendo as Escrituras à luz do Pentecostes*. São Paulo: Vida Nova, 2018.

LEWIS, C. S. *Um experimento em crítica literária*. Rio de Janeiro: Thomas Nelson Brasil, 2019.

MENZIES, Glen. Echoing Hirsch: do Readers Find or Construct Meaning? In: ARCHER, Kenneth J. e OLIVERIO JR, L. William (eds.). *Constructive Pneumatological Hermeneutics in Pentecostal Christianity*. New York: Palgrave Macmillan, 2016.

MENZIES, Robert P.; MENZIES, William. *No poder do Espírito: Fundamentos da experiência pentecostal*. São Paulo: Vida, 2002.

MILBANK, John. The Gospel of Affinity. In: VOLF, Miroslav; KATERBERG, William (eds.). *The Future of Hope: Christian Tradition amid Modernity and Postmodernity*. Grand Rapids: Eerdmans, 2004.

PENNINGTON, Jonathan. *Lendo os Evangelhos com sabedoria*. Rio de Janeiro: Central Gospel, 2018.

SIQUEIRA, Gutierres Fernandes. *O Espírito e a Palavra*. Rio de Janeiro: CPAD, 2019.

STARLING, David I. *Hermenêutica: A arte da interpretação ensinada pelos próprios escritores bíblicos*. Rio de Janeiro: CPAD, 2019.

STRONSTAD, Roger. *Spirit, Scripture, and Theology*: A Pentecostal Perspective. 2 ed. Baguio: APTS, 2018.

THISELTON, Anthony. *The Thiselton Companion to Christian Theology*. Grand Rapids: Eerdmans, 2015.

WRIGHT, Norman Thomas. *Scripture and the Authority of God*. London: SCPK, 2005.

CAPÍTULO 7

EXPERIÊNCIA NO ESPÍRITO, RACIONALIDADE E HERMENÊUTICA

KENNER TERRA

O pentecostalismo moderno, movimento plural e global, tem suas raízes em diversas experiências históricas. Alguns autores localizam a origem do movimento no Bethel Bible College, em Topeka, Kansas, liderado pelo pregador *holiness* Charles Fox Parham (1873-1929).[1] Cronologicamente, seu início se deu em janeiro de 1901 na experiência de Agnes Ozman e outros alunos que, após algumas reuniões no instituto bíblico, falaram em línguas. Na ocasião, acreditaram, entre eles o próprio Parham, ser xenolalia, porque a primeira pentecostal teria falado em chinês. A partir daí, o pregador *holiness* começou a ensinar esse fenômeno como evidência inicial do batismo no Espírito Santo e a marca de que a volta de Cristo estava próxima, impulsionando grande movimento missionário, cujo objetivo seria expandir essa doutrina e a conversão final, a última colheita. No entanto, antes dele, glossolalia, curas e a doutrina do "batismo no fogo" já eram comuns. No movimento de santidade, por exemplo, acreditava-se que o batismo no Espírito fosse uma ação poderosa de santificação, a chamada segunda bênção. Nesse

---

[1] Veja MENZIES, W. *Anointed to Serve*; BLUMHOFER, *Restoring the Faith*.

movimento, encontramos o emblemático personagem Benjamim Hardin Irwin. Esse líder *holiness*, fundador da Igreja da Santidade Batizada com Fogo, conduziu uma série de experiências nas Associações *Holiness* no Sul e Centro-Oeste dos Estados Unidos ao final do século XIX. Essas experiências foram tratadas como batismo com fogo posterior à conversão e santificação, uma terceira bênção marcada pelo empoderamento do Espírito e por profunda iluminação interior.[2] A perspectiva de Irwin e essa experiência pós-santificação fascinaram Parham e influenciaram sua perspectiva na escola da qual era diretor.[3]

Outro nome importante da história do movimento pentecostal é o pastor reformado Edward Irving (1792-1834). Sua trajetória é interessantíssima. Enquanto líder da congregação na Regent Square, Londres, em 1830 (muitos anos antes da Rua Azusa), ouviu relatos a respeito de milagres e manifestações extraordinárias na Escócia. Convencido da veracidade dessas experiências, abriu as portas de sua igreja para encontros de oração, os quais produziram, logo nos primeiros meses, manifestações carismáticas. Consequentemente, seu presbitério hipertradicional entrou em atrito com a nova perspectiva de seu pastor, o que gerou sua saída. Logo depois, Edward Irving fundaria a Igreja Católica Apostólica, cuja liturgia e teologia valorizavam as manifestações do Espírito. De forma surpreendente, Irving defendia nesse tempo o dom de línguas como sinal permanente do batismo com o Espírito Santo, que já era previsto como ato posterior à santificação.[4]

Muitos autores, de outra maneira, tratam o avivamento da Rua Azusa, em Los Angeles, Califórnia (1906-1909), liderado pelo afro-americano William J. Seymour, como início do movimento pentecostal moderno. Cinco anos depois da experiência da Bethel Bible College, em um antigo prédio em que aconteciam reuniões lideradas pelo pastor William Seymour, negros e brancos, homens e mulheres viveram as mesmas experiências de Topeka. Depois disso, aquele espaço ficou

---

[2] DAYTON. *Raízes teológicas do pentecostalismo*, p. 167-168.
[3] BARTOŞ. The Three Waves of Spiritual Renewal of the Pentecostal-Charismatic Movement, p. 23.
[4] MCGEE. *Evidência inicial*, p. 73-74.

CAPÍTULO 7
| Experiência no Espírito, racionalidade e hermenêutica |

aberto a todos que desejassem ser cheios do poder do Espírito Santo. Milhares de crentes de várias igrejas visitaram as reuniões da congregação muitas vezes por semana. A Rua Azusa tornou-se uma espécie de "Jerusalém americana" para os pentecostais de todo o mundo.[5] Nos primeiros anos, Seymour estava comprometido com a afirmação da glossolalia como evidência inicial do batismo com o Espírito Santo. Depois de algumas querelas com seu antigo professor, Parham, o líder negro pentecostal começou a afirmar em escritos que as línguas eram uma das evidências, mas a evidência estaria na vida cotidiana.[6] Mesmo sem negar as línguas como genuína experiência do batismo do Espírito Santo, Seymour começou a identificar o divino amor por todos como a grande marca da presença do Espírito.[7] Segundo explica o teólogo pentecostal Cecil M. Robeck Jr., o movimento liderado por Seymour tornou-se um exemplo profético de promoção e serviço aos marginalizados em um tempo de fortes tensões raciais e socioeconômicas, além de promover o papel da igualdade da liderança masculina e feminina. Esse movimento empoderou pobres, minorias étnicas e mulheres. O avivamento da Rua Azusa implantou o igualitarismo como modelo para o pentecostalismo.[8]

Em uma discussão periférica (mas significativa para nosso trabalho), William Oliverio Jr. apresentará as duas possíveis consequências da escolha entre Seymour ou Parham para a origem do movimento. Se a decisiva contribuição do pentecostalismo for a doutrina do batismo com o Espírito Santo como experiência posterior à conversão e evidenciada pela glossolalia, então Parham será considerado o fundador do pentecostalismo moderno. Por outro lado, se o peso for colocado sobre a ideia da reconciliação de Deus com o ser humano e, por sua vez, os seres humanos uns com os outros, a fundação do movimento será identificada com a Rua Azusa e Seymuor.[9] O melhor caminho para esse impasse seria a

---

[5] BARTOŞ. *The Three Waves of Spiritual Renewal of the Pentecostal-Charismatic Movement*, p. 25.
[6] MCGEE, *Evidência inicial*, p. 115.
[7] OLIVERIO Jr. *Theological Hermeneutics in the Classical Pentecostal Tradition*, p. 10.
[8] *The Azusa Street Mission and Revival*, p. 4.
[9] OLIVERIO Jr. *Theological Hermeneutics in the Classical Pentecostal Tradition*, p. 10.

última opção, contudo, não como evento isolado, mas parte de longa onda de ações carismático-pentecostais. Estas encontram em outro tipo de compreensão da fé lugar importante da experiência, além de um jeito muito peculiar de leitura bíblica, o que daria a esse movimento seus traços mais peculiares. Nesse sentido, a presença real e poderosa do Espírito com dons, sinais e glossolalia tornaria a racionalidade pentecostal uma contracultura intelectual, o que negaria as estruturas modernas e cessacionistas. É exatamente nesse contexto que encontramos o ambiente mais significativo do etos, da compreensão de realidade, teologia e hermenêutica pentecostais.

Racionalismo moderno e epistemologia pentecostal

Há diferenças entre *racionalidade* e *racionalismo*. O movimento carismático e o pentecostal não são defensores do irracionalismo, mas críticos do racionalismo desenvolvido na modernidade iluminista. Na condição de observador de fora, o teólogo Harvey Cox descreve o pentecostalismo como o ramo mais experiencial do cristianismo. Em sua análise, em uma perspectiva da fenomenologia da religião, Cox afirma que esse poderoso e espiritual movimento é o preenchimento do *déficit* extático do Ocidente moderno.[10] Com a linguagem das ciências da religião, o professor de Harvard defende que a espiritualidade pentecostal toca a profundidade humana e rompe com as estruturas racionalistas do evangelicalismo e fundamentalismo modernos. Mesmo que nasça na modernidade e use alguns de seus avanços, o movimento carismático critica, a partir de sua prática religiosa e experiência, o paradigma do sujeito, cujo modelo se estabeleceu nas ciências desde o século XVI, desenvolveu-se especialmente nas ciências naturais dos séculos seguintes e alcançou as ciências sociais no século XIX.[11] Essa perspectiva de racionalidade tem um caráter triunfalista porque hipertrofia o valor da razão afirmando sua ação pura e direta. Na perspectiva racionalista, acredita-se

---

[10] *Fire from Heaven*, p. 87,91.
[11] SANTOS. Um discurso sobre as ciências na transição para uma ciência pós-moderna.

CAPÍTULO 7
| Experiência no Espírito, racionalidade e hermenêutica |

que os métodos técnicos e objetivos possibilitam anular a interferência do corpo ou da tradição no processo de conhecimento. Depois de Descartes, por exemplo, a razão (*res cogitans*) foi considerada capaz de prescindir às outras dimensões corpóreas e afetivas (*res extensa*),[12] dando a essa dimensão racional poder superior e único. Além disso, tal racionalidade tem seu saber estabelecido sob a lógica teórico-metodológica e pensa-se como o único meio de acesso à realidade. Assim, desconsidera-se qualquer outro conhecimento que não se enquadre no paradigma que nega o corpo e desloque a importância do sobrenatural. À vista disso, todos os outros saberes não adequados a tal forma de conhecimento são vistos com indiferença e tratados como ilegítimos. Boaventura de Sousa Santos conseguiu descrever muito bem essa predisposição racionalista da modernidade:

> Sendo um modelo global, a nova racionalidade científica é também um modelo totalitário, na medida em que nega o caráter racional a todas as formas de conhecimento que se não pautarem pelos seus princípios epistemológicos e pelas suas regras metodológicas [...]. Está consubstanciada, com crescente definição, na teoria heliocêntrica do movimento dos planetas de Copérnico, nas leis de Kepler sobre as órbitas dos planetas, nas leis de Galileu sobre a queda dos corpos, na grande síntese da ordem cósmica de Newton e finalmente na consciência filosófica que lhe conferem Bacon e sobretudo Descartes. Esta preocupação em testemunhar uma ruptura fundante que possibilita uma e só uma forma de conhecimento verdadeiro está bem patente na atitude mental dos protagonistas, no seu espanto perante as próprias descobertas e na extrema e ao mesmo tempo serena arrogância com que se medem com os seus contemporâneos.[13]

No racionalismo moderno, então, o saber legítimo está cativo a uma única espécie de racionalidade, exatamente a devedora do paradigma

---
[12] ROCHA. *Experiência e discernimento*, p. 67.
[13] SANTOS. Um discurso sobre as ciências na transição para uma ciência pós-moderna, p. 48.

do sujeito do modelo metafísico. Poderíamos explicar esse conceito de várias formas. Escolhemos dizer simplesmente que é a compreensão de mundo crente na força da razão e no conhecimento da verdade alcançado pelos métodos e pelas ferramentas das ciências modernas. Acredita-se na separação entre sujeito e objeto. O sujeito, munido pela prática da razão, cuja força anula interesses externos ao intelecto humano, vai ao objeto sem as interrupções ou neblinas da aparência, chegando à "coisa em si". Por isso, as evidências das experiências imediatas são tratadas como ilusórias e vulgares.[14] O paradigma científico clássico da modernidade pode ser sintetizado em oito pontos:[15]

1. analogicamente mecanicista: o universo é como uma máquina;

2. metodologicamente reducionista: qualquer coisa pode ser entendida, dividindo-a em suas partes;

3. disciplinar: as disciplinas dissecam as partes do universo;

4. determinista: o que será está sendo determinado pelo que tem sido;

5. estático na percepção: o universo é fechado e permite apenas rearranjo, e não desenvolvimento;

6. direção entrópica: a disponibilidade é sempre decrescente;

7. dualista em sua metodologia: mente e corpo existem em diferentes esferas;

8. positivista na compreensão da verdade: a ciência é o único árbitro da verdade.

Essa cosmovisão está presente nos grandes desenvolvimentos médicos, industriais e sociais dos últimos quatro séculos. Contudo, os pontos II, VII e VIII em especial são diretamente enfrentados pelo saber/

---

[14] Ibidem.
[15] JOHNS. Pentecostalism and the Postmodern Worldview, p. 80.

CAPÍTULO 7
| Experiência no Espírito, racionalidade e hermenêutica |

racionalidade carismático-pentecostal porque estes encontram na realidade do Espírito Santo e na presença das manifestações sobrenaturais outros tipos de evidências, acesso e apelo pela verdade. Margaret Paloma, em seu badalado trabalho sobre as Assembleias de Deus nos Estados Unidos, mostra-nos ser a compreensão de mundo pentecostal certa releitura da razão instrumental moderna, o que significaria outra perspectiva de visão de mundo, a qual está sob as bases não naturalistas da ação sobrenatural de Deus.[16]

O processo de raciocínio da razão instrumental tão característico na ciência e na burocracia é absorvido na perspectiva pentecostal em uma visão de mundo (*Weltanschauung*) dominantemente sagrada. É creditado a Deus o fornecimento da medicina moderna, da tecnologia avançada e do ensino superior, assim como os benefícios pessoais de um trabalhador, uma viagem ou até uma vaga de estacionamento. Esta cosmovisão sagrada, antes de relegar ao âmbito sagrado somente as manhãs de domingo, atribui a Deus todas as coisas! Tal atribuição torna os pentecostais pessoas céticas em relação aos poderes da pura razão e de sua prima, a autoridade burocrática.[17]

Ou seja, o mundo em sua transitoriedade histórica não é a totalidade da realidade, e o saber via razão instrumental não é único caminho para a realidade da fé e explicação da vida. Por isso, a cosmovisão e racionalidade carismáticas e pentecostais não são totalmente adequadas ao racionalismo moderno-iluminista e, em certo nível, antagonizam-no. Nesse sentido, o etos pentecostal tem outra epistemologia.

Características da epistemologia do pentecostalismo

As categorias de conhecimento utilizadas ou pressupostas pelos carismáticos e pentecostais, desde a percepção de mundo até seus saberes válidos, configuram-se críticas ao reducionismo da modernidade. Como mostramos, esse movimento é um rugido antropológico contra o

---

[16] POLOMA. *The Assemblies of God at the Crossroads*.
[17] Ibidem, p. 8.

racionalismo moderno. Contudo, o pentecostalismo instaura o lugar de outra maneira de compreensão, na qual se acredita na ação sobrenatural de Deus, na presença de milagres, no valor das emoções e intuições, no extraordinário para além das leis fixas da natureza, na subjetividade e no holismo espiritual contra o institucional e literal. Para o teólogo pentecostal Veli-Matti Kärkkäinen, a valorização da espiritualidade primal presente na glossolalia, nos sonhos, nas visões e nas danças, e a ênfase na escatologia, além da materialidade da salvação e do comunitarismo, seriam exatamente o ponto de contato entre o pentecostalismo e a pós-modernidade.[18] Ele não defende uma total relação entre esses dois conjuntos de saberes e movimentos, mas percebe na epistemologia dos movimentos carismático-pentecostais, em certo nível, pontos de contato com o pensamento pós-moderno, colocando-os entre os críticos ao modelo moderno-iluminista de conhecimento.

James K. A. Smith, ao descrever as características da teologia e da experiência religiosa pentecostais, fala em "epistemologia afetiva", na qual permite espaço não apenas para a argumentação analítica, mas privilegia a intuição, as emoções e outros níveis da profundidade humana não admitidos no racionalismo da modernidade.[19] Paralelamente à ênfase na experiência, para qualquer observador dos cultos pentecostais, a presença do elemento afetivo é visível na música, na dança, no drama, nos movimentos, nas lágrimas, nos risos, e assim por diante, o que definiria espiritualidade e racionalidade pentecostais e serviria como lugar para se pensar a epistemologia afetiva. Steven J. Land, seguindo definições parecidas, trata teologia e espiritualidade pentecostais e carismáticas com o termo "afeição apocalíptica", o qual abrangeria três elementos fundamentais: gratuidade, compaixão e coragem.[20] Contudo, "afeição" em sua perspectiva não é simplesmente experiência subjetiva, piedade piegas ou emoções transitórias. Segundo Land, a teologia e a espiritualidade afetivas dos pentecostais e carismáticos formam o seu núcleo existencial de fé. Harvey Cox, em sua recensão ao livro *Pentecostal Spirituality*: A

---

[18] "The Leaning Tower of Mission in a Postmodern Land".
[19] What Hath Cambridge to do with Azusa Street?, p. 97-114.
[20] A *Pentecostal Spirituality*, p. 56-63.

CAPÍTULO 7
| Experiência no Espírito, racionalidade e hermenêutica |

passion for the Kingdom, explana de forma convincente a proposta da obra de Land.

> Há mais do que um método exemplar em ação aqui. O uso engenhoso de Land do conceito de "afetos religiosos", rastreado tanto por Jonathan Edwards quanto por John Wesley, está, a certo nível, próximo do coração desse livro ambicioso, mas maravilhosamente legítimo. Por "afetos", Land não se refere apenas a experiências subjetivas, sentimentos piedosos ou emoções passageiras, mas se trata do "núcleo existencial da fé". Land faz questão de dizer — e eu concordo — que tal assunto é importante para qualquer empreendimento teológico. Se a teologia dos pentecostais está de fato localizada nas "afeições apocalípticas" que fundamentam tanto suas crenças quanto suas práticas, e que geram e sustentam essa "paixão pelo reino" — sua qualidade primária — então surgem intrigantes abordagens possíveis baseadas nos afetos, e outras comunidades religiosas vêm à mente.[21]

Nesse sentido, a espiritualidade do movimento carismático-pentecostal aponta para outra possibilidade mais intrigante, diria Cox, de compreensão da vida ou fazer teológico, a qual se estabelece com outras categorias não racionalistas de discurso sobre Deus. A afetividade da teologia pentecostal, segundo Land, é estabelecida pela gratidão comunitária, nas relações de acolhimento afetivo e coragem diante da realidade à luz da inegável presença escatológica do Espírito.

Comparando ao movimento da ortodoxia radical, James K. Smith diz ser o pentecostalismo uma terceira via entre o racionalismo moderno e niilismo pós-moderno. Para esse autor, a ortodoxia radical como crítica à modernidade não seria antimoderna e também não é exatamente "pós-moderna", ou, muito menos, pré-moderna. Smith afirma ser outro *tipo de modernidade*, uma alternativa para esse paradigma e seu racionalismo.[22] O pentecostalismo e os movimentos carismáticos modernos têm os mesmos traços e partilham características epistemológicas com a conhecida ortodoxia

---

[21] A Review of 'Pentecostal Spirituality: A Passion for the Kingdom' by Steven J. Land, p. 4.
[22] SMITH. What Hath Cambridge to do with Azusa Street?, p. 102.

radical. Em seu trabalho, Smith faz uma excelente síntese a respeito da cosmovisão pentecostal-carismática, o que aponta para sua epistemologia. O professor do Calvin College elenca pelos menos cinco pontos:

1. Abertura radical para a ação sobrenatural de Deus na condição de realizador de algo diferente e novo, tendo em Atos 2 o modelo petrino de reconhecer as ações não naturais do Espírito como obras inesperadas de Deus. A ideia fundamental aqui é a expressão "isto é aquilo" (Atos 2:16); uma abertura para a alteridade.

2. Por causa disso, há ênfase no contínuo ministério do Espírito, incluindo o dom de revelação, a profecia e a centralidade das dádivas carismáticas na igreja (tratada como comunidade agraciada pelo Espírito).

3. No contexto do ministério do Espírito está a crença na cura do corpo como parte central do aspecto do trabalho de expiação. Esse dado é ponto antagônico ao dualismo corpo-alma fundamentalista e alma/mente-corpo do racionalismo.

4. Ênfase no papel da experiência em contraste com a racionalidade típica da teologia protestante/evangélica tradicional. Isso enraíza a tradição carismático-pentecostal e a ortodoxia radical na epistemologia afetiva, o que desfaz o dualismo sujeito-objeto da modernidade iluminista.

5. Diferentemente da crítica aos carismáticos-pentecostais em relação ao conceito de "outro mundo", o movimento é caracterizado por um compromisso central com o empoderamento, a justiça social e por certa opção pelos marginalizados, o que remonta às suas raízes na Rua Azusa, cujo fenômeno se realizou em lugares simples e liderado por um pregador afro-americano.

Dessa forma, seguindo ponto a ponto as dimensões anteriormente assinaladas, a epistemologia pentecostal-carismática permite interpretar o mundo como lugar de ações sobrenaturais de Deus e da realização atual dos sinais e milagres à luz de Atos 2. Diferente do racionalismo

CAPÍTULO 7
| Experiência no Espírito, racionalidade e hermenêutica |

cientificista, a verdade não é simplesmente o constatável pelas categorias articuladas pela razão instrumental, mas se apresenta também através da experiência empírica da realização do sobrenatural no mundo natural, o que, para Howard Ervin, seria a ontologia da hermenêutica pentecostal.[23] Como ironizou Robert Menzies, enquanto Bultmann desmitologizava o Novo Testamento e tratava de suas questões históricas, os pentecostais estavam orando por cura e vivendo os dons, uma vez que não eram limitados aos tempos apostólicos.[24] E por ser uma experiência também comunitária, a vida pneumática cria um saber partilhado coletivamente em redes de experiências e práticas litúrgicas comuns e espontâneas.

Outro ponto é o dualismo mente e corpo — na modernidade, o corpo é visto como empecilho, enquanto a mente é tida como a fonte aceitável de conhecimento e liberdade. No movimento pentecostal, essa valoração não tem qualquer sentido, pelo menos na prática, porque o corpo é valorizado nas curas como caminho para a revelação e a verdadeira presença de Deus, e as emoções, com os limites necessários, são parte bem-vinda na adoração, devoção e vivência da fé. Por isso, a racionalidade carismático-pentecostal se desenvolve na interação entre razão, compreensão, afetividade, corpo, intuição e criatividade. É exatamente nesse sentido que o racionalismo moderno parece ser superado pelo movimento, porque a tradição racionalista trata o "afetivo" como atraso e descaminho na busca pelo conhecimento legítimo. Ou seja, isso não significa que no movimento carismático-pentecostal não se valorize o saber, o ensinamento ou conhecimento. Pelo contrário, acredita-se em acessos mais extraordinários e sobrenaturais. Critica-se, na verdade, o "ismo" do "racional" e o reducionismo epistemológico enquadrado no claustro das categorias cartesianas. Tanto os fundamentalistas quanto os evangélicos, críticos ou não, estabelecem-se exatamente nesse lugar epistemológico criticado na espiritualidade carismático-pentecostal que dá espaço ao afetivo, emocional, intuitivo e a outras categorias rechaçadas no processo de conhecimento aceito nos séculos da razão.

---

[23] Hermeneutics: A Pentecostal option, p. 17.
[24] *Pentecostes: essa história é a nossa história*, p. 22.

AUTORIDADE BÍBLICA & EXPERIÊNCIA NO ESPÍRITO

Em relação ao último ponto elencado na lista de Smith, a tradição pentecostal representa tipicamente a experiência de fé marcada pela criação de espaços perpassados por igualdade de gênero e raça. A pneumatologia pentecostal-carismática possibilita, à luz de suas origens, diluir os lugares sociais estabelecidos por estruturas injustas. Na experiência do Espírito, os primeiros carismáticos e pentecostais viviam o batismo e os carismas celestiais entre homens e mulheres, negros e brancos. Como já citado, a Rua Azusa foi um movimento profético de promoção e serviço aos marginalizados em um tempo de fortes tensões raciais e socioeconômicas, além de promover o papel da igualdade da liderança masculina e feminina.

A perspectiva de fé e a dinâmica espiritual pentecostal-carismáticas estabelecem-se a partir de outro modelo de racionalidade, diferente da teologia evangélica/protestante, o que não significa ser irracional. Esse horizonte de acesso a realidade e epistemologia exige uma racionalidade na qual se integrem intelecto, afeto, sensibilidade e intuição. Michel Maffesoli tem discutido essa questão e apresentado a "razão sensível", a racionalidade não dualista, na qual a vivacidade da vida e a experiência contribuem no processo de conhecimento e discernimento, o que ele chama de "raciovitalício". Essa outra racionalidade é aberta para diferentes categorias de conhecimento, as quais não se fecham nos pressupostos da modernidade.

> Mais do que uma razão *a priori*, convém pôr em ação uma compreensão *a posteriori*, que se apoie sobre uma descrição rigorosa feita de conivência e de empatia (*Einfühlung*). Esta última, em particular, é de capital importância, nos faz entrar no próprio coração de nosso objeto de estudo, vibrar com suas emoções, participar de seus afetos, compreender o complexo arabesco dos sentimentos e das interações de que ele está impregnado.[25]

Superando perspectivas objetivantes, essa proposta epistemológica pode ser bom instrumento de compressão da racionalidade

---

[25] *Elogio da razão sensível*, p. 46.

CAPÍTULO 7
| Experiência no Espírito, racionalidade e hermenêutica |

carismático-pentecostal. Dando lugar para o sobrenatural instaurador, as expressões vivas do amor e o *pathos* da experiência do Espírito, conjugando o intelecto e a vibração das emoções, tal racionalidade poderia ajudar na categorização e no equilíbrio entre intelecto, afetividade, emoções e experiência na teologia pentecostal. Não é irracionalismo, mas *outra racionalidade*. Como exortaram Cheryl Johns e Jackie David Johns, os pentecostais têm falhado por não levarem até as últimas consequências as implicações epistemológicas de seu sistema dinâmico de fé e suas categorias relacionais.[26] Os autores procuram, a partir de uma teologia bíblica, construir o paradigma epistemológico pentecostal à luz do termo "conhecimento" (*yada*) na Bíblia Hebraica, seu cognato *gnoskein* no Novo Testamento e na perspectiva relacional do *paracleto* da literatura joanina. Nesse modelo de teologia bíblica, conhecer não seria ato abstrato e conceitual. Pelo contrário, "conhecer" (*yada*) na tradição judaica tem relação com experiência e vivência. Conhecer a Deus seria experimentá-lo e relacionar-se com ele, "mais pelo coração do que pela mente; não é um saber adquirido pelo distanciamento a fim de realizar uma análise objetiva, mas pela ação e pelo envolvimento intencional na experiência vivida".[27] Seu par no Novo Testamento, a despeito da origem grega, como testemunha 1João 4:4-16, trata o "conhecer a Deus" como relação de amor entre os membros da comunidade. Ou seja, não é conhecer em conceitos, mas na vida e em ações marcadas por um saber comunicativo e da experiência.[28] Voltando-se para os discursos sobre o *paracleto* joanino (14:16-17,25-26; 15:26-27; 16:7-15), Cheryl Johns e Jackie David defendem corretamente que o quarto evangelho pensa a presença do Espírito na comunidade como o caminho de experiência com Cristo e possibilidade da manifestação das palavras de Jesus, produzindo a vida relacional centrada no mestre.[29] Craig Keener afirma algo paralelo quando defende a possibilidade, seguindo a teologia do Evangelho de João, de conhecer detalhes da revelação sobre Jesus para

---

[26] Yielding to the Spirit, p. 33.
[27] Ibidem, p. 36.
[28] Ibidem, p. 34.
[29] Ibidem, p. 38-39

além do texto fixado. A propósito, isso serve como fonte bíblico-teológica para Keener defender a presença da voz de Deus, pelo Espírito, na comunidade: "O Espírito certamente não revelou todas as coisas de Jesus no Novo Testamento; o Espírito continua revelando as coisas de Jesus nos permitindo conhecê-lo".[30]

Seguindo o caminho da teologia bíblica, Cheryl Johns e Jackie David defendem uma epistemologia para além da perspectiva dualista, objetivista e conceitual do racionalismo moderno. Tal horizonte dialogaria perfeitamente com a ideia do conhecer observada no movimento carismático-pentecostal, porque aponta para o saber capaz de reunir inteligência e experiência, articulação vivencial e intelecto. Nesse sentido, é preciso, para ser fiel ao seu contexto epistemológico, pensar a hermenêutica pentecostal sem cair no paradigma racionalista, mas que abra espaço para a experiência, o horizonte relacional, emocional e moral. Isso evitaria, como afirmam Cheryl Johns e Jackie David, colocar a hermenêutica carismático-pentecostal em caminhos inconsistentes com ou ainda opostas à sua identidade: "Nossos métodos podem ser militantes contrários à dimensão experiencial e relacional da nossa fé".[31] Nesse sentido, a hermenêutica pentecostal, sendo fiel à sua epistemologia, precisa desenvolver caminhos metodológicos que deem conta da inteligência da fé, tratem acuradamente os textos bíblicos e coloquem a experiência no processo, ao mesmo tempo que impeçam reducionismos racionalistas, dualistas e permitam operar seu programa interpretativo de maneira coerente.

Experiência e hermenêutica pentecostal: apontamentos bíblico-teológicos

"Experiência" é um dos termos mais escorregadios das ciências humanas. Tratá-lo de maneira demasiadamente elástica é arriscado. Segundo Harvey Cox, esse termo poderia ser usado como parte das expectativas

---

[30] *Spirit Hermeneutics*, p. 107.
[31] Yielding to the Spirit, p. 34.

CAPÍTULO 7
| Experiência no Espírito, racionalidade e hermenêutica |

teológicas tanto do liberalismo quanto conservadorismo pietista, especialmente na discussão entre Escritura e razão.[32] Talvez, essa seja a causa do mal-entendido em relação à discussão sobre a experiência entre alguns pentecostais, os quais tendem a interpretar tal assunto como parte de uma agenda liberal. Essa desconfiança com a experiência representa, mesmo que não saibam, os trabalhos antiexperiencialistas de George Lindbeck. Este era defensor da ideia segundo a qual a religião produz a experiência, e não o contrário. Nesse sentido, a experiência não seria realidade extraordinária, mas resultado do sistema da linguagem.[33] O neoreformado está em uma batalha direta contra o experiencialismo liberal, mas, como bem exortou Cox, também acaba desqualificando o lugar da teologia pentecostal clássica.[34] Cabe à tradição carismático-pentecostal demonstrar o lugar da experiência não como sentimento do absoluto (existencialismo) ou coisa do tipo, mas seu caráter restauracionista e escatológico, o que significaria reviver a experiência carismática e do batismo no Espírito como restauração da realidade dos primeiros séculos da igreja cristã e sua tradição histórica. Kenneth Archer define com perspicácia os limites conceituais entre a experiência na perspectiva liberal e pentecostal-carismática:

> Os pentecostais, tais quais os liberais, enfatizavam a experiência religiosa com autenticamente cristã. Mas, ao contrário dos liberais, os quais falavam a respeito da "religião do coração" e da experiência de Deus por meio dos elementos divinos na natureza, os pentecostais apontariam para os sinais sobrenaturais da divina intervenção que tomava lugar na adoração litúrgica (línguas e curas). Então, os primeiros pentecostais vivenciavam as experiências religiosas, enquanto os liberais simplesmente falavam a respeito.[35]

---

[32] A Review of 'Pentecostal Spirituality: A Passion for the Kingdom' by Steven J. Land, p. 6.
[33] *The Nature of Doctrine*.
[34] COX. A Review of 'Pentecostal Spirituality: A Passion for the Kingdom' by Steven J. Land, p. 7.
[35] *Pentecostal Hermeneutic*, p. 87.

A glossolalia, por exemplo, é, antes de qualquer coisa, "contralinguagem" estabelecida na adoração ou outros momentos, dentro da categoria da afeição não dominada pelo discurso lógico religioso. Essa experiência do Espírito no fiel leva-o a se conectar diretamente com Deus sem as mediações do sistema discursivo moderno (1Coríntios 14). Esse quadro experiencial desenvolve a relação entre emoção e razão, afeição e fé. Por sua vez, a tradução da glossolalia (1Coríntios 14) é *teologal* e comunitária no processo de edificação, ato segundo e produção teológica. Por isso, a experiência pentecostal, confessa Cox, é o dado novo do conhecimento de Deus resumido na frase: "Eu sabia *sobre* Deus, agora eu conheço Deus".[36] Ou seja, a relação imediata da sua ação e presença coloca o saber sobre o Senhor no nível da relação direta e sem mediação racionalista conceitual, ainda que a ortodoxia tenha seu lugar, seja importante e se estabeleça nessa relação dialética entre fé experiencial e fé conceitual. A ortodoxia afetiva pode ser tratada, nesse sentido, como o saber sobre Deus perpassado pelas afeições da alegria, da dor, do carisma, do milagre, do batismo no Espírito, no sentimento limite do "já ainda não" preste ao fim, a saber, no corpo e a partir do lugar da vida do fiel.

Dessa forma, a experiência não é qualquer coisa, mas a ação do Espírito como foi realizada entre os apóstolos e as comunidades cristãs primitivas. E se a relação entre sujeito-objeto não é dualista, mas relacional e experiencial — o que exige admitir que o leitor sempre carregará seus pressupostos no processo de leitura — para a tradição carismático-pentecostal a realização do Espírito, sua ação poderosa e milagrosa é lugar básico a partir do qual a leitura é realizada. Isso não é sinônimo de colocar a Bíblia em segundo plano. Pelo contrário, o movimento sempre tratou a Bíblia como Palavra de Deus, mas isso significa dizer que o texto está em relação circular e dialética com os dramas e as experiências carismáticas do fiel em comunidade.

Contudo, é importante indicar que essa discussão teórica tem mais lugar entre pentecostais acadêmicos do que nas igrejas locais, porque,

---

[36] COX. A Review of 'Pentecostal Spirituality: A Passion for the Kingdom' by Steven J. Land, p. 9.

CAPÍTULO 7
| Experiência no Espírito, racionalidade e hermenêutica |

como mostram as pesquisas, o fiel pentecostal, desde suas origens, lê a Bíblia de maneira imediata, sem mediações técnicas ou exegéticas, buscando compreender suas experiências e resolver problemas cotidianos. Por conhecerem esse caráter prático da leitura pentecostal clássica, alguns pesquisadores se espantam ao identificarem a forte tendência racionalista e negadora da polissemia do texto entre as discussões bíblicas pentecostais. Para muitos, tal caminho significaria traição ao etos pentecostal. Por isso, recentes pesquisas encontram nas propostas pós--críticas ou pós-modernas tendências aparentemente mais adequadas à leitura bíblica pentecostal. Estes não aceitam todas as afirmações ou consequências dessa nova hermenêutica, mas utilizam suas ferramentas. A despeito de esses instrumentos pós-modernos às vezes não dialogarem tão bem com a hermenêutica racionalista do protestantismo/evangelicalismo tradicional, biblistas acreditam encontrar em suas intuições e propostas possibilidades exegéticas que preservam a dinâmica da leitura bíblica pentecostal-carismática e, ao mesmo tempo, criam limites para não tornar um dado bonito da fé em legitimação para aberrações. Assim, é dado ao texto o lugar de destaque e centralização, ao mesmo tempo que se pergunta pelo papel da experiência.

No Novo Testamento a maneira de os autores lerem as tradições precedentes mostra como a experiência do Espírito serviu de instrumento para releituras e compreensão dos textos. Em Atos 15, Pedro, o qual viu as manifestações do derramamento pneumático sobre gentios na casa de Cornélio (Atos 10:45-48), afirma corajosamente: "Deus, que conhece os corações, demonstrou que os aceitou, dando-lhes o Espírito Santo, como antes nos tinha concedido. Ele não fez distinção alguma entre nós e eles, visto que purificou os seus corações pela fé. Então, por que agora vocês estão querendo tentar a Deus, impondo sobre os discípulos um jugo que nem nós nem nossos antepassados conseguimos suportar? (Atos 15:8-10).

Seguindo o conteúdo do texto bíblico, seria tentar Deus — a exemplo de Ananias e Safira (Atos 5) — não levar em consideração o caminho apontado pelo derramamento do Espírito: os gentios também podem entrar na comunidade de fé porque lhes foi concedido o mesmo poder. Desde Atos 10, Pedro mostra-se decidido em aceitar a vivência da ação do Espírito como prova da necessidade de releitura de sua tradição, o que não significaria desconstruir ou negar o texto, mas iluminá-lo com o que percebeu em Cesareia (Atos 10:1). Por isso, depois de uma visão, na qual é compungido a comer o que a lei não permitia (Atos 10:10-16), testemunhou na casa de um gentio outro horizonte de compreensão de leitura dos textos bíblicos: não poderia tratar como impuro aquilo que Deus purificara (Atos 10:15). Em Atos 10, a propósito, Lucas caracteriza a experiência de Pedro como "êxtase" (gr. *ekstasis*), o que representa uma experiência de ação não natural ou não adequada às categorias racionalistas comuns ao saber da modernidade. A sua experiência serviu-lhe para saber que Deus também permite aos gentios a entrada na comunidade dos santos pela graça mediante a fé, sem a imposição legal mosaica (Atos 15:7-11). Após esse testemunho experiencial e após a exposição de Barnabé e Paulo sobre os sinais e maravilhas do Espírito entre os gentios, Tiago, à luz desse conjunto de ações reais do Espírito Santo, interpretou Amós 9:11-12. A experiência precedeu o texto e o iluminou, o que, por sua vez, ajudou a compreender melhor o desejo do Espírito Santo. No texto de Amós não há, de modo claro, a ideia da entrada dos gentios no povo de Deus, mas fala da restauração do reinado de Davi, o que Lucas percebe ser a era messiânica.[37] Independentemente das questões exegéticas ou do uso da Septuaginta na leitura do líder da igreja em Jerusalém, fica muito visível a ação do Espírito como lugar a partir do qual a tradição é revista por Pedro e Amós é lido por Tiago.

Não é exatamente isso o que ocorre na leitura pentecostal em relação a Atos dos Apóstolos? A ação do Espírito, suas manifestações carismáticas e o sinal da glossolalia geraram a possibilidade de perceber nos textos a realidade atual dos dons e o batismo no Espírito evidenciado pela *glossolalia*. Aquela história e a vida da igreja em Atos são vistas como nossa história e nossas experiências: "aquilo é isso". Voltemos ao biblista pentecostal Roger Stronstad:

> Assim, se a observação de Pinnock, com a qual começamos este artigo, está correta, ou seja, *que os pentecostais restauraram uma leitura clara*

---

[37] BARRETT. *A critical and exegetical commentary on the Acts of the Apostles*, p. 726.

CAPÍTULO 7
| Experiência no Espírito, racionalidade e hermenêutica |

> *da Bíblia (por exemplo, Atos) para a igreja [...] isso é principalmente porque os pentecostais trazem um pressuposto experiencial válido para a interpretação de Atos e não porque fazem uma exegese histórico-gramatical superior de Atos. Em outras palavras, sua experiência carismática é um pressuposto experiencial que lhes permite entender a vida carismática da igreja apostólica, como relata Lucas, melhor do que os cristãos contemporâneos que carecem dessa experiência.*[38]

Como lemos na citação, seria um grande equívoco deixar de lado o lugar da experiência para a compreensão do texto porque foi exatamente esse dado que permitiu perceber em Atos a realidade presente das manifestações carismáticas, e não o contrário. Um cessacionista, por exemplo, não negaria essa ação no passado apostólico ou seria capaz de admitir seu lugar na teologia lucana, mas a experiência como pressuposto, e não a boa exegese, permitiu entender a vida carismática da igreja do passado e sua presença hoje na contemporaneidade. Além disso, a experiência no Espírito e suas manifestações carismáticas seriam os pressupostos básicos para a leitura não racionalista e não cessacionista das exortações em 1Coríntios 12—14 ou nos textos perpassados por experiências extáticas na Bíblia Hebraica, porque não seriam lidos apenas como falas inteligíveis, discursos racionalmente estáveis ou trabalhos literários, mas ações sobrenaturais e experiência religiosa com o Deus judaico-cristão.

Um exemplo é a interpretação de Números 11 à luz de Lucas 10. O biblista pentecostal Robert Menzies defende que o texto de Lucas 10:1-16, no qual Jesus envia setenta discípulos, ecoa a tradição dos setenta anciãos que receberam o Espírito em Números 11:16-30.[39] Nesse contexto de debates, há a disputa não concluída do registro mais original da quantidade dos enviados por Jesus. Alguns manuscritos indicam setenta e outros, setenta e dois. O aparato crítico do Novo Testamento da United Bible Societies (UBS), 5ª ed., classifica a primeira leitura com pouca certeza ("C"). Essa ambiguidade parece fortalecer a opinião do uso

---

[38] Pentecostal Experience and Hermeneutics, p. 57-58. Grifo nosso.
[39] *Pentecostes: Essa história é a nossa história*, p. 30-31.

teológico lucano dessa tradição da Bíblia Hebraica porque a indicação de setenta e dois seria explicada com a contagem de Eldade e Medade, os quais também receberam o Espírito no acampamento, além dos outros próximos da tenda com Moisés (Números 11:26-30). Se seguirmos as intuições de R. Menzies, Lucas estaria defendendo o cumprimento de que "todo o povo do Senhor fosse profeta" em Atos 2.[40] Nesse sentido, a igreja seria, na teologia de Lucas-Atos, essa comunidade de profetas empoderada pelo Espírito. Os enviados por Jesus tornam-se, assim, modelo, à luz de Números 11, da igreja pneumaticamente missional. Essa leitura pode ser observada em diversos ângulos. Entre eles, está o próprio contexto da experiência extática tanto de Números quanto de Lucas-Atos. No texto veterotestamentário, quando o Senhor Deus desce na nuvem, tira o *ruah*[41] *de Moisés e o coloca sobre os anciãos, eles "profetizam"* (heb. *wayytinnabe'û*). Em relação a reação dos tomados pelo vento/*ruah* de Deus, a tradução acaba ocultando a experiência extática do texto. O uso do verbo *nb'* (*nabi*) no hitpael[42] hebraico (*yytnabbe'u*), como explicam von Rad e diversos dicionários especializados,[43] tem sentido de exaltação impulsionada (êxtase). Esse verbo (*nb'*) reaparece com a mesma conotação nas tradições relacionadas a Saul. Em 1Samuel 10, encontramos um grupo de profetas com instrumentos musicais "profetizando" (*nb'* no hitpael). A narrativa explica que, ao encontrá-los, Saul seria envolvido por aquela experiência e deveria se deixar levar, porque a experiência significaria ação divina e o transformaria (vs. 5-7). Nos versículos de 9 a 12, as expectativas das linhas anteriores se realizaram. Ao aproximar-se do grupo de profetas, aquela força que os envolvia contagiou o primeiro rei de Israel, levando-o a vivenciar a mesma experiência descrita com o verbo *nb'*, ou seja, o êxtase profético.

---

[40] Ibidem, p. 22.
[41] Palavra hebraica para "espírito", "vento", "sopro", entre outros significados.
[42] Grosso modo, o radical *hitpael* expressa a voz reflexiva de um verbo. Trata-se de um radical de uso bastante flexível e que pode expressar outros tipos de ação verbal, dependendo do contexto e do verbo específico.
[43] VON RAD. *Teologia do Antigo Testamento*, p. 451-5; HOLLADAY; KOHLER. *A Concise Hebrew and Aramaic Lexicon of the Old Testament*, p. 224.

CAPÍTULO 7
| Experiência no Espírito, racionalidade e hermenêutica |

Em 1Samuel 19 o verbo é novamente usado para descrever uma cena muito inusitada. Saul envia três mensageiros para prenderem Davi, os quais foram impedidos pelo *ruah elohim* (vento/Espírito de Deus), que estava com Samuel e o grupo de profetas liderados por ele. O texto afirma que os mensageiros, ao serem contagiados pelo *ruah elohim*, profetizaram, ou seja, entraram em êxtase, como num frenesi, impossibilitados de continuarem sua ação. Por conta do fracasso de seus servos, Saul decide ir ele mesmo. No caminho, como aconteceu com seus mensageiros, o *ruah elohim* caiu sobre Saul, colocando-o em exaltação extática — novamente o vervo *nb'* aparece no hitpael. A cena se desenvolve e somos informados de que ele vai andando e continua "profetizando" até chegar perto de Davi e Samuel, mas o descontrole de Saul é tão grande que ele arranca suas roupas e fica nu (1Samuel 19.23-24).

Esses exemplos poderiam, com menor segurança, ser estendidos até as narrativas proféticas, nas quais encontramos essas experiências. As pesquisas concluem que entre os múltiplos movimentos do profetismo de Israel havia um tipo de *nabiísmo* extático, com danças, músicas e falas impulsionadas pelo *ruah* de Deus. Números 11 representa a possibilidade de essas experiências serem partilhadas com a comunidade, e se Lucas estiver relendo a afirmação mosaica de todos serem profetas, sua leitura defende a condição extático-profética da igreja em geral e torna isso sinal da presença do Espírito, dando à comunidade de Jesus um caráter não racionalista, marcado pela efusão do Espírito materializado por sinais dessa presença, fazendo dos discípulos e discípulas comunidade de profetas. O exegeta alemão Gerhard von Rad, admitindo serem os episódios proféticos exemplos de êxtase e experiência de arrebatamento dos sentidos, pergunta se há indícios de alguma "fala extática" nos textos da Bíblia Hebraica: "Ignoramos se, no período mais antigo, esta emoção extática se expressava em palavras articuladas ou se ela se bastava a si mesma para objetivar e provar que o indivíduo havia sido arrebatado pela divindade".[44] Não é possível afirmar tal coisa com segurança, mas em Lucas-Atos a resposta seria "sim", porque nos textos lucanos a

---

[44] VON RAD. *Teologia do Antigo Testamento*, p. 453.

realização dessa coletivização do êxtase profético é marcada por algumas expressões de glossolalia e profecia.

Utilizar o termo "êxtase" não é sinônimo de humanização da experiência do Espírito, mas significa, à luz da antropologia cultural, que as cenas tanto do Novo Testamento como do Antigo não podem ser lidas como manifestações simplesmente literárias ou racionais, mas expressões vivas de ações para além de falas naturais; ou seja, o conceito "êxtase" serve de oposição a qualquer reducionismo racionalista. Com isso, podemos apontar duas coisas: a perspectiva da epistemologia carismático--pentecostal impede leituras naturalistas da Bíblia; e torna-se necessário, a partir do etos e da identidade interpretativa carismático-pentecostais, desenvolver e se apropriar de métodos (traduzindo-os para a teologia pentecostal) que deem conta da perspectiva polissêmica da leitura carismática e do lugar da experiência nesse processo hermenêutico.

Metodologias de interpretação e a experiência do Espírito Santo

Como expomos em capítulos anteriores, se no início dos movimentos pentecostais os fiéis liam a Bíblia de maneira "pragmática" (Stronstad), o mesmo não pode ser dito em relação às décadas posteriores, quando acadêmicos (Fee e outros) se deram ao trabalho de responder à acusação de a leitura pentecostal ser, em suma, perpassada por alegorias imprecisas. É nesse contexto de inserção acadêmica que encontraremos estudiosos pentecostais dialogando com as modernas pesquisas bíblicas, as quais se valiam de ferramentas da exegese tradicional.

Na esteira desse fenômeno, está o importante biblista pentecostal Robert Menzies. Conhecido entre os brasileiros, o doutor pela Universidade de Aberdeen é um exemplo da utilização de métodos críticos na erudição pentecostal. Como sabemos, o método histórico-crítico (MHC) é um conjunto de ferramentas desenvolvido no período da modernidade, sob os auspícios do paradigma do sujeito. Entre essas estão a crítica literária, crítica das formas, crítica da tradição e crítica da redação. Se por um lado o método histórico-crítico era tratado como destruidor da fé e da veracidade ou historicidade das narrativas bíblicas, por outro, alguns

CAPÍTULO 7
| Experiência no Espírito, racionalidade e hermenêutica |

evangélicos utilizavam-no, como já mostramos, de maneira moderada. Consequentemente, nessa perspectiva, mesmo que o uso do MHC levasse à confirmação de que a Bíblia é um conjunto de tradições e fontes redigido teologicamente, ela não perderia o caráter de obra divina e não se esvaziaria da certeza de que seus autores foram instrumentos da ação do Espírito Santo.

Percebemos nitidamente essa predisposição metodológica na obra de Robert Menzies, *Pentecostes: essa história é a nossa história*. Nesse livro, quando se discute a maneira como Joel é utilizado na obra lucana, afirma-se que Atos 2 "mostra sinais de edição cuidadosa por parte de Lucas".[45] Para entendermos o que isso significa, antes é necessário saber que a crítica da redação avalia o processo da produção dos textos bíblicos e pressupõe que esse trabalho foi escrito dentro do escopo redacional pretendido para sua obra. Essa crítica observa a orientação teológica que guia a seleção das fontes e as mudanças realizadas nas tradições recebidas. Temendo ser mal interpretado, R. Menzies faz uma nota de rodapé explicando que, mesmo instrumentalizando-se dessa perspectiva própria do método crítico, ele não pretende desconsiderar a historicidade da Bíblia ou desqualificá-la. Vejamos o que ele diz:

> Quando me refiro à atividade editorial de Lucas, não quero de forma alguma dar a entender que a narrativa de Lucas é historicamente inexata. O que desejo é apenas salientar que, enquanto Lucas escreve história, e história com precisão, ele o faz com o propósito teológico em vista [...]. Embora seja suposição minha de que o trabalho editorial de Lucas reflete com precisão e enfatiza temas dominicais e apostólicos, a questão essencial que procuro responder centraliza-se no conteúdo da mensagem de Lucas. Afinal de contas, é essa mensagem que acredito ser inspirada pelo Espírito Santo e autorizada para a igreja.[46]

Com essa moderação, sob as luzes do evangelicalismo norte-americano, Robert Menzies usou as ferramentas do método crítico e histórico

---

[45] P. 26.
[46] Ibidem.

na leitura de Atos dos Apóstolos. Ele — e o próprio Stronstad — percebeu estratégias redacionais teologicamente articuladas em Lucas-Atos e afirmou que o autor editou tradições anteriores modelando-as em um processo redacional, o que só seria possível afirmar aplicando a crítica da redação. E, por incrível que pareça, foi exatamente esse uso do MHC pelos eruditos pentecostais que possibilitou tratar Atos não como simples descrição do passado, mas história teológica estruturada por padrões literários organizados com objetivos também didáticos. Assim, aumentou-se a ênfase no caráter teológico da narrativa de Atos tornando-a mais do que exposição de acontecimentos do passado, permitindo encontrar na literatura lucana propostas pneumatológicas, eclesiológicas, missiológicas etc. Tanto Paulo quanto Lucas, nesse sentido, são verdadeiros teólogos.

Na obra *Empowered for Witness*, Robert P. Menzies mostra mais uma vez sua dependência das ferramentas histórico-críticas. Em seu importante e refinado livro, ele lerá a pneumatologia de Lucas-Atos em diálogo com a tradição do Judaísmo do Segundo Templo e a vasta literatura apócrifa e pseudepígrafa — como a crítica da tradição do MHC recomenda fazer. Por isso, seu trabalho mapeará os textos da diáspora, Sirácida, a literatura apocalíptica (1Enoque e outros) e a literatura de Qumran (Testamento dos dois Espíritos [1QS]). Ou seja, para descrever o Espírito Santo em Lucas, ele considera as tradições judaicas em uma perspectiva da história da tradição e da história comparada das religiões. Citando especialistas do Judaísmo do Segundo Templo e eruditos do Novo Testamento, como Géza Vermés (1924-2013), Ed Parish Sanders e Jacob Neusner (1932-2016), R. Menzies lerá a experiência do Espírito das comunidades cristãs neotestamentárias a partir do *background* judaico. Ele afirma: "Reconheço que o judaísmo providenciou o contexto conceitual para a reflexão pneumatológica de Lucas, assim como para a igreja primitiva".[47] Ao introduzir algumas das partes do mesmo livro, ele admite o uso de pelo menos duas ferramentas: crítica literária e crítica da redação. Ainda citando R. Menzies: "O estudo que se segue é uma tentativa de reconstruir o papel de Lucas no desenvolvimento da

---

[47] *Empowered for Witness*, p. 94

CAPÍTULO 7
| Experiência no Espírito, racionalidade e hermenêutica |

pneumatologia do cristianismo das origens. A perspectiva da pneumatologia lucana pode ser elucidada através de uma análise da maneira como ele usa e modifica Marcos e Q".[48,49]

Mais à frente, de forma contundente, ele afirmará: "O método de análise empregado é a crítica da redação. Eu examinarei relevantes passagens em Lucas-Atos no esforço de detectar os aspectos da criativa contribuição de Lucas para a tradição concernente à obra do Espírito Santo".[50]

Dessa maneira, na história da hermenêutica pentecostal, percebemos que não há "o" método que seja próprio da sua identidade. Mesmo os pentecostais mais animados com a maneira reformada de ler a Bíblia, os quais, por vezes, citam R. Menzies, não podem se esquecer da presença, em sua forma mais moderada, do "malquisto" método histórico-crítico. Por isso, os métodos históricos (gramatical ou crítico, moderados ou não) são somente parte dos caminhos hermenêuticos da história dos movimentos carismáticos e pentecostais.

Os métodos de interpretação são filhos de seu tempo e encarnam as epistemologias e perspectivas hermenêuticas que lhes cercam. Por exemplo, a exegese moderna usa ferramentas com pressupostos próprios do paradigma da modernidade racionalista. Por isso, pretende anular as influências da experiência do leitor ou da tradição, acreditando acessar direta e objetivamente a intenção pura e original do autor dos textos. Esse "triunfalismo" da razão é o que alimenta o lugar epistemológico desses métodos. Por isso, tais caminhos geraram leituras cessacionistas ou críticas. Já que é assim, por que, então, ao usá-los os pentecostais conseguiram romper com o criticismo liberal e o fundamentalismo cessacionista evangélico? Simples: por conta da experiência pneumático-carismática dos leitores e biblistas pentecostais. Como tem insistido

---

[48] Acredita-se que a chamada "fonte Q" (nome derivado do alemão para fonte, *Quelle*) seja um antigo documento que continha apenas elocuções ou ditos de Jesus e teria sido usado por Mateus e Lucas como fonte informativa (todo material comum a esses dois evangelistas confirmaria a existência de Q). Esse documento hipotético também é designado Documento Q, Evangelho Q e Evangelho dos ditos Q.
[49] *Empowered for Witness*, p. 17.
[50] Ibidem, p. 104.

Stronstad, defensor do método gramatical e crítico moderado, ao falar da melhor leitura de Atos seguida pelos pentecostais, admite que isso acontece principalmente por trazerem pressupostos experienciais válidos para a interpretação de Atos, e não porque fazem uma exegese histórico--gramatical superior do texto lucano.

O que caracteriza a identidade hermenêutica pentecostal não são exatamente os métodos usados em sua história (pragmático, histórico--gramatical ou crítico moderado), mas o pressuposto de interpretação e os seus resultados. Antes de qualquer coisa, a perspectiva da "revivência da experiência" é o que caracteriza a leitura bíblica pentecostal. Isso significa dizer o seguinte: os sinais experienciados nas comunidades cristãs originárias (glossolalia, batismo com o Espírito Santo, profecia, empoderamento do Espírito etc.), especialmente em Atos, são os mesmos das comunidades pentecostais contemporâneas. E, por consequência, como admitem alguns exegetas pentecostais histórico-gramaticais, é exatamente essa experiência que permite ao fiel pentecostal ser capaz de perceber no texto a realidade atual dos carismas. Por isso, defende-se entre carismáticos-pentecostais que a experiência precede a leitura dos textos bíblicos. Sem isso, não será possível compreender a identidade teológica do(s) pentecostalismo(s) e sua hermenêutica.

De outra maneira, os métodos são instrumentos e estão sob a orientação de pressupostos epistemológicos. Mesmo que os biblistas pentecostais leiam a Bíblia de maneira não cessacionista ao aplicar os métodos da modernidade, a perspectiva hermenêutica desses métodos é, antes de qualquer coisa, racionalista e historicista. Tais métodos são devedores do paradigma do sujeito, cujo projeto é eliminar todas as interferências subjetivas e experienciais no processo interpretativo. Logo, uma pergunta precisa ser feita: é possível usar outros caminhos exegéticos que sejam mais adequados à identidade da experiência pentecostal sem ser uma simples alegorização, espiritualização, polissemia infinita ou violação não exegética do texto? Os caminhos indicados por John Christopher Thomas e Kenneth Archer[51] nos capítulos anteriores são tentativas de

---

[51] Confira bibliografia nos capítulos anteriores.

CAPÍTULO 7
| Experiência no Espírito, racionalidade e hermenêutica |

resposta para essa importante questão. A partir do modelo de Atos 15 segue-se a relação dialética entre Espírito, texto e comunidade. Assim, a experiência não somente individual, mas afinada e analisada em comunidade, possibilita iluminar o texto, o qual, por sua vez, serve como fonte para criticar e perscrutar a experiência. Por conseguinte, a experiência é admitida e modela uma leitura não neutra e não racionalista do texto.

Além dessa intuição, várias metodologias podem ser usadas para o acesso ao texto em diálogo com as tradicionais ferramentas já usadas pelos carismáticos e pentecostais da academia. Contudo, essas ferramentas — narratologia, semiótica, as análises literárias, a estética da recepção, a nova retórica, a análise do discurso etc. — podem ser instrumentos que rompam com as perspectivas metodológicas da modernidade sem desqualificá-las ou excluir suas contribuições. Pelo contrário, ajudariam na formulação de perguntas e caminhos interpretativos mais adequados aos horizontes hermenêuticos carismático-pentecostais. Como métodos de interpretação, e mesmo que sejam conhecidos como pós-metafísicos ou "pós-modernos", eles servem para enclausurar os múltiplos sentidos do texto — ou seja, não permitem qualquer interpretação ou não validam propostas não plausíveis — mas, ao mesmo tempo, valorizam ou consideram, desde suas bases epistemológicas, o que é importantíssimo para a hermenêutica e a teologia pentecostais: a não neutralidade da experiência do fiel.

Assim, como Fee e outros utilizaram as ferramentas modernas para resolverem os desafios de sistematização e defesa da fé pentecostal, hoje há outros biblistas pentecostais dialogando com as demandas impostas pela contemporaneidade, a qual tem nos mostrado a derrocada do paradigma no sujeito moderno-iluminista.

Voltando à questão do início dessa parte, durante um tempo (muito presente ainda hoje), sob a égide do paradigma racionalista, acreditava-se na possibilidade da neutralização de pressupostos, anulação dos interesses, como se o leitor pudesse se livrar de suas subjetividades, "desistoricizando-se", desencarnando-se, quando do uso dos métodos científicos no ato de leitura. Esses pressupostos perpassam tanto o método histórico-crítico quanto o histórico-gramatical. Nessa perspectiva interpretativa, a experiência seria um empecilho para a boa interpretação.

De outra maneira, com a descoberta do sujeito descentrado, dos níveis intersubjetivos, com as novas perspectivas dos estudos das linguagens, as novas teorias do texto, ou seja, com tantas transformações paradigmáticas, negar a contribuição do intérprete — seus pressupostos, desejos, história, tradição, horizontes — não parece mais uma escolha razoável. Apenas um ser fora da própria história poderia fazer isso, o que não se aplica à nossa condição. Logo, o intérprete colocará em diálogo "texto e experiência", uma vez que esta sempre precederá, obviamente, àquele. Stronstad afirma que, se por um lado a racionalização do método, isolando-o da experiência, é mecanicismo teórico, por outro a experiência como fim em si mesma também tem seus perigos, especialmente o subjetivismo simplista. Como ele diz:

> Portanto, já que nem a hermenêutica bíblica protestante tradicional nem os pressupostos experienciais pentecostais em si mesmos, independentemente de cada um dos outros, podem levar à melhor compreensão de Lucas-Atos, então cabe a todo intérprete unir, não como em um casamento de parceiros iguais, mas complementares, tanto os pressupostos cognitivos do tradicional protestantismo quanto as pressuposições experienciais do pentecostalismo.[52]

De certa maneira, a constatação está correta, mas a maneira de resolver o problema não é a melhor. Uma vez admitidos os limites das perspectivas racionalistas modernas, o mais apropriado seria o uso de métodos exegeticamente acurados, mas não pertençam a esse paradigma. Ou seja, instrumentos exegéticos que valorizem a experiência, admitam sua presença e deem conta de sua importância; ou, no mínimo, coloque-os em diálogo com perspectivas mais abertas à dinâmica da fé pentecostal e seu etos.

Por fim, seriam erros históricos:

1. Tratar a hermenêutica pentecostal como sinônimo de histórico-gramatical ou histórico-crítico.

---

[52] Pentecostal Experience and Hermeneutics, p. 63.

CAPÍTULO 7
| Experiência no Espírito, racionalidade e hermenêutica |

2. Defender a ideia moderno-racionalista da intenção do autor como a principal preocupação no início do movimento pentecostal — o que também não pode ser afirmado na prática cotidiana das comunidades carismáticas-pentecostais. Mesmo que seja uma afirmação, a intenção do autor na prática pentecostal é mediada pela experiência da presença do Espírito e suas manifestações atuais. Além disso, os primeiros carismáticos e pentecostais, e até hoje percebemos isso nas comunidades locais, usavam o texto de maneira imediata, e sua polissemia era tratada como caminho através do qual ouviam a voz de Deus no dia a dia.

3. Dizer que o uso dos métodos não metafísicos (pós-modernos) é uma defesa à possibilidade de qualquer sentido no texto ou ser relativista (e, para alguns, "liberal"). Esse último ponto mostra que, assim como os modernos traduziram moderadamente os métodos gramaticais e críticos, essas discussões atuais sobre hermenêutica pós-pensamento metafísico podem disponibilizar métodos que auxiliem a prática interpretativa pentecostal sem aceitar totalmente seus pressupostos e ferramentas.

Pensando uma avaliação dos métodos possíveis na exegese carismático-pentecostal, há sempre o risco do historicismo ou do subjetivismo. O primeiro tem duas faces: gramatical-histórica e histórica-crítica. Em relação a este último, o frenesi pela origem leva o exegeta até aos níveis pré-literários, o que poderia simplesmente fragmentar o texto em tradições e fontes, como se ele fosse uma soma de fontes. A crítica da redação, mesmo a moderada, resolve um pouco isso, mas enclausura o texto no passado e na lógica do uso redacional de tradições. Para o gramatical, por outro lado, a perspectiva de acesso direto ao passado para depois aplicá-lo à realidade presente deixa de lado a intransponível realidade da mediação, desconsiderando o pressuposto da experiência.

Para essa discussão, as críticas de Severino Croatto podem ser aplicadas às ferramentas críticas e gramaticais porque denunciam o reducionismo dessas abordagens. Fundamentalmente, o biblista argentino explica que a intenção histórica e explícita do autor não esgota a possibilidade significativa do texto. Do contrário, não haveria interpretação, mas repetição ou explicação. Isso é sumariamente importante para a teologia, pois assim daria mais conta da teologia da vida.[53] Então, para vencer reducionismos historicistas/racionalistas e subjetivismos incontroláveis, Croatto propõe um diálogo entre a semiótica narrativa e as ferramentas exegéticas tradicionais (ele está preocupado com o histórico-crítico, mas isso serve também para o histórico-gramatical). Com isso, o texto, com suas estruturas profundas e narrativas, é colocado no centro das preocupações, tratando-o sempre como coerente, mesmo que seja resultado de outras tradições. Com essa ferramenta (poderíamos citar outras), permite-se descobrir a codificação de um texto e seus mínimos detalhes. Mesmo que aceite a existência de pressupostos, a proposta de Croatto não cairá em subjetivismos ou leituras existencialistas. Por isso, ele defende o papel da exegese e hermenêutica, o que poderia ajudar na formulação de caminhos metodológicos para a hermenêutica pentecostal-carismática:

> Esta aparente oposição (entre a sincronia da linguística [sic] e a diacronia da hermenêutica) se resolve em mútuo enriquecimento e fecundação. A semiótica me dá as chaves de leitura interna do texto; a hermenêutica é o exercício da leitura orientada por aquelas chaves, diminuindo assim o risco de subjetividade, a acusação típica dirigida à hermenêutica. No entanto, a hermenêutica acrescenta algumas chaves — por isso a insuficiência da exclusividade da linguística — controladas, por sua vez, pelas da semiótica. Minha leitura, que sempre é hermenêutica, é mais fecunda e respeita o texto como texto cuja estrutura e competência de produção de sentido foram exploradas previamente pela ciência dos signos.[54]

Os biblistas pentecostais mostraram com clareza a relação entre pressupostos e leitura da Bíblia. Essa afirmação poderia significar subjetivismos e leituras ilimitadas, mas isso é crítica superficial e injusta. Ao

---

[53] Hermenêutica e linguística, p. 216.
[54] Ibidem, p. 217.

CAPÍTULO 7
| Experiência no Espírito, racionalidade e hermenêutica |

mesmo tempo que se admite a pré-compreensão — a experiência do Espírito como antecedente à leitura do texto — não estamos diante de um dado ruim. Pelo contrário, seria um problema para o etos hermenêutico pentecostal a crença na possibilidade de anulação da nossa experiência e na neutralidade, o que eliminaria, por exemplo, a certeza da ação do Espírito na contemporaneidade, cujos resultados são o batismo com poder e a presença de seus dons, o que é, na verdade, o ponto básico da fé carismático-pentecostal. Concomitantemente, os pressupostos da experiência são levados em consideração, e o texto — analisado em suas estratégias literárias inspiradas — poderá ser perscrutado. As teorias semióticas, nesse sentido, diminuiriam os riscos da subjetividade. Após e durante esse trabalho interpretativo — porque não é possível anulá-lo na leitura semiótica do texto — realiza-se a aplicação. Dessa forma, todo o processo é hermenêutico.

Por fim, é preciso enfatizar que não se trata de escolher entre ferramentas que anulem ou não nossa experiência no processo de interpretação, mas ser capaz de utilizar conjuntos metodológicos mais habilidosos para a tarefa interpretativa que leve em consideração a realidade viva da fé e a experiência, que são tópicos indispensáveis da teologia pentecostal. Tanto o crítico quanto o gramatical foram, na história da hermenêutica pentecostal, domesticados pela pressuposição pneumática. Não seriam a semiótica e a narratologia caminhos perspicazes de leitura, os quais respeitam o texto sem deixá-lo à mercê de subjetivismos irresponsáveis, ao mesmo tempo que dão lugar heurístico à experiência carismático-pentecostal? No mínimo, seria fundamental o diálogo entre as ferramentas da modernidade e as pós-críticas/pós-modernas. Isso significaria resgatar o etos da experiência pentecostal, o que daria lugar à vivacidade da afetividade, lidaria com a polissemia do texto e, consequentemente, valorizaria a poderosa presença carismática do Espírito.

Bibliografia

ARCHER, Kenneth J. *Pentecostal Hermeneutic: Spirit, Scripture and Community.* Cleveland: CPT, 2005.

BARRETT, C. K. *A critical and exegetical commentary on the Acts of the Apostles: The international critical commentary on the Holy Scriptures of the Old and New Testaments.* Edinburgh: T & T Clark International, 2004.

BARTOŞ, E. The Three Waves of Spiritual Renewal of the Pentecostal-Charismatic Movement. *Review of Ecumenical Studies Sibiu 7.1 (2015)*, p. 20-42.

BLUMHOFER, L. E. *Restoring the Faith: The Assemblies of God, Pentecostalism, and American Culture.* Urbana: University of Illinois Press, 1993.

COX, Harvey. A Review of 'Pentecostal Spirituality: A Passion for the Kingdom' by Steven J. Land. *Journal of Pentecostal Theology* 2.5 (1994), p. 3-12.

_____. *Fire from Heaven: The Rise of Pentecostal Spirituality and the Reshaping of Religion in the Twenty-first Century.* Reading: Addison-Wesley, 1995.

CROATTO, J. Severino. Hermenêutica e linguística A hermenêutica bíblica à luz da semiótica e frente aos métodos histórico-críticos. *Estudos Teológicos* 3.24 (1984), p. 214-224.

DAYTON, D. *Raízes teológicas do pentecostalismo.* Natal: Carisma, 2018.

ERVIN, Howard. M. Hermeneutics: A Pentecostal option. *Pneuma: The Journal of the Society for Pentecostal Studies* 2 (1981), p. 11-25.

HOLLADAY, W. L.; KOHLER, L. *A concise Hebrew and Aramaic Lexicon of the Old Testament.* Leiden: Brill, 2000.

JOHNS, Jackie D. Pentecostalism and the Postmodern Worldview. *Journal of Pentecostal Theology* 3.7 (1995), p. 73-96.

JOHNS, Jackie D.; JOHNS, Cheryl Bridges. Yielding to the Spirit: A Pentecostal Approach to Group. In: MARTIN, Lee Roy. *Pentecostal Hermeneutic: A Reader.* Leiden: Brill, 2013.

KÄRKKÄINEN, Veli-Matti. "The Leaning Tower of Mission in a Postmodern Land": Ecumenical Reflections on Pentecostal Mission in the After Edinburgh World. *The Journal of the European Pentecostal Theological Association* 2.30 (2010), p. 82-93.

KEENER, Craig S. *Spirit Hermeneutics. Reading Scripture in Light of Pentecost.* Grand Rapids: Eerdmans, 2016.

LAND, Steven J. *A Pentecostal Spirituality: A Passion for the Kingdom.* Sheffield: Sheffield Academic Press, 1993.

LINDBECK, George A. *The Nature of Doctrine: Religion and Theology in a Postliberal Age.* Philadelphia: Westminster, 1984.

MAFFESOLI, Michel. *Elogio da razão sensível.* Petrópolis: Vozes, 1998.

MCGEE, Gary (ed.). *Evidência inicial: Perspectivas históricas e bíblicas sobre a doutrina pentecostal do batismo no Espírito Santo.* Natal: Carisma, 2017.

CAPÍTULO 7
| Experiência no Espírito, racionalidade e hermenêutica |

MENZIES, Robert. *Empowered for Witness: The Spirit in Luke-Acts*. London: T & T Clark International, 2004.

_____. *Pentecostes: Essa história é a nossa história*. Rio de Janeiro: CPAD, 2017.

MENZIES, Wiliam. *Anointed to Serve: The Story of the Assemblies of God*. Springfield: Gospel Publishing House, 1971.

OLIVERIO JR, Louis William. *Theological Hermeneutics in the Classical Pentecostal Tradition: A Typological Account*. Global Pentecostal and Charismatic Studies 12. Leiden: Brill, 2012.

POLOMA, Margaret. M. *The Assemblies of God at the Crossroads: Charisma and Institutional Dilemmas*. Knoxville: The University of Tennessee Press, 1989.

ROBECK JR, Cecil M. *The Azusa Street Mission and Revival: The Birth of the Global Pentecostal Movement*. Nashville: Thomas Nelson, 2006.

ROCHA, Alessandro Rodrigues. *Experiência e discernimento: Recepção da palavra numa cultura pós-moderna*. São Paulo: Fonte, 2010.

SANTOS, Boaventura de Sousa. Um discurso sobre as ciências na transição para uma ciência pós-moderna. *Estudos Avançados* 2.2 (1988), p. 46-71.

SMITH, James K. A. What Hath Cambridge to do with Azusa Street? Radical Orthodoxy and Pentecostal Theology in Conversation. *Pneuma: The Journal of the Society for Pentecostal Studies* 25 (2003), p. 97-114.

STRONSTAD, Roger. Pentecostal Experience and Hermeneutics. In: _____. *Spirit, Scripture and Theology: A Pentecostal Perspective*. Baguio: APTS, 1995.

VON RAD, G. *Teologia do Antigo Testamento*. 2 vols. São Paulo: Aste/Targumm, 2006.

CAPÍTULO 8

O ESPÍRITO E A PALAVRA: AS AUTORIDADES DA MISSÃO PENTECOSTAL
GUTIERRES FERNANDES SIQUEIRA

Os pós-modernos tendem a acreditar que Deus escapa ao palavreado, isto é, ele não pode ser apreendido em ideias, crenças e dogmas porque a linguagem seria a limitação de um ser infinito. Embora a linguagem seja, de fato, limitada e Deus seja maior do que a teologia possa expressar em palavras, no cristianismo a fala circunscrita é legitimada pela experiência do encontro com o Deus vivo. A certeza do profeta bíblico não derivava de sua própria inteligência, mas da confiança plena no fato de que recebera uma mensagem externa a ele. A revelação é advinda pela fé. Jesus é o Verbo, aquele que se fez carne e habitou entre nós e vimos a sua glória (João 1:14). Jesus, portanto, anuncia a Palavra e é a própria Palavra. Da mesma forma, para o apóstolo João, a realidade do fim não deixou de ser real porque ele precisou expressar em símbolos o que era difícil expressar em linguagem corrente. O símbolo também é uma linguagem. João vivenciou um encontro e ouviu do próprio Cristo: "Escreva, pois, as coisas que você viu, tanto as presentes como as que estão por vir" (Apocalipse 1:19; NVI). Deus, que não pode ser limitado pela escrita, determinou a João escrever o que enxergava. Esse fenômeno é chamado na fé cristã de "revelação". A linguagem é e sempre será

CAPÍTULO 8
O Espírito e a Palavra: as autoridades da missão pentecostal

pobre para desenhar a realidade última, mas Deus, mesmo diante dessa fraqueza, se releva a nós na linguagem que podemos aprender. O Verbo que se fez carne nos lembra de que a linguagem é uma espécie de encarnação. Assim como a encarnação não destruiu a divindade de Cristo, verdadeiro Deus e verdadeiro homem, a linguagem teológica sobre Deus é uma encarnação em letras. Certamente essa revelação não é todo o conhecimento que podemos ter de Deus, "porque agora vemos como num espelho, de forma obscura; depois veremos face a face. Agora meu conhecimento é incompleto; depois conhecerei como também sou conhecido" (1Coríntios 13:12; NAA).

Na fé cristã, Deus se revela de diversas formas: sonhos, visões, profecias, glossolalias, intuições e pelas percepções da natureza. Os exemplos bíblicos dessas revelações são variados. Mas Deus está falando em todas as manifestações carismáticas que vemos e ouvimos por aí? A resposta é não, e o nosso instrumento para discernir a voz de Deus ou a voz dos homens é a revelação maior: a Sagrada Escritura. Deus continua falando vocalmente no mundo, mas só saberemos ouvir a sua voz com os fones reguladores da Bíblia. Segundo já ensinava Agostinho de Hipona (354-430), Deus nos deu dois livros: o livro da natureza e a Bíblia, e é a Bíblia que nos ensina a como ler a natureza. Agostinho também afirmava que a Bíblia nos devolve o olhar de contemplação roubado pelo pecado.[1] A Bíblia, vale lembrar, não serve à teologia na condição de *argumentu Scripturae*, típica técnica da escolástica pré-moderna que reduzia o texto bíblico a uma fonte de citações ilustrativas para teses e doutrinas já pré-concebidas, mas, ao contrário, é a alma da teologia. É possível perceber Deus a partir de diversas experiências, mas somente a Escritura nos serve como guia e, acima de tudo, como parâmetro.

A grandeza da Escritura está no fato de nos presentear com a revelação definitiva: Jesus Cristo.

Nestes termos, Jesus Cristo é claramente a palavra suprema de Deus, o revelador por excelência. Tendo "falado" e enviado esse Filho, que "é a expressão" da natureza divina, Deus não pode ter mais nada ou nada

---

[1] LUBAC. *Esegesi Medievale*, p. 220-221. Para os dados completos das obras citadas, veja a "Bibliografia" no final do capítulo.

maior para nos dizer. A qualidade e autoridade absolutas dessa revelação derivam de modo direto da divindade e da posição de Jesus como Filho de Deus.[2]

Linguagem

A realidade não é necessariamente uma invenção da linguagem. Os fatos existem e muitas vezes antecedem à descrição que podemos lhes dar. Por exemplo, por muito tempo os filósofos (e teólogos) modernos acreditaram que a moralidade era uma invenção da linguagem e, por esse motivo, a moralidade seria relativa ao tempo e ao espaço do falante. Hoje, porém, muitos estudos apontam a presença da moralidade em crianças recém-nascidas que ainda não aprenderam a falar.[3] No Éden, o texto bíblico nos diz: "Havendo, pois, o Senhor Deus formado da terra todos os animais do campo e todas as aves dos céus, trouxe-os a Adão, para ver que nome lhes daria; e o nome que ele desse a todos os seres vivos, esse seria o nome deles" (Gênesis 2:19; NAA). No livro dos começos, a criação factual antecedeu a descrição e interpretação dada pelo primeiro homem.

A linguagem é um dos mais belos presentes de Deus concedido ao homem porque permite a vida em comunidade. Deus é trino e, portanto, relacional; assim, a linguagem é formada eternamente na relação entre o Pai, o Filho e o Santo Espírito. Tanto Babel, no Antigo Testamento, como o dia de Pentecoste, no Novo Testamento, ensinam uma verdade uníssona: a linguagem é dom de Deus, um dom gracioso que expande o evangelho e freia os intentos megalomaníacos de uma tirania uniformizante. Não à toa os tiranos são obcecados pelo controle da linguagem.[4] A manifestação do Espírito está ligada à língua:

---

[2] O'COLLINS. *Teologia fundamental*, p. 123.
[3] Exemplos desses estudos podem ser encontrados no livro do psicólogo canadense Paul Bloom: *O que nos faz bons ou maus* (Rio de Janeiro: Editora Best Seller, 2014).
[4] Isso serve para a tirania da correção política, popularmente chamada de "politicamente correto". George Orwell (1903-1950), em sua distopia *1984*, já mostrava muito bem o fascínio do ditador, o Grande Irmão, pela *novilíngua*.

CAPÍTULO 8
| O Espírito e a Palavra: as autoridades da missão pentecostal |

profecias, glossolalias, palavras da sabedoria e da ciência são dons do Espírito; o Espírito que nos impulsiona a testemunhar. O cristão não possui problemas em expressar como doutrina os atributos de Deus não porque acredita deter todo o conhecimento em uma sentença, mas porque sabe que esse Deus é real e pessoal. Ele nos faz experimentar a sua graça imensurável, e está além da nossa inteligência descrevê-la. Assim, anunciar o Senhor em palavras faz todo o sentido quando essas palavras são alimentadas pelo próprio Espírito. Jesus era "poderoso em palavras", mas também era "poderoso em obras" (Lucas 24:19). Essa é a dialética que permite o pentecostalismo ser ao mesmo tempo uma espiritualidade e um *corpus* doutrinário. É o Espírito, o intérprete maior das Escrituras, que nos permite o dogma sem dogmatismo, a espiritualidade sem fanatismo. É o Espírito Santo quem nos ensina a falar não só a Deus (cf. Romanos 8:26), mas também sobre ele: "Mas o Consolador, o Espírito Santo, que o Pai enviará em meu nome, esse ensinará a vocês todas as coisas e fará com que se lembrem de tudo o que eu lhes disse" (João 14:26). O Espírito é quem permitiu que a igreja primitiva anunciasse o evangelho com audácia: "E, tendo eles orado, moveu-se o lugar em que estavam reunidos; e todos foram cheios do Espírito Santo e anunciavam com ousadia a palavra de Deus" (Atos 4:31).

A evangelização: a essência do pentecostalismo

A prática missionária e evangelizadora é a principal marca do pentecostalismo. Mas, ainda assim, há pouco material escrito em português sobre uma "teologia das missões" numa perspectiva pentecostal. É verdade que existe muita reflexão sociológica a respeito do crescimento do pentecostalismo, mas raramente na academia se faz uma reflexão teológica sobre esse tema. Sem querer desprezar as contribuições das ciências humanas, nelas não há espaço para a crença na ação sobrenatural do Espírito Santo, e isso, obviamente, empobrece a nossa perspectiva doutrinária. Graças à ação do Espírito, o pentecostalismo continua crescendo, mesmo no ocidente secularizado. Na África e na Ásia, o pentecostalismo cresce "como um incêndio entre os pobres apreensivos".[5] É bem verdade que esse crescimento já é tão espetacular nos Estados Unidos ou no Brasil, mas continua empolgante em países como Nigéria, China, Quênia, Angola, entre outros. Segundo certa vez escreveu o pastor Antonio Gilberto: "A igreja de Deus, quando dinamizada pelo Espírito Santo, é de fato um organismo vivo, que cresce sempre para a glória de Deus".[6] A marca desse crescimento é a pregação devotada à autoridade da Bíblia. Assim como Pedro faz no primeiro sermão após o derramamento do Espírito, citando o profeta Joel, a evangelização pentecostal é inseparável da imagem clássica de um crente segurando uma Bíblia.

O Espírito Santo, o impulsionador das missões

O fator do crescimento pentecostal está na ênfase em receber poder para o comissionamento missionário. Jesus disse aos discípulos: "Mas recebereis a virtude do Espírito Santo, que há de vir sobre vós; e ser-me-eis testemunhas tanto em Jerusalém como em toda a Judeia e Samaria e até aos confins da terra" (Atos 1:8). Esse é o texto chave da missiologia pentecostal. Lucas usa a palavra grega *dynamis*, que é traduzida como "virtude"[7] e "poder".[8] Essa palavra, além das menções já feitas, significa "força, capacidade, habilidade e vigor". A tradução "virtude" da ARC não é necessariamente arcaica, tendo em vista que um dos significados desse substantivo é a "capacidade de atingir objetivos com grande eficiência".[9] Em essência, o poder do Espírito Santo sobre os discípulos habilitou essa comunidade a desenvolver uma obra extraordinária. Desde o Antigo Testamento (Juízes 14:6,19; 15:14; 1Samuel 10:6-7), o Espírito é associado à capacitação. O batismo no Espírito Santo tem como propósito principal revestir o crente de poder para testemunhar de Cristo.

---

[5] MILLER. Christian Missionary Fervor Rises Again with Moi's Blessing, p. 12.
[6] *Fundamentos da vida cristã*, p. 218.
[7] Almeida Revista e Corrigida.
[8] Almeida Revista e Atualizada, Nova Almeida Atualizada, Nova Tradução na Linguagem de Hoje, Tradução Brasileira, Nova Versão Internacional e Nova Versão Transformadora.
[9] Dicionário Aulete.

CAPÍTULO 8
| O Espírito e a Palavra: as autoridades da missão pentecostal |

A ênfase desse testemunho é Cristo, uma mensagem cristocêntrica.[10] Donald Stamps observa: "O batismo no Espírito Santo outorgará ao crente ousadia e poder celestial para realizar grandes obras em nome de Cristo e ter eficácia no seu testemunho e pregação".[11] Desde cedo os pentecostais entenderam que o batismo no Espírito era movido pelo serviço de Cristo, e não pela experiência em si. Na década de 1950, Emílio Conde (1901-1971), o primeiro teólogo pentecostal brasileiro, já afirmava: "Nas Assembleias de Deus não ensinamos os crentes a buscar os sinais, pois os sinais não são o batismo do Espírito Santo, mas aqueles acompanham este como evidência real de que Deus está operando".[12] George O. Wood, líder pentecostal, aponta: "O batismo no Espírito Santo, como se entendeu em Azusa, não era somente para benefício pessoal; seu propósito central era receber poder. Essa é uma distinção vital porque alguns têm buscado o Espírito pela experiência em si, e não por novos arrojo e competência para ser testemunha de Cristo".[13] Fugir do propósito principal do batismo no Espírito Santo é perigoso e têm levado muitos a uma espiritualidade rasa e histérica. Vale transcrever a observação do professor pentecostal John V. York:

> O batismo no Espírito Santo não deve ser confundido com emocionalismo ou alguma outra reação humana à presença do Espírito Santo.

---

[10] "Para os pentecostais, o derramamento do Espírito Santo por todo mundo é um sinal do fim de uma era de colheita. As missões estão longe de se tornar anacrônicas. De fato, as missões estão ganhando terreno entre muitas das igrejas mais novas nessa era final, a era do Espírito. Embora os pentecostais tenham muitas coisas em comum com outros evangélicos, o movimento pentecostal tem o seu próprio paradigma de missões. [...] Os pentecostais acreditam que o Espírito Santo tem sido derramado sobre a Igreja como um revestimento de poder para o discipulado de Cristo e dos apóstolos. Como vemos, por exemplo, em Atos 1:8, onde Cristo declara que o enchimento com o Espírito Santo aconteceria para que houvesse testemunho dele até aos confins da terra. Os pentecostais encorajam os crentes a serem cheios com o Espírito Santo para que a igreja possa evangelizar o mundo antes do retorno de Cristo. [...] A orientação do movimento pentecostal em essência é cristológica. Para os pentecostais, o poder do Espírito Santo é dado para pregar a Cristo" (YORK. *Missões na era do Espírito Santo*, 154-155).
[11] STAMPS. *Bíblia de Estudo Pentecostal*, p. 1631.
[12] CONDE. *Pentecostes para todos*, p. 28-29.
[13] WOOD. This Pentecostal River, p. 136.

Personalidades humanas são diferentes, e reações aprendidas variam. O que é essencial é a realidade da concessão de poder divino focalizado em testemunho e serviço. Existem aqueles que confundem o pentecostalismo com a exuberância na adoração ou com um comportamento emocional. Ao passo que não seria sábio diminuir o significado das emoções humanas ou da adoração vivaz, esses conceitos não são a essência do pentecostalismo. Seu princípio fundamental é a capacitação sobrenatural de crentes com poder para que possam, em palavras e em obras, adequadamente testemunhar de Cristo às nações do mundo.[14]

A missiologia pentecostal valoriza o papel de cada crente na evangelização, pois todos podem e devem buscar o revestimento de poder para testemunhar de Cristo. A evangelização carismática é baseada em leigos, e não em clérigos. A doutrina do sacerdócio universal mostra a importância do corpo de Cristo (a Igreja) como uma comunidade unida em que cada um mostra o seu serviço em cooperação. A doutrina pentecostal do batismo no Espírito Santo e a doutrina evangélica do sacerdócio universal fazem de cada crente pentecostal um missionário. Veli-Matti Karkkainen aponta o batismo no Espírito Santo como "a principal estratégia de missões" dos pentecostais.[15] Como lembra Loren Triplett (1926-2016): "O pastor pentecostal que não leva a igreja a obedecer mundialmente à grande comissão é, em termos, uma contradição. O pastor pentecostal terá um coração missionário e reconhecerá que recebeu esse coração missionário quando foi batizado com o Espírito Santo. Ser pentecostal é ser missionário".[16]

Espírito Santo, o capacitador

No Evangelho de Lucas, o Espírito desempenha fortemente a capacitação missionária. Em primeiro lugar, o Espírito capacita a Maria: "Descerá sobre ti o Espírito Santo, e a virtude do Altíssimo te cobrirá

---

[14] *Missões na era do Espírito Santo*, p. 195.
[15] Pentecostal Theology of Mission in the Making, p. 169.
[16] Citado por BRITO. Projeto Missionário Pentecostal.

CAPÍTULO 8
| O Espírito e a Palavra: as autoridades da missão pentecostal |

com a sua sombra; pelo que também o Santo, que de ti há de nascer, será chamado Filho de Deus" (1:35). Depois, é Isabel e o seu filho João Batista, o profeta do Senhor, que são cheios do Espírito (1:41), e o mesmo acontece com o seu esposo, o sacerdote Zacarias (1:67). Ou seja, desde antes do nascimento de Cristo, o Espírito estava capacitando parte de sua família para a obra missionária, isto é, o anúncio do Messias, culminando no clímax: o batismo de enchimento do Espírito sobre Jesus (3:21,22). O Espírito Santo escolhe, envia, capacita e direciona os evangelizadores.[17] No livro de Atos dos Apóstolos, escrito pelo mesmo Lucas, observa-se o Espírito Santo agindo em meio à igreja constantemente. O Deus bíblico não é indiferente, conforme aprega o deísmo, mas é um Deus que intervém a todo instante pela providência e pelo poder ativo do Espírito Santo. O Espírito é atuante na implantação do reino de Deus pela proclamação de Cristo. Como lembra o teólogo assembleiano Gordon D. Fee:

> Lucas deixa claro que tanto o próprio Salvador como seus seguidores são capacitados pelo Espírito Santo para a vida e o ministério do reino. Especialmente em seu Evangelho, Lucas destaca o Espírito como o poder para a vida e missão de Jesus; e é pelo mesmo Espírito que ele une seu Evangelho e Atos em termos da contínua proclamação das boas-novas aos pobres — e, assim, até os confins da terra. [...] O reino chegou; e ainda está por vir. Com Jesus, o tempo do futuro, o dia da salvação, foi inaugurado. Mas o fortalecimento foi trabalho do Espírito Santo. O que Jesus começou "tanto a fazer como a dizer" é agora o ministério que ele deixou à sua igreja até que ele volte.[18]

O Espírito de Deus não deixa esse trabalho de implantação do reino ao bel-prazer dos homens. Logo, a igreja que não apaga a atuação do Espírito Santo será um celeiro de evangelismo eficaz e com direção divina. "Precisamos reconhecer que plantar igrejas envolve muito mais do que ter dados demográficos, liderança, conjunto de habilidades, combinação

---

[17] GILBERTO. *Verdades pentecostais*, p. 124.
[18] The Kingdom of God and the Church's Global Mission, p. 48.

de doações, finanças e planejamento certos. Precisamos do Espírito Santo", como pontuou Wood.[19]

Crescimento autóctone

A Assembleia de Deus no Brasil é um caso emblemático e, ao mesmo tempo, prova da tese pentecostal. Essa denominação recebeu poucos missionários estrangeiros, comparado ao contingente que as igrejas históricas mandaram de seus países. Os assembleianos desenvolveram uma missiologia autóctone, ou seja, os próprios pentecostais brasileiros se tornaram missionários e evangelistas imediatamente após a conversão. Além disso, diferente dos luteranos e anglicanos, os primeiros pentecostais abraçaram como missão o falar à cultura brasileira e não se fecharam em pequenas comunidades étnicas. A forma como a Assembleia de Deus no Brasil cresceu mostra na prática de que modo uma hermenêutica orientada pela vivência faz total diferença na estrutura, no crescimento e na consolidação da igreja.

Segundo Luís Wesley de Sousa, erudito metodista e especialista em missiologia, as igrejas que mais cresceram — em sua maioria pentecostais — foram as que menos receberam missionários estrangeiros:

> Intriga-me observar, por exemplo, a desproporção entre o pentecostalismo e o protestantismo de tradição no que tange à presença numérica de missionários estrangeiros em seus quadros ao logo destes 94 anos de existência no Brasil. As igrejas históricas receberam muitos missionários, enquanto o pentecostalismo clássico teve um número ínfimo de missionários, proporcionalmente falando e se comparado com o tamanho do protestantismo de tradição. O fato inédito está em que os grupos que menos cresceram foram justamente os que receberam mais missionários. Em contrapartida, os que menos receberam missionários foram os que mais cresceram.[20]

---

[19] WOOD. The 10 Ts in an Apostolic Church Plant from Acts 19. p. 26.
[20] Entrevista, p. 12.

CAPÍTULO 8
| O Espírito e a Palavra: as autoridades da missão pentecostal |

Não apenas no Brasil, mas em praticamente todo o globo o pentecostalismo se expandiu como um fogo incontrolável, mesmo diante das parcas condições financeiras das primeiras comunidades e igrejas pentecostais.

Uma hermenêutica da ação em narração

A *Harpa cristã*, hinário oficial das Assembleias de Deus no Brasil, tem um lindo hino intitulado "As Santas Escrituras". Essa música expressa em poucas palavras a hermenêutica do pentecostalismo que produz ação evangelizadora. Na última estrofe cantamos:

> Quero continuar ouvindo
> A história do Senhor;
> Salvação estou fruindo
> Deste conto de amor!
> Do juízo fui liberto,
> Da condenação, da dor.
> Pela Bíblia estou bem certo
> Que Jesus é o Salvador.

O compositor afirma desfrutar da salvação a partir de uma narrativa breve e concisa sobre o amor de Deus. Sabemos que a força da história está tanto na autenticidade do narrador quanto na densidade experiencial que a narração provoca.[21] Essa é a essência da hermenêutica pentecostal, uma interpretação que vem das Escrituras e é logo transportada para o testemunho público. É a narração como drama vivo que provoca reações dos ouvintes. O testemunho envolve tanto a proclamação da ação de Jesus no mundo quanto o testemunho da transformação efetuada por Cristo na vida do narrador. Os pentecostais valorizam a narrativa escrita e oral porque é uma forma encarnacional de comunicação.[22]

---

[21] LIBÂNIO; MURAD. *Introdução à teologia*, p. 329.
[22] A importância da narrativa nos estudos bíblicos nasceu especialmente com os teólogos alemães Gerhard von Rad (1901-1971) e Ernst Käsemann (1906-1998) em oposição a Rudolf Karl Bultmann (1884-1976) e Eberhard Jüngel (1934-).

O ato da narrativa tem um caráter evangelizador fortíssimo. Os pentecostais valorizam as histórias das Escrituras, da cristandade e da própria vida pessoal para testemunhar do poder transformador de Cristo. Como diz o teólogo alemão Edmund Arens: "Contar histórias é fundamental para a fé porque, só no ato de contar, a nossa história pode-se vincular à história com a de Deus e de Jesus".[23] Em outras palavras, ao contar o próprio testemunho, o pentecostal se encontra como parte da história da salvação.

Sabemos que a fé cristã é constituída de uma comunidade que conta histórias. Os pentecostais concordam com Michael W. Goheen quando escreve: "A Bíblia é um registro narrativo da missão de Deus em seu povo e por meio dele para o bem do mundo. Ela conta uma história em que a missão é um fio central".[24] Todavia, é perceptível que a "teologia narrativa"[25] do pentecostalismo está casada com a convicção de uma experiência histórica e real. Não é mera estética ou sentimentalismo. "Pela Bíblia estou bem certo", diz o compositor, "que Jesus é o Salvador". A Bíblia traz certezas envoltas em narrativas. O pentecostal, em especial aquele mais vulnerável socialmente, muitas vezes não tem espaço nem tempo para elocuções, especulações e discussões sobre o vazio existencial, nem tem prazer no cultivo da dúvida. Pelo contrário, esse pentecostal está atrás de solidez, e é essa convicção, impulsionada pelo

---

[23] ARENS. "Wer kann die großen Taten des Herrn erzählen?", p. 13-27.
[24] *A missão da igreja hoje*, p. 33.
[25] É necessário distinguir a narrativa como ferramenta hermenêutica, algo tão importante para a teologia pentecostal, da teologia narrativa. Quando falamos em narrativas, o termo pode significar diferentes coisas para diferentes pessoas, especialmente após o advento da pós-modernidade. Por análise narrativa me refiro à afirmação de que as narrativas bíblicas possuem conteúdo teológico e não apenas histórico. Essa afirmação é, apesar de óbvia, não muito destacada na tradição protestante. Lucas, assim como Marcos, Mateus e João pensam a teologia em forma narrativa. Isso não significa que eles inventavam ficções, mas sim que destacavam fatos históricos sobre Jesus e sobre a igreja para defender determinada perspectiva. João, por exemplo, estrutura todo o seu Evangelho para mostrar a divindade de Cristo, enquanto Mateus enfatiza a messianidade judaica de Cristo. Robert P. Menzies lembra como as reações exageradas ao liberalismo teológico no meio evangélico levaram os nossos eruditos a rejeitar Lucas como teólogo, destacando-o apenas como historiador (cf. Mission Spirituality: A Pentecostal Contribution to Spiritual Formation". In: CHAI, Teresa (ed.). *A Theology of The Spirit in Doctrine and Demonstration*. Baguio: APTS, 2014, p. 43).

CAPÍTULO 8
O Espírito e a Palavra: as autoridades da missão pentecostal

mergulho do Espírito, que faz do pentecostal um evangelizador ousado. Sem a autoridade das Escrituras, o pentecostalismo não teria vitalidade missionária. Sem uma hermenêutica voltada à Palavra encharcada pelo Espírito, o pentecostalismo já teria desaparecido como mais um grupo demasiadamente entusiasmado com suas experiências extáticas.

Bibliografia

ARENS, Edmund. "Wer kann die großen Taten des Herrn erzählen?" (Ps 106,2). Die Erzählstruktur christlichen Glaubens in systematischer Perspektive. In: ZERFAß, Rolf (ed.). *Erzählter Glaube — erzählende Kirche*. Freiburg: Herder 1988.
BRITO, Robson. Projeto Missionário Pentecostal. *Revista Manual do Obreiro* 28.33.
CONDE, Emílio. *Pentecostes para todos*. 5 ed. Rio de Janeiro: CPAD, 1951.
FEE, Gordon Donald. The Kingdom of God and the Church's Global Mission. In: DEMPSTER, Murray W.; KLAUS, Byron D.; PETERSEN, Douglas. *Called and Empowered: Global Mission in Pentecostal Perspective*. 2 ed. Grand Rapids: Baker Academic, 2015.
GILBERTO, Antonio. *Fundamentos da vida cristã*. Rio de Janeiro: CPAD, 2019.
_____. *Verdades pentecostais*. Rio de Janeiro: CPAD, 2006.
GOHEEN, Michael W. *A missão da igreja hoje*. Viçosa: Ultimato, 2019.
KÄRKKÄINEN, Veli-Matti. Pentecostal Theology of Mission in the Making. *Journal of Beliefs and Values* 25.2 (2004), p. 167-176.
LIBÂNIO, João Batista; MURAD, Afonso. *Introdução à teologia*. 6 ed. São Paulo: Loyola, 2007.
LUBAC, Henri de. *Esegesi Medievale: I quattro sensi delia Scrittura*. Roma: Paoline, 1962.
MILLER, Edward. Christian Missionary Fervor Rises Again with Moi's Blessing. *The Washington Times* (Washington, DC). 5 de outubro de 2000.
O'COLLINS, Gerald. *Teologia fundamental*. São Paulo: Loyola, 1991.
SOUSA, Luís Wesley de. Entrevista. *Resposta Fiel* 4.11 (2004).
STAMPS, Donald. *Bíblia de Estudo Pentecostal*. Rio de Janeiro: CPAD, 1995.
WOOD, George. This Pentecostal River: Azusa, the Originating Effluence. *Enrichment* 11.2 (2006), p. 128-138. Disponível em: <enrichmentjournal.ag.org/Issues/2006/Spring-2006>. Acesso em: 31 ago. 2020.
_____ The 10 Ts in an Apostolic Church Plant from Acts 19. *Enrichment* 14.4 (2009), p. 24-29. Disponível em: <enrichmentjournal.ag.org/Issues/2009/Fall-2009/The-10-Ts-in-an-Apostolic-Church-Plant-from-Acts-19>. Acesso em: 31 ago. 2020.
YORK, John V. *Missões na era do Espírito Santo*. Rio de Janeiro: CPAD, 2002.

CAPÍTULO **9**

A IDENTIDADE HERMENÊUTICA PENTECOSTAL:
COMO UMA HERMENÊUTICA ANTIMODERNA E UMA ESCATOLOGIA FATALISTA PRODUZIRAM TRANSFORMAÇÃO SOCIAL?
GUTIERRES FERNANDES SIQUEIRA

Levando em conta os ditames e preconceitos elitistas da teologia moderna,[1] o pentecostalismo não poderia apresentar qualquer contribuição à sociedade.[2] Isso porque a teologia

---

[1] Falo "teologia moderna" como sinônimo de teologia liberal clássica (teologia moderna alemã e anglo-saxã) ou teologias da libertação (teologia moderna francesa e latino-americana). Os valores da teologia liberal não estão prioritariamente na tradição judaico-cristã, mas sim numa adequação radical aos valores do Iluminismo.

[2] Veli-Matti Kärkkäinen observa: "Teologicamente, como os temas gêmeos de capacitação do Espírito e fervor escatológico influenciam a compreensão pentecostal da missão? Obviamente, existe o perigo da escatologia remover a preocupação com os desafios de hoje. Especialmente no que diz respeito à preocupação social, os primeiros pentecostais podiam indagar: Por que se preocupar com as injustiças de hoje quando esperamos o amanhecer do novo dia do *eschaton*? Muitos pentecostais trabalharam com essa mentalidade, não há dúvida. No entanto, é surpreendente que, em meio à confiança no poder sobrenatural do Espírito e à expectativa entusiástica do Dia, tanta energia tenha sido dedicada não apenas à evangelização, mas também ao trabalho de melhoria social. Desde o início, os pentecostais investiram dinheiro e energia na construção de escolas, hospitais, orfanatos. Ao priorizar evangelismo e a conversão individual, os pentecostais nunca foram alheios à preocupação social, embora esse mito exista entre observadores externos do pentecostalismo" (Pentecostal Theology of Mission in the Making. p. 170).

e a hermenêutica pentecostal são fortemente marcadas pelo sobrenaturalismo e pelo senso de encantamento. Além disso, a sua escatologia é fatalista e olha o mundo com prazo de validade. Mas, como veremos à frente, mesmo com uma teologia bem conservadora, com alguns traços fundamentalistas, o pentecostalismo conseguiu contribuir com a inclusão de negros e mulheres excluídos da sociedade no interior de suas comunidades. Mais do que muitos progressistas e liberais "esclarecidos", os pentecostais romperam com os pecados estruturais da sociedade pelo poder do Espírito sem negar a realidade do pecado pessoal e sem rejeitar a ideia de um Salvador pessoal. O pentecostalismo conseguiu agir socialmente à frente de seu tempo sem renunciar ao consenso ortodoxo desenvolvido nos dois mil anos de teologia cristã.[3] Os pentecostais não precisaram transformar Jesus Cristo em um mero reformador social para contribuir com os mais necessitados. Jesus continua o mesmo soberano que salva, cura, batiza no Espírito e que breve voltará em glória.

Mas o que seria essa identidade pentecostal? A identidade pertence ao processo de percepção, ou seja, sobre como me percebo e de que modo os outros me percebem. É, em primeiro plano, a consciência da

---

[3] Pouca gente conseguiu resumir com tanta precisão as contribuições sociais do pentecostalismo como o filósofo francês Jean-Paul Willaime: "as igrejas (protestantes históricas) perderam o poder público e deixaram de gerar hierarquias na sociedade. Por outro lado, é nas formas de tipo pentecostal e carismático que o cristianismo retoma seu caráter de ser uma religião de escolha e não de hereditariedade. Trata-se de uma religião de conversão de adultos, de construção de identidades tanto psicológicas como sociais. Isso é fundamental. À medida que o cristianismo perde o poder temporal, o pentecostalismo se revela, por excelência, como um campo da apropriação de si mesmo por parte do indivíduo. Uma religião do gesto, do corpo, um cristianismo que renasce de baixo. [...] O pentecostalismo dá voz direta ao homem 'simples' convertido, acesso direto à linguagem de Deus, revela uma democracia da expressão. Se a teologia da libertação era uma teologia 'para os pobres', o pentecostalismo é uma teologia 'dos pobres'. É claro que isso é ambivalente, tudo em religião é ambivalente. Um erro típico é supor os desdobramentos das religiões como necessariamente produtores de alienação nos indivíduos: às vezes, um fenômeno específico pode operar como agente de autoalienação e, em outras ocasiões, pode ser exatamente o oposto, e uma religião pode ser um profundo operador de autolibertação. Retoma-se a posse da própria vida: o indivíduo para de beber, passa a trabalhar, reconstrói a vida familiar, toma decisões. É evidente que há aí um processo de apropriação de si mesmo. Existem desdobramentos interessantes do ponto de vista político" (O enfraquecimento do protestantismo, p. 280-281).

CAPÍTULO 9
| A identidade hermenêutica pentecostal: |

própria personalidade e pessoalidade. A ideia de identidade envolve inúmeras questões: Quem sou eu? O que caracteriza o meu "eu"? O que me diferencia do outro? A identidade está visivelmente próxima das características individualizantes. Em parte, essas são questões humanas, demasiadamente humanas, que sempre estiveram presentes na história. Por outro lado, o tema da identidade ganhou nova relevância na contemporaneidade. Aliás, pode-se falar em um verdadeiro fascínio pelo *identitário* neste tempo pós-moderno. Não é à toa, pois a busca frenética pela própria identidade está relacionada ao excesso de individualismo.

A chamada "nova esquerda", nascida especialmente após a Segunda Guerra Mundial, é a grande responsável pelo cultivo de "políticas identitárias". No início, entre as décadas de 1950 e 1980, a busca era sobretudo pela igualdade. Cultivava-se a ideia de que todos os seres humanos eram iguais e, portanto, qualquer ato discriminatório deveria ser objeto de repulsa. A partir do final da década de 1980, a nova esquerda mudou o discurso e, mais do que igualdade, passou a buscar uma reafirmação da própria identidade. Segundo seus ideólogos, as chamadas "minorias" precisavam de "empoderamento" e de orgulho sobre a sua própria marca para enfrentar toda sorte de "oposição" e "opressão". Nos cânones da nova esquerda, agora não basta a tolerância e o convívio pacífico entre os diferentes; é necessário mais do que tolerar: é necessário aceitar. O lema é: "Aceite-me como sou!". Evidentemente, essa imposição pela aceitação unilateral se dá em um ciclo vicioso de reafirmação constante sobre a sua própria identidade. Paradoxalmente, quanto mais se busca uma aceitação coletiva, mais o homem pós-moderno realça a sua individualidade.[4]

Percebe-se um mal-estar, sobretudo após o advento das redes sociais, de que vivemos tempos de forte polarização político-ideológica e de tribalismos diversos, embora, é claro, tal percepção seja difícil de medir

---

[4] Para uma crítica progressista às políticas identitárias da nova esquerda, veja LILLA, Mark. *O progressista de ontem e o do amanhã: Desafios da democracia liberal no mundo pós-políticas identitárias*. São Paulo: Companhia das Letras, 2018. Para uma crítica conservadora ao mesmo grupo, veja SCRUTON, Roger. *Tolos, fraudes e militantes: Pensadores da nova esquerda*. Rio de Janeiro: Record, 2018.

cientificamente. A confusão de fluidez, relativismo e desprezo pelo dogma foi tão grande no passado recente que hoje há uma reação no outro extremo. Aparentemente, enquanto intelectuais seculares ainda estão na era da desconstrução, a nova geração, enfadada com a falta de base, busca novos meios de segurança. Ao contrário das previsões do início do século passado, que indicavam a morte da religião, ela voltou a crescer. O cristianismo continua crescente no sul global, e novas seitas nascem todos os dias, mesmo em sociedades bastante secularizadas.

É nesse caldeirão de individualismo e tribalismo que muitos cristãos passaram a buscar a sua identidade teológica. Com as redes sociais, há hoje o renascimento do orgulho denominacional e doutrinário. E é também nesse contexto que o novo calvinismo[5] nasceu e cresceu. Hoje muitos jovens pentecostais são atraídos pelo NC porque encontram nele mais firmeza doutrinária do que em suas comunidades pentecostais. Cansados de mensagens de autoajuda e de pregações sem conteúdo sólido, esses jovens foram em busca de certezas e segurança. Tudo isso nada mais é do que a busca de identidade.

Mas diante de nós nasce uma riquíssima oportunidade. Vivemos um tempo propício para a busca da nossa própria identidade. Sem cair nos erros do tribalismo e da frouxidão, podemos entender quem somos e saber qual é o nosso papel na igreja brasileira, assim como no

---

[5] O "novo calvinismo" (NC) é um movimento espontâneo nascido nos Estados Unidos há vinte anos. Especialmente através da Internet, ele espalhou a doutrina tulipiana do calvinismo pela igreja evangélica norte-americana, afetando também o Brasil. O NC nasceu entre pregadores performáticos que souberam lidar muito bem com mídias sociais, grandes eventos, marketing de ponta e maravilhosos websites. Eles estavam ensinando em linguagem acessível sobre as "antigas doutrinas da graça", que é a forma sectária como chamam o seu *corpus* doutrinário (ou seja, quem não é calvinista não conhece a teologia da graça?). No contexto norte-americano, o NC é conhecido como "Movimento Jovem, Inquieto e Reformado" (YRR, sigla em inglês). Alguns dos principais expoentes dessa onda são os pastores Mark Driscoll, John Piper, Mark Dever, Kevin DeYoung, C. J. Mahaney, entre outros. Não deve ser confundido com o "neocalvinismo", que é um movimento mais antigo e ligado à tradição reformada holandesa. O neocalvinismo tem um enfoque mais cultural e chama a si mesmo de tradição reformacional. O fundador desse movimento foi o político e pastor holandês Abraham Kuyper (1837-1920). Para uma crítica teológica ao movimento, veja FISCHER, Austin. *Jovem, incansável, não mais Reformado*. Maceió: Sal Cultural, 2015.

CAPÍTULO 9
| A identidade hermenêutica pentecostal: |

cristianismo e no mundo. O pentecostalismo é uma rica tradição cristã que não apenas pode aprender com outras tradições mais antigas, mas pode também contribuir com o universo cristão. Portanto, qual seria a identidade pentecostal?

Pentecostalismo e evangelicalismo

Há uma tendência entre estudiosos pentecostais de divorciar o pentecostalismo do movimento evangelical.[6] Segundo alguns autores, o compromisso dos evangelicais com a inerrância da Bíblia é prejudicial aos pentecostais.[7] Agora, qual seria objetivamente esse prejuízo ninguém responde ao certo. Como já dito, o pentecostalismo nasceu com a firme convicção de que a Bíblia é inspirada, inerrante e infalível, ainda que não se usassem esses termos popularizados a partir da *Declaração de Chicago sobre a inerrância da Bíblia* de 1978. Pelo menos neste ponto, os pentecostais se aproximam dos fundamentalistas.[8] Todavia, diferente do

---

[6] O "Pacto de Lausanne", fruto do Congresso de Lausanne (Suíça) em 1974, é um retrato preciso do evangelicalismo em sua melhor forma, a saber, sem os entraves do fundamentalismo e as loucuras do liberalismo. O documento despertou o cristianismo protestante para a missão evangelizadora que abrange aspectos sociais e culturais. Além disso, foi uma bela demonstração de unidade entre os evangélicos do mundo todo. O congresso contou com os gigantes Billy Graham e John Stott como incentivadores. A Casa Publicadora das Assembleias de Deus (CPAD) foi quem publicou o Pacto de Lausanne no Brasil pela primeira vez. A iniciativa partiu do pastor assembleiano Lawrence Olson (1910-1993). Olson, um entusiasta da educação teológica e do uso da mídia para a proclamação do evangelho, também cultivava um carinho especial pela ideia de uma missão abrangente. O pentecostalismo brasileiro, em suas expressões clássicas, sempre se viu como parte do evangelicalismo mundial. Apenas as alas mais fundamentalistas do protestantismo tentam desdenhar o pentecostalismo como um parasita da fé protestante. O bispo anglicano Robinson Cavalcanti (1944-2012) costumava lembrar com gratidão a importância do gesto de Olson.
[7] CASTELO. *Pentecostalism as a Christian Mystical Tradition*, p. 115. Para os dados completos das obras citadas, veja a "Bibliografia" no final do capítulo.
[8] É necessário dizer que a inerrância bíblica não foi inventada pelos fundamentalistas protestantes, apenas articulada em forma de dogma e enfatizada por eles. De forma difusa, essa crença sempre esteve presente no cristianismo histórico. Na carta encíclica *Providentissimus Deus: Sobre o estudo da Sagrada Escritura*, publicada pelo Papa Leão XIII em 18 de novembro de 1893, já temos uma conceituação clara de inerrância. Ele diz: "E, na verdade, foram escritos sob a inspiração do Espírito Santo todos os livros que a Igreja recebeu como

fundamentalismo, no pentecostalismo a Bíblia não é apenas uma fonte de doutrinas, mas de uma vida mística com Deus, isto é, a própria voz do Altíssimo. O pentecostal crê literalmente que a Bíblia foi escrita para ele e para a sua comunidade. Essa convicção, algumas vezes apelidada de forma jocosa de bibliolatria,[9] não impediu orações por cura, batismos no Espírito, oração em línguas e expulsão de demônios. A própria crença nos milagres dá suporte à bibliologia evangélica dos pentecostais. Ora, se Deus opera maravilhas, por que ele não poderia eximir a Bíblia de erros? O raciocínio é simples, mas lógico. O primeiro presidente do Concílio Geral das Assembleias de Deus norte-americana, o pastor Eudorus N. Bell (1866-1923), proferiu a seguinte resolução na reunião de fundação da denominação:

---

sagrados e canônicos, com todas as suas partes; ora, é impossível que na inspiração divina haja erro, visto como a mesma inspiração só por si não somente exclui todo o erro, senão também que o exclui tão necessariamente quanto necessariamente repugna que Deus, Verdade suma, seja autor de erro algum". Outro exemplo é declaração do documento *Dei Verbum*, produzido no Concílio Vaticano II (1962-1965) pela Igreja Católica Romana: "E assim, *como tudo* quanto afirmam os autores inspirados ou hagiógrafos deve ser tido como afirmado pelo Espírito Santo, por isso mesmo se deve acreditar que os livros da Escritura ensinam com certeza, fielmente e *sem erro* a verdade que Deus, para nossa salvação, quis que fosse consignada nas sagradas Letras" (grifos meus). Observe que a frase não diz respeito apenas à doutrina da infalibilidade bíblica, ou seja, que a Bíblia está isenta de erros em matéria de fé, mas que "como tudo quando afirmam os autores inspirados".

[9] O termo mais adequado para criticar leituras superficiais da Bíblia é o que o teólogo Michael Bird chama de *biblicismo*: "O biblicismo é uma abordagem que considera a Bíblia como a fonte exclusiva para a formulação de crenças e práticas cristãs, com a rejeição explícita da necessidade de antecedentes históricos, reunindo sabedoria de uma tradição mais ampla, reconhecendo a influência da localização cultural de cada um e obtendo percepções a partir de perspectivas fora do grupo, mesmo que inconscientemente substitua os antecedentes históricos por figuras históricas reverenciadas, ensaiando sua própria tradição, reificando certos valores culturais e reforçando as fronteiras dentro do grupo" (What is Biblicism? *Patheos*. Disponível em: <www.patheos.com/blogs/euangelion/2020/08/what-is-biblicism/>. Acesso em: 6 set. 2020.). Abordo esse assunto no meu livro *Revestidos de Poder*: "o mundo evangélico estrutura suas crenças em generalidades e ambiguidades. E a Bíblia, assim, torna-se um quebra-galho de autoafirmações baseadas em crenças sociais e tradicionais. No púlpito evangélico, a Bíblia é muito pregada, porém pouco interpretada; é muito brandida, porém pouco lida. O livro é lido no culto apenas como um pontapé para a mensagem, que vem a partir do próprio pregador, e não do texto referido. Ou, como diz (Ellen) Rosenberg, a Bíblia é apenas um talismã" (p. 138).

CAPÍTULO 9
A identidade hermenêutica pentecostal:

Essas Assembleias opõem-se a toda alta crítica radical da Bíblia, a todo o modernismo, a toda a incredulidade na igreja e à filiação a ela de pessoas não salvas, cheias de pecado e de mundanismo; e acreditam em todas as verdades bíblicas genuínas sustentadas por todas as igrejas verdadeiramente evangélicas.[10]

É interessante observar nas palavras de Bell o seu forte comprometimento evangélico. Isso não indica que os pentecostais não tenham ênfases diferentes (e complementares) à leitura da Bíblia em relação aos demais evangélicos, mas certamente que essa diferença não está centrada na doutrina da inerrância. É também estranho desenhar a doutrina da inerrância como racionalista porque ela substancialmente depende de um ato de fé *a priori*. Quem mais lutou contra a inerrância das Escrituras é quem pode ser chamado de racionalista, em especial os adeptos entusiasmados do método histórico-crítico que acreditaram numa era da objetividade e da pureza exegética "diante do dogmatismo".[11] A ênfase pentecostal na experiência, não como julgadora das Escrituras, mas como vivência influenciada pela narrativa bíblica, mais ajuda do que atrapalha na convicção de que um livro antigo do Médio Oriente é a própria Palavra de Deus. A minha impressão é que os eruditos que defendem a separação do pentecostalismo do movimento evangelical estão defendendo apenas a própria agenda, e não a agenda histórica do movimento pentecostal.

Inicialmente com o nome *Declaração de verdades*, as Assembleias de Deus nos Estados Unidos (AD-EUA) prepararam a sua declaração de fé ainda em 1916, ou seja, apenas dois anos após a fundação oficial da denominação. No Concílio Geral da AD-EUA, em 1961, foi aprovado o

---

[10] HORTON. *Teologia sistemática*, p. 21.
[11] Para uma bela crítica a essa ingenuidade e falsa promessa de "isenção diante do dogmatismo" do método crítico, veja o artigo "Biblical Interpretation in Conflict: On the Foundations and the Itinerary of Exegesis Today" de Joseph Ratzinger em: GRANADOS, José; GRANADOS, Carlos; SÁNCHEZ-NAVARRO, Luis (eds.). *Opening Up the Scriptures: Joseph Ratzinger and the Foundations of Biblical Interpretation*. Grand Rapids: Eerdmans, 2008, p. 1-29.

atual documento *Declaração das verdades fundamentais* com 16 pontos. A única diferença entre os dois papéis estava na expressão "inteira santificação", que, ao ser excluída na nova declaração de 1961, retirava da doutrina assembleiana a influência wesleyana.[12] Desde cedo, a AD-EUA teve forte preocupação doutrinária. Isso porque no seu começo alguns grupos defendiam doutrinas não trinitárias e pregavam um *restauracionismo* além dos limites da ortodoxia. Outro debate importante na época girou em torno da santificação — em que a visão próxima da tradição reformada do evangelista William Howard Durham (1873-1912) sobre a "obra consumada no Calvário" acabou prevalecendo em relação à santificação como "segunda obra da graça" de Charles Fox Parham (1873-1929) e William Seymour (1870-1922), ambos de origem no movimento da santidade que, por outro lado, teve decisiva influência da doutrina da "perfeição cristã" de John Wesley. Ao contrário da irmã norte-americana, a Assembleia de Deus no Brasil só nos anos 2000 determinou a criação de sua própria *Declaração de fé*, mas o debate não é recente. Desde a década de 1960, pastores mais esclarecidos, como o próprio Alcebíades Vasconcelos (1914-1988), alertavam sobre a necessidade de oficialização doutrinária. E, é claro, tais pastores sofreram a oposição daqueles líderes que temiam o *tradicionalismo* nas Assembleias de Deus.

A Bíblia e o tratado científico

Em 14 de junho de 2009, o jornal *Folha de S.Paulo* publicou no *Caderno Mais* uma longa entrevista com o padre norte-americano George Coyne — o primeiro líder religioso a receber o prêmio Van Biesbroeck, importante reconhecimento acadêmico da Associação Americana de Astronomia. A entrevista tratou sobre o velho dilema da fé *versus* ciência e a possível convergência entre esses dois tipos de conhecimento. Em uma das respostas, Coyne fez um *insight* hermenêutico importante:

---

[12] Sobre as raízes reformadas do pentecostalismo, especialmente sobre as Assembleias de Deus, veja MENZIES, William. The Reformed Roots of Pentecostalism. *PentecoStudies* 6.2 (2007), p. 78–99.

CAPÍTULO 9
| A identidade hermenêutica pentecostal: |

Uma grande realização dentro da igreja foi a encíclica "Providentissimus Deus", de Leão 13, que começou a ensinar aquilo que a igreja defende hoje: você deve interpretar as Escrituras de acordo com a técnica literária. Você não pode interpretá-las literalmente. E, além disso: não há nenhuma ciência nas Escrituras. As Escrituras começaram a ser compostas por volta de 5.000 a.C., com o patriarca Abraão, até cerca de 200 d.C., mais ou menos. A ciência moderna começou a existir entre os séculos 16 e 17. Como poderia haver alguma ciência nas Escrituras? Há uma separação de pelo menos 1.500 anos entre a redação final das Escrituras e a ciência moderna. Então, não há nenhuma ciência nas Escrituras. Zero. E qualquer um que quiser usar as Escrituras de modo científico incorrerá em erros.[13]

Coyne está certíssimo quando fala que a Bíblia precisa ser interpretada segundo sua linguagem literária. Por exemplo, um salmo precisa ser interpretado como poesia, e um livro proverbial necessita ser lido como um conjunto de escritos de sabedoria, assim como um livro histórico precisa ser interpretado como um livro de história da antiguidade, que difere da história moderna. Acreditamos que a Bíblia conta histórias literais, mas, ao mesmo tempo, trabalha com parábolas, imagens diversas, metáforas inúmeras e figuras de linguagem que, é claro, não podem ser levadas exatamente ao pé da letra. Quem leva uma linguagem metafórica na literalidade pode ter problemas (cf. João 3:1-6). Não só o estilo precisa ser conhecido, mas também a sua formação histórica. É preciso ficar claro na mente do cristão que a Bíblia possui vários estilos (histórias, poesias, provérbios, metáforas, tratados, cartas pessoais, cartas comunitárias e literatura apocalíptica). Cada um desses deve ser analisado em toda a sua estrutura.

E o que isso tem a ver com a identidade pentecostal? Os pentecostais, justamente pela ênfase da experiência, lidam com o mundo ao seu redor de maneira encantada, contrariando o secularismo, e, sendo assim, passam a ler a Bíblia de maneira mais lúdica e menos tecnicista. A Bíblia

---

[13] GARCIA. E, no entanto, se move, p. 4-5.

não é um livro de técnicas, de ciência de laboratório, mas é a voz do Espírito em letras. Assim, diferente de outros grupos protestantes, o pentecostalismo se tornou mais sensível ao caráter literário da Bíblia, dando um grande valor às narrativas contidas no texto sagrado. Na condição de cristãos menos racionalistas, os pentecostais percebam melhor que a Bíblia não foi construída como uma grande teologia sistemática, mas como uma história de dramas, encantos e muita emoção. Sobre isso, o teólogo australiano Michael Bird observa:

> Alguns teólogos têm bebido no poço do racionalismo e prosseguem na tarefa teológica como se Deus, por loucura ou fraqueza, nos desse por engano a revelação na massa mais confusa dos gêneros: códigos da lei, narrativas, profecias, provérbios, evangelhos, epístolas e um apocalipse. Nossa tarefa é navegar por essa infeliz circunstância, traduzindo essa revelação ao longo de vários gêneros em declarações proposicionais de verdades a serem acreditadas. No entanto, uma teologia evangélica deve levar em conta não apenas o conteúdo proposicional do *que* Deus diz nas Escrituras, mas também *como* Deus se revelou nas Escrituras. Em outras palavras, o conteúdo e o gênero da revelação são igualmente importantes em nossa análise da teologia. Um conteúdo proposicional à teologia segue a natureza do evangelho, já que se baseia no testemunho apostólico do que eles "viram e ouviram", no qual se afirma a verdade sobre Jesus e Deus (Atos 4:20; 1João 1:1-3). Mas não são apenas os fatos e as proposições que devem manter nossa atenção. O objetivo da nossa instrução é conhecer melhor a Deus, o que envolve renovar o coração e transformar a mente em conformidade com Cristo.[14]

O respeitado exegeta pentecostal Gordon D. Fee chama nossa atenção quanto aos chamados "gêneros bíblicos". Ele afirma:

> Um dos aspectos mais importantes do lado humano da Bíblia é que Deus, para comunicar a Sua Palavra para todas as condições humanas, escolheu fazer uso de quase todo tipo de comunicação disponível: a

---

[14] *Evangelical Theology*, p 118.

CAPÍTULO 9
| A identidade hermenêutica pentecostal: |

história em narrativa, as genealogias, as crônicas, leis de todos os tipos, poesia de todos os tipos, provérbios, oráculos proféticos, enigmas, drama, esboços biográficos, parábolas, sermões e apocalipses... Para interpretar corretamente o "lá e então" dos textos bíblicos, não somente se deve saber algumas regras gerais que se aplicam a todas as palavras da Bíblia, como também se deve aprender as regras especiais que se aplicam a cada uma destas formas literárias (gêneros).[15]

George Coyne também está certo quando afirma que a Bíblia não é um livro de ciências. Esse não foi o propósito das Escrituras. A Bíblia é um conjunto de 66 livros que traz revelação suficiente à nossa salvação, mas a Bíblia não produz fórmulas matemáticas, biologia molecular ou ciência da computação. O apóstolo Paulo deixa bem claro o propósito real das Sagradas Escrituras: "Toda a Escritura é inspirada por Deus e útil para o ensino, para a repreensão, para a correção, para a educação na justiça, a fim de que o homem de Deus seja perfeito e perfeitamente habilitado para toda boa obra" (2Timóteo 3:16-17). Não só a Bíblia não pode produzir ciência de laboratório, como também não pode ser julgada segundo seus critérios científicos. Retirar da Bíblia os milagres, por exemplo, porque eles não se encaixam numa forma filosófica de ver a vida não apenas desdenha do texto como ingenuamente reduz todo o conhecimento antigo, acumulado em séculos, segundo uma visão contemporânea de ciência. Um conhecimento não precisa substituir o outro. E, penso, é assim que os pentecostais devem olhar o conhecimento bíblico acumulado antes deles, a saber, não como algo a ser contrariado, mas a ser complementado.

Parafuso hermenêutico: por que os pentecostais foram conquistados pelos dispensacionalistas?

Historicamente, a marca primitiva do dispensacionalismo não era apenas a crença escatológica minimalista, mas a forte oposição ao

---

[15] FEE; STUART. *Entendes o que lês?*, p. 19.

pentecostalismo. Cyrus Ingerson Scofield (1843-1921) foi um teólogo norte-americano e autor da famosa *Bíblia de referência Scofield*, obra que ajudou a popularizar o dispensacionalismo escatológico entre os evangélicos, incluindo os pentecostais. Não é curioso que Scofield, um ferrenho anticarismático, tenha feito sucesso entre nós? Isso mesmo, a Bíblia de estudo mais popular entre os pentecostais era justamente escrita por um antipentecostal. A mesma coisa se dá hoje: é curioso que John MacArthur Jr., um antipentecostal, seja referência escatológica para muitos pentecostais.

Todavia, a relação entre essa obra e os pentecostais nem sempre foi passiva e pacífica. A Comissão Executiva da Casa Publicadora das Assembleias de Deus nos Estados Unidos proibiu a propaganda da *Bíblia de referência Scofield* na revista *Pentecostal Evangel* entre os anos de 1924 e 1926, mas a mesma comissão voltou atrás e permitiu a divulgação da Bíblia por achar que os "comentários edificantes pesavam mais do que as notas antipentecostais".[16] O pastor Frank M. Boyd (1883-1984), importante teólogo assembleiano, era um entusiasta da obra de Scofield, assim como o missionário norte-americano Nels Lawrence Olson (1910-1993), que por muitos anos viveu no Brasil e ajudou a Assembleia de Deus local. A *Bíblia explicada* (CPAD), a primeira de estudo entre pentecostais brasileiros, em muito dependia de Scofield, assim como a controvertida *Bíblia de estudo Dake*, outra pioneira entre os carismáticos na América do Norte.

A pergunta é: Por que os pentecostais ficaram atraídos por uma obra escrita por um antipentecostal? A resposta está no *restauracionismo* do dispensacionalismo clássico, aliás, da própria efervescência milenarista do século XIX. O restauracionismo "era um esforço para a volta das práticas da igreja primitiva".[17] Embora o restauracionismo seja uma marca presente entre Testemunhas de Jeová, mormonismo e adventismo, essa crença permeou muitos pentecostais que se viam como parte do último grande avivamento antes da *parousía* (vinda) de

---

[16] HORTON. *Teologia sistemática*, p. 23.
[17] OLIVEIRA, J. *Breve história do movimento pentecostal*, p. 31.

CAPÍTULO 9
| A identidade hermenêutica pentecostal: |

Cristo. A expectativa da iminência no dispensacionalismo combinava muito bem com essa crença.

Charles Fox Parham, um importante pioneiro do movimento pentecostal, chegou a abraçar o israelismo britânico, uma crença um tanto bizarra segundo a qual o Império Britânico era o novo Israel, ou melhor, era a descendência direta das antigas tribos do norte de Israel. Essa crença lembra um pouco a própria escatologia do mormonismo. No entanto, essa doutrina de Parhman entrava em choque diretamente com a expectativa universalista de William Seymour que, em um primeiro momento, via na *xenolalia* a marca para a evangelização mundial e a agregação dos povos em um só. Outros pentecostais se viam como a chuva serôdia do texto escatológico do profeta Joel. A própria crença no batismo no Espírito Santo como capacitação de poder para o evangelismo (Atos 1:8) com vistas à evangelização mundial até o fim (Mateus 24:14) reforçava tal ideia.

Mas cabe lembrar o seguinte: o restauracionismo não ficou restrito aos sectários e carismáticos. O pastor presbiteriano Arthur T. Pierson (1837-1911), que substitui o batista Charles Spurgeon no Metropolitan Tabernacle, chegou a criar um método de cálculos proféticos que previa uma grande crise mundial entre 1880 a 1920. A escatologia de Pierson foi influenciada pelo restauracionista e clérigo anglicano John Nelson Darby (1800-1882). Pierson era consultor da *Bíblia de referência Scofield* e amigo do grande evangelista Dwight L. Moody (1837-1899).

Outro ponto importante de contato entre o dispensacionalismo e o pentecostalismo era o antidenominacionalismo, expresso sobretudo nos Irmãos de Plymouth. A visão sombria sobre a história da igreja corrompida institucionalmente corresponde à ideia de restauração por meio de um avivamento do Espírito. O antidenominacionalismo serve como pontapé para outras teologias populares no meio carismático: a visão negativa da liturgia, o anticlericalismo, o anti-intelectualismo etc.

Agora, é importante mencionar que o dispensacionalismo não é a crença primitiva do pentecostalismo como um todo. Os primeiros pentecostais, de origem metodista, eram pós-milenistas. O teólogo Stanley M. Horton, por exemplo, mostra que o dispensacionalismo foi uma influência posterior nas Assembleias de Deus, especialmente feita por Boyd, como mencionado anteriormente.[18] O mesmo pode ser dito do Brasil, onde a onda dispensacionalista no meio assembleiano é acentuada de modo especial na década de 1970 e 1980 com os ensinamentos de nomes do quilate de Lawrence Olson (1910-1993), Abraão de Almeida (1939-) e Antonio Gilberto (1927-2018). Chama a atenção uma leitura atenta do livro *Conhecendo as doutrinas da Bíblia*, de Myer Pearlman (1898-1943), considerada a primeira sistemática do pentecostalismo clássico, na qual o capítulo sobre escatologia não tem nenhum traço de dispensacionalismo.

Gerald T. Sheppard (1946-), outro teólogo pentecostal, também discorda de uma associação automática na história e na teologia do pentecostalismo com o dispensacionalismo. Sheppard chega a mencionar no artigo *Pentecostals and the Hermeneutics of Dispensationalism: The Anatomy of an Uneasy Relationship* [Pentecostais e a hermenêutica do dispensacionalismo: a anatomia de uma relação difícil][19] que teologicamente o dispensacionalismo contradiz o pentecostalismo e vice-versa. Enquanto os pentecostais olham para a igreja com um otimismo avivalístico e de expansão, os dispensacionalistas tendem à crença de que o "mundo e a igreja vão de mal a pior".

O assembleianismo norte-americano, ao contrário do brasileiro, tem se distanciado gradativamente do dispensacionalismo clássico. Um exemplo é a obra do teólogo Melvin Lyle Hodges (1909-1988), que enfatizou em seu trabalho sobre missões o aspecto do reino de Deus como simbólico da transformação interior do crente. Embora pré-milenista, o teólogo Stanley Horton (1916-2014) também é outro nome que não tomou o dispensacionalismo como diretriz escatológica.[20] Outros nomes mais jovens — a exemplo de Frank Macchia e Amos Yong[21] — também estão distantes do dispensacionalismo, embora, oficialmente, a

---

[18] HORTON. *Avivamento pentecostal*, p. 39-40.
[19] P. 7.
[20] LEWIS. Reflections of a Hundred Years of Pentecostal Theology.
[21] MACCHIA. Pentecostal and Charismatic Theology, p. 280-294; VONDEY; MITTELSTADT. *The Theology of Amos Yong and the New Face of Pentecostal Scholarship*, p. 127.

denominação continue com a marca dessa escatologia. Outros pensadores pentecostais e carismáticos, como Craig Keener e Michael Brown, rejeitam o dispensacionalismo como um grande erro.[22]

Embora popular entre os pentecostais, o dispensacionalismo é mais uma influência externa, especialmente no casamento entre fundamentalismo e pentecostalismo na segunda geração dos pastores pentecostais. Esse é o mesmo fundamentalismo que afastou as mulheres dos púlpitos carismáticos e lhes delegou funções como professoras de crianças ou regentes musicais. Antes, vale lembrar, o papel feminino era tão intenso quanto o masculino. Em ambos os casos é mais uma imposição histórica do que necessariamente uma característica primitiva e dependente. Nem o dispensacionalismo depende do pentecostalismo nem o pentecostalismo depende do dispensacionalismo, ainda que hoje sejam "unha e carne".

Iminência e dispensacionalismo

"Breve virá, breve virá, breve Jesus voltará!". Como pentecostal, incontáveis vezes cantei o hino congregacional "Jesus Voltará" da *Harpa cristã*. Essa mensagem de orientação escatológica é um traço marcante da espiritualidade pentecostal. A crença na iminência da volta de Cristo marca o pentecostalismo com a mesma intensidade do seu anseio pelo batismo no Espírito Santo. O nome técnico dessa expectativa escatológica é "apocalipsismo". O teólogo alemão Ernst Käsemann (1906-1998) dizia que o "apocalipsismo é a mãe de toda a teologia cristã".[23] Embora Käsemann pensasse o conceito em termos mais políticos, o seu pensamento faz sentido para o pentecostalismo. O senso da iminência da volta de Cristo — inegavelmente maior no dispensacionalismo do que em outras correntes escatológicas — ajudou no impulso evangelizador dos pentecostais. Além disso, esse senso de iminência escatológica é

---

[22] Como exemplo, veja BROWN, Michael L.; KEENER, Craig. *Not Afraid of the Antichrist: Why We Don't Believe in a Pre-Tribulation Rapture* (Grand Rapids: Baker, 2019).
[23] *New Testament Questions of Today*, p 102.

a principal marca dos apocalipses judaicos e de todos os movimentos carismáticos da história, tanto no judaísmo como no cristianismo. Gordon D. Fee afirma: "Os movimentos do Espírito são caracterizados por uma consciência ou um fervor escatológico singularmente elevados".[24] A ligação entre os movimentos proféticos e os grupos milenaristas é tão antigo quanto o próprio cristianismo. De fato, a escatologia da iminência é a chave que integra a teologia pentecostal, especialmente em sua ênfase na santificação da vida e no batismo no Espírito Santo como uma experiência que reveste a Igreja para a proclamação da Palavra em missão. Na história da Igreja, desde sempre, os movimentos carismáticos tiveram mais sensibilidade sobre a urgência da volta de Cristo e da evangelização.

É exagero pensar que o dispensacionalismo mina a vitalidade do pentecostalismo porque, sejamos justos, o dispensacionalismo apresentou duas características em comum com o pentecostalismo: a iminência e o restauracionismo. Tendo em vista que o dispensacionalismo desfruta de uma popularidade próxima a zero entre os acadêmicos, geralmente a leitura feita sobre essa teologia é invariavelmente negativa. Mas o resgate da teologia do Reino, presente na contemporaneidade em autores como N. T. Wright e especialmente em George Eldon Ladd (1911-1982), também pode ser benéfico para os pentecostais. Os milagres e dons do Espírito são sinais escatológicos do Reino de Deus já presente, o velho slogan *já/ainda*. Cada cura divina é uma antecipação escatológica do corpo ressuscitado. Cada manifestação carismática de êxtase é um antegosto do céu (cf. 2Coríntios 12:2-4).[25] Cada *glossolalia* aponta para uma linguagem angelical de que desfrutaremos na eternidade. Ou, como dizem em cultos pentecostais fervorosos, "hoje o céu e a terra parecem o mesmo lugar".

---

[24] *Exegese? Para Quê?*, p. 321.
[25] É sempre importante esclarecer que uso a palavra "êxtase" no sentido de experiência marcante e impactante com Deus, mas não como sinônimo de "transe", ou seja, uma manifestação que deixa o religioso fora de si como quem está embriagado. No Novo Testamento não há espaço para acreditar que os dons espirituais provocassem qualquer tipo de experiência sem o controle da consciência.

CAPÍTULO 9
| A identidade hermenêutica pentecostal: |

A linha de cor lavada pelo sangue de Jesus

O pentecostalismo moderno surgiu em janeiro de 1901 nos Estados Unidos. O já mencionado metodista Charles Fox Parham, pregador da santidade do meio-oeste norte-americano, convocou seus alunos para pesquisar sobre o Espírito Santo no livro de Atos dos Apóstolos. Parham havia montado uma escola teológica em uma antiga mansão de Topeka, Kansas. Nesse instituto, todos se dedicavam diariamente aos estudos e às orações. Mediante essas aulas, os alunos, juntamente com o professor Parham, concluíram que a glossolalia era uma evidência física do "batismo no Espírito Santo", sendo também uma bênção pós-conversão. Então, no dia 1º de janeiro de 1901, uma jovem chamada Agnes Ozman começou a falar em línguas. O seminário de Parham tinha uma média de quarenta alunos.

O pentecostalismo se popularizou em abril de 1906. O pregador leigo e negro William Joseph Seymour assistia às aulas de Charles Fox Parham pela porta da sala de aula. Devido às leis segregacionistas, Seymour não podia se sentar entre os brancos. De volta a Los Angeles, Seymour começou a reproduzir as ideias aprendidas no seminário de Parham. O grupo de Seymour se reunia na Bonnie Brae Street e, com o passar do tempo, o espaço ficou pequeno; assim, Seymour e o seu grupo começaram a se reunir em um velho prédio na Rua Azusa.

Os cultos da igreja na Rua Azusa reuniam centenas de pessoas negras e brancas em uma união incomum numa sociedade altamente segregada, bem antes da atuação do reverendo Martin Luther King (1929-1968). Não só os negros tinham espaço, como também as mulheres exerciam liderança e ainda pregavam. William Seymour era um homem de carisma, e Deus o usou para que pela Azusa Street Mission o pentecostalismo fosse popularizado ao mundo, quebrando barreiras de preconceitos.

Logo no início, Seymour e o seu grupo chamaram a atenção da imprensa. O jornal da cidade de Los Angeles, *Daily Times*, publicou uma reportagem de primeira página sobre a Azusa Street Mission no dia 18 de abril de 1906. O jornal *Los Angeles Times* mandou um repórter no dia 17 de abril,[26] ou seja, na primeira semana da missão. Um repórter de um jornal local escreveu em setembro de 1906:

> Uma vergonhosa mistura de raças [...] eles clamavam e faziam grande barulho o dia inteiro e noite adentro. Essas pessoas parecem loucas, com problemas mentais ou enfeitiçadas. Elas têm um caolho, analfabeto e negro como seu pregador que fica de joelhos a maior parte do tempo com a sua cabeça escondida entre engradados de leite feitos de madeira. Não fala muito, mas às vezes pode ser ouvido gritando "Arrependei-vos" [...] Eles cantam repetidamente a mesma canção "O Consolador Chegou".[27]

Os primeiros pentecostais não eram bem vistos pela sociedade norte-americana, nem pelos protestantes tradicionais e nem pelos grupos seculares. A divergência não girava somente em torno de questões doutrinárias, mas refletia o forte preconceito racial. As práticas místicas e a visão sobrenaturalista do grupo espantaram a sociedade. O líder William J. Seymour não enxergava as pessoas na base de raças, mas todos como filhos de Deus. Um conceito um tanto revolucionário que lembra grandes homens como o líder negro abolicionista do século XIX, Frederick Douglass (1818-1895), que já desprezava a separação dos homens por meio de raças e usava sempre as Escrituras nessa defesa. Douglass discursou no dia da independência norte-americana de 1852, dizendo:

> Os Estados Unidos são falsos com o passado, falsos com o presente e solenemente se consagram a serem falsos com o futuro. Nesta ocasião, ao lado de Deus e do oprimido e ensanguentado escravo, eu ousarei — em nome da humanidade que é ultrajada, em nome da liberdade que é acorrentada, em nome da Constituição e da Bíblia, que são desprezadas e iludidas — a desafiar e denunciar, com toda a ênfase que posso reunir, tudo o que serve para perpetuar a escravidão, o grande pecado e a vergonha dos Estados Unidos.

---

[26] ARAÚJO. *Dicionário do movimento pentecostal*, p. 605.
[27] BENTHO. Ponto de contato, p. 51.

CAPÍTULO 9
| A identidade hermenêutica pentecostal: |

Frederick Douglass recebeu votos de um delegado do Partido Republicano para ser candidato a presidência dos Estados Unidos, isso em 1888.[28] Depois de Douglass, não é exagero falar que Seymour provocou tanta revolução quanto, porém um pouco mais restrita ao âmbito religioso de Los Angeles.

No decorrer do tempo, o pentecostalismo norte-americano deixou de lado o seu aspecto pós-racial e pluricultural para se fechar em guetos negros *versus* guetos brancos. Os pentecostais negros e pobres normalmente se associavam à Igreja de Deus em Cristo, enquanto os pentecostais brancos de classe média congregavam nas Assembleias de Deus. Isso nos Estados Unidos, pois no Brasil não existiu problemas de segregacionismo.[29] Charles Fox Parham foi constantemente acusado de racismo. Por esse motivo, ele caiu no esquecimento e se distanciou do movimento que ajudou a criar. Quando Parham morreu, em 1929, ele era um quase desconhecido das igrejas pentecostais. Muitos pastores se desligaram de Parham e depois estavam entre os fundadores das Assembleias de Deus em 1914. O segregacionismo então só aumentou. Esse processo foi um grande retrocesso no pentecostalismo pós-racial de William Seymour, que dirigiu a congregação em que a "linha da cor foi lavada pelo sangue de Jesus". Quando a Pentecostal Fellowship of North America foi fundada, na década de 1960, a Igreja de Deus em Cristo não estava entre as convidadas.

Em 1994, na cidade de Memphis, Tennessee, a Pentecostal Fellowship of North America, uma instituição de igrejas brancas, foi substituída por uma nova instituição chamada Pentecostal/ Charismatic Churches of North America (PCCNA). Nesse novo grupo, o primeiro presidente eleito foi o bispo Ithiel Clemmons, da Igreja de Deus em Cristo. Os líderes da Assembleia de Deus rejeitaram o passado racista da denominação e um pastor branco assembleiano lavou os pés do bispo Clemmons. Então, retribuindo o gesto, o bispo negro Charles Blake, da Igreja de Deus

---

[28] MAGNOLI. *Uma gota de sangue*, p. 13.
[29] Afirmar que não existiu segregacionismo institucionalizado no Brasil não é o mesmo que negar o racismo cotidiano.

em Cristo, lavou os pés de Thomas Trask, então superintendente-geral das Assembleias de Deus nos Estados Unidos. Toda a cerimônia aconteceu debaixo de muito choro e louvor. Certamente um capítulo triste da história pentecostal foi riscado no mês de outubro de 1994.[30]

A ciência do DNA já provou que raça não existe. Não existe gente "pura". Todos somos uma verdadeira mistura, por mais branca ou negra que seja a cor da nossa pele. Você, caro leitor, provavelmente tem DNA indígena, europeu e africano. O catarinense loiro dos olhos azuis tem também sangue africano, assim como o baiano negro dos olhos castanhos tem sangue europeu. Na verdade, todos são misturados. Toda política governamental que se baseia no conceito de raças é fatalmente errada. Como acreditar em algo que não existe? A correção política insiste na ideia falsa da raça para consertar as injustiças daqueles que sofreram discriminação por causa da cor da pele. Segundo lembra o sociólogo Demétrio Magnoli, para os defensores do conceito de raça "a igualdade é uma falsificação, pois não existe no mundo real; no mundo verdadeiro as pessoas não são iguais, dizem. Por isso eles querem abolir a igualdade, preferem a diferença. É um pensamento do século XIX [...] mas raça e igualdade são palavras de mundos distintos. Igualdade é democracia. Raça é diferença. Ou existe igualdade, ou existe raça".[31]

Movimentos identitários no Brasil tentam associar a "raça" ao candomblé. Para alguns, a verdadeira valorização do negro é uma volta à religiosidade africana. Mas o grupo religioso brasileiro com maior proporção de negros no Brasil é o pentecostal.[32] Se há uma imagem que pode resumir o pentecostal é: mulher de meia-idade, negra e pertencente às classes C e D. É claro que não existe a religião dos negros, mas se existisse certamente os pentecostais ganhariam em representação. Alguns acadêmicos multiculturalistas, presos às suas ideologias autoritárias, acham que um verdadeiro negro não pode se associar a uma religião que não faça parte de suas raízes africanas. É claro que esse pensamento é

---

[30] WOOD. This Pentecostal River, p. 135.
[31] Uma gota de discórdia
[32] OLIVEIRA, M. *A religião mais negra do Brasil*, p. 102.

CAPÍTULO 9
| A identidade hermenêutica pentecostal: |

absurdo e tirânico. Pois "os cidadãos são iguais perante a lei e têm o direito de inventar o seu próprio futuro, à revelia de origens familiares ou relações de sangue. A política de raças é uma negação da modernidade".[33]

É, portanto, inadmissível um cristão convertido vivenciar o racismo. Como diz o teólogo pentecostal Craig S. Keener, "abordar o racismo não é uma questão secundária, mas relacionada com o próprio Evangelho de salvação".[34] Mas, infelizmente, o racismo é um fato em muitas igrejas. Ser preconceituoso em questão da cor da pele é um pecado e uma ofensa ao conceito de "imagem e semelhança" que o homem carrega do próprio Deus. Hoje, não pode acontecer o mesmo que aconteceu na África do Sul. Vergonhosamente, a Igreja Reformada Holandesa dava apoio ao *apartheid*, sendo uma verdadeira mancha na história do protestantismo.[35] O racismo também pode renascer por meio de políticas afirmativas de raças, mesmo se promovidas por movimentos identitários. O pentecostal sabe que o Espírito veio sobre "toda carne", isto é, sobre todo tipo de pessoa e, portanto, não há espaço para discriminar quem o Espírito acolheu para si. Quando Pedro reconheceu em um sermão que "Deus não faz acepção de pessoas" (Atos 10:34), em seguida "caiu o Espírito Santo sobre todos os que ouviam a palavra" (v. 44).

O pentecostalismo ajudou a quebrar o pecado estrutural de muitos preconceituosos não com um discurso ressentido ou com uma revolta revolucionária, mas com o poder do Espírito Santo, aquele que é derramado sobre toda carne, isto é, sobre todo tipo de pessoa. O Espírito Santo é doador, é gracioso e quebra as cadeias da injustiça enquanto exalta a pessoa de Cristo na vida do crente em Deus. Todavia, é importante pontuar que devemos permanecer no mesmo princípio. O Espírito deseja nos encher diariamente para que continuemos vigilantes diante dos nossos próprios pecados e das injustiças sociais.

---

[33] MAGNOLI. *Uma gota de sangue*, p. 15.
[34] Racism contradicts evangelicals' gospel.
[35] CAVALCANTE. *Novas perspectivas sobre o protestantismo brasileiro*, p. 79.

Bibliografia

ARAÚJO, Isael. *Dicionário do movimento pentecostal*. Rio de Janeiro: CPAD, 2007.

BENTHO, Esdras Costa. Ponto de contato. *Lições bíblicas: As doutrinas bíblicas pentecostais* abr-jun 2006.

BIRD, Michael F. *Evangelical Theology: A Biblical and Systematic Introduction*. Grand Rapids: Zondervan, 2013.

CASTELO, Daniel. *Pentecostalism as a Christian Mystical Tradition*. Grand Rapids: Eerdmans, 2017.

CAVALCANTE, Ronaldo de Paula. *Novas perspectivas sobre o protestantismo brasileiro*. São Paulo: Fonte; Paulinas, 2009.

FEE, Gordon D. *Exegese? Para quê? 21 estudos textuais, exegéticos e teológicos do Novo Testamento*. Rio de Janeiro: CPAD, 2019.

_____.; STUART, Douglas. *Entendes o que lês?* 2 ed. São Paulo: Vida Nova, 1997.

GARCIA, Rafael. E, no entanto, se move. *Folha de S. Paulo*, São Paulo, 14 jun. 2009. Entrevista. Caderno Mais. Disponível em: <www1.folha.uol.com.br/fsp/mais/fs1406200906.htm>. Acesso em: 12 ago. 2020.

HORTON, Stanley M. *Avivamento pentecostal*. Rio de Janeiro: CPAD, 1997.

_____ (ed.). *Teologia sistemática: Uma perspectiva pentecostal*. 8 ed. Rio de Janeiro: CPAD, 2003.

KÄRKKÄINEN, Veli-Matti. Pentecostal Theology of Mission in the Making. *Journal of Beliefs and Values* 25.2 (2004), p. 167-176.

KÄSEMANN, Ernst. *New Testament Questions of Today*. London: SCM, 1969.

KEENER, Craig S. Racism contradicts evangelicals' gospel. *Bible Background*. Disponível em: <craigkeener.com/racism-contradicts-evangelicals-gospel/>. Acesso em: 7 set. 2020.

LEWIS, Paul W. Reflections of a Hundred Years of Pentecostal Theology. *Cyberjournal for Pentecostal-Charismatic Research* 12 (2003). Disponível em: <www.pctii.org/cyberj/cyberj12/lewis.html#_ftn1>. Acesso em: 12 ago. 2020.

MACCHIA, Frank. Pentecostal and Charismatic Theology. In: WALLS, Jerry L. *The Oxford Handbook of Eschatology*. New York: Oxford University Press, 2010.

MAGNOLI, Demétrio. Uma gota de discórdia. São Paulo: Caderno Aliás. *O Estado de S. Paulo*. 29 ago. 2009. Disponível em: <www.estadao.com.br/noticias/suplementos,uma-gota-de-discordia,426651,0.htm>. Acesso em: 12 ago. 2020.

_____. *Uma gota de sangue: História do pensamento racial*. São Paulo: Contexto, 2009.

OLIVEIRA, José de. *Breve história do movimento pentecostal*. Rio de Janeiro: CPAD, 2003.

OLIVEIRA, Marco Davi. *A religião mais negra do Brasil*. São Paulo: Mundo Cristão, 2004.

SIQUEIRA, Gutierres Fernandes. *Revestidos de poder: Uma introdução à teologia pentecostal*. Rio de Janeiro: CPAD, 2018.

SHEPPARD, Gerald T. Pentecostalism and the Hermeneutics of Dispensationalism: The Anatomy of an Uneasy Relationship. *Pneuma: The Journal of the Society for Pentecostal Studies* 6 (1984), p. 5-34.

VONDEY, Wolfgang; MITTELSTADT, Martin William. *The Theology of Amos Yong and the New Face of Pentecostal Scholarship*. Danvers: Clearence Center, 2013.

WILLAIME, Jean-Paul. O enfraquecimento do protestantismo. Caderno Mais. *Folha de S.Paulo*. 21 de janeiro de 2001.

WOOD, George. This Pentecostal River: Azusa, the Originating Effluence. *Enrichment* 11.2 (2006), p. 128-138. Disponível em: <enrichmentjournal.ag.org/Issues/2006/Spring-2006>. Acesso em: 31 ago. 2020.

EXCURSO A

O MOVIMENTO PENTECOSTAL E SUA HERANÇA EVANGÉLICA[1]
ROBERT P. MENZIES

Meu pai era um historiador da igreja. Ele gostava de falar sobre o valor do estudo da história da igreja e, muitas vezes, descrevia as ricas verdades e as perspectivas relevantes que brotavam de seu estudo. Quando se tratava do surgimento do movimento pentecostal moderno, meu pai era bastante lúcido. Ele enfatizou que as experiências incomuns que marcaram o avivamento da Rua Azusa e, mais tarde, as reuniões pentecostais, não foram únicas. De fato, ele apontou mais de vinte movimentos carismáticos que surgiram ao longo da história da igreja, a maioria dos quais experimentou fenômenos similares. Profecia, cura, exorcismo, falar em línguas — essas experiências não são novas ou inovadoras, nem ocorreram há séculos. Esses tipos de experiências carismáticas pontuaram a vida da igreja em diversos lugares e entre diferentes grupos em vários momentos ao longo dos últimos dois mil anos. A esse respeito, o movimento pentecostal moderno não é único.

"O que é único no reavivamento pentecostal moderno", diria meu pai com um brilho nos olhos, "é que ele

---

[1] Este breve ensaio baseia-se no livro *Christ-Centered: The Evangelical Nature of Pentecostal Theology* (cf. p. 37-40, 85-6). Texto publicado com autorização do autor e da Wipf and Stock Publishers.

EXCURSO A
| O movimento pentecostal e sua herança evangélica |

sobreviveu". Sobreviveu e se tornou parte do cristianismo evangélico dominante. Se estudarmos esses mais de vinte movimentos carismáticos do passado, veremos que nenhum deles terminou bem. Trata-se de um fato alarmante. Os montanistas são um excelente exemplo de um grupo carismático que começou bem, mas terminou mal. A lista de outros movimentos do gênero é dolorosamente longa. A maioria desses movimentos começou bem, mas todos eles permaneceram na periferia da vida da igreja. Com o tempo, devido a uma ênfase excessiva nos dons carismáticos e uma falta de fundamentação na Escritura, todos esses grupos se desviaram. Um líder carismático ou profeta autoproclamado surgia e levava o grupo ao fanatismo e à heresia autodestrutiva. Entretanto, como diria meu pai, aqui é onde o movimento pentecostal moderno é diferente. Aqui encontramos sua singularidade. O movimento pentecostal sobreviveu tempo suficiente para se tornar parte do cristianismo dominante. Conservou-se e não permaneceu na periferia. De fato, como afirmo no meu livro *Christ-Centered: The Evangelical Nature of Pentecostal Theology* [Centrada em Cristo: a natureza evangélica da teologia pentecostal],[2] o movimento pentecostal começou com uma forte sensação de que fazia parte da igreja evangelical. Com o tempo, as relações com a igreja mais ampla se aprofundaram e amadureceram. O resultado foi, a meu ver, uma maravilhosa polinização cruzada. Os pentecostais influenciaram seus irmãos e irmãs evangelicais, e estes, por sua vez, também foram impactados por seus irmãos e irmãs pentecostais. Um aspecto positivo dessa influência evangelical foi uma afirmação do que estava presente desde o início — um forte compromisso com a Bíblia como padrão, a vara de medir, para a doutrina, a prática e as experiências espirituais.

Portanto, embora as experiências (profecia, cura, línguas etc.) do movimento pentecostal moderno não sejam novas, o fato de ter integrado o cristianismo ortodoxo — de fato, uma parte vital da igreja evangélica global — é único. Aqui reside o significado e a incrível promessa do movimento pentecostal: pela primeira vez na história da igreja, um movimento carismático se tornou predominante e impactou de maneira

---

[2] Para os dados completos das obras citadas, veja a "Bibliografia" no final do capítulo.

significativa a igreja global. Este é sem dúvida o caso porque os primeiros líderes pentecostais estavam empenhados em julgar sua teologia e prática, as experiências espirituais, de acordo com a Palavra de Deus. Os relacionamentos calorosos que se desenvolveram ao longo do tempo com seus irmãos e irmãs evangelicais facilitaram claramente essa postura saudável e essencial. Se os primeiros líderes do movimento pentecostal tivessem se afastado do firme compromisso de julgar sua mensagem e experiência pelo padrão da Bíblia, a história nos diz que o movimento teria se tornado marginalizado do corpo maior de Cristo e espiralado para baixo, tornando-se irrelevante em decorrência da heresia e do excesso. Felizmente, esse não foi o curso do movimento pentecostal moderno.

Um exemplo precoce da forma como a autoridade bíblica foi afirmada pelos líderes pentecostais é encontrado na maneira como William Seymour, o principal líder do avivamento da Rua Azusa, lidou com a questão da *glossografia*. Alguns crentes pentecostais, tanto na Escola Bíblica Betel de Charles F. Parham quanto no avivamento da Rua Azusa, afirmaram que, quando eram inspirados pelo Espírito, eles não só podiam falar em "outras línguas", mas que também podiam de forma milagrosa escrever em línguas que antes eram desconhecidas para eles. A resposta sábia e biblicamente fundamentada de Seymour é digna de nota: "Não lemos nada na Palavra sobre escrever em línguas desconhecidas, portanto, não encorajamos isso em nossas reuniões. Vamos medir tudo pela Palavra, para que todo fanatismo possa ser mantido fora da atividade. Achamos questionável se algum bem real saiu de tal escrita".[3]

Eu reconheceria que os pentecostais nem sempre foram tão sábios. Exemplos de "fogo selvagem", extremismos e excessos certamente podem ser encontrados em nossa colorida história. No entanto, em sua maior parte, o movimento pentecostal seguiu o sábio curso defendido por William Seymour e tentou medir sua mensagem e seu ministério de acordo com o padrão da Bíblia.

---

[3] *The Apostolic Faith* 1.10, p. 2. Devo a Yi Zhi Gang, um estudante do Seminário Teológico Ásia-Pacífico, a indicação desta citação. Veja seu belo trabalho inédito, "Glossographia: A Lens for Examining the Role of Glossolalia in Mission".

EXCURSO A
| O movimento pentecostal e sua herança evangélica |

Embora muitos movimentos carismáticos tenham surgido apenas para sucumbir aos extremos do fanatismo e da heresia, Paulo nos lembra de que há um caminho mais excelente. Não é o caminho cessacionista da negação e do reducionismo racionalista. É a busca resoluta e alegre da vida no Espírito, dirigida e guiada pela Palavra de Deus. É a vida modelada por Jesus e pela igreja apostólica. Se estivermos atentos, não seremos distraídos por respostas humanas extraordinárias à obra do Espírito Santo — chorando, gritando e sacudindo (embora frequentemente essas manifestações exijam uma sábia liderança pastoral) — nem daremos prioridade ou buscaremos novas alegações de "manifestações de glória" (pó de ouro, pena de anjos etc.); ao contrário, destacaremos e afirmaremos aquelas atitudes e experiências que são modeladas pela igreja primitiva no livro de Atos.[4]

O estadista pentecostal britânico Donald Gee, como William Seymour, era conhecido por seu equilíbrio, sua sabedoria e franqueza. Vale a pena repetir o conselho sábio de Gee para uma igreja pentecostal jovem e, às vezes, imatura. Ele observou que as formas mais incomuns ou bizarras de comportamento que frequentemente acompanham a vinda do Espírito não são por si mesmas "manifestações" do Espírito. Antes, ele observou, estas são respostas humanas à obra do Espírito Santo. As manifestações do Espírito são, na visão de Gee, descritas por Paulo em 1Coríntios 12—14. Portanto, Gee exortou, devemos reconhecer essas reações humanas à obra do Espírito pelo que elas são: respostas humanas à presença de Deus. Não precisamos nos preocupar muito com elas, mas com certeza não devemos alçá-las a modelos para todos seguirem. As experiências da igreja apostólica devem servir como nosso guia. Gee observou que a liderança pastoral nesses assuntos é essencial, pois, embora

---

[4] Lora Timenia fornece ao movimento pentecostal as ferramentas necessárias e os conselhos sábios para avaliar experiências e fenômenos espirituais incomuns, incluindo as "manifestações de glória" contemporâneas. Sua análise simpática, mas crítica, de quatro influentes proponentes do avivamento da "Bênção de Toronto" nas Filipinas é marcada pela pesquisa cuidadosa, análise informada e um coração pastoral. Veja TIMENIA, Lora. "Understanding 'Toronto Blessing' Revivalism's Signs and Wonders Theology in the Filipino Context". Dissertação (Mestrado em Teologia), Asia Pacific Theological Seminary, 2019 (a ser publicado em breve pela APTS), p. 88-157.

essas respostas humanas sejam relativamente comuns e não intrinsecamente erradas, às vezes elas podem atrapalhar o que Deus deseja realizar. Quando isso acontecer, uma liderança sábia oferecerá a orientação necessária para manter a ordem.[5]

Uma abordagem pentecostal procurará seguir o modelo do Novo Testamento. É a afirmação da atualidade do reino de Deus e do divino de derramar seu Espírito sobre nós. Nossa postura é de abertura e expectativa, pois o chamado e o poder da igreja apostólica também são nossos. A experiência deles é nossa herança. Ao mesmo tempo, os pentecostais, seguindo os passos de William Seymour, Donald Gee e outros como eles, permitirão que o registro bíblico guie e dirija toda a nossa experiência. É o padrão pelo qual avaliamos cada doutrina, prática e experiência. Embora alguns pentecostais da academia pareçam se afastar do foco no significado histórico[6] — e com este eu acrescentaria o padrão bíblico enfatizado por Seymour e Gee — isso não reflete o ponto de vista da vasta maioria dos crentes, das igrejas e instituições pentecostais.[7] Os pentecostais de base reconhecem os perigos inerentes às abordagens que sugerem que o leitor, em vez do autor divinamente inspirado, constrói o sentido do texto bíblico. O perigo de um foco na experiência que perde de vista o significado histórico do texto bíblico é bem ilustrado na trajetória do pietismo, que influenciou Immanuel Kant e Friedrich Schleiermacher, o pai da teologia liberal.[8]

Craig Keener, em seu extremamente valioso *Spirit Hermeneutics*, oferece uma defesa equilibrada e contemporânea do valor histórico na hermenêutica. Keener apresenta, na prática, três pontos muito importantes, todos os quais eu apoio de inteiro coração. Primeiro, Keener

---

[5] *All with One Accord*, p. 24-8, p. 56-9; *Is it God?*, passim; *Concerning Spiritual Gifts*, p. 86-101; *Why Pentecost?*, p. 37-40.
[6] Veja, por exemplo, YONG. *Spirit of Love*, p. 111; ARCHER. *A Pentecostal Hermeneutic for the Twenty-First Century*, p. 208; e a Escola de Cleveland, cf. ARCHER. The Making of An Academic Tradition: The Cleveland School.
[7] Para saber mais sobre este assunto, veja meu capítulo "Hermenêutica: Pulando fora do trem da pós-modernidade" em MENZIES, R; MENZIES, W. *No Poder do Espírito*, p. 75-82.
[8] NOLL. *The Scandal of the Evangelical Mind*, p. 48.

EXCURSO A
| O movimento pentecostal e sua herança evangélica |

insiste que não devemos buscar uma hermenêutica pentecostal distinta, mas sim uma hermenêutica que seja comum e fale a todos os cristãos. Em segundo lugar, ele afirma que o significado histórico — ou seja, o significado do texto compreendido em seu contexto histórico e literário original — é importante e necessário para que a Escritura sirva de guia autoritativo. Por fim, Keener argumenta que o conceito de interpretação comunitária ou comunidades locais servindo como norma de interpretação é arbitrário, confuso e, em última instância, serve para isolar vários grupos em guetos.[9]

Assim, apesar dos apelos contrários, estou convencido de que o movimento pentecostal só pode cumprir seu propósito divino mantendo firmemente sua herança evangélica. É por esse motivo que as convicções evangélicas centrais (a autoridade da Bíblia, a singularidade de Cristo e a salvação que só ele traz e a prioridade do evangelismo) que moldaram a crença e a práxis pentecostais fluem do modelo apostólico encontrado no Novo Testamento e, em particular, no livro de Atos. Nunca devemos esquecer esse fato nem perder de vista o modelo apostólico. Como declarou um líder da igreja doméstica chinesa alguns anos atrás: "Atos é o padrão para a missão da igreja. Se nossa igreja não seguir o caminho da igreja primitiva, perderemos nosso trajeto".[10]

---

[9] P. 99-151.
[10] Uncle Zheng ,da Igreja Zhong Hua Meng Fu, em entrevista concedida ao autor em 27 de março de 2014.

Bibliografia

ARCHER, Kenneth. *A Pentecostal Hermeneutic for the Twenty-First Century: Spirit, Scripture, and Community*. London: T & T Clark International, 2004.
_____. The Making of An Academic Tradition: The Cleveland School. In: Annual Society for Pentecostal Studies Meeting, 45, 2016, San Dimas.
GEE, Donald. *All with One Accord*. Springfield: Gospel, 1961.
_____. *Is it God?*. Springfield: Gospel, 1972.
_____. *Concerning Spiritual Gifts*. Springfield: Gospel, 1972.
_____. *Why Pentecost?*. London: Victory, 1944.
KEENER, Craig S. *Spirit Hermeneutics: Reading Scripture in Light of Pentecost*. Grand Rapids: Eerdmans, 2016. Publicado em português com o título *Hermenêutica do Espírito*. São Paulo: Vida Nova, 2018.
NOLL, Mark A. *The Scandal of the Evangelical Mind*. Grand Rapids: Eerdmans, 1994.
MENZIES, Robert P. *Christ-Centered: The Evangelical Nature of Pentecostal Theology*. Eugene: Cascade, 2020.
_____; MENZIES, William. *No poder do Espírito: Fundamentos da experiência pentecostal — um chamado ao diálogo*. São Paulo: Vida, 2002.
THE APOSTOLIC FAITH MISSION. *The Apostolic Faith* 1.10 (set. de 1907). Disponível em <pentecostalarchives.org/digitalPublications/USA/Independent/Apostolic%20Faith%20(Azusa%20Street)/Unregistered/1907/FPHC/1907_09.pdf>. Acesso em 1º set. 2020.
YONG, Amos. *Spirit of Love: A Trinitarian Theology of Grace*. Baylor: Baylor University Press, 2012.

EXCURSO **B**

"O RE-VOLVER DA RELIGIÃO NO TERCEIRO MILÊNIO": PENTECOSTALISMOS E PÓS-MODERNIDADES[1]
VELI-MATTI KÄRKKÄINEN

Em busca de uma religião experiencial para o novo mundo

O teólogo Harvey Cox, famoso por sua fracassada profecia sobre a diminuição do papel da religião em sua obra *The Secular City*,[2] publicada em 1965, sugere uma reviravolta da religião no início do novo milênio, uma religião que tem a ver com *Fire from Heaven* [Fogo do céu]:

> À medida que os primeiros dias do novo milênio se aproximam, as perspectivas para o espírito humano parecem ao mesmo tempo promissoras e estarrecedoras. Nos últimos três séculos, dois rivais principais — a modernidade científica e a religião tradicional — entraram em conflito sobre o privilégio de ser a última fonte de significado e valor. Agora, como boxeadores cansados que se engalfinharam por muito tempo, chegaram a um exaustivo impasse. [...]

---

[1] Artigo publicado originalmente sob o título 'The Re-turn of Religion in the Third Millennium': Pentecostalisms and Postmodernities. *Swedish Missiological Themes* 95.4 (2007), p. 469-495. Tradução de Paulo Ayres Mattos.
[2] Publicado no Brasil como *A cidade secular*. São Paulo: Academia Cristã, 2015. (N. do R.)

As pessoas ainda estão dispostas a confiar na ciência em razão das coisas limitadas que ela provou poder realizar, mas elas não acreditam mais que a ciência responderá às suas perguntas mais profundas. Elas permanecem vagamente intrigadas com as religiões tradicionais, mas não com as igrejas convencionais. [...] Um número crescente de pessoas parece estar pronto para seguir em frente e está à procura de um mapa mais promissor do mundo da vida. [...] Uma vez que tanto a modernidade científica como a religião convencional têm perdido de forma progressiva sua capacidade de fornecer uma fonte de significado espiritual, dois novos concorrentes têm se apresentado: o "fundamentalismo" e, por falta de uma palavra melhor, o "experiencialismo". Ambos se apresentam como ligações autênticas com o passado sagrado. Ambos incorporam esforços para recuperar o que foi valioso em épocas anteriores para aplicá-lo ao presente e ao futuro. Qual desses dois rivais prevalecerá no final será decidido em grande medida por qual se agarrará à natureza da mudança que estamos vivendo. [...] A maioria concorda que estamos entrando em um período em que vamos ver o mundo, e a nós mesmos, menos de forma cerebral e mais de maneira intuitiva, menos analiticamente e mais instantaneamente, menos de modo literal e mais de forma analógica. [...] Talvez o recente e inédito encontro entre o oriente e o ocidente tenha contribuído para produzir essa nova etapa de consciência. Seja como for, os pensadores encontram evidências para uma nova fase da história em praticamente todos os campos da atividade humana — na música atonal e improvisada, no movimento ambientalista, em novos estilos de pintura e escultura, na arquitetura experimental e sobretudo na poesia. Acho que também se pode encaixar o pentecostalismo nesse processo.[3]

Enquanto os observadores das pós-modernidades — assim como da vida no início do novo milênio — provavelmente estariam gritando "Amém!" para a ladainha de Cox, a última sentença soa herética no seu

---

[3] *Fire from Heaven*, p. 299-301. Para os dados completos das obras citadas, veja a "Bibliografia" no final do capítulo.

EXCURSO B
"O re-volver da religião no terceiro milênio": pentecostalismos e pós-modernidades

melhor e incrível no seu pior. Pentecostalismo e pós-modernidades? O que possivelmente esses dois rivais teriam a ver um com o outro?

Embora seja claramente possível que um profeta como Cox possa estar errado outra vez, é justo ouvir mais sobre o seu raciocínio antes de qualquer inquirição. Tendo estabelecido primeiro que os fundamentalismos — de tipo cristão, muçulmano, hindu ou outro qualquer — são apenas "reações recentes a diferentes formas de modernidade" e, ironicamente, "afirmem ter um firme controle sobre a verdade absoluta", em questões de religião (e, à vezes, de política), o que Cox chama de "experiencialismo" é "mais discrepante e incoerente, mais difícil de descrever do que o fundamentalismo". Como exemplo deste último, Cox menciona as teologias da libertação e as teologias feministas. O que é comum ao fundamentalismo e ao experiencialismo é que eles podem aparecer em mais de uma religião — e, de fato, estão fazendo isso no início de um novo milênio.[4]

Então, "experiência" importa na nova religiosidade: "Os pentecostais falam muito sobre *experiência*. O velho ditado, comum em cultos ao ar livre, de que 'um homem com uma doutrina não tem chance contra um homem com uma experiência' ainda é frequentemente citado [entre os pentecostais]".[5] Quais são outras características desse novo "experiencialismo" emergente que, na visão de Cox, indica a ascensão do pentecostalismo? Em seu livro *Fire from Heaven*, ele discute características tais quais: novo apreço a afetos e ao mistério/místico, curas e libertações, estruturas não hierárquicas e inclusivas (em vez das formadas por pessoas educadas formalmente), e espiritualidade de base popular. Cox também menciona itens semelhantes emergindo na renovação de outras religiões, como documentado e habilmente discutido no livro de Seyed Hossein Nasr, *Islamic Spirituality: Manifestations* [Espiritualidade islâmica: manifestações], o qual define a espiritualidade como algo que "está aberto à dimensão transcendente" e em que a pessoa "experimenta a realidade suprema". Embora se

---

[4] Ibidem, p. 300-5 (citações em 303 e 304, respectivamente).
[5] Ibidem, p. 312.

concentre no sufismo, o candidato mais provável do islã, o princípio também tem uma aplicação mais ampla.⁶

Antes de examinar mais de perto possíveis semelhanças e diferenças entre pentecostalismos e pós-modernidades, alguns pensamentos esclarecedores são necessários para termos certeza de que estamos usando os dois termos do mesmo modo. Em seguida, o restante do ensaio procura identificar algumas características comuns entre pentecostalismos e pós-modernidades, bem como diferenças e orientações divergentes.

O desafio de definir a identidade pentecostal

O título principal deste artigo deve ser tomado literalmente: fala tanto de pentecostalismos quanto de pós-modernidades no plural (os organizadores do simpósio [onde este texto foi primeiramente apresentado] foram me encontrar na metade do caminho sugerido o tema na forma de "Pentecostalismos e *pós-modernidades*"!). Embora não exista uma definição uniforme de pentecostalismos, uma orientação útil quanto às miríades de movimentos conhecidos por esse nome genérico é a terminologia adotada pelo *The New Dictionary of Pentecostal and Charismatic Movements* [Novo dicionário de movimentos pentecostais e carismáticos].⁷ Essa tipologia lista, em primeiro lugar, as denominações pentecostais (clássicas) tais como Assembleia de Deus ou Evangelho Quadrangular, que devem sua existência ao famoso Avivamento da Rua Azusa; em segundo, movimentos carismáticos, movimentos espirituais de tipo pentecostal dentro das igrejas estabelecidas (o maior deles é a Renovação Carismática Católica Romana); e, em terceiro, movimentos neocarismáticos, sendo alguns dos mais notáveis a Vineyard Fellowship nos Estados Unidos, as igrejas autóctones africanas e o movimento de igrejas domésticas na China, bem como inumeráveis igrejas e grupos

---

⁶ Citado por COX. *Fire from Heaven*, 309.
⁷ Quando os cânones ainda estão em formação, esta é a tipologia adotada em BURGESS; VAN DER MAAS (eds.). *The New International Dictionary of Pentecostal and Charismatic Movements*.

EXCURSO B
| "O re-volver da religião no terceiro milênio": pentecostalismos e pós-modernidades |

em todo o mundo.⁸ Em termos numéricos, os movimentos carismáticos (cerca de 200 milhões) e neocarismáticos (200 a 300 milhões) superam os pentecostais clássicos (75 a 125 milhões). Diversidade é a marca registrada dos pentecostalismos. A diversidade surge em duas dimensões: a cultural e a teológico-ecumênica. Os pentecostalismos, ao contrário de qualquer outro movimento religioso contemporâneo, cristão ou não, estão espalhados na maioria das culturas, dos grupos linguísticos e das posições sociais.⁹ Relacionada a essa diversidade cultural está a diversidade teológica e ecumênica, o que significa simplesmente que existem vários pentecostalismos mais ou menos distintos. Quando uso o termo pentecostalismos neste texto, estou falando sobretudo da primeira categoria, ou seja, das igrejas pentecostais chamadas clássicas, sob o nome que são conhecidas em todo o mundo, e assim deixo de lado os movimentos carismáticos dentro de igrejas estabelecidas e todos os tipos de movimentos pentecostais independentes. Ainda assim, falar de pentecostalismos no plural é válido e uma escolha necessária à luz da grande diversidade, mesmo dentro desse subgrupo mais antigo. Como diferem em etos, manifestação e, em certa medida, teologia a Igreja do Evangelho Pleno Yoido, em Seul, Coreia do Sul — a maior igreja do mundo com mais de um milhão de adeptos —, as igrejas pentecostais afro-americanas (negras) do sul dos Estados Unidos e as pequenas congregações pentecostais em qualquer país europeu, e assim por diante.

A questão sobre o que são os pentecostalismos — em outras palavras, qual é a sua identidade? — é notoriamente difícil. Ao contrário, digamos, do luteranismo ou catolicismo romano, a identidade pentecostal não está baseada em credos ou numa história compartilhada. Nem a identidade pentecostal pode ser baseada em estruturas eclesiásticas, tendo em vista que se pode encontrar todo o repertório delas na maioria

---

[8] As novas igrejas brasileiras descritas como neopentecostais — Igreja Universal do Reino de Deus, Igreja Internacional da Graça de Deus, Igreja Mundial do Poder de Deus e outras semelhantes — podem ser agrupadas entre as últimas aqui apresentadas. (N. do T.)
[9] A diversidade está bem documentada. Para números atualizados, veja, por exemplo, as estatísticas anuais na edição de janeiro do *International Bulletin of Missionary Research*, compilado por David B. Barrett e Todd M. Johnson.

das igrejas locais autônomas (Escandinávia), no congregacionalismo (Europa Continental e Inglaterra), no presbiterianismo (pentecostais brancos nos Estados Unidos), no episcopalismo (pentecostais negros nos Estados Unidos e em outros lugares), e em outros tipos. Se há um denominador comum, não só entre os pentecostais (clássicos) mas também entre aqueles que se dizem católicos romanos carismáticos e de igrejas autóctones africanas, tem a ver com uma espiritualidade única. Embora possa ter outros nomes, tem tudo a ver com uma espiritualidade carismática cristocêntrica, com um desejo apaixonado de se "encontrar" com Jesus Cristo, o Portador do "Evangelho Pleno", isto é, aquele que salva, santifica, cura, batiza com o Espírito e que em breve voltará como Rei.[10]

A espiritualidade, em vez de teologia/credos ou sociologia da religião,[11] é a chave para entender o pentecostalismo.[12] Ninguém argumentou com tanta força e de forma convincente sobre a primazia da espiritualidade como o caminho para definir os pentecostalismos como fez Walter J. Hollenweger, o mais notável teólogo observador do movimento. Por décadas, Hollenweger insistiu que os primeiros anos do

---

[10] Um estudo definitivo dos principais temas do "evangelho pleno" é DAYTON. *Theological Roots of Pentecostalism*. Para um bom levantamento dos principais temas e orientações na espiritualidade pentecostal, veja SPITTLER. Spirituality, Pentecostal and Charismatic.

[11] No passado, a teoria da privação prevaleceu entre sociólogos da religião como uma forma típica de desconsiderar os pentecostais, frequentemente com pouco ou nenhum conhecimento de fontes primárias do próprio movimento. Para uma equilibrada discussão crítica de tal abordagem, veja MILLER. Pentecostalism as a Social Movement.

[12] Não posso desenvolver aqui a complicada questão das origens teológicas e espirituais do pentecostalismo, uma questão debatida entre especialistas. Quatro propostas principais têm sido apresentadas. (1) Alguns ligam as origens do movimento pentecostal moderno ao trabalho de Charles F. Parham e seus alunos em Topeka, Kansas. (2) Historiadores e teólogos não brancos do movimento frequentemente enfatizam o papel principal de William Joseph Seymour, pregador negro ligado ao movimento de santidade e líder da Missão de Fé Apostólica da Rua Azusa que surgiu em Los Angeles, Califórnia, em abril de 1906. (3) Outros mencionam que alguns de seus líderes ou membros falaram em línguas antes de Parham ou Seymour, considerando-se os pioneiros das primeiras denominações pentecostais, reconhecendo-se como os pentecostais originais. (4) Por último, alguns veem as origens do pentecostalismo como uma obra soberana de Deus que não pode ser atribuída a um único líder ou grupo, mas sim a uma efusão espontânea e simultânea do Espírito Santo ao redor do mundo. Veja ROBECK. Pentecostal Origins from a Global Perspective; CERILLO. Interpretive Approaches to the History of American Pentecostal Origins. Apesar de usarem uma terminologia diferente, eles concordam com esse esboço básico da história.

movimento pentecostal emergente deram ao movimento o seu *prodigium*. A primeira década do movimento, diz Hollenweger, forma o coração, não a infância, da espiritualidade pentecostal.[13] Características como estas foram formativas no início do movimento: oralidade da liturgia, narratividade da teologia e do testemunho, participação máxima no nível da reflexão, oração e tomada de decisões em uma comunidade caracterizada pela inclusão e reconciliação, incorporação de sonhos e visões em expressões de adoração pessoais e públicas e compreensão holística da relação corpo-mente refletida no ministério de cura pela oração.[14] Para Hollenweger, assim, o pentecostalismo representa um movimento religioso *sui generis*, "*eine neue Konfession*" [uma nova confissão], que não pode ser reduzido nem ao fundamentalismo, nem ao evangelicalismo, nem mesmo ao protestantismo como tal.[15]

Pentecostalismos flertando com pós-modernidades?

O que dizer sobre a relação dos pentecostais com as modernidades? É claro que seria inútil começar até mesmo a definir as pós-modernidades.[16] Acredito que podemos trabalhar com uma caracterização muito

---

[13] *The Pentecostals*, p. 551; After Twenty Years' Research on Pentecostalism, p. 6. Mais recentemente, Hollenweger resumiu as "raízes" do pentecostalismo nos seguintes termos: (1) a raiz oral negra; (2) a raiz católica, (3) a raiz evangélica, (4) a raiz crítica, (5) a raiz ecumênica (From Azusa Street to Toronto Phenomenon: Historical Roots of Pentecostalism), bem como LAND. *Pentecostal Spirituality*, p. 14, 47.
[14] HOLLENWEGER. Verheissung und Verhängnis der Pfingstbewegung. Da mesma forma, por exemplo, J. Kwabena Asamoah-Gyadu, um pentecostal africano, define o movimento como "tradição cristã que enfatiza a salvação em Cristo como uma experiência transformadora forjada pelo Espírito Santo. Consequentemente, fenômenos pneumáticos, como 'falar em línguas', profecias, visões, curas e milagres em geral, percebidos como continuidade histórica das experiências da igreja primitiva, são buscados, aceitos, valorizados e conscientemente encorajados entre os seus membros como significantes da presença de Deus e das experiências com o seu Espírito" (A Christian Education in the Modern African Church, p. 228).
[15] HOLLENWEGER. Verheissung und Verhängnis der Pfingstbewegung, p. 265
[16] Pessoalmente, considero extremamente útil o modo como Graham Ward, que também é reconhecido como um grande defensor teológico da ortodoxia radical, delineia as relações complexas e fluídas entre teologias contemporâneas e pós-modernidades em sua obra *Theology and Contemporary Critical Theory* e em seu outro guia central que editou sobre o tema, *The Postmodern God*.

mínima desse fenômeno, como a falta de metanarrativas; a redescoberta dos aspectos estéticos, não racionais, místicos e outros "valores intangíveis"; a falta de confiança nas instituições; a busca de holismo na vida — de forma negativa, a rejeição de explicações dualistas —; novos padrões de comunicação; compreensão dinâmica e um tanto confusa da relação entre o individual e o comunitário, o local e o global, e assim por diante. A descrição da pós-modernidade oferecida por Os Guinnes é, em geral, tão boa quanto qualquer outra:

> O pós-modernismo se anuncia como uma ruptura com o modernismo, assim como o modernismo fez anteriormente com a tradição. Naquilo em que o modernismo era um manifesto da autoconfiança humana e autocongratulação, o pós-modernismo é uma confissão de modéstia, se não de desespero. Não há verdade, apenas verdades. Não há princípios, apenas preferências. Não há um grande motivo, apenas razões. Não há civilização privilegiada (ou cultura, crença, normas e estilos), apenas uma multiplicidade de culturas, crenças, períodos e estilos. [...] Não há grande narrativa do progresso humano, apenas inúmeras histórias de onde as pessoas e suas culturas estão agora. Não há realidade simples ou grande objetividade de conhecimento universal, destacado, apenas uma representação incessante de tudo em termos de todo o resto.[17]

Em geral, religião e religiosidade são importantes para os pós-modernos. É apenas muitas vezes um tipo diferente de religião do, digamos, *Kulturprotestantismus* [protestantismo cultural]. No mundo de língua inglesa, uma nova expressão da espiritualidade cristã e eclesiologia está surgindo sob o nome de *igrejas emergentes*, um fenômeno — ou talvez se deva dizer fenômenos (no plural) — autenticamente pós-moderno.

Alguns teólogos pentecostais — e observadores teológicos como Cox e Hollenweger — flertaram com pós-modernidades. Começando a partir de meados da década de 1990, houve uma série de experimentos em

---

[17] GUINNESS. *Fit Bodies, Fat Minds*, p. 103-105.

EXCURSO B
| "O re-volver da religião no terceiro milênio": pentecostalismos e pós-modernidades |

hermenêutica visando a esse fim,[18] e depois a discussão se expandiu para outras áreas em que pentecostalismos e pós-modernidades possam ter algo em comum, como o princípio da corporeidade e da busca do holismo, a importância da narrativa, e assim por diante.[19] James K. A. Smith recentemente tentou combinar dois candidatos tão improváveis quanto aos já que mencionamos, ou seja, o pentecostalismo e a ortodoxia radical! Um estranho namoro de fato! Smith argumenta, por um lado, que enquanto no pentecostalismo se pode discernir certos paralelos com a ortodoxia radical, há também, por outro lado, diferenças definidas, destacando que essas diferenças são de igual modo importantes.[20] Deixe-me fazer algo semelhante e tentar uma correlação entre pós-modernidades e pentecostalismos, sugerindo — a palavra *sugerir* tem de ser tomada aqui pelo seu valor *prima facie*, o que significa que no momento estou fazendo muitas perguntas como se estivesse discutindo qualquer outra coisa — alguns paralelos e algumas diferenças. Estou discernindo semelhanças entre pós-modernidades e pentecostalismos no que diz respeito aos seguintes temas: redescoberta da "espiritualidade primal", ênfase na materialidade da salvação e busca do holismo, bem como o apreço pelo comunitarismo e o empoderamento de todos. Tendo discutido essas e outras características relacionadas, na parte final do ensaio eu volto meus olhos críticos para as forças e orientações contrárias nos pentecostalismos que tornam qualquer correlação com a pós-modernidade suspeita e incoerente.

Se houver alguma tese para minha discussão, seria algo assim: embora, sem dúvida, existam semelhanças e orientações compartilhadas entre

---

[18] Veja, p. ex., CARGAL. Beyond the Fundamentalist-Modernity Controversy; BYRD. Paul Ricoeur's Hermeneutical Theory and Pentecostal Proclamation; ARCHER. Pentecostal Hermeneutics: Retrospect and Prospect. Para uma avaliação muito menos entusiasta e com algumas críticas, veja também KÄRKKÄINEN. Pentecostal Hermeneutics in the Making.
[19] Uma contribuição importante aqui é a de JOHNS. Pentecostalism and the Postmodern Worldview. Ultimamente, no entanto, surgiram observações mais modestas e autocríticas, como as encontradas em POIRIER; LEWIS. Pentecostal and Postmodernist Hermeneutics. Para uma reflexão teológica útil feita por um teólogo católico romano, bem versado em pentecostalismo, veja DEL COLLE. Postmodernism and Pentecostal-Charismatic Experience.
[20] What Hath Cambridge to Do with Azusa Street?.

pós-modernidades e pentecostalismos, há também uma série de coisas que os diferenciam uns dos outros não só porque os pentecostalismos compartilham uma "fundação"[21] diferente das pós-modernidades, mas também porque os pentecostalismos, como um movimento espiritual emergente e em desenvolvimento, são carregados de tensões dinâmicas e até mesmo com potenciais contradições. No momento, é muito cedo — após o primeiro centenário — saber, em última análise, o que é o pentecostalismo enquanto fenômeno.

Em busca de paralelos entre pós-modernidades e pentecostalismos

"Espiritualidade primal"

Se a identidade dos pentecostalismos poderia — e deveria — ser definida em termos de espiritualidade em vez de, digamos, textos ou tradições, então essa pode ser a principal pista na busca de conexões com as pós-modernidades. Na verdade, essa é a ideia principal do que foi tentado recentemente. Segundo Cox, o pentecostalismo...

> teve êxito porque conversou com o vazio espiritual do nosso tempo, indo além dos níveis de credo e ritual e alcançado o núcleo da religiosidade humana, aquilo que pode ser chamado de "espiritualidade primal", o núcleo não processado da *psiquê* em que se dá a luta sem fim por um senso de propósito e significação. Teólogos clássicos o têm chamado de *imago Dei*, a imagem de Deus em cada pessoa. Talvez os pentecostais estejam se referindo à mesma coisa com palavras diferentes. [...] Minha convicção é de que os pentecostais têm tocado tantas pessoas porque eles realmente restauraram alguma coisa.[22]

---

[21] Ensinando do outro lado do Atlântico, é claro que estou bem ciente do intenso debate do "fundacionalismo" entre os pós-modernistas e, portanto, usando esse termo quadriculado, estou colocando-o entre aspas. Com todas as tentativas pós-modernas de excluir "fundamentos" do dicionário de sinônimos contemporâneo, meu próprio entendimento é que, embora o termo deva ser tratado com cuidado, ele ainda tem um lugar legítimo no discurso.
[22] *Fire from Heaven*, p. 81.

EXCURSO B
| "O re-volver da religião no terceiro milênio": pentecostalismos e pós-modernidades |

Saúdo o modo como Cox aborda o motivo central do pentecostalismo, ou seja, sua espiritualidade "experiencial", empregando o conceito de "espiritualidade primal" utilizada de forma ampla em estudos religiosos de língua inglesa. Experiência, como todos sabemos, é notoriamente um conceito difícil e multifacetado. Qualquer "volta para a experiência" na teologia moderna acrescenta tanto nevoeiro quanto clareza à discussão. Falando sobre "a volta para a experiência" do pentecostalismo — o movimento que ele considera a "mais" pós-moderna de todas as expressões cristãs no mundo contemporâneo[23] — em termos de espiritualidade primal, há três componentes inter-relacionados: "discurso primal", "piedade primal" e "esperança primal". O "discurso primal" destaca a importância da "enunciação extática", a glossolalia, o falar em línguas — uma atividade conhecida em toda a história cristã, bem como entre outras religiões. "Em uma era de estilos bombásticos, extravagantes, cheios de eufemismos, quando terminologias ultraespecializadas e retóricas artificiais parecem ter esvaziado e pulverizado a linguagem, os primeiros pentecostais aprenderam a falar — e seus sucessores ainda falam — com outra voz, uma linguagem do coração", argumenta Cox. A "piedade primal" trata da importância espiritual da visão, da cura, dos sonhos, da dança e de outras expressões religiosas arquetípicas. O que é importante aqui é que "o ressurgimento dessa espiritualidade primal se deu — talvez não surpreendentemente — apenas no ponto da história em que se desvendou tanto os pressupostos racionalistas da modernidade como as estratégias que as religiões usaram para se opor a elas (ou acomodar-se a elas)". A "esperança primal" aponta para "a perspectiva milenar do pentecostalismo, sua insistência em que uma radicalmente nova era do mundo está prestes a nascer".[24]

Os pós-modernistas, é claro, de bom grado acolhem a redescoberta do que está aqui sendo chamado de "espiritualidade primal". O que

---

[23] Veja COX. A Review of Pentecostal Spirituality. Veja também *Pentecostal Spirituality*, de Steven Land, uma obra de referência escrita por um teólogo pentecostal sobre a importância de uma espiritualidade escatologicamente completa, carismática e cristocêntrica, como o "núcleo" do pentecostalismo.
[24] COX. *Fire from Heaven*, p. 81-82.

impressiona a quem visita, por exemplo, o típico culto das igrejas emergentes é a interessante mistura do antigo e do novo, em termos dos mais recentes recursos audiovisuais de alta tecnologia combinados com movimentos e sons místicos, semissacramentais, ou então, altamente emocionais e exuberantes. Ao mesmo tempo, é preciso dizer que, é claro, "para muitas pessoas reflexivas, essas três qualidades do fenômeno pentecostal — glossolalia, sonhos e transes e milenarismo — parecem, na melhor das hipóteses, simplesmente bizarras e, na pior das hipóteses, absolutamente assustadoras.[25]

Ao lado da ênfase na experiência e na espiritualidade primal, os pentecostalismos compartilham com as pós-modernidades a nova valorização da afetividade da experiência e do conhecimento religioso, uma característica que J. K. A. Smith também encontra em comum entre o pentecostalismo e a ortodoxia radical.[26] Para qualquer observador dos cultos pentecostais, a presença do elemento afetivo é visível na música, na dança, no drama, nos movimentos, nas lágrimas, nos risos, e assim por diante. Smith argumenta ainda que a adoção desses tipos de características pelos pentecostais também trata do que ele chama de "epistemologia afetiva", que não privilegia apenas a argumentação analítica, e às vezes nem mesmo a discursiva, mas dá um lugar justo à intuição, às emoções e a outros aspectos não racionais do ser humano.[27]

O filósofo Smith ainda afirma que, por causa de uma ênfase no papel da experiência e de sua raiz na epistemologia afetiva, a teologia pentecostal, diferentemente da teologia evangelical, resiste a todos os tipos de dualismos aos quais defensores pós-modernistas, bem como da ortodoxia radical, também resistem.[28] Isso me leva à segunda característica do pentecostalismo com paralelos na pós-modernidade: a busca da totalidade da salvação, encarnação e o que chamo aqui de "a materialidade da salvação".

---

[25] Ibidem, p. 83.
[26] What Hath Cambridge to Do with Azusa Street?, p. 111.
[27] Ibidem.
[28] Ibidem.

EXCURSO B
| "O re-volver da religião no terceiro milênio": pentecostalismos e pós-modernidades |

A materialidade da salvação

Em um artigo importante intitulado "Materiality of Salvation: An Investigation in the Soteriologies of Liberation and Pentecostal Theologies" [Materialidade da salvação: uma investigação sobre as soteriologias das teologias da libertação e pentecostal], Miroslav Volf argumentou que, com todas as suas diferenças, esses dois movimentos cristãos compartilham uma visão de salvação em termos terrenos, materiais, físicos e corpóreos. Embora nenhum dos movimentos, claro, abandone a esperança escatológica, orientada para o futuro, não relegam a salvação meramente ao futuro. É verdade que os liberacionistas concentram seus esforços em libertação sociopolítica (incluindo a de gênero), enquanto para os pentecostais trata-se mais da libertação do indivíduo das doenças e enfermidades físicas ou emocionais. Mesmo assim, há resistência em excluir da visão da salvação a realidade terrena do corpo. Smith nos lembra o fato de que, ao contrário de suposições comuns dos pentecostalismos sobre o outro mundo, o movimento também é caracterizado por um compromisso de justiça social, empoderamento dos indefesos e uma opção preferencial pelos marginalizados, remontando às raízes na Rua Azusa, como uma espécie de paradigma da marginalização — um renascimento em um estábulo abandonado, liderado por um pregador afro-americano.[29]

Enquanto Volf toma Lutero como exemplo do que ele chama de teologias tradicionais de orientação "espiritualista", eu gostaria de chamar a atenção para o teólogo sistemático luterano Wolfhart Pannenberg. O que me surpreende na pneumatologia do teólogo sistemático de Munique que, ao lado do reformado Jürgen Moltmann, representa uma visão holística e abrangente do mundo, ao concordar com as

---

[29] Ibidem, p. 110. Smith faz aqui uma referência ao teólogo pentecostal hispânico Eldín Villafañe, adepto da teologia da libertação, que faz uma conexão interessante entre a sacramentalidade e a ajuda aos pobres e marginalizados: "O pentecostalismo hispânico deve adotar de seu passado católico sacramental a compreensão e o desafio de que adorar Jesus também é realizado mediante seu ministério e serviço para e com os pobres" (p. 112). Veja VILLAFAÑE. *The Liberating Spirit*, p. 218.

correntes da doutrina do Espírito Santo, é que sua pneumatologia ignora completamente o tema da cura e dos exorcismos, bem como o empoderamento em termos dos dons espirituais. É uma boa conversa sobre a continuidade entre a primeira criação e a próxima nova criação, mas desatenta às suas implicações para a nossa vida aqui e agora na condição de criaturas corporificadas, necessitadas de restauração, cura e libertação.[30]

Smith vê essa característica central dos pentecostalismos derivada de seu "posicionamento de abertura radical para Deus e, em particular, Deus fazendo algo *diferente* ou *novo*", cujo exemplo bíblico é a narrativa de Atos 2, ou seja,

> a coragem e disposição de Pedro para reconhecer nesses fenômenos "estranhos" à operação do Espírito e declarar que é uma obra de Deus. [...] Em termos pós-modernos, poderíamos descrever isso como uma abertura à alteridade ou ao outro. [...] Por causa disso, as comunidades pentecostais enfatizam o ministério continuado do Espírito, incluindo revelação contínua, profecia e a centralidade dos dons carismáticos na comunidade eclesial. [...] Incluído nesse ministério do Espírito está uma crença distinta na cura do corpo como parte de um aspecto central da obra expiatória de Cristo. Essa crença central indica uma desconstrução pentecostal dos dualismos fundamentalistas. [...] A centralidade da crença na cura física é um indicador disto: é uma afirmação fundamental do valor da realidade da corporeidade e deve constituir uma crítica radical de todos os dualismos, como faz a ontologia "encarnacional" da ortodoxia radical. Afirmando que Deus está preocupado com a saúde do corpo, afirmamos a materialidade, a corporeidade e o mundo sensível.[31]

---

[30] Veja mais em KÄRKKÄINEN. The Working of the Spirit of God in Creation and in the People of God. Em contraste com Pannenberg, Moltmann discute amplamente esses tópicos (*Spirit of Life*, cap. 9). Ainda de forma mais ampla, a teologia construtiva de Moltmann parece-me pós-moderna de muitas maneiras, embora Moltmann nunca se envolva no discurso pós-moderno!
[31] What Hath Cambridge to Do with Azusa Street?, p. 109-10, 112.

EXCURSO B
"O re-volver da religião no terceiro milênio": pentecostalismos e pós-modernidades

A corporeidade, naturalmente, está no coração das pós-modernidades e, portanto, é de alto valor nas teologias cristãs pós-modernas também.[32]

Relacionado ao princípio da materialidade da salvação está a insistência pentecostal na liberdade e na libertação do mal, não só no futuro, mas aqui e agora. Este é, naturalmente, um recurso que encontra ressonância em particular nas culturas do sul global. Nas palavras do teólogo ganense Ogbu Kalu:

> Passar pela vida é como uma guerra espiritual, e o ardor religioso pode aparecer muito físico à medida que as pessoas se esforçam para preservar o seu sustento material em meio às maquinações das forças dominantes do mal. Por trás disso está uma forte sensação das amarras morais e espirituais da vida. É uma cosmovisão orgânica na qual as três dimensões do espaço estão unidas; o mundo visível e o invisível se entrelaçam. Nada acontece no mundo visível que não tenha sido predeterminado no reino invisível. O desafio para o cristianismo é como testemunhar do evangelho em um ambiente altamente espiritualizado em que o reconhecimento dos poderes não foi banido em um voo cartesiano à objetividade e ao iluminismo. [...] O argumento aqui é que o pentecostalismo na África se coloriu da textura do solo africano e do interior de seu idioma, de sua alimentação e de seu crescimento; seus frutos atendem aos desafios e problemas do ecossistema africano mais adequadamente do que os frutos missionários anteriores.[33]

Comunitarismo

Uma das muitas coisas que me impressionam, e me confundem, sobre as pós-modernidades, e estão lá marcadas e muitas vezes de formas

---

[32] Para uma breve discussão, ver, p. ex., CUNNINGHAM. The Trinity, p. 186. A teologia do processo norte-americana da mesma forma — embora, tanto quanto posso dizer, independentemente e pelo menos começando muito antes das pós-modernidades — insiste na importância do princípio de encarnação para uma teologia cristã sólida: "O panenteísmo sustenta que Deus não é definido como espírito puro em contraste com o mundo físico que ele criou; Deus está em algum sentido encarnado neste mundo" (CLAYTON. God and World, p. 209). De modo similar, muitas teólogas feministas, como Sally McFague, já há muito tempo chamaram a atenção dos teólogos para esse tema.

[33] KALU. Preserving a Worldview, p. 122.

confusas, são as maneiras de negociar as relações entre pessoas e comunidades. Por outro lado, as mentalidades pós-modernas refutam a moderna "volta à individualidade", se isso é entendido em termos de indivíduos atomísticos, separados, como é o caso dos estilos de vida dos atuais guetos urbanos. Não só as filosofias pós-modernas desmascaram e rasgam todo o conceito do *eu* e, portanto, do indivíduo no sentido da modernidade, como psicólogos, sociólogos e outros também têm reconstruído o *eu* em termos da "pessoa", que se resume a relacionalidade,[34] conexões, pertencimentos e compartilhamentos. Certamente nenhum homem (ou mulher) é uma ilha após o advento da pós-modernidade. Dito isso, por outro lado, nenhum movimento é cuidadoso em preservar, valorizar e cultivar algum tipo de individualidade e singularidade. Chamemos isto de alteridade, diferença ou algum outro termo. É tudo a mesma coisa. Mesmo nos guetos pós-modernos, os indivíduos não querem desaparecer sob qualquer tipo de coletividade que elimine as diferenças. Seja como for, meu ponto de vista em relação à discussão é simplesmente este: a pós-modernidade celebra comunidades, comunalismo, pertencimento. Observando os pentecostalismos, especialmente sua missão, discirno um cultivo definitivo e uma construção do comunalismo. Deveríamos assim falar de uma *koinonia* pentecostal distintiva?[35]

Para os pós-modernos e os pentecostais, as comunidades são moldadas e provocadas por uma narrativa compartilhada, uma história que se desdobra na vida da comunidade. Sob o apropriado título *Pentecostal Story as a Hermeneutical Narrative Tradition* [História pentecostal como uma tradição narrativa hermenêutica], o teólogo pentecostal Kenneth J. Archer assim fala sobre tal processo:

> A comunidade pentecostal é uma tradição narrativa coerente e distinta dentro da cristandade. As comunidades pentecostais estão unidas por suas experiências carismáticas e história comum. A tradição narrativa pentecostal é uma encarnação da metanarrativa cristã.

---

[34] Para um bom relato teológico sobre essa discussão, veja GRENZ. *The Social God and Relational Self*. Para uma discussão breve e útil, ver também CUNNINGHAM. *The Trinity*.
[35] Veja mais em KÄRKKÄINEN. *The Church as the Fellowship of Person*.

EXCURSO B
| "O re-volver da religião no terceiro milênio": pentecostalismos e pós-modernidades |

>No entanto, porque a comunidade pentecostal entende-se como um movimento restaurador, ela se considera a melhor representação ou corporificação de cristianismo no mundo hoje. Isso pode soar triunfalista; mas os pentecostais, como todas as tradições narrativas restaurativas do cristianismo, desejam ser tanto uma autêntica continuação do cristianismo do Novo Testamento quanto uma representação fiel do cristianismo do Novo Testamento nas sociedades atuais em que eles existem. É claro que a compreensão do que era e deveria ser o cristianismo do Novo Testamento está baseada sobre um entendimento pentecostal. O arrazoado moral que inclui a interpretação bíblico-teológica é contextualizado na tradição narrativa da comunidade pentecostal. Os pentecostais estudarão as Escrituras, farão teologia e refletirão sobre sua realidade a partir de suas comunidades e tradição narrativa contextualizadas.[36]

Isto é, de fato, o que está acontecendo entre as comunidades pentecostais, seja nos países em que se originaram, seja nos campos missionários. É significativo que no início da terceira fase do Diálogo Internacional entre Pentecostais e Católicos Romanos, com o foco na eclesiologia de comunhão, Miroslav Volf e Peter Kuzmic da (então) Iugoslávia fizeram a declaração programática de que a soteriologia e a pneumatologia pentecostais apontam inequivocamente na direção de uma *eclesiologia da comunhão de pessoas*.[37]

>Na vida da comunidade, os pentecostais encontraram um novo senso de dignidade e propósito na vida. Sua solidariedade cria laços afetivos, dando-lhes um senso de igualdade. Essas comunidades têm funcionado como alternativas sociais que protestam contra as estruturas opressivas da sociedade em geral. Os pentecostais descobriram

---

[36] Pentecostal Story, p. 40-42. Esse discurso soa muito pós-moderno e McIntyreano, e de fato é. Curiosamente, um recurso essencial para a construção do pentecostalismo de Archer são as intuições de A. McIntyre sobre a importância da narrativa e da tradição para a formação da comunidade.
[37] KUZMIC; VOLF. *Communio Sanctorum*, p. 2. Ver mais em KÄRKKÄINEN. The Church as Charismatic Fellowship, p. 100-121.

com alguns críticos sociais que muitas vezes a mudança social eficaz ocorre nos níveis comunal e microestrutural, e não no nível macroestrutural.[38]

Segundo Kuzmic e Volf, a dinâmica da comunhão é concretamente vivenciada mediante os *charismata* [dons do Espírito]. "Como comunhão deve ser o inalienável *modus* da existência da igreja, então os *charismata* devem ser uma permanente característica de sua vida."[39] Por consequência, a experiência de adoração com o desejo profundo de encontrar-se com o Senhor está no centro da vida da igreja pentecostal. Mesmo quando as manifestações espirituais, como falar em línguas, palavras de sabedoria ou curas, estejam faltando, há, contudo, tanto abertura quanto expectativa dos sinais tangíveis da presença de Deus na comunhão dos santos.[40]

O que é significativo sobre a *koinonia* pentecostal foi bem capturado anteriormente no documento da posição pentecostal do diálogo católico-pentecostal: "Dificilmente se pode contestar o fato de que os reavivamentos pentecostais do século XX levaram a *koinonia* do (ou com o) Espírito Santo para fora do claustro da tradição mística da igreja, e

---

[38] "Evangelization, Proselytism and Common Witness", § 43. Lembramos a importante declaração do teólogo reformado Emil Brunner (*The Misunderstanding of the Church*, p. 10-11: "O corpo de Cristo não é outra coisa senão uma irmandade de pessoas. É a 'comunhão de Jesus Cristo' ou 'comunhão do Espírito Santo', em que comunhão ou *koinonia* significa uma participação comum, união, uma vida comunitária. Os fiéis estão ligados um ao outro por meio de seu compartilhamento comum em Cristo e no Espírito Santo, mas o que eles têm em comum não é precisamente 'uma coisa', um 'isso', mas um 'ele', Cristo e seu Espírito Santo".
[39] KUZMIC; VOLF. *Communio Sanctorum*, p. 16.
[40] Obviamente, há uma conexão aqui com o princípio sacramental das igrejas tradicionais: enquanto as igrejas sacramentais consideram os sacramentos a forma preferencial de garantir a presença divina, juntamente com a palavra pregada, para os pentecostais a ênfase está nos dons do Espírito. Alguns teólogos pentecostais se esforçaram em encontrar semelhanças entre a espiritualidade pentecostal — sobretudo sua ênfase na glossolalia, o falar em línguas, como uma maneira de "garantir" a presença divina — e os sacramentos divinos como "sinais" da presença divina. Embora existam alguns pontos de conexão, também acho que as diferenças são tão dramáticas que, no máximo, só se pode apontar para alguns motivos comuns subjacentes por trás da glossolalia e, digamos, da eucaristia. Veja mais em MACCHIA. Tongues as a Sign.

EXCURSO B
| "O re-volver da religião no terceiro milênio": pentecostalismos e pós-modernidades |

fez dela a experiência comum de todo o povo de Deus".[41] A *koinonia* pentecostal no seu melhor representa um princípio de democratização e reconciliação: não só existe acesso a Deus e às coisas sagradas para todos os homens e todas as mulheres, mas também o acesso ao ministério e à liderança. Não se trata de educação, status ou riqueza, mas de empoderamento do Espírito Santo. Juntamente com a crença e a afirmação de empoderamento de todos os cristãos, homens e mulheres, jovens e idosos, ricos e pobres pelo mesmo Espírito Santo, as comunidades pentecostais lançaram massivos projetos missionários em todo o mundo.[42] Por consequência, isso levou à aplicação entusiástica do princípio do voluntarismo, que pode ser a chave para o enorme crescimento e explosão do empreendimento da missão pentecostal. Andrew M. Lord assim resume a ação missionária dos pentecostais:

1. A missão é primariamente motivada sem referência a organizações da igreja, ou seja, a missão é em essência uma atividade de baixo para cima, e não de cima para baixo.

2. A missão é o domínio de todo crente, isto é, não se limita a uma determinada classe de pessoas, ou seja, ao clero religioso.

3. A missão surge de uma experiência de Deus, isto é, de mais do que apenas uma preocupação humana ou um contexto cultural.[43]

Especialmente durante os anos de nascimento do movimento pentecostal nos Estados Unidos, a *koinonia* pentecostal agiu como um poderoso crítico social, político e ecumênico. Homens e mulheres, brancos e negros, metodistas e católicos — todos cultuaram juntos, compartilharam a liderança e invocaram "o poder do alto". Não é de se admirar que não apenas o *establishment* religioso, mas também o secular e liberal,

---
[41] ERVIN. Koinonia, Church and Sacraments, p. 8-9.
[42] Para discussão sobre missiologia pentecostal e o papel que nela desempenha o Espírito, veja HOLLENWEGER. *The Pentecostals*, p. 288-306; KÄRKKÄINEN. 'Truth on Fire'; Mission, Spirit, and Eschatology; Pentecostal Missiology in Ecumenical Perspective; e Missiology, Pentecostal and Charismatic, p. 877-885.
[43] LORD. The Voluntary Principle in Pentecostal Missiology, p. 83.

com o *Los Angeles Times* na linha de frente, tenha ridicularizado e rejeitado o jovem movimento como escandaloso e herético.[44] A crença pentecostal de que a "linha da cor foi lavada no sangue do Cordeiro" foi um duro golpe contra a mentalidade sociopolítica conservadora do início do século XX que excluía pessoas com base em raça e gênero.[45]

Fale sobre as profundezas pós-modernas! Fale sobre os ideais democráticos! Fale contra as instituições, as normas estabelecidas, as hierarquias, as exclusões. Fale a favor da inclusão, do empoderamento de todos, das oportunidades para todas as pessoas!

Em busca de tensões dinâmicas e contrastes internos

A questão das "fundações"

Embora outros pontos de conexão entre pós-modernidades e pentecostalismos possam ser encontrados e discutidos, como o lugar da estética no culto público, o que foi dito é suficiente. Na parte final deste texto, gostaria de voltar meus olhos para as características, as orientações e os desenvolvimentos nos pentecostalismos e de seu trabalho missionário que falam contra ou divergem das pós-modernidades. Uma vez que este não é um trabalho estudantil escrito na esperança de receber boas notas — e, portanto, ter o ônus de provar a tese — gostaria de agitar as águas já turvas e tentar definir a discussão em uma perspectiva mais ampla.

Para começar, quaisquer paralelos entre pentecostalismos e pós-modernidades têm de ser contrabalançados por uma análise cuidadosa das diferenças reais. Conforme sugerido anteriormente, as diferenças surgem de dois conjuntos de fatores: primeiro, do simples fato de que, em meu entendimento, pentecostalismos como um movimento cristão baseiam-se em uma "fundação" particular, e, em segundo lugar, porque, na condição de fenômeno, os pentecostalismos aparecem como uma realidade emergente e em desenvolvimento com tensões, e mesmo potenciais contrastes.

---

[44] Isto está bem documentado no estudo do grande historiador e ecumenista pentecostal Cecil M. Robeck, *The Azusa Street Mission and Revival*.
[45] Veja HOLLENWEGER. The Critical Tradition of Pentecostalism.

EXCURSO B
| "O re-volver da religião no terceiro milênio": pentecostalismos e pós-modernidades |

Visto que tanto os pentecostalismos quanto as pós-modernidades são formados por e trazem sobre si suas próprias narrativas particulares, por trás dos pentecostalismos há também uma grande história, a história do evangelho. Embora a história do evangelho possa ser lida, interpretada e vivenciada de muitas maneiras e em muitas "cores" — como o bispo Lesslie Newbigin costumava nos lembrar, e como a prática da missão pentecostal ilustra de modo tão vívido em todo o mundo — trata-se da mesma história. Colocando brevemente: todas as semelhanças entre pós-modernidades e pentecostalismos têm de ser verificadas contra essa diferença radical de "fundação".

Os pentecostalismos em sua aparência

Mais complicada e complexa para nosso tópico é a reflexão sobre as implicações de tensões internas dos pentecostalismos. Deixe-me esclarecer e então tentar desempacotar o que estou querendo expressar: parece-me que, contra todas as características dos pentecostalismos que parecem conectá-lo com as pós-modernidades, há um outro lado da espiritualidade e manifestação pentecostais, tão autêntico e genuíno, que parece ou comprometer ou destruir completamente a conexão. Deixem-me tratar um tópico de cada vez.

Conquanto a espiritualidade seja a maneira legítima e apropriada de definir o pentecostalismo, há também o fato de que, logo após seu nascimento, os movimentos pentecostais fizeram um determinado esforço para se definirem segundo textos escritos, fórmulas eclesiásticas, e assim por diante — em outras palavras, fazer se parecerem mais com os seus respeitados homólogos protestantes e evangelicais. A Assembleia de Deus dos Estados Unidos, a maior denominação pentecostal branca na América do Norte e a maior família internacional de igrejas pentecostais, definiu sua identidade já em 1914 em termos de dezesseis declarações de fé.[46] Ao destacar

---

[46] As Assembleias de Deus norte-americanas foram formadas em 1914, em Hot Springs, Arkansas. Diante do recrudescimento do racismo nos Estados Unidos no início do século XX, tornou-se insustentável o acordo entre os pregadores pentecostais brancos do Movimento da Fé Apostólica com a denominação pentecostal negra Igreja de Deus em Cristo

os distintivos pentecostais, como falar em línguas, cura divina e expectativa escatológica urgente, as declarações também amarraram o movimento pentecostal a uma hermenêutica bíblica conservadora, bastante literalista, a uma escatologia dispensacionalista, e assim por diante. Os contornos doutrinários, no entanto, eram mais frouxos e mais fluidos. Então veio a necessidade de uma consolidação institucional e, especialmente, de uma maior aceitação evangélica para um movimento que surgiu às margens das igrejas e da sociedade. Por consequência, em 1948, as Assembleias de Deus dos Estados Unidos redefiniram algumas de suas declarações doutrinárias para estritamente se alinharem com as (então) formulações fundamentalistas evangelicais, como a "inerrância" das Escrituras.[47] Em geral, a localização do pentecostalismo no campo dos cristãos conservadores — especialmente nos Estados Unidos, em muitas partes da Europa e, como resultado de trabalho missionário agressivo, também em muitas antigas terras missionárias — é o fundo histórico e social para a atual manifestação do pentecostalismo. A aliança com o fundamentalismo, no entanto, é complicada e, de certa forma, um desenvolvimento autocontraditório. Entre todos os cristãos, foram os fundamentalistas que mais se opuseram com veemência à defesa pentecostal da contínua obra miraculosa do Espírito. Da mesma forma, a compreensão da revelação e inspiração que herdaram do fundamentalismo pode estar em desacordo com uma cosmovisão pentecostal.[48]

(COGIC, sigla em inglês), de Charles Harrison Mason Sr., que os credenciava, inclusive junto às companhias de estrada de ferro, possibilitando o seu transporte com vantajosos descontos. Insatisfeitos, entretanto, com aquele acordo por conta da segregação racial vigente em muitas das áreas onde o movimento pentecostal prosperava, os pregadores brancos se desassociaram da COGIC e formaram o Concílio Geral das Assembleias de Deus em Hot Springs. Veja JACOBSEN, Douglas. *Thinking in the Spirit: Theologies of the Early Pentecostal Movement*. Bloomington, Indianapolis: Indiana University Press, p. 260-285. É bom dizer que a decisão de Gunnar Vingren em adotar, em 1918, o nome Assembleia de Deus para a obra pentecostal "Missão da Fé Apostólica" que iniciara em 1911, em Belém do Pará, juntamente com Daniel Berg, não teve qualquer relação institucional com as Assembleias de Deus nos Estados Unidos. Veja ALENCAR, Gedeon Freire de. *Assembleia de Deus: Origem, implantação e militância (1911-1946)*. São Paulo: Arte, 2010. (N. do T.)
[47] Tudo isso está documentado e habilmente discutido em ROBECK. National Association of Evangelicals, p. 922-925.
[48] Para uma importante discussão sobre este assunto, veja SHEPPARD. Pentecostalism and the Hermeneutics of Dispensationalism.

EXCURSO B
| "O re-volver da religião no terceiro milênio": pentecostalismos e pós-modernidades |

A aliança com o cristianismo conservador, às vezes até fundamentalista, também ajuda a explicar outra tensão embutida na teologia e missiologia pentecostais: o princípio da liberdade do Espírito — ou a falta dela — em relação às outras religiões. O teólogo evangélico Clark Pinnock, um inclusivista, afirma o óbvio:

> Pode-se esperar que os pentecostais desenvolvam uma teologia da missão e das religiões do mundo orientada pelo Espírito devido a sua abertura à experiência religiosa, sua sensibilidade para com os oprimidos do terceiro mundo, onde têm experimentado muito do seu crescimento, e sua consciência dos caminhos do Espírito, bem como do dogma.[49]

Isso não tem sido, no entanto, o caso na maior parte dos casos.[50] Embora os pentecostais tenham se destacado em atividades missionárias com resultados impressionantes para qualquer padrão, pensar no ministério do Espírito no mundo ficou para trás. Não somente isso, mas — alinhando-se com a ala mais conservadora da igreja — eles também foram os primeiros a levantar dúvidas sobre qualquer tipo de papel salvador do Espírito separado da proclamação do evangelho. Na maioria das vezes, os pentecostais sucumbiram à visão conservadora/fundamentalista padronizada que limita a obra salvadora do Espírito à igreja (exceto pelo trabalho do Espírito preparando alguém para receber o evangelho). Um caso em questão foi o aviso de um dirigente das Assembleias de Deus dos Estados Unidos. De acordo com sua declaração, uma abordagem pluralista da teologia das religiões representa um tríplice problema:

1. é contrária às Escrituras;
2. substitui a obrigação do evangelismo mundial;
3. aqueles que não cumprem a grande comissão não estão, em última análise, vivendo sob o senhorio de Cristo.[51]

---

[49] PINNOCK. *Flame of Love*, p. 274.
[50] Para uma história das visões pentecostais das religiões, veja YONG. *Discerning the Spirit(s)*, p. 185-197; sobre as visões dos cristãos carismáticos sobre as religiões, veja p. 107-206; ver também KÄRKKÄINEN. Are Pentecostals Oblivious to Social Justice?, p. 187-198.
[51] CARPENTER. Tolerance or Irresponsibility, p. 19.

Isso, obviamente, não quer dizer que os pentecostais não acreditem na obra do Espírito entre as outras religiões.[52] Serve apenas para revelar que suas reservas quanto ao trabalho do Espírito no mundo emergem de sua união à ala conservadora da igreja, e não de seu próprio patrimônio espiritual e pneumático.[53]

Quando se trata da materialidade da salvação, a espiritualidade pentecostal, a vida da igreja e o trabalho missionário oferecem uma imagem insípida. Tendo se alinhado com os fundamentalistas, com sua escatologia dispensacionalista, bem como com cristãos social e politicamente conservadores, muitos pentecostais, sobretudo pentecostais norte-americanos brancos, também têm tido sérias dúvidas sobre o valor de se investir num mundo prestes a desaparecer.[54] Felizmente, outros pentecostais não foram consistentes com sua fé escatológica dispensacionalista e, assim, ao longo do tempo têm investido enorme quantidade de energia e recursos em programas sociais, tanto no nível individual como estrutural. No entanto, esse sentimento misto sempre tem estado presente, falando contra a ideia da materialidade da salvação.

Ao mesmo tempo, a ideia da materialidade da salvação nas mãos de muitos pentecostais e carismáticos também os transformou em

---

[52] Um empolgante estudo para os pentecostais — e outros — seria investigar possíveis conexões, se houver, entre a "espiritualidade primal" pentecostal e as espiritualidades das religiões, especialmente as das culturas asiáticas. Parece-me que a pneumatologia pentecostal — mesmo quando seu potencial de abordar essa questão parece estar preso em um ambiente particularmente fundamentalista-conservador — tem semelhanças impressionantes com religiões vivas, como o hinduísmo e o budismo, em sua resistência à cosmovisão reducionista, super-racionalista e, às vezes, dualista da modernidade. O movimento em direção a uma visão de mundo dinâmica pós-moderna, com sua disposição de reavaliar os cânones da modernidade, certamente abriu as principais pneumatologias cristãs para uma reflexão mais holística e dinâmica sobre o Espírito. O pentecostalismo tem esse tipo de espiritualidade primal como um recurso maravilhoso. Ainda está para ser visto se sugestões como as de Yong provocarão um amplo ressurgimento da reflexão pentecostal ou se essa tarefa será deixada apenas para movimentos carismáticos e neocarismáticos. Veja mais em KÄRKKÄINEN. Pentecostal Pneumatology of Religions.

[53] Alguns teólogos pentecostais servem como pioneiros no novo entendimento dessa questão complicada. Para os iniciantes, consulte YONG. *Beyond the Impasse*; *The Spirit Poured Out on All Flesh*.

[54] Ver KÄRKKÄINEN. Are Pentecostals Oblivious to Social Justice?.

EXCURSO B
"O re-volver da religião no terceiro milênio": pentecostalismos e pós-modernidades

materialistas grosseiros em busca de benefícios financeiros e outros. Os erros de muitos líderes pentecostais em sua busca gananciosa por dinheiro, poder e prestígio estão muito bem documentados para merecer aqui muita reflexão. Qualquer visita a várias igrejas pentecostais não só nos Estados Unidos, mas também em todo o sul global da África, Ásia e América Latina, constata um quadro com sérias questões para qualquer teólogo e missiologista. Saúde e riqueza são consideradas o principal indicador das bênçãos de Deus, e técnicas espirituais para alcançá-las são aperfeiçoadas por novos pregadores carismáticos itinerantes. Pela transmissão via satélite, programas de TV do evangelho da prosperidade estão sendo levados às nossas salas de estar. Por outro lado, pentecostalismos também sofrem do mesmo tipo do reducionismo "espiritualista" que Volf vê como indicativo de muitas teologias tradicionais, ou seja, priorizando a salvação das "almas" ao ponto de perder a inteireza do ser humano como *imago Dei* corporificada. Ao ouvir um pentecostal pregar e testemunhar, você poderá ouvir simultaneamente ambas as vozes: busca por plenitude da salvação e ênfase na salvação da alma.

Por fim, quando se trata da natureza comunitária do pentecostalismo, uma imagem mista também emerge. Os pentecostalismos não são menos propensos a abraçar a religião do individualismo tão desenfreada não só no norte global, mas também em grau crescente no sul, na medida que a CNN, o McDonald's e a indústria de entretenimento global espalham as boas-novas da cultura ocidental até os confins da terra. Nem as comunidades pentecostais são necessariamente mais inclusivas ou acolhedoras. De forma correta, então, o teólogo pentecostal de Singapura, Simon Chan, lamenta que o pentecostalismo sofra de individualismo ao afirmar que, entre muitos pentecostais, "meu relacionamento com Deus é primordial, enquanto meu relacionamento com os outros é secundário".[55]Consequentemente, ele sugere que o pentecostais precisam de uma pneumatologia eclesiológica como corretivo.[56]

Os pentecostais também precisam ouvir atentamente seus teólogos contemporâneos para serem auxiliados a redescobrir a natureza

---

[55] CHAN. Mother Church, p. 180.
[56] Ibidem, 196-208.

comunitária do Espírito Santo nos carismas, nos dons espirituais e no empoderamento. Em seu *Baptized in the Spirit* [Batizado no Espírito], com o revelador subtítulo *A Global Pentecostal Theology* [Uma teologia pentecostal global], Frank Macchia, tendo confessado que "com sua compreensão individualista do batismo do Espírito [...] [os pentecostais] carecem de uma estrutura conceitual pela na qual entendam sua conexão com vida comunitária de dons da igreja",[57] ele faz o importante convite: "O Espírito é o Espírito de comunhão. O batismo do Espírito implica comunhão. É por isso que ele conduz a um amor compartilhado, a uma refeição compartilhada, a uma missão compartilhada e à proliferação/ao fortalecimento de uma vida carismática interativa".[58] Até o falar em línguas, o dom mais distintivo para muitos pentecostais, deixa de estar relacionado com a *sanctorum communio* [comunhão dos santos]. Já que nenhum crente sozinho abrange a plenitude dos *charismata*, a plenitude de Deus só pode ser experimentada em solidariedade, em *koinonia*, com outras pessoas no corpo da igreja.[59]

De fato, outra vez, tendo se alinhado com forças religiosas e socialmente conservadoras, muitos pentecostais se agarram de modo fiel à exclusão racial, social e a outras formas de exclusão. Certamente, os pentecostais brancos [norte-americanos] se tornaram antiecumênicos ao se colocarem contra a visão pentecostal original da unidade de todos os cristãos como resultado do derramamento do Espírito. E até mesmo um olhar superficial sobre muitas igrejas pentecostais vai revelar suas estruturas eclesiásticas altamente hierárquicas, institucionalizadas e rígidas.

Implicações para as missões

Ao mencionar todas essas forças contrárias, minha intenção não é culpar os pentecostais — outras igrejas certamente não estão numa posição muito melhor — nem tentar agradar a todos, tanto os que são a favor, quanto os que desconfiam dos pentecostais; nem estou tentando

---

[57] P. 203.
[58] Ibidem, p. 205.
[59] Idem. *Sighs Too Deep for Words*, p. 65.

EXCURSO B
"O re-volver da religião no terceiro milênio": pentecostalismos e pós-modernidades

redimir meu próprio argumento ao informar meu público de que estou bem ciente dos prós e dos contras quando se trata de comparar pós-modernidades e pentecostalismos. Tenho simplesmente uma dupla intenção: em primeiro lugar, sem dúvida, há alguns paralelos entre as pós-modernidades e os pentecostalismos como nossa discussão revela (e que não vou repetir aqui). Esses paralelos são missiológica e teologicamente significativos ao apontarem para alguns novos desenvolvimentos nas culturas e religiosidades do novo milênio. Enquanto se faz uma cuidadosa e sustentada reflexão teológica — e, de forma esperançosa, também eclesiológica — para decidir o que devemos então fazer na missão cristã sob essas mutáveis circunstâncias, é de urgente importância discernir e analisar tais tendências. As pós-modernidades e os pentecostalismos são indicadores úteis para algo novo que está acontecendo no mundo. Em segundo lugar, embora se reconheçam paralelos, existem diferenças "fundacionais", como minha discussão destacou. Portanto, a questão principal quanto ao relacionamento entre pós-modernidades e pentecostalismos não pode ser respondida nos limites deste texto. Na melhor das hipóteses, o que pode ser feito nesta fase é sublinhar sua imagem incipiente e cheia de tensão.

Voltando à questão maior, ou seja, às implicações para a missão cristã para o novo milênio — seja qual for a relação precisa entre pós-modernidades e pentecostalismos — talvez devêssemos tomar literalmente o título deste texto e falar não apenas em termos de "volver", ou seja, de "voltar", "retornar", mas, ainda mais importante, em termos de "re-volver", ou seja, de "revirar", de causar "reviravoltas". Quando a religião tem produzido reviravoltas globais na vida do terceiro milênio, não é apenas a reapropriação de antigas realidades como experiência, misticismo, comunhão, cura, e assim por diante que está em jogo, mas também suas reconfigurações em um novo contexto pós-moderno.

O "volver" para o *espírito* faz parte da religiosidade da pós-modernidade. Para a igreja cristã, "volver" para o *Espírito* — em ambos os sentidos de "retorno" e "reviravolta" — abre novas paisagens e novos horizontes. Nas palavras de Jürgen Moltmann, esta é "A Pentecostal Theology of Life" [Uma teologia pentecostal da vida].

O dom e a presença do Espírito Santo constituem a maior e mais maravilhosa realidade que nós — a comunidade humana, todos os seres vivos, e a terra inteira — podemos experimentar. Pois presente no Espírito Santo não está apenas um dentre os muitos bons e maus espíritos que existem, mas o próprio Deus, que cria, dá vida, abençoa e redime [...]

[...] A *missão da vida*
Missão é, no sentido original e eterno, a *Missio Dei*. Somente quando nossa missão cristã segue e corresponde ao envio divino é que ela é uma missão com confiança em Deus e de fé sólida. Somente se nós, como pessoas, correspondermos à missão divina para outras pessoas é que, de fato, respeitamos seu valor e sua imagem divina, e repudiamos a tentação de dominá-las religiosamente. A *Missio Dei* é nada menos que o envio do Espírito Santo do Pai, por intermédio do Filho, ao mundo, a fim de que o mundo possa escapar da ruína e viver. Simplificando, o que é trazido por Deus através de Cristo para o mundo é vida. "Porque eu vivo, e vós vivereis" (João 14:19). Pois o Espírito Santo é a "fonte de vida" e traz vida ao mundo: a vida em sua totalidade, a vida em sua plenitude — desimpedida, indestrutível, vida eterna. O criativo Espírito de Deus, que inspira vida, traz a vida eterna para o aqui e agora, antes da morte — e não apenas para depois da morte — porque o Espírito traz Cristo ao mundo, e Cristo é a "ressurreição e a vida" em pessoa. [...] De acordo com os evangelistas sinópticos, onde quer que Jesus esteja, a vida lá está, pois lá os enfermos são curados, os cansados são consolados, os excluídos são aceitos e os demônios da morte são expulsos. De acordo com o livro de Atos e as epístolas apostólicas, onde quer que o Espírito Santo esteja presente, há vida, pois lá se encontra a alegria pela vitória da vida sobre a morte e lá o poder da vida eterna é experimentado. Missão, nesse sentido divino, nada mais é do que um movimento de vida e cura que espalha conforto e coragem para a vida e levanta aqueles que querem morrer. Jesus não trouxe uma nova religião ao mundo, mas sim uma nova vida.[60]

---

[60] P. 3, 10-11.

Bibliografia

ARCHER, Kenneth J. Pentecostal Hermeneutics: Retrospect and Prospect. *Journal of Pentecostal Theology* 8 (abr/1996), p. 63-81.

_____. Pentecostal Story: The Hermeneutical Filter for the Making of Meaning. *Pneuma: The Journal of the Society for Pentecostal Studies* 26.1 (2004), p. 36-59.

ASAMOAH-GYADU, J. Kwabena. Christian Education in the Modern African Church: Maturity, Growth and the Spirituality of Ghanaian Pentecostal/ Charismatic Movements. In: *Teaching to Make Disciples*. Coletânea de palestras. Annual Meeting of the Society for Pentecostal Studies, 30, 2001, Tulsa.

BRUNNER, Emil. *The Misunderstanding of the Church*. London: Lutterworth, 1953.

BURGESS, Stanley M.; VAN DER MAAS, Eduard M. (eds). *The New International Dictionary of Pentecostal and Charismatic Movements*. Ed. rev. e ampl. Grand Rapids: Zondervan, 2002.

BYRD, Joseph. Paul Ricoeur's Hermeneutical Theory and Pentecostal Proclamation. *Pneuma: The Journal of the Society for Pentecostal Studies* 15.2 (1993), p. 203-214.

CARGAL, Timothy B. Beyond the Fundamentalist-Modernity Controversy: Pentecostals and Hermeneutics in a Postmodern Age. *Pneuma: Journal of the Society for Pentecostal Studies* 15 (1993), p. 163-187.

CARPENTER, Hardol. Tolerance or Irresponsibility: The Problem of Pluralism in Missions. *Advance* 31.2 (1995), p. 19.

CERILLO, Augusto. Interpretive Approaches to the History of American Pentecostal Origins. *Pneuma: The Journal of the Society for Pentecostal Studies* 19.1 (1997), p. 29-52.

CHAN, Simon. Mother Church: Toward a Pentecostal Ecclesiology. *Pneuma: The Journal of the Society for Pentecostal Studies* 22.2 (2000), p. 177-208.

CLAYTON, Philip. God and World. In: VANHOOZER, Kevin J. (ed.). *The Cambridge Companion to Postmodern Theology*. Cambridge: Cambridge University Press, 2003.

COX, Harvey. A Review of Pentecostal Spirituality: A Passion for the Kingdom by Steven J. Land. *Journal of Pentecostal Theology* 5 (1994), p. 3-12.

_____. *Fire from Heaven: The Rise of Pentecostal Spirituality and the Reshaping of Religion in the Twenty-first Century*. Reading: Addison-Wesley, 1995.

CUNNINGHAM, David S. The Trinity. In: VANHOOZER, Kevin J. (ed.). *The Cambridge Companion to Postmodern Theology*. Cambridge: Cambridge University Press, 2003.

DAYTON, Donald W. *Theological Roots of Pentecostalism*. Grand Rapids: Zondervan, 1987.

DEL COLLE, Ralph. Postmodernism and Pentecostal-Charismatic Experience. *Journal of Pentecostal Theology* 17 (2000), p. 97-116.

ERVIN, Howard M. Koinonia, Church and Sacraments: A Pentecostal Response. Palestra. Roman Catholic/Pentecostal Dialogue, 1987, Veneza.

"EVANGELIZATION, Proselytism and Common Witness: Final Report of the Dialogue Between Roman Catholics and Pentecostals (1990-1997). IN: *Information Service* 97/I-II (1998), p. 38-56.

GRENZ, Stanley J. *The Social God and Relational Self: A Trinitarian Theology of the Imago Dei*. Louisville: Westminster John Knox, 2001.

GUINNESS, Os. *Fit Bodies, Fat Minds: Why Evangelicals Don't Think, and What to Do About It*. Grand Rapids: Baker, 1994.

HOLLENWEGER, Walter J. After Twenty Years'Research on Pentecostalism. *International Review of Missions* 75 (jan. 1986), p. 3-12.

_____. From Azusa Street to Toronto Phenomenon: Historical Roots of Pentecostalism. *Concilium* 3 (1996), p. 3-14.

_____. The Critical Tradition of Pentecostalism. *Journal of Pentecostal Theology* 1 (1992), p. 7-17.

_____. *The Pentecostals*. Peabody: Hendrickson, 1988.

_____. Verheissung und Verhängnis der Pfingstbewegung. *Evangelische Theologie* 53.3 (1993), p. 265-288.

JOHNS, Jackie David. Pentecostalism and the Postmodern Worldview. *Journal of Pentecostal Theology* 7 (1995), p. 73-96.

KALU, Ogbu U. Preserving a Worldview: Pentecostalism in the African Maps of the Universe. *Pneuma: The Journal of the Society for Pentecostal Studies* 24.2 (2003), p. 110-137.

KÄRKKÄINEN, Veli-Matti. Are Pentecostals Oblivious to Social Justice? Theological and Ecumenical Perspectives. *Missionalia* 29.3 (2001), p. 387-404.

_____. Missiology, Pentecostal and Charismatic. In: Stanley M. BURGESS; VAN DER MAAS, Eduard M. (eds.). *The New International Dictionary of Pentecostal and Charismatic Movements*. Ed. rev. e ampl. Grand Rapids: Zondervan, 2002.

_____. Mission, Spirit, and Eschatology: An Outline of a Pentecostal-Charismatic Theology of Mission. *Mission Studies* 16.1:31 (1999), p. 73-94.

_____. Pentecostal Hermeneutics in the Making: On the Way from Fundamentalism to Postmodernism. *The Journal of the European Pentecostal Association* 18 (1998), p. 76-115.

_____. Pentecostal Missiology in Ecumenical Perspective: Contributions, Challenges, Controversies. *International Review of Mission* 88.350 (1999), p. 207-225.

_____. Pentecostal Pneumatology of Religions: The Contribution of Pentecostalism to Our Understanding of the Work of God's Spirit in the World. In: KÄRKKÄINEN, Veli-Matti (ed.). *The Spirit in the World. Emerging Pentecostal Theologies in Global Contexts*. Grand Rapids: Eerdmans, 2008.

_____. The Church as Charismatic Fellowship: Ecclesiological Reflections from the Pentecostal-Roman Catholic Dialogue. *Journal of Pentecostal Theology* 18 (2001), p. 100-121.

_____. The Church as the Fellowship of Persons: An Emerging Pentecostal Ecclesiology of Koinonia. *PentecoStudies* 6.1 (2007) p. 1-15.

_____. The Working of the Spirit of God in Creation and in the People of God: The Pneumatology of Wolfhart Pannenberg. *Pneuma: The Journal of the Society for Pentecostal Studies* 26 (2004), p. 17-35.

_____. Toward a Pneumatological Theology of Religion: Pentecostal-Charismatic Contributions. *International Review of Mission* 41.361 (2002), p. 187-198.

_____. 'Truth on Fire': Pentecostal Theology of Mission and the Challenges of a New Millennium. *Asian Journal of Pentecostal Theology* 3.1 (2000), p. 33-60.

KUZMIC, Peter; VOLF, Miroslav. *Communio Sanctorum*: Toward a Theology of the Church as a Fellowship of Persons. Palestra. International Roman Catholic-Pentecostal Dialogue, 1985, Riano.

LAND, Steven J. *Pentecostal Spirituality: A Passion for the Kingdom*. Sheffield: Sheffield Academic Press, 1993.

LORD, Andrew M. The Voluntary Principle in Pentecostal Missiology. *Journal of Pentecostal Theology* 17 (out. 2000), p. 81-95.

MACCHIA, Frank D. *Baptized in the Spirit: A Global Pentecostal Theology*. Grand Rapids: Zondervan, 2006.

_____. Sighs Too Deep for Words: Towards a Theology of Glossolalia. *Journal of Pentecostal Theology* 1 (1992), p. 47-73.

_____. Tongues as a Sign: Towards a Sacramental Understanding of Pentecostal Experience. *Pneuma: The Journal of the Society for Pentecostal Studies* 15.1 (1993), p. 61-76.

MILLER, Albert Pentecostalism as a Social Movement. *Journal of Pentecostal Theology* 9 (1996), p. 97-144.

MOLTMANN, Jürgen. A Pentecostal Theology of Life. *Journal of Pentecostal Theology* 9 (out. 1996), p. 3-15.

_____. *Spirit of Life: A Universal Affirmation*. Minneapolis: Fortress, 1993. Publicado no Brasil como *O espírito da vida: Uma pneumatologia integral*. Petrópolis: Vozes, 2010.

PINNOCK, Albert. *Flame of Love: A Theology of the Holy Spirit*. Downers Grove: InterVarsity, 1996.

POIRIER, John C.; LEWIS, B. Scott. Pentecostal and Postmodernist Hermeneutics: A Critique of Three Conceits. *Journal of Pentecostal Theology* 15.1 (2006), p. 3-21.

ROBECK, Cecil M. National Association of Evangelicals. In: BURGESS, Stanley M.; VAN DER MAAS, Eduard M. (eds.). *The New International Dictionary of Pentecostal and Charismatic Movements*. Ed. rev. e ampl. Grand Rapids: Zondervan, 2002.

_____. Pentecostal Origins from a Global Perspective. In: HUNTER, Harold. D.; HOCKEN, Peter. D. (eds.). *All Together in One Place: Theological Papers from the Brighton Conference on World Evangelization*. Sheffield: Sheffield Academic Press, 1993.

_____. *The Azusa Street Mission and Revival: The Birth of a Global Movement*. Nashville: Thomas Nelson, 2006.

SHEPPARD, Gerald T. Pentecostalism and the Hermeneutics of Dispensationalism: The Anatomy of an Uneasy Relationship. *Pneuma: The Journal of the Society for Pentecostal Studies* 6.2 (1984), p. 5-34.

SMITH, James K. A. What Hath Cambridge to Do with Azusa Street? Radical Orthodoxy and Pentecostal Theology in Conversation. *Pneuma: The Journal of the Society for Pentecostal Studies* 25.1 (2003), p. 97-114.

SPITTLER, Russell P. Spirituality, Pentecostal and Charismatic. In: BURGESS, Stanley M.; VAN DER MAAS, Eduard M. (eds.). *The New International Dictionary of Pentecostal and Charismatic Movements*. Ed. rev. e ampl. Grand Rapids: Zondervan, 2002.

VILLAFAÑE, Eldín. *The Liberating Spirit: Toward an Hispanic American Pentecostal Social Ethic*. Grand Rapids: Eerdmans, 1993.

VOLF, Miroslav. Materiality of Salvation: An Investigation in the Soteriologies of Liberation and Pentecostal Theologies. *Journal of Ecumenical Studies* 26 (1989), p. 447-467.

WARD, Graham. *The Postmodern God: A Theological Reader*. Oxford: Blackwell, 1997.

_____. *Theology and Contemporary Critical Theory*. 2 ed. New York: St. Martin's, 2000.

YONG, Amos. *Beyond the Impasse: Toward a Pneumatological Theology of Religions*. Grand Rapids: Baker Academic, 2003.

_____. *Discerning the Spirit(s): A Pentecostal-Charismatic Contribution to Christian Theology of Religions*. Sheffield: Sheffield Academic Press, 2000.

_____. *The Spirit Poured Out on All Flesh: Pentecostalism and the Possibility of Global Theology*. Grand Rapids: Baker Academic, 2005; Thomas Nelson, 2006.

EXCURSO **C**

O ESPÍRITO E A INTERPRETAÇÃO BÍBLICA[1]
CRAIG S. KEENER

Introdução

Neste artigo, originalmente escrito para uma apresentação na Oral Roberts University College of Theology and Ministry, condenso o material do meu livro *Spirit Hermeneutics* e algumas questões subsequentes (mais documentações serão encontradas lá).[2] Estou deixando de fora algumas outras discussões tratadas no livro, tal como a epistemologia bíblica,[3] para focar aqui dois lados da hermenêutica do Espírito comumente discutidos.[4] Para evitar o risco da suspeição, começarei minhas observações indicando que sou um biblista carismático que afirma de forma categórica ambos os lados do que estou abordando aqui.

Meu curso de quarenta horas de interpretação bíblica para seminaristas começa com o contexto literário imediato

---

[1] Artigo publicado originalmente sob o título The Spirit and Biblical Interpretation. *Spiritus: OUR Journal of Theology* 4.1 (2019), p. 17-44. Tradução de Arlindo Teodoro Jr.
[2] Veja KEENER. *Reading Scripiture in Light of Pentecost*; Pentecostal biblical interpretation/Espirit Hermeneutics; Response to Reviews of "Spirit Hermeneutics"; e Refining Spirit Hermeneutics. Para os dados completos das obras citadas, veja a "Bibliografia" no final do capítulo.
[3] Tratado em KEENER. *Spirit Hermeneutics*, p. 153-204.
[4] Os dois campos hermenêuticos ultimamente identificados por OLIVERIO JR. *Theological Hermeneutics in the Classical Pentecostal Tradition*.

da passagem, com o contexto do livro em que ela está, move-se para o contexto do estilo do autor inspirado e de palavras usadas em outros textos, para o contexto bíblico-teológico de como uma passagem se utiliza da revelação bíblica mais antiga, para o contexto linguístico de que modo as palavras foram usadas no cenário do autor e para o contexto histórico-cultural referido pelo autor. Com isso, exemplifico que meu foco acadêmico pessoal tem sido proporcionar o pano de fundo antigo judaico, grego e romano do Novo Testamento, ao qual a maioria dos leitores da Bíblia não tem acesso.[5] Depois de apresentar esses princípios elementares, volto-me para a hermenêutica especial — isto é, a atenção aos gêneros específicos da Bíblia.[6]

De maneira mais concisa, aqui devo simplesmente repetir no início minhas razões para enfatizar o significado antigo, isto é, a fim de tentar ouvir a mensagem tal como ela foi aparentemente desenvolvida com o objetivo de estabelecer a comunicação entre o autor antigo e seu público. Voltarei a esse assunto ao final quando tratar os perigos de negligenciar o significado "original". Entre essas discussões, no entanto, vou enfatizar de maneira mais profunda um aspecto da interpretação que tipicamente recebe menos ênfase em ambientes acadêmicos.

Devemos considerar não apenas o contexto antigo da mensagem original, mas também "ouvir o que o Espírito diz às igrejas" hoje. Não apresentarei aqui uma argumentação da inspiração das Escrituras, um ponto às vezes controverso que deverei elaborar no futuro. Por causa da limitação do momento, simplesmente aceitarei essa crença compartilhada pela maioria dos cristãos ao longo da história como um axioma que a maioria de nós também compartilha.

Lendo à luz dos contextos antigos

Admito que Deus, sendo soberano, pode falar por meio da Escritura fora do contexto — mas eu também afirmaria que esse não é o sentido

---

[5] Cf. KEENER. *IVP Bible Background Commentary: New Testament*; veja também WALTON; KEENER (eds.). *The NIV Cultural Backgrounds Study Bible*.
[6] Trato alguns desses materiais de forma popular em *The Bible in Its Context*.

EXCURSO C
| O Espírito e a interpretação bíblica |

canônico que temos o direito de ensinar a outros sobre a *autoridade* da Escritura. Deus pode falar por meio de qualquer coisa não canônica, até mesmo mediante a mula de Balaão ou de pregadores como eu. Quando era um cristão recém-convertido, ansioso para abandonar meu dever de casa, que era traduzir o texto A *guerra gálica*, escrito por César, e me dedicar exclusivamente à leitura da Bíblia, eu a abri e apontei de modo aleatório uma passagem. Esperava que ela declarasse: "abandone tudo e me siga". Em vez disso, para minha decepção, ela me incitava a "dar a César o que é de César" (Lucas 20:25). Então, concordei e fiz meu dever de casa. Mas, e se eu fosse às igrejas dizendo "Deus me *mostrou* na Bíblia que todos deveriam fazer a tradução de César"? Esse simplesmente não é o significado canônico e contextual do texto, ou seja, a base universal de como sua autoridade se aplica às nossas situações diversas.

Por Deus saber o futuro, a Escritura pode de fato conter revelação cuja importância total nem sempre é evidente aos intérpretes até depois do fato[7] — tal como os leitores pré-cristãos prevendo a segunda volta de Cristo. Ainda seria precário fazer dessa expectativa de um significado mais amplo um princípio normativo de interpretação, especialmente quando ainda não testemunhamos seu cumprimento. Se a explicação de dimensões ainda não cumpridas está simplesmente nas mãos de qualquer um que declare falar pelo Espírito, nós retornamos a afirmações subjetivas sem um cânon para nos ancorar. Deus pode esboçar novas compreensões relacionadas às promessas antigas (p. ex., Daniel 9:2, 21-27), mas elas devem ser consistentes com sua mensagem, vir de agentes confiáveis e dar resultado. A maioria dos atuais "mestres de profecias" possui um registro muito pobre do resultado de suas interpretações, e eles têm de reciclar as interpretações de passagens à medida que as manchetes de notícias mudam.[8]

Quando a nossa reutilização da linguagem bíblica não é consistente com seu propósito original, devemos aos nossos ouvintes a cortesia de deixá-los saber que estamos falando, na melhor das hipóteses, na autoridade de nossa própria experiência do Espírito, não na própria autoridade

---

[7] O que tem sido tradicionalmente chamado de *sensus plenior*.
[8] Veja, p. ex. WILSON. *Armageddon Now!*; KYLE. *The Last Days Are Here Again*.

da Escritura. Ao fazê-lo, reconhecemos que a nossa avaliação finita permanece sujeita à correção se ela diverge do já comprovado cânon da Escritura. O fato de possuirmos um cânon nos admoesta para que não coloquemos revelação pessoal acima da Escritura, ou até mesmo uma afirmação de grupos particulares sobre a Escritura acima da própria Escritura. Se assim for feito, não será mais possível permitir que a revelação que todos nós compartilhamos arbitre outras afirmações acerca da revelação, e isso leva consequentemente ao caos teológico que caracteriza parte significativa do cristianismo popular de hoje. Devemos estar prontos para corrigir esses abusos, à medida que Deus nos dá ouvintes entre aqueles dispostos a ouvir.

Além de revelações extraordinárias, uma hermenêutica ampla nos convida a considerar tanto o contexto antigo quanto o moderno. Dar o nosso melhor para ouvir o significado original pode estar fora de moda entre algumas hermenêuticas contemporâneas, mas acredito que ainda é importante, uma vez que a Escritura é o que nós, cristãos que compartilham de um cânon, temos *absoluta certeza* de que foi originalmente inspirado pelo Espírito Santo. É importante ter essa autoridade canônica acima de nós, em especial quando dialogamos sobre a verdade com membros de outras comunidades interpretativas, sejam cristãs, sejam grupos sectários, como é o caso de testemunhas de Jeová e mórmons.

Certamente nem todos são chamados para pesquisar o meio social antigo em primeira mão; especialistas podem proporcionar esse pano de fundo e outros professores podem utilizar esse trabalho quando necessário. Ainda assim, leitores que dispõem desse material deveriam levá-lo em conta quando preciso, e acredito que, algumas vezes — como acontece quando muitos acadêmicos se opõem ao ministério feminino — eles geralmente não possuem conhecimento suficiente do contexto para reconhecer que necessitam dele.

O fato de a Bíblia ter chegado a nós em hebraico, aramaico e grego, além de grande parte dela — como sua história e muitas cartas — relatar ou se referir a histórias de situações particulares, mostra que Deus é prático e se preocupa com pessoas reais em situações concretas. Se Deus nos deu a Bíblia nesta configuração, isso significa que precisamos

EXCURSO C
| O Espírito e a interpretação bíblica |

nos ater à forma particular na qual Deus inspirou esses documentos, entregues para aquelas realidades concretas. O Espírito que nos fala por meio da Escritura vai falar uma mensagem consistente com a mensagem que ele originalmente inspirou.

Escritura é *mais* do que texto, mas Deus *a forneceu* na forma textual, o que nos convida a tratá-la de maneira parcialmente textual. Ela é mais do que os gêneros que a constitui; ela é, por exemplo, biografias e cartas antigas inspiradas, mas *ainda assim* são biografias e cartas antigas. Por isso Paulo primeiro nomeia a si mesmo e, depois, ao seu público na abertura da carta, em contraste com as cartas modernas. A mensagem da Escritura é eterna, mas foi comunicada em língua antiga, escrita em alfabeto antigo, usa formas literárias antigas e geralmente se refere a acontecimentos antigos. O Espírito Santo a *inspirou nessas* formas.

O entendimento dessas formas ajuda a evitar que sejam *obstáculos* para ouvirmos esses textos com frescor; sua própria concretude em uma conjuntura nos convida a responder a eles de maneira concreta em outras circunstâncias.

Assim como traduzimos a linguagem, levamos em consideração a sua conjuntura. Da mesma maneira que a Palavra se tornou carne com uma etnia específica em um tempo e lugar particulares, identificando-se com todos nós, porque também somos formados em particularidades históricas, igualmente os livros da Escritura chegaram até nós moldados por suas particularidades históricas, de modo que levaremos a sério a nossa própria particularidade histórica. Portanto, devemos valorizar ouvir as conjunturas que formaram a Escritura com suas particularidades assim como a multiplicidade de conjunturas nas quais a ouvimos novamente hoje.

Tal estudo requer engajamento intelectual com o texto. Provérbios nos incita a buscar sabedoria e conhecimento, desde que sejam fundamentados no temor ao Senhor. Ao contrário de algumas tradições da igreja e das minhas próprias resistências quando jovem cristão, o Espírito não se limita a envolver aspectos afetivos de nossa personalidade. Deus age no nosso intelecto quando buscamos *entender* um texto. A Escritura ensina que o Espírito age em nossa mente e a renova (Romanos 8:5-7;

12:2; 1Coríntios 2:16; 14:15), assim como o nosso espírito (Romanos 8:16; 1Coríntios 14:14).[9]

É verdade que não temos acesso à mente dos autores humanos antigos.[10] No entanto, o texto, associado a algum conhecimento do ambiente cultural, permite-nos, em geral, inferir em algum grau os tipos de questões que ele desejou tratar. Eu poderia usar um martelo como arma — se não fosse um pacifista —, mas o formato do meu martelo sugere que ele foi especialmente *projetado* para bater (e remover) pregos. Se lanço mão de uma advertência bíblica que tem a intenção de assustar os pecadores para que estes se arrependam e a uso para arrancar dízimos dos seminaristas empobrecidos, posso não estar empregando uma passagem no sentido para o qual ela foi projetada. Se eu pegar o louvor de Paulo ao amor que excede as línguas para significar que o dom de línguas cessou quando o apóstolo João morreu, não estou usando o texto no sentido para o qual ele foi projetado.

Além disso, nossa reconstrução da conjuntura varia em graus de probabilidade e ainda deixa uma lacuna no nosso conhecimento. O ponto não é o nosso conhecimento do pano de fundo ser perfeito, mas que devemos fazer o nosso melhor, o que geralmente é considerado melhor do que não tentarmos. O texto em si mesmo, no seu contexto literário, nos dá muito do que precisamos, com elementos conjunturais que suplementam e geralmente confirmam.

Meu ponto é que os contextos histórico e literário podem nos ajudar a entender por que o texto foi formado dessa maneira particular e, assim, extrair dele o tipo de inferência consistente — ao invés de inconsistente — com seu projeto original. Com certeza, concordo que recontextualizamos a mensagem à medida que ouvimos a Escritura novamente em uma variedade de contextos; comecei e coeditei um livro de leituras globais.[11] Ainda assim, o contexto original é o contexto fundacional que forjou o texto cuja mensagem buscamos recontextualizar.

---

[9] Veja a discussão completa em KEENER. *The Mind of the Spirit*.
[10] Cf. p. ex., SPINKS. *The Bible and the Crisis of Meaning*, p. 44, 82, 92, 122; FARRELL. *The Varieties of Authorial Intention*, p. 43.
[11] KEENER; RODAS. *Global Voices*.

EXCURSO C
| O Espírito e a interpretação bíblica |

Ouvir isso nos ajuda a nos proteger dos perigos das interpretações supercontextualizadas. Todos os teólogos donos de escravos que li, os quais utilizaram a Bíblia para legitimar a escravidão, fizeram-no sem considerar os contextos literário e histórico[12] — em contraste a todos os teólogos abolicionistas lidos por mim que levaram esses elementos em consideração.[13] (Eu trato esse assunto de maneira mais extensiva em outro lugar.)[14] Mais deliberada foi a contextualização ariana apoiada pelas igrejas aliadas ao nazismo, as quais tentaram suplantar a identidade judaica de Jesus, que veio em carne em um contexto histórico bastante real e diferente.[15]

Os princípios textuais normais para a interpretação permanecem relevantes para a Escritura porque Deus inspirou a Bíblia *textualmente*, em forma *literária*. Todos esses princípios são relevantes para os textos em geral, e a maioria dos gêneros na Bíblia existiu, pelo menos de maneira bem próximas, no mundo bíblico fora da Bíblia. E pessoalmente descubro com frequência que o Espírito me ajuda a usar tal contexto. Eu não encontro vida espiritual em uma conjuntura antiga, mas geralmente encontro o Espírito usando essa conjuntura para me ajudar a ouvir o texto com mais clareza.

---

[12] Veja, p. ex., SAWYER. *Southern Institutes*; ROSS. *Slavery Ordained of God*. Cf. discussão em RABOTEAU. *Slave Religion*, p. 152–180; CANNON. Slave Ideology and Biblical Interpretation, p. 119–128.

[13] Veja, p. ex., SUNDERLAND. *Anti Slavery Manual*; WELD. *The Bible Against Slavery* e *Autographs for Freedom*, vol. 2 (veja ensaios de WILLIS. The Bible vs. Slavery, p. 151-155; TAPPAN. Disfellowshipping the Slaveholder, p. 163-164; BROWN. The Size of Souls", p. 41-43; MARSH. The Law of Liberty", p. 61-62; BROCK. Slaveholding not a Misfortune but a Crime", p. 158); a longa coleção em BACON. *Slavery Discussed in Occasional Essays*; WOOLMAN. *Some Considerations on the Keeping of Negroes*; HOPKINS. *Timely Articles on Slavery*; CHEEVER. *God Against Slavery*. Veja também o debate entre o Rev. W. G. Brownlow e o ministro congregacional abolicionista Rev. A. Pryne em BROWNLOW. *Ought American Slavery to Be Perpetuated?*. Além disso, cf. FORDHAM. *Major Themes in Northern Black Religious Thought*, p. 111-137; SERNETT. *Black Religion and American Evangelicalism.*, p. 59-81; JOYNER. *Down by the Riverside*. p. 156-158; a fala do escravo James Curry em BLASSINGAME. *Slave Testimony*, p. 130-131.

[14] Veja meus resumos e comentários em USRY; KEENER. *Black Man's Religion*, p. 98-109, 184-190; KEENER; USRY. *Defending Black Faith*, p. 33-40, 174-178; KEENER. *Paul, Women, & Wives*, p. 184-224; Subversive Conservative, p. 35-37.

[15] Veja especialmente HESCHEL. *The Aryan Jesus*.

Hoje, alguns criticam como "modernista" qualquer apelo ao contexto antigo — apesar de muitos pensadores ao longo da maior parte da história, incluindo Crisóstomo e muitos reformadores, considerarem isso meramente senso comum. Considero uma cortesia comum: normalmente tentamos entender o que alguém está tentando nos comunicar.[16] Se entender isso nos é *crucial*, aprenderemos até mesmo a língua e o contexto do comunicador, ou vamos depender de fontes (tal como tradução e informação contextual) que nos ajude.

Levar a sério o fato de que Deus escolheu repetidas vezes inspirar autores humanos requer que levemos a sério a dimensão humana do texto — as matrizes linguísticas e culturais nas quais o texto está codificado. Tais autores buscaram comunicar, e se estamos de fato interessados na Palavra de Deus da maneira como ele a deu por meio dos seus autores humanos, buscaremos ouvir o que eles procuraram comunicar. Até mesmo desconstrutivistas aparentemente querem que os leitores entendam algo do seu ponto de vista, e os autores antigos dificilmente eram desconstrutivistas.

Ouvindo o outro autor

Como cristãos, no entanto, também acreditamos em outro nível de autoria, por meio da inspiração do Espírito (2Timóteo 3:16). Conhecer o contexto *desse* Autor também é importante, convidando-nos a considerar o contexto canônico e teológico mais amplo, e o que sabemos do Autor por meio do nosso relacionamento pessoal e corporativo com ele. Os acadêmicos usualmente filtram esse nível quando tratam de textos em um fórum acadêmico que não possui consenso sobre a atividade divina. Mas como infelizmente tenho aprendido por meio da experiência, o naturalismo metodológico, se não mantido em seu lugar, pode remodelar nossa própria abordagem pessoal ao texto bíblico com consequências espirituais desastrosas.

---

[16] Perceba que estou falando de contexto histórico, não crítica histórica, que explicitamente diferencio em KEENER. *Spirit Hermeneutics*, p. 84, 124, 125, 132, 146, 347 (nota 55). Eu uso o último para discussões históricas acadêmicas, mas é o contexto histórico para o qual advogo em prol do entendimento textual.

EXCURSO C
| O Espírito e a interpretação bíblica |

Mas quando ouvimos e falamos entre nós como cristãos, o contexto divino é o mais importante de todos! Sem atenção suficiente ao contexto literário e histórico, corremos o risco de distorcer o que a Bíblia ensina teologicamente de forma cumulativa. Sem atenção suficiente ao contexto autoral divino, no entanto, arriscamo-nos a negligenciar a própria resposta que a mensagem bíblica requer de nós.

Uma razão de ter concordado em escrever este [texto] foi poder *afirmar* a audição pessoal do Espírito no texto bíblico, porque alguns importantes colegas, na tarefa de promover o contexto bíblico, argumentaram *contra* isso, e eu queria deixar claro que o significado antigo não é *única* coisa que o Espírito está falando. Ao mesmo tempo, a Bíblia não trata apenas de nós: ela trata do propósito de Deus na história. Toda a Bíblia é relevante para alguma coisa; precisamos estudá-la no contexto, a fim de entender o que é relevante e para qual finalidade.

Apesar de Deus ter inspirado a Bíblia em forma textual, ela não é qualquer texto. Para nós, na condição de cristãos, ela é a Palavra *de Deus*, e não falou apenas no passado, mas continua nos comunicando a mensagem de Deus. Quando leio o trabalho de um amigo ou mentor, tal como Gordon Fee, E. P. Sanders ou Michael Brown, ouço na voz deles. Por exemplo, quando leio os comentários do Gordon, sei que o volume de sua voz estaria aumentando, porque Gordon está pregando tal ponto com convicção. Sei quando Ed Sanders faz uma pausa para a plateia rir. Sei quando Michael Brown está sublinhando um ponto retoricamente, mas ainda de forma irênica.

Quando lemos a Bíblia, há um sentido em que podemos conhecer muitos dos seus autores, tal como Paulo ou João. Mas porque a Bíblia é inspirada por Deus, há um sentido em que podemos (o mais importante) aprender a ouvir o Autor que fala por meio desses autores humanos de várias maneiras. À medida que crescemos para conhecer melhor a voz de Deus na Escritura, reconhecemos sua voz e entendemos melhor o que ele está dizendo — e o coração com o qual ele está dizendo — porque sabemos que Deus é consistente com seu caráter revelado pela Escritura. Isso também nos mantém no caminho para reconhecer a voz de Deus quando ele fala em nossa vida de outras maneiras.

Uma hermenêutica espiritual é, portanto, uma hermenêutica relacional: conhecemos o Deus da Bíblia e, por isso, lemos a Bíblia a partir do ponto vantajoso de confiarmos nele. Isso não deve ser confundido com a maneira de alguns leitores abordarem a Bíblia de forma popular em nome da espontaneidade. Se ouço minha esposa falando, posso admirar sua sabedoria e sensibilidade até mesmo quando ela está falando com outra pessoa. Eu não poderia ignorar o contexto de sua fala. Se um cachorro está perseguindo-a e ela diz "Vá embora!", eu não tomo isso como uma mensagem para mim; isso seria uma total distorção de relacionamento e da confiança. Da mesma maneira, uma hermenêutica genuína do Espírito será sensível ao contexto original no qual Deus inspirou sua mensagem no texto bíblico.

O Espírito nos conforta e nos instrui por intermédio da Escritura, como ensinado em Romanos 15:4 e em 1Coríntios 10:11. Isso se aplica não apenas quando estamos lendo a Escritura, mas também quando o Espírito nos lembra da Escritura regularmente na nossa vida diária. Ouvir o Espírito através da oração[17] e ouvi-lo na Escritura são complementares e geralmente se sobrepõem, mas insisto em que, antes de dizermos aos outros que a Bíblia diz algo, falando assim sobre sua autoridade canônica, é necessário estar em harmonia com a mensagem geral que o Espírito já inspirou. A Palavra de Deus não é limitada à Escritura, mas a maioria dos cristãos reconhece que a Escritura como cânon comprovado mantém um papel especial na condição de Palavra de Deus para avaliar todas as outras revelações.

Lendo com fé

Lemos de diversos pontos de partida culturais, mas uma perspectiva é unicamente cristã: a perspectiva da fé no Deus vivo. Ler a narrativa bíblica com fé significa ler sua mensagem como *verdade*. O Deus da Bíblia é o nosso Deus; o Jesus dos evangelhos é o nosso Senhor ressuscitado; os

---

[17] Que fortemente afirmo; veja e.g., KEENER. *Studies in the Knowledge of God in the Fourth Gospel in Light of its Historical Context; Gift & Giver*, p. 17-50.

EXCURSO C
| O Espírito e a interpretação bíblica |

tipos de anjos e demônios que habitam o Novo Testamento existem em nosso mundo (mesmo se intérpretes ocidentais não reconheçam isso);[18] e o veredito bíblico sobre as falhas morais humanas é o que vemos refletido continuamente à nossa volta.

Muitos leitores comuns da Bíblia reconhecem-na como Palavra de Deus, e intuitivamente esperam ouvir nela a voz divina. Tal expectativa é um sinal de fé. Em geral, os leitores não sabem de que modo abordar o texto como texto, mas Deus os encontra em seus estudos porque eles possuem fé. Às vezes erram porque a fé é efetiva apenas quando possui o objeto correto — neste caso, o que Deus realmente disse. Mas, como acadêmicos, vamos algumas vezes ao outro extremo. Influenciados pelo Iluminismo, algumas vezes nossas instituições podem ensinar técnicas de interpretação mecanicistas, como se uma leitura acadêmica fosse o suficiente. Mesmo depois de terminarmos nosso estudo contextual, ainda precisamos nos aproximar do texto em fé, abraçando sua mensagem para nós hoje.

Crisóstomo, Lutero e Calvino abordaram o texto de forma gramatical e histórica, mas eles também enfatizaram a necessidade da fé e da iluminação do Espírito. Levando a sério os autores humanos da Escritura, Lutero insistiu que o Espírito de Deus está presente nela de uma maneira especial. "A experiência é necessária", afirmou Lutero, "para o entendimento da Palavra" que deve "ser crida e sentida."[19] Os beneditinos do quinto século desenvolveram a abordagem meditativa *lectio divina*.[20] Dos pais da igreja aos pietistas, da Reforma ao movimento *holiness* e aos cristãos pentecostais, ouvir a voz do Espírito no texto tem

---

[18] Veja KEENER. *Miracles*. Vol 2, p. 788-856, e as fontes lá citadas.
[19] *Weimarer Ausgabe*, 5:108, citado em BARTHOLOMEW. *Introducing Biblical Hermeneutics*, p. 198. Lutero insistiu que ele tinha aprendido abandonar sua própria sabedoria e depender do Espírito para ouvir as Escrituras (*Weimarer Ausgabe*, 4:519:3-4, citado em ibidem, p. 199). Lutero observa o apelo de Paulo para a experiência de seus ouvintes em Gálatas 3:5 (*First Lectures on Galatians*, on 3:5, citado em BRAY, Gerald L. *Galatians, Ephesians, Reformation Commentary on Scripture*. New Testament 10 [Downers Grove: IVP Academic, 2011], p. 93).
[20] Veja, p. ex., MAGRASSI. *Praying the Bible*; PAINTNER; WYNKOOP. *Lectio Divina*; ROBERTSON. *Lectio Divina*; MCENTYRE. *What's in a Phrase?*, p. x.

sido, ao longo do tempo, parte da prática devocional. Certamente não é uma descoberta nova.

Ler do ponto de vista da experiência espiritual também nos ajuda a ouvir a Escritura; proporciona um tipo de contexto similar ao contexto teológico canônico e, muitas vezes, em última análise, mais importante para ouvir a mensagem do que o contexto cultural antigo. Porque profetizei, eu posso me identificar com os profetas até certo grau; porque oro em línguas, passagens sobre essa experiência não são estranhas para mim. Então, novamente, tenho de lutar mais para assimilar alguma outra passagem que descreve experiências que eu não tenha compartilhado, tais como visões ou encontros com anjos visíveis.

Absorver o espírito da Escritura também desperta a experiência espiritual. Por exemplo, o livro de Salmos nos inspira um espírito de oração,[21] e ler os profetas nos inspira um espírito de profecia.[22] Suponho que aqueles não preveem muito julgamento para o mundo de hoje poderiam se beneficiar passando um pouco mais de tempo nos profetas.

Letra e Espírito em 2Coríntios 3

Prestamos atenção à gramática porque ela nos ajuda a entender a mensagem, mas, se nos preocuparmos unicamente com gramática textual, iremos perder o coração de Deus que o texto foi projetado para comunicar.

Jesus advertiu a elite religiosa de sua época sobre o fato de ela ser meticulosa sobre o dízimo, mas negligente com relação a questões mais importantes como a justiça; isso era como coar um mosquito e engolir um camelo, embora o último fosse mais impuro do ponto de vista cerimonial (Mateus 23:23-24).[23]

Em 2Coríntios 3, Paulo mostra que seu ministério da nova aliança é melhor e mais vivificante do que o ministério da aliança de morte de

---

[21] Veja MARTIN. Psalm 63 and Pentecostal Spirituality, p. 263-284; BRUEGGEMANN. *Praying the Psalms*; WALTKE; HOUSTON; MOORE. *The Psalms as Christian Lament*.
[22] Veja, p. ex., MATHER. Welcoming Spirit Hermeneutics.
[23] KEENER. *The Gospel of Matthew*, p. 551-552.

EXCURSO C
| O Espírito e a interpretação bíblica |

Moisés. O mundo pode considerá-lo menos glorioso, mas é porque o ministério da nova aliança envolve especialmente transformação *interna*.[24]

De acordo com Jeremias 31, a nova aliança prometida seria escrita no coração, e não em pedras (Jeremias 31:31-34). Em Ezequiel 36, o Espírito capacitaria o povo de Deus a manter suas leis e lhe daria coração de carne para substituir o coração de pedra (vs. 26-27). Em 2Coríntios 3:3, Paulo faz alusão direta a essas duas passagens, mesmo usando uma expressão que na tradução grega do Antigo Testamento aparece apenas na profecia de Ezequiel. Como Deuteronômio deixa claro, Deus sempre quis que seu povo tivesse um *coração* para guardar sua lei (Deuteronômio 5:29), um povo com coração circuncidado (10:16; 30:6).

Paulo explica que, na condição de ministrantes da nova aliança, Paulo e seus colegas são capacitados não como ministros da "letra", mas do Espírito, e, consequentemente, de vida (2Coríntios 3:6). A "carta" talvez se refira aos "meros detalhes escritos da lei"; mestres judeus brincavam até com questões de ortografia. Na Antiguidade, intérpretes legais geralmente diferenciavam entre o que poderíamos chamar de "carta" (a forma escrita codificada) da lei e suas intenções. Paulo, contudo, contrasta a mensagem não apenas com uma mera intenção, mas com o próprio Espírito de Deus que inspirou a lei.

Paulo diz que, assim como seu povo não suportou a glória associada à lei no rosto de Moisés (2Coríntios 3:13-14), seus corações permanecem velados quando a lei continua a ser lida (vs. 14-15). Moisés teve de cobrir a glória ao falar com Israel, mas tirou o véu quando estava diante de Deus (v. 16; Êxodo 34:33-35); ele testemunhou algumas das glórias de Deus em Êxodo 33—34. Em 2Coríntios 3:17, Paulo compara o "Senhor" que se revelou a Moisés em Êxodo ao Espírito que se revelou a Paulo e seus colegas. A mensagem apostólica da nova aliança é uma mensagem escrita nos corações pelo Espírito (v. 3, 6).

Qual a implicação disso para a nossa leitura da Escritura? Paulo segue dizendo que o evangelho continua velado para os que estão perecendo

---

[24] Para discussão da minha abordagem, veja mais detalhes em KEENER. *Mind of the Spirit*, p. 206-215; com menos aplicação à hermenêutica, veja idem, *1–2 Corinthians*, p. 168-171.

(4:3), mas Deus brilhou sua glória no nosso coração por meio de Cristo, que é a própria imagem de Deus (vs. 4-6). Assim como Moisés foi temporariamente transformado pela glória de Deus no contexto da entrega da lei, nós também somos permanentemente transformados pela grande glória da nova aliança, que trabalha dentro de nós. Como Paulo declara em 3:18, desfrutar da imagem de Deus em Cristo transforma nosso coração na mesma imagem, de um nível de glória para o outro.

Para nós, não menos do que para Moisés, o véu foi removido (2Coríntios 3:14-18). Quando lemos a Escritura, lemos para aprender sobre Deus e sermos transformados por ele (2Coríntios 3:18). Conhecemos a imagem e o caráter de Cristo nos Evangelhos e em toda a Escritura.

Por exemplo, quando Moisés contemplou parte da glória de Deus na ocasião em que Deus estava dando sua palavra no Sinai, o Senhor fez sua bondade passar diante de Moisés (Êxodo 33:19). Ele revelou a Moisés seu caráter como Deus de verdade e graça (Êxodo 34:6). Analogamente, o apóstolo João escreveu mais tarde sobre a Palavra de Deus se tornando carne, e esse João e os outros discípulos viram a glória de Jesus (João 1:14). Essa glória, como aquela no Sinai, era cheia de graça e verdade, mas enquanto Moisés viu apenas uma parte da glória de Deus, em Jesus vemos o coração de Deus completamente revelado (João 1:18). E vemos essa glória mais plenamente na expressão final de Jesus compartilhando nossa mortalidade carnal (12:23-24); quando Jesus morreu na cruz, Deus executou sua justa ira sobre nossos pecados e realizou o ato final de amor sacrifical. Aqui vemos o seu coração, e vê-lo nos faz ser mais como ele.[25]

Implicações para hermenêutica

O Espírito aponta para Cristo e para Deus enquanto lemos a Escritura (cf. 2Coríntios 3:15-18). O Espírito pode extrair dos textos analogias mais amplas, além da comunicação direta com o primeiro público, que são, no entanto, consistentes com o texto e com a estrutura maior da

---

[25] Discussão em KEENER. *The Gospel of John*. Vol. 1, p. 405-426.

EXCURSO C
| O Espírito e a interpretação bíblica |

mensagem do Espírito na teologia bíblica. Enquanto os estudos do pano de fundo e da gramática, entre outros, fornecem o contexto essencial para entender a Escritura, o Espírito nos abastece com o necessário contexto *espiritual* para nos apropriarmos dele como palavra de Deus para nós (1Coríntios 2:11-13).[26]

Gramática é importante, mas o nosso interesse principal é a mensagem do Espírito falada por intermédio da gramática. Exegese é essencial como alicerce para ouvir de forma correta a mensagem do texto, mas não nos atrevemos a parar nas observações exegéticas. Quando verdadeiramente ouvimos a mensagem do Espírito no texto, comprometemo-nos com ela. Exegese no sentido usual foca no horizonte original do texto; hoje, algumas abordagens pós-modernas focam apenas no horizonte presente. Atenção exclusiva ao horizonte presente sem atenção ao original leva a sobrescrever o significado original inspirado com um não inspirado tirado da nossa imaginação,[27] arriscando ser como os falsos profetas do tempo de Jeremias que falavam de visões do próprio coração não regenerado deles (Jeremias 23:16). Então, é ouvindo a mensagem inspirada do Espírito no texto que podemos comunicar seus pontos de maneira mais precisa para ouvintes de hoje.

Conectar os dois horizontes tradicionais, sem obliterar qualquer um deles, é geralmente considerado o papel da hermenêutica. O Espírito pode nos guiar na exploração e pesquisa de ambos os horizontes, mas nós reconhecemos com frequência a atividade do Espírito em especial construindo uma ponte entre eles, aplicando os princípios do texto à nossa vida e às nossas comunidades.

Uma hermenêutica conduzida pelo Espírito não é apenas fazer descobertas exegéticas no estudo e então seguir o caminho como alguém que se esquece de sua própria imagem no espelho (Tiago 1:23-24). Não *lemos* a Escritura apenas para sermos transformados: nós *vivemos toda a nossa vida* à luz da Escritura e à luz do que ela nos ensina, de

---

[26] Discussão em KEENER. *Mind of the Spirit*, p. 179-199.
[27] Veja THISELTON. *The Two Horizons*, p. xx, 318-319; GREY. *Three's a Crowd*, p. 120-121, 145.

modo que vivemos nossa vida à luz da cruz, da ressurreição e exaltação do nosso Senhor sobre toda a criação, e à luz da presença de Deus conosco pelo Espírito.

Espírito e letra em Romanos 7:5-6

Paulo descreve a mente pagã imoral em Romanos 1, mas em Romanos 7:7-25 mostra que até a mente informada pela lei falha em relação a Deus.[28] Paulo contrasta a "velhice da letra" em 7:5 com a nova vida no Espírito em 7:6. A maneira antiga forneceu muito conhecimento de certo e errado para limitar o pecado; mas, em Cristo, temos o Espírito que nos capacita para viver o dom da justiça que Deus nos dá em Cristo. O Espírito nunca é mencionado em 7:7-25, mas é mencionado em Romanos 8 mais do que em qualquer outro lugar da Bíblia.

Paulo não está rejeitando a inspiração do Antigo Testamento ou a natureza da Escritura como algo escrito. Deus uma vez usou uma lei civil para conter o pecado em Israel; ela é de Deus (Romanos 7:14; 8:4), e ainda podemos aprender lições com ela (como Paulo fez, cf. 1Coríntios 9:9; 14:21). Mas a justiça vem de Cristo, e seu Espírito registra o coração da lei dentro de nós para que cumpramos os princípios reais que a lei, em última análise, pretendia apontar (Romanos 8:2-4; 13:8-10).

Paulo está corrigindo uma maneira de abordar a Escritura que, à luz de Cristo, não pode nunca mais ser pensada como adequada. Portanto, ele diz em 3:27 que se gabar é desnecessário, não pela lei como abordada por obras, mas pela lei abordada pela fé. Em 8:2, ele anuncia que a lei do Espírito que traz vida em Cristo tem nos libertado da lei que julga o pecado com morte. Em 9:23, Paulo adverte que Israel falhou em alcançar a justiça da lei porque eles a buscaram pelas obras em vez de pela fé. Em 10:5-10, Paulo contrasta a justiça baseada na lei com a justiça baseada na fé, mostrando que em Deuteronômio 30 a letra sempre foi a intenção de Deus para a salvação.

---

[28] Discussão em KEENER. *Mind of the Spirit*, p. 55-112; brevemente em idem. *Romans*, p. 85-97.

EXCURSO C
| O Espírito e a interpretação bíblica |

Abordar a Escritura pelas obras envolve nos orgulharmos de nossas próprias regras, doutrinas, ou talvez etnia; mas ninguém tem o direito de se vangloriar na presença de Deus. Aproximar-se da Escritura pela fé significa que ler a Escritura sempre renova nossa confiança em Deus e dependência nele. Assim, ao nos aproximarmos da Escritura é apropriado orar pedindo por entendimento, humildade e um coração obediente (Salmos 119:18, 27, 34, 73, 125, 144, 169).

Em Lucas 24:45, o próprio Deus abriu a mente dos discípulos para entenderem a Escritura; em 24:32, o coração dos crentes ardeu dentro deles quando Jesus lhes explicou a Escritura. Vamos orar por isso!

Uma hermenêutica do Espírito significa abraçar a mensagem do texto e vivê-la, não apenas para satisfazer nossa curiosidade intelectual, ou, menos ainda, para nos vangloriarmos de nosso conhecimento (Romanos 2:23). Para os que insistem na justiça mantendo a lei, Paulo responde em Gálatas 5:14 com a lei do amor de Cristo. Usando uma linguagem que evoca passagens do Antigo Testamento que literalmente falam de "caminhar" ou "ir" nos mandamentos de Deus, Paulo fala em Gálatas 5:16 de "caminhar" pelo Espírito. Tal caminhada não é sem propósito, pois Paulo a iguala a ser "guiado" pelo Espírito em 5:18. Em 5:25, ele usa palavras similares que provavelmente significam que sabemos onde andar quando colocamos nossos pés sobre as pegadas do Espírito. Em 5:22-23, ele insiste que não existe lei que proíba o fruto do Espírito; em 6:2, quando servimos uns aos outros, cumprimos a lei de Cristo.

Portanto, o nosso entendimento da lei é transformado. Ela pode fornecer orientação moral, mas também nos lembra da atividade de Deus em nossa vida. Registramos sua palavra não apenas em papel, mas em nosso coração; é o próprio Deus trabalhando dentro de nós, o qual não apenas nos aceitou em Cristo, mas também produz o fruto moral da sua presença.

A Palavra de Deus para o povo de Deus

Exegese diz respeito correta e necessariamente ao que os escritores bíblicos estavam dizendo em primeira mão aos seus ouvintes antigos.

Contudo, uma vez que entendemos os textos em seu contexto, também o lemos para acreditar em sua mensagem, abraçá-la de todo o nosso coração e viver de acordo.

Os crentes podem partir de várias suposições culturais, mas também podemos ler a Escritura como povo de Deus vivendo na prometida era messiânica. Como o povo na Bíblia, vivemos nas mesmas esferas de realidades espiritual e teológica. Lemos a Bíblia como povo de Deus a quem a Escritura foi endereçada, porque Deus a deu para nós:

> Romanos 15:4: "Pois tudo o que foi escrito no passado, foi escrito para nos ensinar, de forma que, por meio da perseverança e da exortação/do encorajamento proporcionado pelas Escrituras devemos ter esperança".
>
> 1Coríntios 10:11: "Essas coisas aconteceram com eles para servirem de exemplo para nós e foram escritas para nos advertir/instruir, sobre quem chegou o fim dos tempos".

Sim, "estas coisas aconteceram a eles" — são eventos históricos. Mas foram *registradas* para que gerações subsequentes pudessem *aprender* com o que aconteceu com eles, e especialmente para nós como seguidores de Cristo, "sobre quem chegou o fim dos tempos."

Leitores do fim dos tempos

É por isso que lemos:

> Hebreus 1:2: "*nestes* últimos dias, Deus nos falou por meio de seu Filho".
>
> Atos 2:17, no dia de Pentecostes: "nos últimos dias, diz Deus, derramarei meu Espírito sobre toda carne".

Se já eram os últimos dias no dia de Pentecostes, hoje dificilmente seria antes dos últimos dias.

A pregação de Pedro é consistente com o restante do Novo Testamento, no qual crentes que compartilham do Espírito Santo provaram os poderes da era vindoura (Hebreus 6:4-5). Em Cristo, diz Paulo, nós já

EXCURSO C

| O Espírito e a interpretação bíblica |

temos os "primeiros frutos" (*aparchê*) do Espírito (Romanos 8:23), usando um termo que designou o começo real da colheita.[29] Ele também anuncia que temos o pagamento (*arrhabôn*) da nossa herança futura (2Coríntios 1:22; 5:5; Efésios 1:13-14), usando um termo que é geralmente empregado em documentos de negociações antigas para designar a primeira parcela de um pagamento prometido.[30] A visão e a audição humanas não podem antecipar o que nos espera, ele diz, mas Deus o revelou para nós pelo Espírito (2Coríntios 2:9-10).

Nós também lemos sobre tempos difíceis, escarnecedores e apostasia nos últimos dias em 1Timóteo 4:1, 2Timóteo 3:1 e 2Pedro 3:3. O contexto de cada uma dessas passagens refere-se ao tempo em que as pessoas estavam vivendo. A passagem de 1João 2:18 adverte: você tem ouvido que um anticristo está vindo; mesmo agora muitos anticristos vieram. Assim é como sabemos que essa é uma hora escatológica.

Uma leitura da Escritura guiada pelo Espírito lerá a Escritura da perspectiva da atividade escatológica de Deus já entre nós, "sobre quem", Paulo diz, "chegou o fim dos tempos". Portanto, vivemos em um tempo de cumprimento, o tempo entre a primeira e a segunda volta de Cristo. Jesus já é o primeiro fruto da ressurreição prometida (2Coríntios 15:20, 23); o rei que vem já veio uma primeira vez, assim, o reino veio como uma semente de mostarda, ainda florescerá como uma grande árvore (Marcos 4:31-32).

O fato de que tanto os cristãos no tempo do Novo Testamento como os cristãos de hoje vivem os últimos dias significa que nós, a exemplo deles, somos o povo escatológico de Deus. Não lemos o Novo Testamento como se este pertencesse apenas a eles, mas na condição de Palavra de Deus para nós hoje. Isto é o que torna uma leitura especificamente cristã, sensível ao Espírito, diferente de uma mera leitura histórica.

---

[29] Veja CULLMANN. *The Early Church*, p. 117; HAMILTON. *The Holy Spirit and Eschatology in Paul*, p. 19; LADD. *A Theology of the New Testament*, p. 370.
[30] P. ex., Gênesis 38:17-18, 20 LXX; *New Documents Illustrating Early Christianity* (Grand Rapids: Eerdmans, 2005), 1:33:83; CULLMANN. *The Early Church*, p. 117; LADD. *The New Testament and Criticism*, p. 91.

Uma leitura continuísta

O texto de Atos 2:17-18 trata do empoderamento profético da igreja como um sinal de que os "últimos dias" chegaram. Deus entregou o Espírito no dia de Pentecostes e não o pegou de volta depois! A profecia de Joel sobre a capacitação profética de todo o povo de Deus pertence aos dias de hoje, à mesma época da profecia sobre invocar Deus para ser salvo ou da profecia de Ezequiel sobre o Espírito de Deus transformando nosso coração.

Minha esposa é do Congo, África. Lá, três pessoas que não se conheciam profetizaram em diferentes ocasiões que algum dia ela se casaria com um homem branco com um grande ministério. Quando ficamos noivos, antes de darmos a notícia, um conhecido veio até mim e disse: "Eu sinto que Deus está dizendo que você encontrou a pessoa certa, e não se preocupe por vocês serem de diferentes culturas e continentes".

Mas é possível que as pessoas profetizem coisas sem sentido! É por isso que profecia (2Coríntios 14:29; 1Tessalonicenses 5:19-22) e o ensino devem ambos ser testados. Paulo nos adverte em 1Coríntios 13:9 que nesta época profetizaremos e conheceremos apenas em parte.

A própria Escritura não distingue entre dons espirituais e dons naturais dados pelo Espírito. Em 1Coríntios 12 Paulo enfatiza que precisamos de todos os dons para funcionarmos como um corpo de forma plena, seja profecia, por exemplo, seja ensinamento. Idealmente, queremos que nosso corpo seja completo. Algumas igrejas amputam determinados membros, e outras querem apenas coletar e conectar membros amputados. Seria melhor se aprendêssemos a valorizar e a aprender com os dons uns dos outros.

A exaltação do amor feita por Paulo em 1Coríntios 13 corrige os erros da igreja de Corinto; a linguagem particular de Paulo sobre o amor não se vangloriar ou não ser arrogante aborda os erros dos coríntios que Paulo reprovou no início da carta, a saber, soberba e arrogância. Mas a passagem permanece relevante hoje: soberba e arrogância ainda devem ser abordadas hoje, seja em dons espirituais, como nos capítulos 12—14, seja em conhecimento, como em 1Coríntios 8.

EXCURSO C
O Espírito e a interpretação bíblica

De modo semelhante, ainda precisamos dos dons transitórios mencionados na passagem, tal como profecia, falar em línguas e conhecimento (provavelmente significando ensino). Tais dons continuam explicitamente até vermos Cristo face a face e o conhecermos como somos conhecidos, e, assim, não mais precisarmos desses dons transitórios (1Coríntios 13:8-12). No contexto, como a maioria dos acadêmicos hoje reconhece, esse tempo será completo quando virmos Cristo face a face em seu retorno. Então, acredito que devemos continuar obedecendo às exortações finais de Paulo ao término da passagem: "busquem a profecia, e não proíbam o falar em línguas; mas deixem tudo ser feito da maneira correta e em ordem" (14:39-40), possivelmente falando da ordem que ele prescreveu para estes dons no começo do capítulo.

A profecia contínua não contradiz ou suplementa a autoridade da Escritura. Embora a Escritura contenha muitas profecias, ela nunca iguala todas as profecias à Escritura. Os livros históricos do Novo Testamento mencionam dezenas de profetas, cujas profecias não estão registradas na Escritura, e o Novo Testamento presume milhares de profecias nas reuniões da igreja do primeiro século que não estão registradas na Escritura. (Se estimarmos apenas duas ou três profecias por semana em apenas cem casas-igreja até o período que João escreveu o livro de Apocalipse, teríamos mais ou menos 850 mil delas.) Profecia não é o gênero de toda a Escritura, nem todos os autores bíblicos eram profetas ou apóstolos.

Deus falou através de profecia por toda a história bíblica, então seria estranho esperar que o dom parasse de repente e sem um grande e explícito aviso bíblico. Em 1Coríntios 14:3, a profecia genuína destina-se a encorajar ou exortar em novas situações, e não a fornecer novas doutrinas; profecia contínua não acrescenta mais às Escrituras do que o ensinamento contínuo. O curioso é que a ideia de que as profecias cessaram antes da volta de Jesus, o que não é claramente ensinado em nenhum lugar da Escritura, é que é um *ensinamento pós-bíblico!*[31]

Por definição, o cânon pelo qual avaliamos todas as outras afirmações está fechado; ninguém está escrevendo a Escritura agora. Não vivemos

---

[31] Veja RUTHVEN. *On the Cessation of the Charismata*.

na geração ou duas gerações logo depois de Cristo, então, nenhum de nós testemunhou o ministério de Jesus ou ouviu diretamente tais testemunhas, um critério que os cristãos antigos usaram para a canonicidade. Não temos de acreditar que os apóstolos e profetas deixaram de acreditar que os apóstolos e profetas *do primeiro século*, ou o círculo imediato que conheceu Jesus em carne, cessaram.

Ainda assim, praticamente *todos* os crentes devem acreditar que o Espírito continua a falar conosco de algumas maneiras. Em Romanos 8:16, por exemplo, o Espírito de Deus ainda testemunha ao nosso espírito que somos filhos de Deus. Teologias continuístas são mais consistentes do que as cessacionistas, permitindo que as maneiras mais vocais de Deus falar continuem. E o continuísta que abraça os dons espirituais e as experiências com o Espírito é, *na prática*, mais consistente do que aqueles que são continuístas apenas na teoria.

Padrões na Escritura

Em 1Coríntios 10:11, já observado, Paulo cita os exemplos do Antigo Testamento: *toda* Escritura é proveitosa para o ensino (2Timóteo 3:16). Paulo usa a fé de Abraão (Gênesis 15:6) como modelo para os crentes (Romanos 4:1-25). Tiago usa as experiências dos profetas e de Jó como modelo de paciência (Tiago 5:10-11). Biógrafos e historiadores antigos muitas vezes nos dizem clara e explicitamente que eles esperavam que seus leitores aprendessem lições morais e ideológicas dos seus relatos.

Os exemplos humanos nas narrativas bíblicas são geralmente negativos, mas podemos aprender sobre Deus em toda a Escritura. O modo de vermos Deus agindo no mundo bíblico pode formar nosso entendimento de como Deus trabalha. Devemos aprender não apenas com o que consideramos versículos-chave da Escritura, mas também com os *padrões* de como Deus trabalha com seu povo na Escritura. Ser o povo da Bíblia significa que abraçamos a cosmovisão bíblica, uma cosmovisão em que Deus permanece ativo em seu mundo. Esperar que continue agindo hoje de maneiras coerentes com a forma como ele agiu na Bíblia está intimamente relacionado com o que a Bíblia chama de "fé". Isso

EXCURSO C
O Espírito e a interpretação bíblica

não significa que podemos sempre prever o que Deus fará, mas podemos sempre estar confiantes de que ele está trabalhando. Podemos até mesmo esperar que ele nos surpreenda, como Deus sempre surpreende seu povo na Bíblia.

Na qualidade de povo do fim dos tempos e povo da Bíblia, devemos viver pela fé no reconhecimento de que o que Deus fez na Bíblia ele pode fazer — e ainda o faz hoje — em vários tempos e lugares.

Lendo com os humildes

Avivamentos geralmente começam entre os humildes;[32] a dimensão espiritual da hermenêutica do Espírito, portanto, não pode ser uma prerrogativa de quem é altamente instruído. A Escritura muitas vezes indica que Deus está próximo do quebrantado, mas longe do orgulhoso (Salmos 138:6; Provérbios 3:34; Mateus 23:12; Lucas 14:11; 18:14; Tiago 4:6; 1Pedro 5:5). Se Deus normalmente se revela aos quebrantados, por que ele deveria se revelar de maneira diferente (apenas para as elites) entre aqueles que leem (ou ouvem) a Bíblia?

Infelizmente, nós, acadêmicos, algumas vezes somos orgulhosos do nosso conhecimento; o conhecimento, como Paulo adverte em 1Coríntios 8:1, tende a nos levar a superestimarmos nossa relevância. Com algumas e geralmente particulares exceções, não foi a elite intelectual dos dias de Jesus, mas os humildes, que o seguiram. "Eu te louvo, Pai", Jesus orou, "porque escondeste estas coisas dos sábios e cultos e as revelaste aos pequeninos" (compare Mateus 11:25 com Lucas 10:21). Apenas aqueles que receberem o reino como uma criança entrarão nele (Marcos 10:15).

Os humildes leem a Escritura não apenas para reforçar seu conhecimento, mas com fé — e geralmente em uma situação de desespero — de ouvir Deus lá. Eles leem com dependência de Deus, confiando no Espírito Santo para guiá-los. Nós, que somos acadêmicos e líderes, temos muito para oferecer, mas devemos também considerar o que a fé deles tem a nos ensinar.

---

[32] Veja, p. ex., SHAW. *Global Awakening*.

O povo de Deus como uma comunidade de interpretação?

Alinhados com a frequente ênfase acadêmica hoje sobre comunidades de interpretação,[33] alguns enfatizam o consenso da comunidade cheia do Espírito. Isto é certamente *parte* da rede de segurança da Bíblia. Segundo 1Coríntios 14:29, depois de alguns profetizarem, os outros profetas julgam as profecias. A consciência das comunidades de interpretação também nos ajuda a evitar prejuízos que refletem os vieses de um único local interpretativo.

Quando fui movido pelo Espírito para profetizar em voz alta para todo o refeitório da minha instituição cristã de graduação, fiquei muito feliz que depois alguns vieram até mim e me disseram que Deus tinha lhes dito para fazerem a mesma coisa, mas eles hesitaram, e então eu fiz. Eu odiaria que isso fosse apenas a minha imaginação!

Ao mesmo tempo, devo também ressaltar algumas dificuldades com o critério da comunidade se usado de forma isolada. Se a comunidade adota uma interpretação que diverge de modo significativo da mensagem que Deus originalmente inspirou, falta autoridade divina. Jeremias teve de permanecer praticamente sozinho entre os profetas do seu tempo; a maioria dos outros profetas estava profetizando paz quando não havia paz (Jeremias 5:13, 31; 6:13; 14:13-15). Jeremias teve de chamar a comunidade do seu tempo de volta para a mensagem de Deus (6:19; 9:13; 16:11; 32:23; 44:10, 23); a comunidade estava errada sobre a palavra do Senhor.

Felizmente, Deus assegurou que, ao longo de gerações, a comunhão de longo alcance dos santos acertasse: a palavra de Jeremias se cumpriu, então foi sua mensagem comprovada que entrou na Bíblia, em vez de as profecias fracassadas da maioria dos seus detratores (2Crônicas 36:12, 21-22; Esdras 1:1; Daniel 9:2). No entanto, essa observação sugere que a sabedoria do povo de Deus não é sempre o melhor critério para discernimento em uma dada geração que precisa mais dela. Hoje, desconfio

---

[33] Fiz meu doutorado na Duke no auge da influência de Stanley Fish; assim, comunidades interpretativas (veja, p. ex, FISH. *Is There a Text in ThisClass?*) eram assuntos de discussões regulares com os amigos do departamento de língua inglesa, de religião e de teologia.

das propensões políticas da maioria dos cristãos convertidos nos Estados Unidos, em parte com base em alguns sonhos que tive; a retrospectiva da próxima geração provavelmente será capaz de arbitrar a sabedoria de estratégias políticas concorrentes com mais confiança do que é possível no momento.

Ainda que certamente eu considere o consenso liderado pelo Espírito Santo valioso, como em Atos 15:28,[34] consenso é, na maioria das vezes, mais ilusório do que preferiríamos. Os que afirmam experiência carismática vão desde o Way International [Caminho Internacional], que nega a deidade de Jesus, aos pentecostais unicistas, para os quais Jesus é o Pai, o Filho e Espírito. Entre os trinitários, eles variam de norte-americanos evangélicos conservadores, a exemplo de J. P. Moreland e Wayne Grudem, a anglicanos britânicos, como Michael Green e N. T. Wright;[35] de luteranos, como Mark Allan Powell, a metodistas, como Richard Hays e Ben Witherington, e católicos, como Teresa Berger e Luke Timothy Johnson.

Embora compartilhemos um respeito comum pela Escritura, representamos uma variedade de métodos interpretativos e detalhes teológicos. Na maioria dos pontos mais importantes, todos nós, trinitários, concordamos, mas apelar para o consenso — se de cristãos em geral ou daqueles comumente designados renovados — pode não resolver todas as questões. Simplesmente designar, sem argumentos, um subgrupo de cristãos como comunidade de interpretação confiável levanta a questão de que modo tal grupo deve ser identificado, a menos que os pré-identifiquemos de forma tautológica como "os melhores intérpretes".

Perigo de negligenciar a dimensão humana da Escritura

Tentei levar a sério aqui tanto as dimensões humanas quantos as divinas da Escritura e da sua leitura. Alguns acadêmicos criticaram

---

[34] Discutido de maneira mais completa em KEENER. *Acts: An Exegetical Commentary*, vol 3, p. 2289-2292.
[35] Veja WRIGHT. The Word and the Wind, p. 143.

recentemente minha ênfase na importância do elemento antigo na interpretação e minhas preocupações sobre indevidas abordagens subjetivistas que a nega.

A partir de agora, então, elaborarei e especialmente ilustrarei mais essas preocupações. Obviamente, não é preciso ser capaz de ler para comunicar o evangelho (alguns têm argumentado que muitos ou a maioria dos primeiros apóstolos, como Pedro, não podiam ler, embora pudessem ditar). Para o evangelismo, o evangelho básico é suficiente, e os servos apostólicos do evangelho, com sinais e maravilhas, estão fazendo-o avançar em todo o mundo hoje.

Mas como alguns desses mesmos servos apostólicos expressaram para mim (e como as cartas dos primeiros apóstolos indicam que eles teriam concordado), crentes que se conformam à imagem de Deus eventualmente precisam mais das implicações do evangelho, o que depende do distinto dom de ensinar a Escritura. Meu aborrecimento não é com os que não conseguem ler, mas com os que têm recursos disponíveis e ainda os negligenciam (cf. Isaías 29:11-12). Mais importante, acredito que se nós, na qualidade de acadêmicos, falharmos em desafiar alguns erros populares que prejudicam o corpo de Cristo, abdicamos da nossa responsabilidade de pessoas chamadas para serem mestres.

Qualquer outra coisa que Deus disser naturalmente não contradirá o que ele já falou na Escritura; se os crentes não são preparados para avaliar outros ensinamentos da Escritura, qual é o futuro das igrejas? Liberalismo teológico como promulgado nas universidades seculares onde muitos dos jovens estudam? Fundamentalismo legalista para a tradição local? Ou a religião pop circulando em muitas livrarias cristãs e na internet? Ou até mesmo a fusão da fé e da política partidária dominante em muitas mídias sociais cristã?

Uma abordagem popular hoje no Ocidente é celebrar "O que a Escritura significa para mim", se é que se apela de alguma forma para a Escritura. Tal abordagem cita, via de regra, um repertório bem selecionado de textos e geralmente sem muita consideração por salvaguardar o contexto literário, a conjuntura, a teologia bíblica mais ampla ou até mesmo uma comunidade cristã mais ampla.

EXCURSO C
| O Espírito e a interpretação bíblica |

Obviamente, ensinamentos antibíblicos não são limitados aos círculos carismáticos: vejam, por exemplo, o ensinamento de que "basta fazer uma simples oração para ser salvo" ou a negligência generalizada com os ensinamentos de Jesus sobre cuidar dos necessitados.[36] (Pelo menos, os pregadores da prosperidade possuem consciência suficiente para tentar justificar *seu* materialismo!) De modo semelhante, os seguidores de John MacArthur abraçam a antipsicologia, a escatologia dispensacional e o cessacionismo. Menos eloquentes, mas também espiritualmente letais, alguns pastores, talvez reagindo contra algum legalismo mais tradicional, não pregarão contra a imoralidade sexual por medo de ofender alguém, não importa com que frequência isso apareça nas cartas de Paulo.

Mas em círculos preconceituosos prontos para culpar mais diretamente o Espírito Santo, erros parecem surgir de forma mais rápida e *ad hoc*, já que exigem menos precedente histórico. Pelo fato de eu ser carismático e abordar a "hermenêutica do Espírito", notei aqui especificamente casos nos quais promotores de ideias particulares exortam que a autoridade do Espírito ainda diverge de maneira significativa da Escritura inspirada pelo Espírito. Em muitos círculos carismáticos, muitos ventos de ensino (Efésios 4:14) têm fustigado os crentes:

- Alguns branhamistas ainda aguardam o retorno de William Branham.
- Alguns ainda aceitam o livro *Pigs in the Parlor* [Porcos na sala]; supõe-se que tenha sido originalmente obtido a partir de entrevistas com demônios.[37]

---

[36] Veja a crítica clássica do último em SIDER. *Rich Christians in an Age of Hunger.*
[37] HAMMOND; HAMMOND. *Pigs in the Parlor*; veja críticas em COLLINS. *Exorcism and Deliverance Ministry in the Twentieth Century*, p. 64-69. Em 23 de março de 2018, com mais de um milhão de cópias impressas, *Pigs in the Parlor* esteve na posição 4.786 no *ranking* geral da Amazon e ficou em sétimo lugar na categoria "pentecostal e carismático". Por contraste, o livro bem pesquisado e genuinamente útil, *The Devil, Disease, and Deliverance: Origins of Illness in New Testament Thought*, Journal of Pentecostal Theology Supplement Series 13 (Sheffield: Sheffield Academic, 1998), de John Christopher, está na posição 1.420.094! O bem pesquisado *Demonology of the Early Christian World* (New York: Mellen, 1984), de Everett Fuguson, está na posição 3.236.946. Como acadêmico carismático, acho tais comparações extremamente frustrantes.

- Hobart Freeman, ex-professor, recusou tratamento médico e, segundo notícias, isso o levou à morte dele e de muitos dos seus seguidores. Essa rejeição não aparece apenas em Dowie,[38] mas até mesmo em algumas teologias pentecostais antigas.[39]
- Pode-se constatar também os exageros do movimento de pastoreio.
- As formas mais extremas de confissão positiva e ensinos de prosperidade.[40]
- Alguma fé extrema e pessoas ensinando que os crentes se tornarão Cristo ou deuses.[41]
- Permitir apenas profecias positivas e confortantes, que se levadas ao extremo podem causar o choro; "paz, paz", quando não há paz (cf. Jeremias 6:14; 8:11).

Muitos desses erros refletem igrejas independentes sem maiores esferas de responsabilidade. Mas em 1989, Margaret Poloma mostrou que, embora as Assembleias de Deus dos Estados Unidos e quase todos os seus acadêmicos e mestres oficialmente rejeitassem a crença de que a fé suficiente *sempre* cura, mais de um terço dos assembleianos a aceitaram.[42]

Conversei recentemente com alguns líderes renovados que estão profundamente preocupados com ensinamentos não saudáveis circulando

---

[38] BAER. Perfectly Empowered Bodies, p. 150-151, 249; OPP. *The Lord for the Body*, p. 103-111, 115.

[39] ANDERSON. Signs and Blunders, p. 207; HUDSON. Early British Pentecostals and Their Relationship to Health, Healing, and Medicine, p. 294-297; OPP. *Lord for Body*, p. 32; REYES. A Theological Framework on Non-Healing in the Pentecostal Perspective, p. 76, 87; CURTIS. *Faith in the Great Physician*, p. 197-199; KAY, *Pentecostalism*, p. 47.

[40] Para discussão, veja KEENER. Spirit Hermeneutics, p. 272-273. Kenneth E. Hagin em *The Midas Touch: A Balanced Approach to Biblical Prosperity* (Tulsa: Faith Library, 2000 [publicado no Brasil sob o título *O toque de Midas: uma abordagem equilibrada para a prosperidade bíblica*. São Paulo: Graça, 2004]), desafiou alguns dos excessos. Jim Bakker com Ken Abraham em *I Was Wrong* (Nashville: Thomas Nelson, 1996), retratou-se de suas visões antigas.

[41] Para uma breve discussão, veja KEENER. *Spirit Hermeneutics*, p. 380 (nota 41), 382 (nota 11).

[42] *The Assemblies of God at the Crossroads*, p. 62.

EXCURSO C
| O Espírito e a interpretação bíblica |

entre seus seguidores, incluindo até mesmo a salvação universal.[43] A maioria desses ensinamentos errôneos reflete leituras de textos que são infiéis ao contexto original. Alguns líderes do treinamento bíblico pentecostal no Brasil e na Nigéria observaram que muitos pentecostais estão agora retornando para denominações tradicionais por causa do ensinamento inadequado ou errôneo em muitos círculos pentecostais. Embora eu acredite que Deus frequentemente usa tal êxodo para trazer renovo às outras denominações, não é o cenário de que qualquer um de nós goste.

O novo livro de Michel Brown, *Playing with Holy Fire* [Brincando com fogo santo], aborda vários erros carismáticos internos. Muitos erros que ele critica são difundidos na mídia cristã, promovidos por grandes figuras, os quais alegam ter uma revelação especial indisponível aos *insights* de meros acadêmicos que tão somente dedicam suas vidas muito menos importantes ao estudo da Escritura. Tanto eles como nós alegamos ter a direção do Espírito Santo.

A passagem de 2Timóteo 3:16—4:3 mostra que Deus nos deu a Escritura como um árbitro para decidir afirmações de revelação e corrigir erros. Tanto eles quanto nós alegamos dependência do Espírito, mas qual ensinamento em determinados casos está em conformidade com a Escritura da maneira que esta foi inspirada em seu contexto original? Em 1João 4:1-3 somos convidados a não crer em qualquer espírito, mas a julgar o espírito de acordo com o *Jesus que veio em carne*, o Jesus consistente com a mensagem apostólica que João havia ensinado.

De tais observações eu concluiria que, pelo menos até agora, a abordagem da "comunidade de interpretação", embora útil em parte, não se provou suficiente por si só na defesa do ensinamento sadio. É claro que se poderia apelar para os acadêmicos cheios do Espírito como uma comunidade mais autorizada de interpretação com melhor conhecimento do ensinamento sadio. Contudo, Hobart Freeman e um dos líderes do movimento do pastoreio, Derek Prince, *eram* acadêmicos. A comunidade ainda precisa estar ancorada na mensagem original da Escritura.

---

[43] Para uma crítica do universalismo, talvez a mais completa, veja McCLYMOND. *The Devil's Redemption*.

Conclusão: hermenêutica do Espírito

A exegese responsável ainda requer que se explore o significado do texto bíblico no seu contexto original. Mas algumas vezes até mesmo acadêmicos não cristãos fazem isso. O ponto no qual vamos além dos acadêmicos não cristãos é que acreditamos nesses textos como Escritura.

O estudo cuidadoso da Escritura é essencial para combater o subjetivismo desenfreado dos excessos carismáticos populares, por exemplo, os ensinamentos sobre Deus nos tornar ricos. Ao mesmo tempo, o estudo que não leva em conta viver a experiência bíblica na era do Espírito perde o enfoque dos textos bíblicos. Toda experiência cristã nesta era deve ser influenciada pela experiência do dia de Pentecostes. Os últimos dias estão aqui, e o Senhor derramou o seu Espírito sobre sua igreja.

EXCURSO C
| O Espírito e a interpretação bíblica |

Bibliografia

ABRAHAM, Jim Bakkerwith Ken. *I Was Wrong*. Nashville: Thomas Nelson, 1996
ANDERSON, Allan. Signs and Blunders: Pentecostal Mission Issues at 'Home and Abroad' in the Twentieth Century. *Journal of Asian Mission* 2 (2000), p. 193-210.
BACON, Leonard. *Slavery Discussed in Occasional Essays, From 1833 to 1846*. New York: Baker and Scribner, 1846.
BAER, Jonathan R. Perfectly *Empowered Bodies: Divine Healing in Modernizing America*. 2002. 390 p. Dissertação (Doutorado em Teologia). Yale University, New Haven, Connecticut, EUA, 2002.
BARTHOLOMEW, Craig G. *Introducing Biblical Hermeneutics: A Comprehensive Framework for Hearing God in Scripture*. Grand Rapids: Baker Academic, 2015.
BROWN, Michael L. *Playing with Holy Fire: A Wake-Up Call to the Pentecostal Charismatic Church*. Lake Mary: Charisma, 2018.
BROWNLOW, William Gannaway. *Ought American slavery to be perpetuated?*. Philadelphia: J. B. Lippincott & Co., 1858.
BRUEGGEMANN, Walter. *Praying the Psalms*. Winona: Saint Mary's Press, 1986.
CANNON, Katie Geneva. Slave Ideology and Biblical Interpretation. In: BAILEY, Randall C.; GRANT, Jacquelyn. *The Recovery of Black Presence: An Interdisciplinary Exploration. Essays in Honor of Dr Charles B. Copher*. Nashville: Abingdon, 1995.
CHEEVER, George B. Cheever. *God Against Slavery: and the Freedom and Duty of the Pulpit to Rebuke It as a Sin Against God*. New York: Joseph H. Ladd, 1857.
COLLINS, James M. *Exorcism and Deliverance Ministry in the Twentieth Century: An Analysis of the Practice and Theology of Exorcism in Modern Western Christianity*. Colorado Springs: Paternoster, 2009
_____. *The Devil, Disease, and Deliverance: Origins of Illness in New Testament Thought*. Journal of Pentecostal Theology Supplement Series 13. Sheffield: Sheffield Academic, 1998.
CULLMANN, Oscar. *The Early Church*. Ed. por A. J. B. Higgins. London: SCM, 1956.
CURRY, Jamesin; BLASSINGAME, John W. (eds.). *Slave Testimony: Two Centuries of Letters, Speeches, Interviews, and Autobiographies*. Baton Rouge: Louisiana State University, 1977.
CURTIS, Heather D. *Faith in the Great Physician: Suffering and Divine Healing in American Culture, 1860-1900*. Baltimore: Johns Hopkins University Press, 2007.
FARRELL, John. *The Varieties of Authorial Intention: Literary Theory Beyond the Intentional Fallacy*. Springer, 2017.
FISH, Stanley E. *Is There a Text in This Class? The Authority of Interpretive Communities*. Cambridge: Harvard University Press, 1980.
FORDHAM, Monroe. *Major Themes in Northern Black Religious Thought, 1800-1860*. Hicksville: Exposition Press, 1975

GREY, J. *Three's a Crowd: Pentecostalism, Hermeneutics, and the Old Testament*. Eugene: Pickwick, 2011.

HAMILTON, Neill Q. *The Holy Spirit and Eschatology in Paul*. Scottish Journal of Theology Occasional Papers 6. Edinburgh: Oliver & Boyd, 1957.

HAMMOND, Frank; HAMMOND, Ida Mae. *Pigs in the Parlor: A Practical Guide to Deliverance*. Kirkwood: Impact Christian Books, 1973. Publicado no Brasil sob o título *Porcos na sala: Um manual prático sobre libertação*. São Paulo: Bompastor, 1973.

HESCHEL, Susannah. *The Aryan Jesus: Christian Theologians and the Bible in Nazi Germany*. Princeton: Princeton University Press, 2008.

HOPKINS, Samuel. *Timely Articles on Slavery*. Reprint. Miami: Mnemosyne, 1969.

HUDSON, Neil. Early British Pentecostals and Their Relationship to Health, Healing, and Medicine. *Asian Journal of Pentecostal Studies* 6.2 (2003), p. 283-301.

JOYNER, Charles. *Down by the Riverside: A South Carolina Slave Community*. Urbana: University of Illinois Press, 1984.

KAY, Kenneth E. *Pentecostalism*. London: SCM, 2009.

_____. *The Midas Touch: A Balanced Approach to Biblical Prosperity*. Tulsa: Faith Library, 2000.

KEENER, Craig. *1—2 Corinthians*. The New Cambridge Bible Commentary Series. Cambridge: Cambridge University Press, 2005.

_____. *Acts: An Exegetical Commentary*. 4 vols. Grand Rapids: Baker Academic, 2012-2015.

_____. *Gift & Giver: The Holy Spirit for Today*. Grand Rapids: Baker, 2001. Publicado no Brasil sob o título O *Espírito na Igreja: O que a Bíblia ensina sobre dons*. São Paulo: Vida Nova, 2017.

_____. *IVP Bible Background Commentary: New Testament*. 2 ed. Downers Grove: IVP, 2014.

_____. *Miracles: The Credibility of the New Testament Accounts*. 2 vols. Grand Rapids: Baker Academic, 2011.

_____. *Paul, Women & Wives: Marriage and Women's Ministry in the Letters of Paul*. Grand Rapids: Baker Academic, 1992.

_____. Pentecostal biblical interpretation/Spirit Hermeneutics. In: GORMAN, Michel J. (ed.). *Scripture and its Interpretation: A Global, Ecumenical Introduction to the Bible*. Grand Rapids: Baker Academic, 2017.

_____. Response to Reviews of "Spirit Hermeneutics". *Journal of Pentecostal Theology* 27.2 (2018), p. 224-244.

_____. *Spirit Hermeneutics: Reading Scripture in Light of Pentecost*. Grand Rapids: Eerdmans, 2016. Publicado no Brasil sob o título: *Hermenêutica do Espírito: Lendo as Escrituras à luz do Pentecostes*. São Paulo: Vida Nova, 2018.

_____. *Studies in the Knowledge of God in the Fourth Gospel in Light of its Historical Context*. 1987. 187 p. Dissertação (Mestrado em Divindade). Assemblies of God Theological Seminary, Springfield, Missouri, EUA, 1987.

EXCURSO C
| O Espírito e a interpretação bíblica |

_____. Subversive Conservative. *Christian History* 14.3 (1995), p. 35-37.
_____. *The Bible in Its Context: How to Improve Your Study of the Scrptures*. Mountlake Terrace: Action International Ministries, 2013. Disponível em: <craigkeener.com/wp-content/uploads/2020/05/A-Bi%CC%81blia-em-seu-contexto-Craig-Keener-Portugue%CC%82s-Brasil.pdf>. Acesso em: 16 ago. 2020.
_____. *The Gospel of John: A Commentary*. 2 vols. Grand Rapids: Baker Academic, 2003
_____. *The Gospel of Matthew: A Socio-Rhetorical Commentary*. Grand Rapids: Eerdmans, 2009.
_____. *The Mind of the Spirit: Paul's Approach to Transformed Thinking*. Grand Rapids: Baker Academic, 2016. Publicado no Brasil sob o título *A mente do Espírito*. São Paulo: Vida Nova, 2018.
_____; RODAS, Daniel Carroll. *Global Voices: Readings from the Majority World*. Peabody: Hendrickson, 2013.
_____; USRY, Glenn. *Defending Black Faith: Answers to Tough Questions about African-American Christianity*. Downers Grove: IVP, 1997.
KYLE, Richard. *The Last Days Are Here Again*. Baker, 1998.
LADD, George Eldon. *A Theology of the New Testament*. Grand Rapids: Eerdmans, 1974.
_____. *The New Testament and Criticism*. Grand Rapids: Eerdmans, 1967.
MAGRASSI, Mariano. *Praying the Bible: An Introduction to Lectio Divina*. Collegeville: Liturgical Press, 1998.
MARTIN, Lee Roy. Psalm 63 and Pentecostal Spirituality: An Exercise in Affective Hermeneutics. In: MARTIN, Lee Roy. *Pentecostal Hermeneutics: A Reader*. Leiden: Brill, 2013.
MATHER, Hannah R. K. Welcoming Spirit Hermeneutics: A Response to Craig S. Keener. *Pneuma: The Journal of the Society for Pentecostal Studies* 39 (2017), p. 153-161.
MCCLYMOND, Michael J. *The Devil's Redemption: A New History and Interpretation of Christian Universalism*. Grand Rapids: Baker Academic, 2018.
MCENTYRE, Marilyn Chandler McEntyre, *What's in a Phrase? Pausing Where Scripture Gives You Pause*. Grand Rapids: Eerdmans, 2014.
OLIVERIO JR, L. William. *Theological Hermeneutics in the Classical Pentecostal Tradition: A Typological Account*. Global Pentecostal and Charismatic Studies 12. Leiden: Brill, 2012.
OPP, James. *The Lord for the Body: Religion, Medicine, and Protestant Faith Healing in Canada, 1880-1930*. Montreal: McGill-Queen's University Press, 2005.
PAINTNER, Christine Valters; WYNKOOP, Lucy. *Lectio Divina: Contemplative Awakening and Awareness* Paulist Press, 2008.
POLOMA, Margaret M. *The Assemblies of God at the Crossroads: Charisma and Institutional Dilemmas* Knoxville: University of Tennessee Press, 1989.
RABOTEAU, Albert J. *Slave Religion: The "Invisible Institution" in the Antebellum South*. New York: Oxford University Press, 1978.

REYES, Erlinda T. *A Theological Framework on Non-Healing in the Pentecostal Perspective*. 2007. Dissertação (Mestrado em Teologia). Asia Pacific Theological Seminary, Baguio, Benguet, Filipinas, 2007.

ROBERTSON, Duncan. *Lectio Divina: The Medieval Experience of Reading*. Collegeville: Liturgical Press, 2011.

ROSS, Fred A. *Slavery Ordained of God*. Com notas de J. B. Lippincott. Philadelphia: J. B. Lippincott & Co, 1857.

RUTHVEN, Jon. *On the Cessation of the Charismata: The Protestant Polemic on Post-Biblical Miracles*. 2 ed. Tulsa: Word & Spirit, 2011.

SAWYER, George. *Southern Institutes; or, An Inquiry into the Origin and Early Prevalence of Slavery and the Slave-Trade*. Philadelphia: J. B. Lippincott & Co, 1858.

SERNETT, Milton C. *Black Religion and American Evangelicalism: White Protestants, Plantation Missions, and the Flowering of Negro Christianity, 1787-1865*. ATLAM 7. Metuchen: The Scarecrow/The American Theological Library Association, 1975.

SHAW, Mark. *Global Awakening: How 20th-Century Revivals Triggered a Christian Revolution*. Downers Grove: IVP Academic, 2010.

SIDER, Ronald J. *Rich Christians in an Age of Hunger: Moving from Affluence to Generosity*. 6 ed. Nashville: Thomas Nelson, 2015.

SPINKS, Christopher. *The Bible and the Crisis of Meaning: Debates on the Theological Interpretation of Scripture*. Bloomsbury: T & T Clark International, 2007.

SUNDERLAND, La Roy. *Anti Slavery Manual, Containing a Collection of Facts and Arguments on American Slavery*. New York: S. W. Benedict, 1837.

THISELTON, Anthony C. *The Two Horizons: New Testament Hermeneutics and Philosophical Description*. Grand Rapids: Eerdmans, 1980.

USRY, Glenn; KEENER, Craig. *Black Man's Religion: Can Christianity Be Afrocentric?*. Downers Grove: IVP, 1996.

WALTKE, Bruce K.; HOUSTON, James M; MOORE, Erika. *The Psalms as Christian Lament: A Historical Commentary*. Grand Rapids: Eerdmans, 2014.

WALTON, John H; KEENNER, Craig (eds.). *The NIV Cultural Backgrounds Study Bible*. Grand Rapids: Zondervan, 2016.

WELD, Theodore Dwight. *Autographs for Freedom* Vol. 2. Auburn: Alden, Beardsley & Co., 1854.

_____. *The Bible Against Slavery*. New York: The American Anti-Slavery Society, 1838.

WILSON, Dwight. *Armageddon Now! The Premillenarian Response to Russia and Israel Since 1917*. Grand Rapids: Baker, 1977.

WOOLMAN, John. *Some considerations on the keeping of Negroes, 1754; Considerations on keeping Negroes, 1762*. New York: Viking, 1976.

WRIGHT, N. T. The Word and the Wind: A Response. In: EVERTS, Janet Meyer; LAMP, Jeffrey S. *Pentecostal Theology and the Theological Vision of N. T. Wright: A Conversation*. Cleveland: CPT Press, 2015.

EXCURSO **D**

HERMENÊUTICA PENTECOSTAL: QUESTÕES E DESAFIOS[1]
KENNETH J. ARCHER

Não escrevo como um especialista em pentecostalismo global ou brasileiro, mas como alguém que conhece alguma coisa sobre o pentecostalismo norte-americano e que teve a oportunidade de participar na reflexão teológica com irmãs e irmãos em vários países da América Latina e do Reino Unido. Escrevo para aprender e compartilhar. Escrevo antevendo que o entendimento experiencial pentecostal do "evangelho pleno" (Jesus como aquele que liberta, santifica, batiza com o Espírito Santo, cura e retornará em breve como Rei) unirá a nós, pentecostais, de um modo que a doutrina e a identidade nacional não podem ou nunca poderão fazer. Estou interessado em saber se a hermenêutica que compartilharei neste texto[2] tem ressonância entre os leitores brasileiros, não porque ela vem do Ocidente, mas porque provém das margens da sociedade bem estabelecida e está conectada com um movimento de renovação.

---

[1] Texto apresentado originalmente no 2º Seminário Integrado Pentecostalismo, Teologia e Ciências da Religião, promovido pelo Programa de Pós-Graduação em Ciências da Religião da Universidade Metodista de São Paulo, em agosto de 2015. Tradução de Ivna Fuchigami.
[2] A respeito de minha obra publicada sobre hermenêutica pentecostal, veja Bibliografia. Para os dados completos das obras citadas, veja a "Bibliografia" no final do capítulo.

Neste texto, argumentarei que uma hermenêutica especial se desenvolveu fora do pentecostalismo norte-americano. Os componentes básicos do modelo estão baseados no Concílio de Jerusalém, conforme narrado em Atos 15. A hermenêutica emergiu como resultado de os *pentecostais* levarem a sério sua própria identidade teológica na qualidade de *pentecostais*. Igualmente argumentarei que tais pentecostais também optaram por uma pós-moderna virada linguística. Iniciarei meu texto definindo hermenêutica, pentecostalismo e pós-modernidade. Depois, explicarei o surgimento de uma hermenêutica pentecostal integrada a uma tríade sagrada — o Espírito Santo, a comunidade sagrada e a Escritura Sagrada. A fim de fazer isso, também darei uma breve visão geral da interpretação bíblica pentecostal.

Uma hermenêutica pentecostal resiste à chamada hermenêutica geral da modernidade, às abordagens objetivas e neutras dos textos bíblicos ou a qualquer texto desse assunto. Ela afirma a importância da tradição teológica específica e dos compromissos eclesiásticos para a produção de sentido que envolve um entendimento que descobre, reforma e cria. Sem a tradição e a formação da comunidade não haveria qualquer capacidade para aprofundar-se no processo interpretativo crítico.

Como pentecostal, pois, permitam-me iniciar dando meu testemunho.[3] Sou tão grato ao meu Senhor Jesus Cristo que está me libertando, me santificando, me enchendo com o Espírito Santo e trazendo plenitude à minha vida, bem como a todos os que formam a igreja, que é seu corpo e sua noiva.[4] Ao nosso Rei Jesus, que reina sobre todas as nações e está retornando novamente, todo louvor e glória para sempre. Amém!

Penso que posso dizer tal coisa aqui porque *não* estou escrevendo para a American Academy of Religion ou para a Society of Biblical, onde as regras da modernidade reinam.[5] Contudo, por meio deste texto,

---

[3] Para a importância do testemunho na teologia pentecostal, veja CARTLEDGE. Pentecostal; e *Testimony in the Spirit*.
[4] Para meu testemunho sobre minha jornada acadêmica e de salvação, veja ARCHER. I Have Come to Give You Life and More Abundantly, p. 221-242.
[5] Talvez esteja exagerando. No entanto, a confissão de um acadêmico em um congresso acadêmico violaria as regras de linguagem da American Academy of Religion (AAR) ou da

dirijo-me tanto à comunidade acadêmica quanto aos não acadêmicos, e assim o faço na condição de pentecostal. Cristãos confessos empregam metodologias acadêmicas, mas tais metodologias são servas da comunidade — e não suas senhoras. Os cristãos deveriam também se preocupar com o Espírito Santo porque ele, de fato, reina sobre as comunidades interpretativas.[6]

Definição de hermenêutica

Resumidamente definida, a hermenêutica é a arte e a ciência da interpretação.[7] Ela se preocupa com interpretação, comunicação, verdade e falsidade, significado linguístico, existência representada, distância espacial, experiências de formação, distância histórica, adequação dos procedimentos metodológicos, questões epistemológicas, formação de comunidade e identidade pessoal. A hermenêutica possibilita o aprendizado, a apreensão do entendimento, uma reflexão crítica sobre o pré-entendimento e a expansão do horizonte informado da própria pessoa quanto ao entendimento.[8] "A hermenêutica explora *as condições e os critérios* que operam para tentar assegurar interpretação razoável, válida, frutífera ou apropriada."[9]

Society of Biblical Literature (SBL). Nesses meios, o estudioso deve ser metodologicamente agnóstico para ser levado a sério. Entretanto, há sociedades acadêmicas que são confessionais e incluem em suas programações momentos para orações e cultos comunitários. Por exemplo, a programação da Catholic Theology Society of America inclui orações matinais e certa espiritualidade em suas atividades (veja <www.ctsa-online.org/Convention%202015/ Precis01.26.2015FINAL_CTSA2015ConvProgram.pdf>), e a College Theology Society (católica) tem uma liturgia eucarística de encerramento (veja <www.collegetheology.org/ images/stories /convention/2014/CTS_2014_Program_Final.pdf>).

[6] Na modernidade, razão e fé estão em constante desacordo entre si, mas, para os que foram moldados pela modernidade tardia, elas com frequência são mantidas em tensão. Para os pentecostais acadêmicos, a confissão religiosa, a experiência e a metodologia científica deveriam conviver em um relacionamento inquieto. Acho que isso seria espiritualmente saudável e conectaria os que lutam para um retorno à antiga tradição cristã.

[7] Veja THISELTON. *Hermeneutics*, especialmente o cap. 1, "The Aims and Scope of Hermeneutics", p. 1-16.

[8] ARCHER. Horizons and Hermeneutics of Doctrine, p. 150-156.

[9] THISELTON. *Hermeneutics*, p. 4.

A hermenêutica diz respeito ao entendimento humano. Anthony Thiselton escreve: "O entendimento preliminar começa com o que herdamos da sabedoria ou do senso comum da comunidade e das tradições nas quais nascemos e fomos educados."[10] O entendimento humano se desenvolve, pessoalmente e em comunidade, dentro de um espaço-tempo contínuo.[11] A transmissão da tradição histórica torna o entendimento possível porque a tradição se desenvolve como resultado do pertencimento ancorado numa comunidade. Nosso entendimento atual serve, pois, como pré-entendimento. Ele não é estático, fixo ou fechado, uma vez que nosso horizonte de entendimento, por meio do comprometimento hermenêutico, está sempre se movendo, crescendo, corrigindo, modificando, revendo, reformando e afirmando. "O entendimento [humano] é, de fato, cumulativo e enraizado no fluxo do tempo."[12] Devido a isso, o entendimento humano é necessariamente limitado, plural, parcial e de perspectiva.[13] Encontramo-nos dentro do tempo, contribuindo com várias comunidades interpretativas.

O entendimento humano é uma realidade contextualizada. Não consegue escapar da realidade finita. Surge a partir de uma perspectiva segura, mas nunca está limitado a essa perspectiva. Para uma pessoa modernista, isso pode ser um problema sério.

Ainda argumentaria mais: para os cristãos, isso apenas reforça a importância das histórias da criação. No início Deus criou, depois, Deus soprou no ser humano, e este se tornou um ser vivo (Gênesis 1 — 2). Os humanos são criados como seres finitos e contingentes, entrincheirados em tradições sociais, culturais e linguísticas especiais. Dessa maneira, passamos a entender a partir de certa perspectiva finita historicamente eficaz. Concordo de forma plena com James K. A. Smith, quando escreveu:

---

[10] Ibidem, p. 17.
[11] Mesmo que alguém apelasse a um milagre ou para a realidade transcendente do Deus infinito dos cristãos, que revela alguma palavra de entendimento para o indivíduo, ainda assim seria uma palavra mediada e viria por intermédio da criação de uma criatura. Os cristãos não podem alegar que têm uma conversa não mediada com Deus, a menos que apelem para alguns conceitos neoplatonistas da alma.
[12] THISELTON. *Hermeneutics*, p. 217.
[13] Veja WESTPHAL. *Whose Community?*.

EXCURSO D
Hermenêutica pentecostal: questões e desafios

A hermenêutica não é um fenômeno pós-lapsarianismo, surgindo em cena "após o Éden". Outra intepretação é encontrada "no Éden" e está, desse modo, incluída no pronunciamento de que tudo era bom (Gênesis 1:31). A hermenêutica, pois, não é um mal a ser superado (ou, no caso de Derrida, um estado de coisas violento, do qual não se escapa), mas preferencialmente um aspecto da criação e da vida humana que precisa ser afirmada como "bom".[14]

A necessidade e a habilidade dos humanos de interpretar precederam a Queda. A hermenêutica também não dispensa a história do grande divórcio, mais comumente conhecido como "a Queda", levando mais a sério tal condição.

O entendimento humano é em perspectiva. O perspectivismo, em relação com a epistemologia, está associado às obras de Nietzsche, Freud e Marx. Por essa razão, os pentecostais, em especial, mas também os cristãos em geral, com frequência o dispensam rapidamente em virtude de sua associação com o ateísmo. Todavia, Merold Westphal mostrou que não precisamos temer as conclusões ateístas.[15] Os cristãos concordariam que não somos Deus e, embora diferentes de Nietzsche, os cristãos afirmariam que há um Deus.[16] Relacionada com a hermenêutica da finitude, surge a hermenêutica da suspeita, que afirma a capacidade de queda da humanidade e a inserção finita do entendimento humano, mas a suspeita não é necessariamente incompatível com a confiança.[17] Além disso, afirmar uma abordagem sob o aspecto da perspectiva cristã por razões teológicas e bíblicas não exige que alguém celebre o

---

[14] *The Fall of Interpretation*, p. 22. Veja também idem. *Who's Afraid of Postmodernism?*.

[15] *Overcoming Onto-theology*; para um tratamento específico sobre Nietzsche, veja p. 285-301.

[16] WESTPHAL. *Whose Community?*. Veja também idem. The Philosophical/Theological View, cap. 3, p. 70-88; In God We Trust?.

[17] Westphal navega num vau médio entre o relativismo subjetivo, que gera uma "hermenêutica do desespero", e o objetivismo, que gera uma "hermenêutica da arrogância" (*Whose Community?*, p. 15, 25, 43, 46-47, 54, 65 e 67). Ele considera vitais a "teoria do discurso" (alguém diz algo sobre algo a alguém) e o trabalho hermenêutico-filosófico de Hans-Georg Gadamer para navegar entre esses dois vaus (*Whose Community?*, p. 48, 53 e 79).

relativismo niilista. Trata-se simplesmente de reconhecer uma afirmação dos antigos credos cristãos e da Santa Escritura de que, no início, Deus criou. Somos criados como seres contingentes e finitos, agora corrompidos pelo pecado e capazes de atividades pecaminosas. Mais uma vez, os hermeneutas interpretam de algum lugar, e são informados por alguma comunidade. Não podemos escapar da realidade finita. Mesmo clamando estar de pé sobre algum lugar, como no contexto seminal de razão universal, este é um clamor historicamente tradicional. Os hermeneutas e as interpretações são relativizados.

Isso significa que precisamos incluir o relativismo? Posto de maneira simples, não. Só porque toda interpretação é relativa, isso não implica que precisamos afirmar o relativismo. Deveríamos levá-lo a sério porque ele levanta preocupações significativas. De acordo com Merold Westphal, há três razões por que os cristãos não deveriam temer um "relativismo" de "qualquer coisa vale". A história da igreja mostra que várias interpretações e tradições teológicas emergiram, mas as comunidades não endossaram todas essas interpretações como igualmente válidas. Em segundo lugar, algumas vezes o medo do relativismo é usado como defesa para evitar que os intérpretes reconheçam sua própria relatividade, o que contribui para uma falta de compreensão quanto à contextualidade. Em terceiro lugar, o autor oferece razões teológicas porque os cristãos deveriam evitar o objetivismo. Uma importante razão é que apenas Deus é absoluto, e não nossas interpretações. Ademais, os seres humanos são criaturas pecadoras. Existimos como seres humanos relativos, relacionais e redimidos, mas ainda propensos a ações pecaminosas.[18]

A partir de uma perspectiva cristã, finitude e queda são aspectos da atual condição humana. Portanto, a hermenêutica da suspeita é um meio necessário ao discernimento cristão santificado e deve ser incorporada a uma hermenêutica pentecostal.

A comunicação é um aspecto essencial das relações saudáveis, incluindo nossa relação com o Deus vivo. Fomos criados com a habilidade de nos relacionar pessoalmente com nosso entorno e nos comunicar

---

[18] WESTPHAL.*Whose Community?*, p. 15, 58-5.

com as outras criaturas. Temos a capacidade de nos comunicar de forma verbal e não verbal, bem como de interagir com o nosso ambiente. Portanto, interpretamos constantemente e o fazemos a partir de um local especial numa sequência espaço-tempo formatada e limitada pela condição humana. Entretanto, poderemos rever e mesmo substituir nosso pré-conhecimento enraizado ou mesmo reforçá-lo; mas nunca poderemos escapar da finita existência inserida. Em contraste com o projeto do Iluminismo, não há qualquer localização universal sem perspectiva. Permanecemos em um horizonte contextualizado e tradicional.[19] Desse modo, a hermenêutica se aplica a tudo da vida. Num sentido real, a vida é uma jornada hermenêutica. Não é à toa que a hermenêutica seja o único jogo na cidade![20]

Definição de pentecostalismo

Definir o pentecostalismo tornou-se inapreensível e contestado, para dizer o mínimo.[21] De fato, seria útil dizer apenas *pentecostalismos*. Todavia, Douglas Jacobsen prestou um grande serviço ao pentecostalismo.[22]

---

[19] Veja MACINTYRE. *After Virtue*, e sua obra seguinte *Whose Justice?* para sua afirmação de que todo conhecimento é socialmente determinado pela tradição, vinculado ao contexto, encarnado pela comunidade e expresso através de uma narrativa dramática (história), e de sua proposta dos modos racionais de julgar entre as tradições concorrentes. Como seu trabalho pode ser apropriado pelo pentecostalismo, veja ARCHER. *Pentecostal Hermeneutic*, cap. 4, p. 128-171.
[20] Ou nas palavras de Stanley Fish, "interpretação é o único jogo na cidade" (*Is There a Text in this Class?*, p. 355).
[21] Por exemplo, veja ROBECK; YONG. *The Cambridge Companion to Pentecostalism*. "Mesmo que o termo pentecostal tenha sido ou possa ser usado para descrever movimentos que nem sempre concordam em todos os aspectos de sua história, teologia ou práxis, isso não descredencia a existência de realidades centrais que os caracterizam como pentecostais." Na introdução, os editores nunca definem o que são tais "realidades fundamentais" do pentecostalismo. Eles permitem que os autores dos verbetes as definam, mas certamente acreditam que os grupos pentecostais e carismáticos mantêm certas "realidades fundamentais" em comum. Teria sido benéfico para os leitores desta compilação se, pelo menos, os editores tivessem identificado quais são as realidades fundamentais do pentecostalismo.
[22] Para seu trabalho sobre os inícios do pentecostalismo norte-americano, veja JACOBSEN. *Thinking in the Spirit*. Nessa obra, ele já havia argumentado que o pentecostalismo em si seria um movimento distinto com uma teologia distinta.

Em sua obra *The World's Christians*, ele descreve quatro tradições contemporâneas que abrangem o cristianismo global atualmente: ortodoxo, catolicismo romano, protestantismo e pentecostalismo.[23] Jacobsen apresenta o pentecostalismo como uma tradição global distinta. Muitos historiadores, teólogos e sociólogos argumentaram que o pentecostalismo é uma tradição distinta, embora poucos tenham argumentado que ele difere do protestantismo. De acordo com Jacobsen, a tentativa de expandir a definição de evangelicalismo de modo a incluir pentecostais e carismáticos só complicou quem é e quem não é protestante.[24] Jacobsen aponta que "embora seja verdade que os evangelicais protestantes e os cristãos pentecostais/carismáticos possuam muita coisa em comum, a maioria dos estudiosos e teólogos diria que os dois movimentos não são idênticos".[25] Reconheço como a sensibilidade teológica e histórica de Jacobsen o capacitou a discernir as diferenças e as semelhanças da tradição pentecostal/carismática tem com as outras três tradições em apoio a mover o pentecostalismo para fora da cobertura do protestantismo, considerando-o uma tradição cristã distinta e global.[26]

Embora o pentecostalismo seja fluido e dinâmico, também entendo o pentecostalismo como uma tradição cristã distinta e global.[27] Concordo com Jacobsen que ele deveria ser considerado distinto do

---

[23] Aqui, tecnicamente, ele chama de "tradição pentecostal/carismática" ou de "movimento cheio do Espírito" (cf. p. 8, 10, 50-61). No entanto, na apresentação no YouTube, publicada em 28 de novembro de 2013, Jacobsen chamou de "Pentecostalismo: cristianismo global", que é um dos seus quatro vídeos sobre as principais tradições cristãs, apresentando as informações contidas em seu *The World's Christians*. No vídeo, ele discute as crenças e práticas dos cristãos pentecostais-carismáticos. Usa as expressões pentecostalismo e a tradição pentecostal tanto para a tradição pentecostal/carismática como para os movimentos pentecostais independentes. Veja <www.youtube.com/watch?v=-TxnfOxeIjg>. Pessoalmente, em seu *The World's Christians*, considero que ele deveria ter chamado o movimento histórico de pentecostalismo em vez de tradição pentecostal-carismática.
[24] Para uma análise sobre o significado do termo "evangelicalismo" nos Estados Unidos, cf. o cap. 4, nota 9. (N. do R.)
[25] JACOBSEN. *The World's Christians*, p. 49.
[26] Ibidem, p. 39 e cap. 4.
[27] ARCHER. A Pentecostal Way of Doing Theology, p. 301-314. Neste artigo, argumentei que uma autêntica teologia pentecostal "só pode acontecer quando o termo 'pentecostal' é levado a sério como uma autêntica tradição cristã com sua própria visão da realidade" (p. 314).

protestantismo. Da minha perspectiva, o pentecostalismo é um grupo diverso dos movimentos de restauração e renovação mantidos unidos por uma soteriologia comum, dinâmica e sinergética expressa de forma doxológica por meio do evangelho pleno ou de cinco vértices, que compartilham experiências carismáticas.[28] Ademais, o(s) pentecostalismo(s) vem/vêm sendo corretamente caracterizado(s) como uma tradição cristã que celebra a espiritualidade experiencial transformadora.[29] Isso porque a "teologia pentecostal está enraizada numa tradição experiencial, oral e vivida", e é uma "teologia que é cantada, sentida e experimentada por intermédio do Espírito Santo".[30] Tal espiritualidade é formada de modo narrativo em comunidades de adoração em que os testemunhos, as línguas, os cânticos, as Escrituras, os sermões e a dança servem para motivar os crentes a adorar o Deus vivo, experimentá-lo e "descobrir seu valor diante de Deus."[31] O pentecostalismo, então, é uma tradição cristã afetiva e experiencial.[32]

Definição de pós-modernidade

Argumentarei que adotar e participar das experiências religiosas pentecostais significa dar um passo em direção ao pós-modernismo. Logo, será útil definir o que quero dizer por pós-modernismo. "O pensamento pós-moderno é mais bem compreendido não inicialmente como uma agenda especial, filosófica e social, mas como uma crítica e rejeição às características centrais da modernidade, bem como a tentativa

---

[28] ARCHER. Full Gospel, p. 89-91.
[29] Veja MILLER; YAMAMORI. Global Pentecostalism, p. 17-38, para uma visão geral útil dos vários tipos de pentecostalismos e diferentes ênfases que podem ser encontradas no pentecostalismo. Os autores argumentam que o "motor do pentecostalismo é a adoração" e "o coração do pentecostalismo é a música" (p. 23). Além disso, a razão pela qual as pessoas abraçam o pentecostalismo é "algum tipo de encontro com o sagrado, com todos esses outros elementos simplesmente variando segundo o contexto em que se inserem" (p. 38), com o que eu concordo sinceramente. Para uma discussão importante sobre a experiência, veja NEWMAN. Whither Pentecostal Experience?, p. 1-40.
[30] WALSH. Pentecostals, p. 199.
[31] SHAULL; CESAR. *Pentecostalism and the Future of Churches*, p. 146.
[32] ARCHER. A Pentecostal Way of Doing Theology, p. 309.

de envolver-se em um discurso construtivo no período posterior".[33] A preocupação do Iluminismo em definir o humano como algo apenas pensante, com uma particular preocupação pela individualidade autônoma, tem deixado a humanidade à deriva. Ademais, sua busca pela razão universal e pelos princípios objetivos a-históricos e universais é simplesmente uma ilusão.

> O pós-modernismo rejeita o quadro reducionista dos seres humanos como coisas meramente pensantes. Também questiona privilegiar a razão e o intelecto como reis das faculdades humanas. Em vez disso, o pós-modernismo argumenta que nossa orientação em relação ao mundo não é primeiramente uma percepção mediada e intelectual, mas sim uma "orientação passional" mais fundamental — um comportamento afetivo em relação ao mundo que "constrói" o mundo da experiência na base de um "entendimento" que é pré-cognitivo.[34]

Os cristãos que fizeram uma virada pós-moderna "estão tentando repensar a busca pela verdade à luz da natureza contextual do pensamento humano e da pluralidade da expressão cultural".[35] Isso afirma um entendimento *contextualizado* da racionalidade. A linguagem, então, constitui a natureza social da existência humana. O aprendizado está alicerçado em tradições históricas enraizadas.[36] O pós-modernismo, portanto, dá espaço à particularidade do pentecostalismo como uma tradição histórica enraizada.

O teólogo reformado Kevin Vanhoozer afirma que "o espírito do pentecostalismo parece de fato estar radicalmente em desacordo com o espírito da modernidade".[37] "Por quê?", vocês poderiam perguntar. Porque "há elementos de uma visão de mundo pentecostal que estão

---

[33] FRANKE. The Nature of Theology, p. 203-4.
[34] SMITH. *Thinking in Tongues*, p. 58.
[35] FRANKE. The Nature of Theology, p. 203-204.
[36] Para mais discussão, veja OLIVERIO JR. *Theological Hermeneutics in the Classical Tradition*, p. 316-366.
[37] Reforming Pneumatic Hermeneutics, p. 19.

EXCURSO D
Hermenêutica pentecostal: questões e desafios

em consonância com uma crítica 'pós-moderna' da razão autônoma".[38] A socióloga Margaret Poloma argumenta que o pentecostalismo é um "protesto antropológico contra a modernidade"[39] e promove uma visão de mundo alternativa ao modernismo mantendo uma tensão entre o "cognitivo racional e a experiência afetiva".[40] Antes de Paloma, Gerald T. Shepherd definiu o pentecostalismo inicial como "submoderno", o qual ele preferia ao pré-moderno ou ao pré-crítico, uma vez que os pentecostais '"estavam habituados com os valores culturais da classe mais baixa ou com os grupos racialmente marginalizados e não foram convidados como parceiros iguais para o debate modernista'. Mesmo assim, eles participaram tímida e não intencionalmente numa base que visa pôr fim ao experimento moderno".[41]

Tenho afirmado que os primeiros pentecostais constituíram um movimento paramoderno, contracultural, porque existiram às margens da corrente principal da sociedade norte-americana e das principais tradições cristãs.[42] Desse modo, os teólogos e os expositores bíblicos pentecostais que levam a sério a espiritualidade pentecostal dos primórdios falam com uma "voz libertadora e têm sotaque pós-moderno", uma vez que o pentecostalismo é um protesto contra as características centrais da modernidade e oferece um entendimento alternativo da realidade principal e dos meios para entendê-la.[43] Os estudiosos pentecostais e carismáticos que estão contribuindo para o desenvolvimento contemporâneo da teologia crítico-construtiva pentecostal vêm avançando para além da modernidade sem abraçar as formas niilistas, individualistas e

---

[38] SMITH. *Thinking in Tongues*, p. 52.
[39] POLOMA. *The Assemblies of God at the Crossroads*, p. 19.
[40] Ibidem, p. 8.
[41] Biblical interpretation after Gadamer, p. 127. Shepherd afirmou ainda que "os pentecostais podem ser pró-modernos sem serem modernistas, podem encontrar laços positivos com os cristãos pré-modernos sem serem 'pré-crítico', podem perceber os limites da crítica moderna sem se juntarem acriticamente aos autorrotulados 'pós-modernistas' que transigem com um niilismo baseado unilateralmente em sua relação do amor-ódio com modernidade" (Pentecostals, Globalization, and Postmodern Hermeneutics, p. 289-90).
[42] ARCHER. *A Pentecostal Hermeneutic*, p. 18, 38-46, 268.
[43] Idem. Pentecostal Hermeneutics, p. 81.

puramente naturalistas da pós-modernidade ou sem senso crítico promovendo o pós-modernismo como o salvador do cristianismo.[44]

Uma visão geral sobre o desenvolvimento da hermenêutica pentecostal[45]

No alvorecer do século XX, uma nova tradição cristã chamada pentecostalismo nasceu. Ela veio das margens da sociedade e ansiava por uma íntima e empoderada relação com Jesus Cristo. Os primeiros pentecostais foram formados nas tradições wesleyanas, de santidade de Keswick e de reavivamento, e desejavam restaurar o cristianismo do Novo Testamento. Eles se orgulhavam de pregar o "evangelho pleno" e os sinais e maravilhas que se seguiriam à pregação da Palavra. O evangelho pleno pode ser resumido através de uma afirmação do testemunho de que Jesus liberta, santifica, batiza com o Espírito Santo, cura e retornará em breve como Rei. O evangelho pleno é o coração da história comum dos pentecostais que ajudou a dar forma à sua identidade.

A Escritura é lida pelos pentecostais como a normativa palavra inspirada de Deus, e a leem com um desejo pietista de entendê-la no momento presente. A paixão deles era e ainda é viver de acordo com a Palavra de Deus. Portanto, a Bíblia fala para as situações da vida atual da comunidade cristã. A preocupação com a experiência transformadora, a vida de fé, as práticas interpretativas e as doutrinas bíblicas eram e ainda são essenciais para os pentecostais, tanto para os que possuem formação acadêmica como para os que não a possuem.

A identidade, a experiência e a teologia pentecostal estão diretamente relacionadas com o livro de Atos dos Apóstolos. Falando de maneira

---

[44] James K. A. Smith reconhece corretamente que a pós-modernidade, como a modernidade, é "caracterizada por uma noção idólatra de autossuficiência e um naturalismo profundo", e que algumas formas de pós-modernismo aprofundam ainda mais certos aspectos da modernidade, como a liberdade individual, o uso de tecnologia, e assim por diante. Concordo com ele que o significativo para os pentecostais é o *descontínuo*, como a importância da transmissão da tradição, da comunidade, da narrativa, entre outras (*Who's Afraid of Postmodernism?*, p. 21).

[45] Estou argumentando fortemente, com pequenas mudanças, baseando-me no meu texto "Hermeneutics", p. 108-116.

EXCURSO D
| Hermenêutica pentecostal: questões e desafios |

simples, se Atos dos Apóstolos não estivesse na Bíblia, não haveria nenhum movimento pentecostal. A importância do Evangelho de Lucas e sua interpretação adequada tornaram-se o campo de batalha exegética para os pentecostais. O batismo no Espírito Santo como uma experiência diferente sinalizado por línguas estranhas se tornaria um dos aspectos mais debatidos do pentecostalismo. A própria interpretação de Atos, com a importância teológica e o gênero do livro, ajudou a facilitar o desenvolvimento da hermenêutica bíblica pentecostal. Esse desenvolvimento se deu em três etapas: um período inicial pré-crítico (de 1900 aos anos 1940), o período moderno (dos anos 1940 até o início dos anos 1990) e o período contemporâneo (de 1990 até o presente). Embora os considere como um desenvolvimento linear, os três períodos, de fato, sobrepõem-se. O período pré-crítico foca nos primeiros líderes. O período moderno sinaliza um novo desenrolar. Os pentecostais norte-americanos e europeus estão entrando nas instituições acadêmicas reconhecidas e creditadas a fim de obter graus acadêmicos mais altos em estudos religiosos. A partir do período moderno em diante o foco é nos intérpretes pentecostais formalmente educados e academicamente treinados na Escritura.

A primeira etapa da interpretação dos pentecostais foi o Método de Leitura da Bíblia (MLB). Este foi o mesmo processo de interpretação usado pelas tradições da santidade [*holiness*]. O MLB foi uma abordagem pré-crítica interpretativa de senso comum. Tal abordagem defendia que a Bíblia podia ser lida de modo direto e compreendida pelo cristão comum. O MLB dependia do raciocínio interpretativo *indutivo* e *dedutivo*. A abordagem *indutiva* se concentrava no texto. Um versículo da Escritura deveria ser interpretado em seu contexto literário imediato, depois no contexto mais amplo (como o capítulo) e depois dentro do livro etc. A interpretação *dedutiva* exigia que todos os dados bíblicos disponíveis em determinado tópico, como o batismo com o Espírito Santo, fossem examinados. As informações seriam harmonizadas numa síntese coesa. O processo dedutivo implicava procurar um termo específico numa concordância com a Bíblia, compilar uma lista exaustiva de versículos em que o termo aparecia e depois deduzir uma verdade bíblica baseada na leitura dos textos. Em outras palavras, o MLB encorajava uma estratégia interpretativa sincrônica que extrapolaria o versículo a partir de seu contexto mais amplo (em sua preocupação em enfileirar todos os versículos que se relacionam com aquela palavra ou tópico juntos) e amontoá-los em um único parágrafo. Esse método, junto à sua visão de mundo não cessacionista, tornou os pentecostais capazes em afirmar que o batismo com o Espírito Santo significava que o "falar em outras línguas" era para o tempo presente. Essa doutrina bíblica experiencial se baseava numa interpretação cuidadosa, embora pré-crítica e indutiva-dedutiva, do livro de Atos dos Apóstolos.

O MLB foi o primeiro método interpretativo empregado pelos primeiros pentecostais para fins de pregação e para sua *formação doutrinária*.[46] Contudo, o que diferenciava esse método dos de outros grupos de santidade foi o fato de ter sido usado a partir de uma perspectiva pentecostal. Os pentecostais eram não cessacionistas. O livro dos Atos dos Apóstolos era um documento teológico do qual a doutrina podia e devia provir. As experiências bíblicas e o raciocínio humano eram essenciais àqueles que viviam na fé.

A segunda etapa começou quando os pentecostais ingressaram em uma arena acadêmica mais moderna e informada. Eles eram ensinados em práticas aceitáveis, modernas e bíblicas de interpretação. Houve uma mudança do MLB para as metodologias históricas e críticas (fonte, forma e redação) da modernidade. Como resultado, os pentecostais se tornaram mais modernos em seu conhecimento acadêmico e mais predominantemente evangelicais em suas práticas interpretativas.[47]

O moderno método histórico-crítico suscitou questões pertencentes à exatidão histórica da Bíblia e de sua apresentação de Deus. O foco era no mundo por detrás do texto. Os fatos históricos que fizeram surgir o

---

[46] Para uma explicação da aproximação do pentecostalismo norte-americano em seus primórdios na leitura da Escritura Sagrada para a formação espiritual de seus participantes, veja GREEN. *Sanctifying Interpretation*, p. 114-123.
[47] Durante esse tempo, denominações pentecostais foram se associando à recém-criada National Association of Evangelicals. Assim, foi considerado benéfico pelos próprios pentecostais ser associado ao evangelicalismo dos Estados Unidos, em ambos os níveis, acadêmico e denominacional.

EXCURSO D
Hermenêutica pentecostal: questões e desafios

texto, as fontes escritas e as formas orais de informações incorporadas ao texto se tornaram o centro de interesse. Os métodos histórico-críticos deveriam ser cientificamente baseados e historicamente verificáveis. A verdade tinha de cumprir os padrões epistemológicos do dia. Apenas o que podia ser verificável do ponto de vista científico e histórico seria considerado verdadeiro.

Os pentecostais, seguindo muitos evangelicais dos Estados Unidos, aceitaram muitos princípios básicos da crítica histórica, embora rejeitassem a visão de mundo naturalista da modernidade. Ao interpretar a forma final do texto bíblico, os pentecostais usaram uma abordagem interpretativa denominada "método histórico-gramatical". Essa metodologia e as pressuposições que a direcionavam tinham sido praticadas pelos evangelicais. A exegese histórico-gramatical era uma adaptação da crítica histórica. O hermeneuta era treinado em uma intepretação exegética, estando capacitado para ler a Bíblia nas línguas originais. Podia traduzir o original na língua receptora, o que era um tipo de processo exegético racionalizado. Podia identificar as influências socioculturais no autor e, possivelmente, algumas das circunstâncias que levaram à produção do texto. A finalidade era chegar de forma objetiva ao significado intencional do autor. Uma vez que se descobrisse o que o autor queria dizer através do texto, a pessoa aplicaria isso à sua situação atual. Afirmava-se uma clara distinção entre o que um texto significava para o público original ou primeiro (a então chamada intenção autoral do texto do passado) e o que ele significou para a própria comunidade cristã (a aplicação atual). Se o significado pretérito estático não encontrasse uma apropriação imediata às preocupações atuais, então a aplicação se basearia geralmente num princípio deduzido "atemporal".[48] O texto possuía um significado estático determinado. O significado de um passado, todavia, tinha múltiplas aplicações.[49] Daí a necessidade de os evangelicais modernos reduzirem a passagem (versículo ou até mesmo uma palavra) a um princípio atemporal.

---

[48] Para esse processo de "principialização", veja KLEIN; HUBBARD JR. *Introduction to Biblical Interpretation*.
[49] HIRSCH. *Validity and Interpretation* tem se tornado uma referência padrão.

Utilizar a exegese aceitável não resolveu as questões referentes ao batismo com o Espírito Santo. Os métodos interpretativos acadêmicos modernos fizeram alguns estudiosos pentecostais abandonarem as línguas como uma evidência inicial. Alguns abandonariam até mesmo o batismo com o Espírito Santo como uma experiência subsequente e o entenderiam como sinônimo de regeneração. Mais insistente era a persuasão retórica da modernidade. Alguns pentecostais em sua busca intelectual simplesmente abandonariam o cristianismo em sua totalidade. Contudo, mesmo durante o período inicial, alguns pentecostais rejeitaram as línguas como o sinal bíblico inicial do batismo com o Espírito Santo. Eles de fato mantiveram o batismo com o Espírito Santo como uma experiência distinta e separada subsequente à regeneração, a qual poderia ter significado dado por vários sinais bíblicos. Para outros, o método demonstrou claramente que as línguas eram o sinal inicial de um batismo com o Espírito Santo. Meu ponto é que um método aceitável nem sempre resolve as diferenças doutrinárias.

O desenvolvimento de um corolário era que os estudiosos evangelicais mais acadêmicos, incluindo alguns pentecostais, argumentaram que Atos dos Apóstolos era simplesmente uma narrativa histórica. Como uma narrativa histórica era um relato descritivo da igreja primitiva. Sendo assim, não poderia ser usado no desenvolvimento de doutrina. As cartas devem ser usadas como a fonte primária da teologia em desenvolvimento.[50] Dessa maneira, mesmo que Atos realce o batismo com o Espírito Santo como uma experiência subsequente à regeneração, esta não é uma experiência objetivada para hoje. A história de Atos era sobre o passado e a inclusão dos gentios na comunidade cristã. Ainda, outros pentecostais academicamente formados, usando o mesmo método, mantiveram as doutrinas pentecostais tradicionais. A questão que se suscitou era sobre de qual gênero um livro bíblico precisaria ser a fim de sustentar uma doutrina. Não o método interpretativo só estava em consideração, mas agora discutia-se o próprio livro no qual os pentecostais basearam sua identidade experiencial.

---

[50] Veja a crítica de Stanley Grenz sobre a doutrina clássica do pentecostalismo do batismo no Espírito Santo (*Theology for the Community of God*, p. 415-422).

EXCURSO D
| Hermenêutica pentecostal: questões e desafios |

O método histórico-gramatical (exegese) tornou-se o método principal empregado por muitos pentecostais. Um avanço notável dentro dos métodos históricos foi o desenvolvimento da crítica da redação. Diferentemente de outros métodos histórico-críticos, a crítica da redação enfatiza uma leitura atenta da forma final do livro bíblico com o objetivo de discernir a intenção teológica do autor. Esse método foi aplicado a Lucas e a Atos com resultados prolíficos. Ao empregar a crítica da redação, alguns argumentaram que a teologia de Lucas sobre o batismo com o Espírito Santo, conforme articulado em seu Evangelho e em Atos, é diferente do entendimento de Paulo conforme apresentado em suas cartas. Na qualidade de estudiosos pentecostais, era importante mostrar de que modo os dois entendimentos eram complementares, e não contraditórios.[51] Além disso, a crítica da redação afirmava o valor de Atos como um documento teológico. Atos, à semelhança do Evangelho de Lucas, era descritivo e regulador; desse modo, os textos narrativos (o gênero de Atos) e as epístolas do Novo Testamento podiam ser utilizados para o desenvolvimento da doutrina contemporânea cristã.[52]

A etapa moderna demonstrou que os pentecostais poderiam plenamente se envolver em métodos críticos acadêmicos e, ainda assim, manter a doutrina tradicional pentecostal. Para os pentecostais, interpretar a Escritura de forma adequada era essencial para a fé e a prática cristãs. Durante o período moderno, eles se envolveram com a crítica textual, começaram a escrever comentários acadêmicos e produziram mais livros didáticos formais teológicos.

A etapa moderna da interpretação pentecostal da Bíblia se iguala às etapas do desenvolvimento em universidades acadêmicas. A interpretação literária da Escritura começou a emergir nos departamentos de estudos bíblicos das universidades. Os métodos literários, como a crítica da redação, mostraram-se preocupados com a interpretação da forma final do texto bíblico. O local do significado se moveu do mundo do autor para o mundo do texto. Os métodos literários podem estar voltados para as questões históricas, mas o foco está sempre no texto. Alguns estudiosos

---

[51] Veja ARCHER. A Pentecostal Hermeneutic, p. 186-194.
[52] STEPHENSON. *Dismantling the Dualisms*.

pentecostais da Bíblia adotaram os métodos literários. Eles acolheram bem os métodos mais novos associados às abordagens literárias porque elas envolviam o texto.

No início dos anos 1990, a questão de uma hermenêutica e de uma experiência pentecostal diferente também surgiu na linha de frente das discussões. Embora os métodos literários e a busca inicial de um método interpretativo pentecostal distinto fossem parte de uma era moderna mais tardia, vejo isso como sinal de uma nova etapa do desenvolvimento da interpretação bíblica pentecostal. As etapas de fato se sobrepõem, especialmente os períodos modernos mais tardios e os períodos contemporâneos iniciais. Também é preciso dizer que alguns pentecostais acadêmicos estavam abraçando a teologia da libertação (africana, norte-americana e latino-americana) e considerando-a útil, uma vez que se articulava com a ética pentecostal nos anos 1970.

A construção de uma hermenêutica pentecostal

Em 7 de novembro de 1992, Bill Faupel apresentou seu discurso como presidente da Society for Pentecostal Studies intitulado "Whither Pentecostalism?" [Para onde vai o pentecostalismo]. O discurso foi um clamor profético para que os pentecostais norte-americanos fossem, digamos assim, "pentecostais". Ele informou os membros que duas visões do pentecostalismo estavam surgindo. Naquela época, a visão principal era a de que o "pentecostalismo era um subgrupo do evangelicalismo, compartilhando suas suposições, sua agenda e sua missão".[53] A outra visão emergente "percebia o pentecostalismo como uma expressão autêntica e independente da fé cristã, e não como um subgrupo do evangelicalismo. Ele continua: "Aqueles que mantêm esta visão sentem que o impulso inicial que levou ao Movimento precisa ser recuperado — não num sentido ingênuo, mas no sentido do que Paul Ricoeur quer dizer por 'segunda ingenuidade'". Faupel também afirma que os que mantiveram

---

[53] FAUPEL. Presidential Address, p. 9-27, cf. esp. p. 26. Gostaria de sugerir que o contexto do entendimento sobre o evangelicalismo em seu discurso seja o do evangelicalismo dos Estados Unidos.

EXCURSO D
| Hermenêutica pentecostal: questões e desafios |

tal visão "concluíram que o Movimento possui sua própria missão, sua própria hermenêutica e sua própria agenda".[54] Sugiro que o discurso atemporal de Faupel assinalou uma mudança de paradigma que ocorria no interior do conhecimento pentecostal. A partir do discurso presidencial de Faupel, publicações sobre a hermenêutica pentecostal surgiram.[55]

Sem dúvida, isso é devido em grande parte aos pentecostais que entraram no discurso formal acadêmico e ecumênico. Eles entraram em níveis avançados nas universidades estaduais ou em seminários evangelicais não conservadores de primeira linha, embora, simultaneamente, "retirassem do fundo do seu próprio poço" de espiritualidade e produzissem uma teologia pentecostal bíblica, teológica, filosófica e construtiva.[56] Tais pessoas tendiam a se envolver amplamente com o

---

[54] Ibidem.
[55] Uma das mais recentes publicações sobre a hermenêutica bíblica "pentecostal" foi editada por MARTIN. *Pentecostal Hermeneutics*, uma coleção de ensaios publicados anteriormente no *Journal of Pentecostalism*. Três obras significativas em inglês abordando a hermenêutica pentecostal são os textos de YONG. *Spirit-Word-Community*, o de ARCHER. *A Pentecostal Hermeneutic*, e o de OLIVERIO JR. *Theological Hermeneutics in the Classical Tradition*. Para uma tentativa de "renovação" — uma obra claramente "não pentecostal" — sobre uma hermenêutica bíblica pneumática que reafirma (a partir da preocupação do editor, mas que não se reflete em todos os demais ensaios) a importância de fazer a crítica bíblica histórica tradicional de uma perspectiva confessional, veja a coletânea e respostas em SPAWN; WRIGHT. *Spirit and Scripture*. Segundo Wright, "o objetivo desse volume foi oferecer vários ensaios que apresentassem várias opiniões sobre o papel do Espírito Santo (o Espírito de Deus) na hermenêutica: uma hermenêutica pneumática" (p. 175). Os contribuintes são pentecostais e carismáticos, os respondentes não autoidentificados, mas ainda assim assumidamente cristãos. Os editores atribuem aos contribuintes uma tradição de renovação não ligada à tradição pentecostal (p. 175). Ambos pertencem à Pentecostal School of Divinity da Regent University. A tradição de renovação "refere-se a movimentos carismáticos globais e a estudiosos [...] que sustentam o seguinte: os compromissos e as experiências pneumatológicas têm implicações para o projeto hermenêutico" (p. xvii).
[56] Cheryl Bridges Johns, coordenadora da programação do Encontro Anual de 1994 da Society for Pentecostal Studies, escolheu "Drinking from their own wells" [Bebendo de seus próprios poços] como tema do encontro daquele ano. O título de seu discurso presidencial foi "The Adolescence of Pentecostalism: In Search of a Legitimate Sectarian Identity" [A adolescência do pentecostalismo: em busca de uma identidade dogmática legítima] (*Pneuma: The Journal of the Society for Pentecostal Studies* 17.4 [1995], p. 109-134). A preocupação com a busca da identidade pentecostal foi uma preocupação dos anos 1990; veja DEMPSTER. The Search for Pentecostal Identity, p. 1-8.

espectro teológico cristão, e mesmo com teóricos críticos não cristãos, uma vez que articulavam leituras bíblicas e teologia pentecostais. Nos Estados Unidos, os pentecostais que permaneceram em contextos evangelicais conservadores optaram com frequência por permanecer como evangelicais conservadores, e davam razões para a adoção da comumente denominada hermenêutica evangelical. Eles retiveram a nomenclatura evangelical conservadora e geralmente acrescentaram a experiência pentecostal à teologia deles. Eles não tendiam a retrabalhar sua teologia a partir de uma visão distintamente pentecostal.[57] Oliverio Jr. assevera o seguinte: "Um questionamento poderia ser feito aos pentecostais que se voltaram para a hermenêutica evangelical, em oposição aos que não o fizeram, frequentemente assim optaram porque foram formados ou numa instituição evangelical ou numa instituição pentecostal que tinha optado por essa hermenêutica híbrida".[58] Além disso, alguns estavam convencidos do argumento da modernidade de que a objetividade é atingível. Seu objetivo era descobrir a intenção do autor, um sentido pretérito estático codificado em um texto. Todavia, violaram o método, argumentando que suas pressuposições eram diferentes. Dessa maneira, afirmaram uma abordagem histórico-crítica "cristã confessional", que buscava encerrar a busca por significado ao descobrir o significado que o autor pretendia. O objetivo era descobrir a intenção mental do autor, participando, desse modo, da busca da modernidade pela objetividade neutra. Eles usaram o que Oliverio Jr. chama de hermenêutica híbrida, a qual adota e mantém uma vista confessional evangelical (norte-americana) e uma epistemologia modernista iluminada que se articula como uma metodologia

---

[57] Veja MENZIES. The Essence of Pentecostalism. Robert e Glenn Menzies são filhos de William Menzies. A dissertação de doutorado de William Menzies formou a base de sua influente história das Assembleias de Deus nos Estados Unidos, intitulada *Anointed to Serve: The Story of the Assemblies of God* [Ungidos para servir: A história das Assembleias de Deus]. Robert e Glen apoiam convictamente a tese de que o pentecostalismo das Assembleias de Deus norte-americanas é um típico produto da América do Norte conservadora, reformada e de tradição evangelical. Ambos apoiam a hermenêutica que busca pela intenção do autor e a consideram um aspecto da crítica histórica.

[58] *Theological Hermeneutics in the Classical Tradition* — cf. nota de rodapé 6, p. 135.

EXCURSO D
Hermenêutica pentecostal: questões e desafios

interpretativa comumente denominada conservadora evangelical. O cerne da metodologia seria o método histórico-gramatical. Se a metodologia é usada por outros protestantes reformados, será enfatizado o contexto histórico. Quando utilizada por pentecostais wesleyanos, se realçará o texto gramatical ou linguístico.[59]

Os pentecostais que produziram a teologia *pentecostal* construtiva têm sido capazes de assim o fazer porque, primeiramente, o controle epistemológico da modernidade Iluminista, contra o qual o pentecostalismo categoricamente protestou, tinha afrouxado.[60] Com tal relaxamento, surgiu a oportunidade de produzir um conhecimento pentecostal *informado* pela espiritualidade pentecostal experiencial *inicial* e pela *participação atual* nas comunidades pentecostais e/ou carismáticas. Segundo, pentecostais participantes da comunidade interpretativa na Society for Pentecostal Studies discerniram que havia chegado o tempo de desenvolverem e articularem um conhecimento pentecostal crítico-construtivo em diálogo com uma tradição cristã maior. Por exemplo, no editorial do primeiro número do *Journal of Pentecostal Theology*, os editores afirmaram: "A ideia deste empreendimento editorial foi concebida pelos atuais editores (J. C. Thomas, R. Moore e S. Land) na reunião anual da Society for Pentecostal Studies em 1990".[61] A publicação dessa revista marcou uma nova fase no conhecimento pentecostal construtivo-crítico internacional. O primeiro número do *Journal of Pentecostal Theology* (1992) pode ser considerado um

---

[59] ARCHER. A *Pentecostal Hermeneutic*, cap. 2.
[60] DEMPSTER. Issues facing Pentecostalism in a Post-Modern World, p. 261-267. Dempster afirmou que "o pós-modernismo é mais uma reação contra o modernismo e seus pressupostos epistemológicos. [...] O conhecimento humano é entendido mais como social do que individual, mais relacional do que autônomo, e mais reflexivo de diferentes comunidades do discurso do que da comunidade monolítica de investigação científica e racional" (p. 262).
[61] *Journal of Pentecostal Theology* 1 (1992), p. 4. Eles incluíram também um ensaio de Juan Sepúlveda, da Comunidad Teológica de Chile, intitulado "Reflections on the Pentecostal Contribution to Mission of the Church in Latin America", p. 93-108. Para outras publicações que têm se aventurado no campo de uma teologia construtiva pentecostal, veja WADDELL. Whence Pentecostal Scholarship? p. 243-259.

Manifesto Pentecostal.[62] Os pentecostais que deram a virada linguística e pós-moderna, enquanto cavavam profundamente e "bebiam do próprio poço", em diálogo com a tradição cristã mais ampla e com outros teóricos críticos, contribuíram para o desenvolvimento de uma tradição hermenêutica *pentecostal* distinta.[63]

Não estou dizendo que os pentecostais não produziram teologia ou conhecimento acadêmico antes dessa mudança; certamente produziram. Os primeiros artigos publicados em *Pneuma* demonstram que os pentecostais produziram conhecimento acadêmico.[64] Contudo, pergunto: Os ensaios teológicos estavam, de fato, tentando ser informados de forma integral pelo pentecostalismo ou simplesmente tentavam recuperar o denominado batismo com/no Espírito Santo com a evidência de falar numa língua não aprendida? Se a identidade pentecostal não se diferenciasse do evangelicalismo norte-americano, qualquer coisa identificada como pentecostal teria sido engolida e relançado na teologia evangélico-fundamentalista acadêmica ou em alguma versão moderna ou pós-moderna da teologia liberal.[65] Tais opções são

---

[62] Os editores afirmaram que a revista é "projetada para facilitar a pesquisa teológica construtiva a partir de uma perspectiva pentecostal em nível acadêmico internacional" (editorial, edição 1, 1992), p. 3. O ensaio principal foi escrito por Walter J. Hollenweger, o avô dos estudos pentecostais, e a revista incluiu também um ensaio de Juan Sepúlveda sobre o pentecostalismo latino-americano.
[63] Para maior discussão, veja OLIVERIO JR. *Theological Hermeneutics in the Classical Tradition*, cap. 7, p. 316-366. O impulso inicial (a espiritualidade) que deu origem ao pentecostalismo é criticamente recuperado e revisto.
[64] STEPHENSON. *Types of Pentecostal Theology*.
[65] O termo "evangelicalismo" também é contestado. Veja ARCHER. A Pentecostal Way of Doing Theology, em especial a nota de rodapé 12. Refiro-me de modo específico ao evangelicalismo reformado mais conservador nos Estados Unidos como o padrão para se entender o evangelicalismo norte-americano. Nos Estados Unidos, "evangelical" [ou "evangélico"] pode funcionar como um guarda-chuva sob o qual muitas tradições podem encontrar alguma familiaridade. Tradicionalmente, nos Estados Unidos, não chegou a ser de fato uma tradição, sendo mais uma coalizão ligada à National Association of Evangelicals, que tem se alinhado politicamente à direita religiosa. O evangelicalismo, hoje, é muito diversificado. Veja HEANEY. Prospects and Problems for Evangelical Postconlonialisms, p. 29-42. Heaney levanta seis características do evangelicalismo pós-colonial: 1) o cristocentrismo; 2) o conversionismo; 3) o carisma; 4) o textualismo; 5) o ativismo; 6) o comunitarismo (p. 30). Creio que seria mais apropriado aplicar tal descrição para o pentecostalismo nascente e progressista. A seguir, ele apresenta os três traços genéricos expostos por Randall Balmer

Uma hermenêutica pentecostal

simplesmente inconsistentes com a inicial espiritualidade pentecostal norte-americana.[66]

Uma hermenêutica pentecostal

Uma hermenêutica pentecostal é, antes de tudo, uma hermenêutica *teológica* participativa e relacional — um modo de interpretar a vida e a realidade última. A vida é uma experiência nascida, formada e moldada mediante a participação comunitária. A história é a única maneira pela qual podemos explicar o significado de nossa existência em um modo coerente.[67] É tarefa cristã interpretar *teologicamente* a experiência vivida e, dessa forma, fazer da vida do indivíduo e da comunidade uma significativa jornada cristã "historiada".[68] Do ponto de vista cristão, a hermenêutica é um boa e mostra-se necessária pelo fato de termos sido criados como seres humanos finitos, embora a humanidade seja decadente e corrupta.[69] Deus nos salva não *da* interpretação, mas *através da*

Este escreve que o denominador comum para o evangelicalismo é "aceitar a Bíblia Sagrada como a inspirada revelação de Deus à humanidade, crer na centralidade da experiência de conversão em termos de novo nascimento e um evangelizar ou levar outras pessoas à fé". Veja também BALMER. *The Making of Evangelicalism*, p. 2. De acordo com Balmer, "a vertente americana do evangelicalismo é particularmente bem norte-americana e derivada da confluência dos três "Ps" do século XVIII: *Presbiterianismo Escocês-Irlandês, Pietismo continental* e os vestígios do *Puritanismo da Nova Inglaterra*". Balmer inclui pentecostais em sua definição (p. 5). Robert Menzies (*Pentecost: This Story is our Story*) argumenta que o pentecostalismo clássico está ancorado no solo evangelical conservador; é evangelical e afirma os três conceitos genéricos de Balmer para apoiar a sua visão (autoridade da Escritura, salvação apenas em Cristo e evangelismo como a missão importante da igreja). O problema é simplesmente este: qualquer grupo protestante pietista afirmará tais crenças e, de certo modo, até mesmo alguns grupos das tradições católica e ortodoxa.
[66] FAUPEL. Presidential Address, p. 9-27.
[67] HAUSTEIN. Historical Epistemology and Pentecostal Origins, p. 348.
[68] Estou afirmando que uma abordagem hermenêutica crítica realista é necessária, assim como a necessidade de ser exato, justo e honesto para com sua história pessoal. Uma hermenêutica de suspeita deve ser sempre aplicada ao conteúdo de sua história pessoal porque os seres humanos tendem a exagerar seu significado e, por fim, dominar os outros.
[69] A necessidade e a capacidade humana para interpretar precedem a Queda e, portanto, são um aspecto "bom" da criação de Deus, o que poderia levar alguém então a argumentar que isso, em primeiro lugar, permitiu a Queda. Não é tanto uma questão de que os seres humanos possuíam livre arbítrio, mas de como seres humanos puderam ter desejos que os levaram à Queda.

interpretação. Nas palavras de Chris Green, "Deus é 'compelido' a nos salvar em maneiras que nos fazem intérpretes *mais verdadeiros*".[70]

Uma hermenêutica teológica pentecostal desejará interpretar verdadeiramente a totalidade da experiência humana pessoal, o que inclui entender a relação recíproca entre Deus, a humanidade e a criação — "a partir de uma perspectiva finita que é *específica* e *explicitamente* enraizada em uma comunidade de fé".[71] "Uma hermenêutica teológica é uma hermenêutica de vida que procede 'da perspectiva da fé em direção de uma hermenêutica da realidade como um todo'".[72] Por essa razão, a Santa Escritura será privilegiada pela comunidade para a exposição teológica pentecostal porque a Escritura, como uma grande meta-narrativa, articula *a* história de Deus com a humanidade. Contudo, a experiência pessoal sempre terá uma influência significativa sobre como a Escritura Sagrada é ouvida.

"A rubrica da Escritura, da comunidade e do Espírito se encontra no cerne da hermenêutica pentecostal."[73] Esta "estrutura tríplice" de Espírito Santo, Escritura Sagrada e comunidade sagrada tornou-se a rubrica principal para se discutir uma hermenêutica pentecostal crítica e construtiva.[74] Embora sejam usadas várias metodologias interpretativas, há uma clara

---

[70] *Sanctifying interpretation*, p. 39 (grifo meu). Green escreve: "Somos criados para mediar a santidade de Deus para o restante da criação, daí a obra de Deus de nos redimir e glorificar deve envolver-nos na interpretação do que experimentamos" (p. 39).

[71] YONG. Spirit-Word-Community, p. 6 (grifo meu).

[72] OLIVERIO JR. *Theological Hermeneutics in the Classical Tradition*, p. 5, citando YONG, *Spirit-Word-Community*, p. 7.

[73] ARCHER, M. L. *I was in the Spirit on the Lord's Day*, p. 45. Para uma discussão das ideias essenciais associadas com cada uma das tríades, veja ARCHER, K. J. *Pentecostal Hermeneutics*, p. 45-54.

[74] Veja THOMAS. Pentecostal Interpretation, p. 89-97; MARTIN. Introduction to Pentecostal Hermeneutics, p. 9. John Christopher Thomas foi o primeiro pentecostal a abordar a tríade (Women, Pentecostals, and the Bible). Para uma reflexão sobre e interação com a tríade, veja sua posterior publicação "'What the Spirit is Saying to the Church' — The Testimony of a Pentecostal in New Testament Studies", in SPAWN; WRIGHT. *Spirit and Scripture*, p. 115-129. Desenvolvi a tríade no meu *A Pentecostal Hermeneutic*, cap. 6. Também tenho demonstrado que "os pentecostais usaram métodos semelhantes e comuns a outras comunidades interpretativas. O que torna sua leitura ou interpretação distinta é que ela está sendo gerada dentro de uma comunidade pentecostal", e essa comunidade tem uma história teológica particular (ARCHER. *A Pentecostal Hermeneutic*, p. 210). Veja também ARCHER. Pentecostal Story, p. 36-59.

EXCURSO D
| Hermenêutica pentecostal: questões e desafios |

preocupação em permanecer fiel ao evangelho e ao impulso emancipador do Espírito da vida conforme era ouvido na espiritualidade do pentecostalismo inicial. Além do mais, há uma preocupação em discernir o significado da Escritura a partir de um entendimento narrativo, teológico-redentor sobre o envolvimento de Deus com a humanidade, enquanto se evita o relativismo e a objetividade, sejam modernos, sejam pós-modernos.[75]

A partir e ao redor dessa tríade, importantes estratégias interpretativas emergiram, as quais se ajustam melhor ao etos espiritual dos movimentos pentecostais e sua história, bem como parecem adaptar-se melhor à própria Escritura como o livro da igreja.[76] Tal hermenêutica teológica mudou da simples localização de sentido atrás do texto bíblico (na mente do autor) para localizar o sentido no mundo do texto (crítica literária) e diante do texto (cidadania solidária/crítica à resposta do leitor).[77] Enquanto evita o método histórico-crítico da modernidade,[78]

---

[75] HOLMES. A Never-Ending Canadian Pentecostal Challenge, p. 264-285.
[76] GREEN, Chris E. W., *Toward a Pentecostal Theology of the Lord's Super*, p. 183. Veja também GREEN, Joel B. *Practicing Theological Interpretation*.
[77] A discussão sobre a localização do significado e os métodos interpretativos associados à localização do significado é a informação padrão nas discussões contemporâneas da hermenêutica bíblica. Veja TATE. *Biblical Interpretation*. W. Randolph Tate foi um dos primeiros a afirmar uma abordagem integrativa que aprecie todas as três localizações. Veja também PORTER; STOVELL. Introduction: Trajectories in Biblical Hermeneutics, p. 9-20, que também faz a revisão dos três mundos. Eu argumentaria que o significado é uma produção da comunidade, pois leva a sério a sua responsabilidade de envolver o texto, ouvir o texto, permitir que o texto fale e, assim, completar o evento comunicativo.
[78] Joel B. Green reconhece o valor da localização cultural social da produção das Escrituras. O que ele rejeita é a tradicional crítica histórica acadêmica que vê o estudioso bíblico como um historiador que está preocupado em reconstruir, em primeiro lugar, uma narrativa exata de acontecimentos passados (HC1), e, em segundo lugar, com a escavação de material tradicional a fim de explicar o processo dos acontecimentos históricos a partir de sua textualização no material bíblico (HC2). Isso inclui os métodos chamados "crítica tradicional, crítica da forma, crítica da fonte e crítica da redação". O que ele afirma é o "estudo de situações históricas em que os materiais bíblicos foram gerados, incluindo as convenções socioculturais que eles tomam como dadas". Ele afirma que este tipo de "crítica histórica" (HC3) é receptivo à interpretação teológica. Assim, a crítica do gênero, a nova crítica e a crítica da retórica talvez possam ser benéficas à hermenêutica teológica (GREEN. *Practicing Theological Interpretation*, p. 44-45). Sugiro que os pentecostais, como eu, que rejeitam o método histórico-crítico da modernidade, estão rejeitando o que ele identifica como HC1 e HC2, mas afirmamos com ele HC3.

uma hermenêutica pentecostal crítica não endossa necessariamente nenhum método único; assim, vários métodos são empregados, o que inclui percepções retiradas das abordagens de cidadania solidária e das preocupações pós-coloniais.[79] Todavia, o texto bíblico diante do leitor será a parte mais crucial para o entendimento do sentido teológico. Para esses pentecostais, "uma hermenêutica precisa funcionar para explicar um texto e para ativar a participação do leitor no mundo descrito no texto".[80] Além disso, dada a diversidade global do pentecostalismo, perspectivas experienciais etnicamente formadas são bem-vindas como parte da hermenêutica pentecostal.[81] Métodos que enfatizam uma *leitura* e *escuta* detalhada da Escritura e a contribuição dos leitores para o processo de interpretação estão sendo empregados de modo produtivo.[82] Muitos métodos adaptados foram mais influenciados pela teoria literária pós-moderna e por percepções incorporadas retiradas da metodologia pré-crítica (antes da Reforma), da teologia pós-crítica e das estratégias liberacionistas de cidadania solidária.[83] Tais abordagens tendem a entrar em conflito com o protestantismo modernista, seja ele liberal, seja

---

[79] ALEXANDER. When Liberation Becomes Survival, p. 337-353. Veja STEPHENSON. *Dismantling the Dualisms for American Pentecostal Women in Ministry*. Lisa Stephenson retira o seu impulso pneumatológico da tradição eclesiástica pentecostal e o põe em diálogo crítico com a atual metodologia feminista, contribuindo construtivamente para as atuais preocupações teológicas e práticas do ministério da igreja. Veja também ALFARO. *Divino Compañero*. Sammy Alfaro se baseia em seu contexto eclesiástico pentecostal hispânico e articula uma Espírito-Cristologia como um paradigma mais adequado para uma cristologia pentecostal hispânica fundamentada na experiência, na fé e na adoração comunitária pentecostal, que é orientada para a práxis libertadora.
[80] DEMPSTER. Paradigm Shifts and Hermeneutics, p. 132.
[81] RODRÍGUEZ. *The Liberating Mission of Jesus*.
[82] Duas importantes contribuições recentes que focalizam os leigos comuns na comunidade são as obras de GREY. *Three's A Crowd* e AUTERO. *Reading The Bible Across Contexts*.
[83] As preocupações de latino-americanos, afro-americanos e feministas foram abraçadas no final da década de 1960 e início da década de 1970 por teólogos pentecostais, especialmente na área de ética. Outras hermenêuticas de "advocacy" que abordam a opressão e as injustiças sociais percebidas, sem dúvida, serão usadas também no futuro. Os pentecostais utilizaram princípios metodológicos críticos sem endossar inteiramente o método. Eles tendem a modificar os métodos à luz de sua espiritualidade pentecostal.

EXCURSO D
Hermenêutica pentecostal: questões e desafios

evangelical.[84] Mais uma vez, esses pentecostais, ao empregar métodos literários e de resposta do leitor, querem se manter verdadeiros ao evangelho e ao impulso emancipador do Espírito da vida enquanto evitam o relativismo moderno ou pós-moderno.

Os pentecostais deveriam travar um autêntico diálogo com a Escritura Sagrada de tal modo a respeitá-la como outra voz, quase como outra pessoa. Os pentecostais deveriam permitir que a passagem fale em seus próprios termos, em seu próprio dialeto e em sua própria língua, mesmo se ela tiver sido traduzida. Tal abordagem afirma que os textos possuem algo a dizer, isto é, que pretendem comunicar, mas, como em todos os atos de comunicação, alguém precisa completar o evento comunicativo. Os leitores/ouvintes precisam permitir que a passagem fale e precisam ser fiéis em completar o evento comunicativo.

A interpretação pentecostal é uma atividade hermenêutica teologicamente contextualizada. Como cristãos, somos chamados não apenas para interpretar a Escritura de maneira adequada, mas também somos chamados para incorporá-la num modo sagrado e dinâmico de existência relacional. Estamos preocupados com a verdade moral na qualidade de ser vivente sagrado que tem um corpo. Uma hermenêutica pentecostal está preocupada com a mensagem libertadora e redentora de Jesus Cristo e a santificadora atuação emancipadora do Espírito Santo, se é para se permanecer verdadeiro à sua espiritualidade. Desse modo, nossas comunidades se tornarão letras vivas corporificadas e presença sacramental e redentora de Cristo no mundo.

As comunidades pentecostais precisam discernir corretamente o que o Espírito está dizendo dentro e por meio das Escrituras. Devem discernir o que o texto significa e como esse significado deve ser vivido fora da comunidade. Certos métodos interpretativos e interpretações especiais da Escritura se tornarão mais normativos do que outros. Nem todas as

---

[84] Veja ARCHER. *A Pentecostal Hermeneutic*, caps. 1—5; KÄRKKÄINEN. Hermeneutics: From Fundamentalism to Postmodernism, p. 4-5. Para uma versão anterior desse ensaio, veja Pentecostal Hermeneutics in the Making: On the Way from Fundamentalism to Postmodernism (*Journal of the European Pentecostal Theological Association* 18 [1998], p. 76-115). Veja também SMITH. The Closing of the Book, p. 49-71; e CARTLEDGE. Text-Community-Spirit, p. 130-142, e Pneumatic Hermeneutics, p. 186-188.

interpretações são igualmente válidas. Algumas são simplesmente erradas. A comunidade interpretativa decidirá quais são e quais não são aceitáveis com base em vários fatores, um deles sendo a integridade do método; porém, mais importante será a aceitação teológica da interpretação. O processo de tomada de decisão moral é imperativo para os pentecostais porque a interpretação pentecostal inclui um ato de resposta obediente e voluntário ao significado da Escritura.[85]

A hermenêutica pentecostal teológica encoraja a leitura e o escutar cuidadoso do texto bíblico com uma preocupação de entendê-lo e encontrar o Espírito dentro e através do texto para viver de forma contínua santificada no mundo e para receber poder para mudar o mundo. Mais importante do que usar os métodos adequados é a formação espiritual de comunidades pentecostais virtuosas formadas segundo Jesus e cheias do Espírito. A hermenêutica é, pois, "uma arte espiritual, comunal e interpretativa. Ela pode ser exercida com segurança, sábia e produtivamente apenas por aqueles cuja mente e cujo coração tenham sido mergulhados e formatados pelo próprio evangelho — dentro da reflexão, devoção e adoração da comunidade cristã".[86]

Tem emergido uma hermenêutica pentecostal que leva a sério o Espírito Santo, a Escritura e as comunidades pentecostais. A comunidade precisa interpretar fielmente a Escritura, uma vez que esta discerne a voz do Espírito.[87] Os estudiosos que estão abraçando o pentecostalismo como uma "expressão autêntica e independente da fé cristã"[88] têm assumido tanto a virada linguística quanto a pós-moderna. Eles estão travando um diálogo crítico com várias tradições cristãs e diversos teóricos seculares. Tais pentecostais estão produzindo teologia e leituras bíblicas *pentecostais*. Como resultado, estão trazendo mais do que simples "deleite" ao banquete cristão: estão fornecendo um prato farto e nutritivo digno de ser experimentado por outras tradições cristãs.[89]

---

[85] PARKER. *Led by the Spirit*.
[86] HALL. *Reading Scripture with the Church fathers*, p. 195.
[87] CARTLEDGE. Pentecostal Theology, p. 255-258.
[88] FAUPEL. Whither Pentecostalism, p. 26.
[89] CROSS. The Rich Feast of Theology, p. 27-47.

EXCURSO D
| Hermenêutica pentecostal: questões e desafios |

Bibliografia

ALEXANDER, Estrelda. When Liberation Becomes Survival. *Pneuma: The Journal of the Society for Pentecostal Studies* 32 (2010), p. 337-353.

ALFARO, Sammy. *Divino Compañero: Toward a Hispanic Pentecostal Christology*. Eugene: Pickwick, 2010.

ARCHER, Kenneth J. *A Pentecostal Hermeneutic for the Twenty-First Century: Spirit, Scripture and Community*. London; New York: T&T Clark International, 2004.

_____. *A Pentecostal Hermeneutic: Spirit, Scripture and Community*. Cleveland: CPT, 2009.

_____. A Pentecostal Way of Doing Theology: Method and Manner. *International Journal of Systematic Theology* 9.3 (2007), p. 301-314.

_____. Full Gospel. In: STEWART, Adam (ed.). *Handbook of Pentecostal Christianity*. DeKalb: Northern Illinois University Press, 2012.

_____. Hermeneutics. In: STEWART, Adam (ed.). *Handbook of Pentecostal Christianity*. DeKalb: Northern Illinois University Press, 2012.

_____. Horizons and Hermeneutics of Doctrine: A Review Essay. *Journal of Pentecostal Theology* 18 (2009), p. 150-156.

_____. I Have Come to Give You Life and More Abundantly. In: FETTKE, Steven M.; WADDELL, Robby (eds.). *Pentecostals in the Academy: Testimonies of Call*. Cleveland: CPT, 2012.

_____. Pentecostal Biblical Interpretation. In: WHITT, R. Keith; ARRINGTON, French L. (eds.). *Issues in Contemporary Pentecostalism*. Cleveland: Pathway, 2012.

_____. Pentecostal Hermeneutics: Retrospect and Prospect. *Journal of Pentecostal Theology* 8 (1996), p. 63-81.

_____. *The Gospel Revisited: Towards a Pentecostal Theology of Worship and Witness*. Eugene: Pickwick Publications, 2011.

_____. The Holy Spirit and the Early Church in the Book of Acts: The Global Mission of the Messianic Community. In: LIM, Johnson T. K. (ed.). *Holy Spirit: Unfinished Agenda*. Singapore: Genesis/Word N Works, 2015.

_____. Pentecostal Story: The Hermeneutical Filter for the Making of Meaning. *Pneuma: The Journal of the Society for Pentecostal Studies* 26 (2004), p. 36-59.

_____; WALDROP, Richard E. Liberating Hermeneutics: Toward a Holistic Pentecostal Mission of Peace and Justice. *Journal of the European Pentecostal Theological Association* 31.1 (2011), p. 65-80.

ARCHER, Melissa L. *I was in the Spirit on the Lord's Day: A Pentecostal Engagement with Worship in the Apocalypse*. Cleveland: CPT, 2015.

AUTERO, Esa J. *Reading The Bible Across Contexts: Luke's Gospel, Socio-Economic Marginality, And Latin American Biblical Hermeneutics*. 2014. Dissertação. (Doutorado em Teologia). Universität Helsinki, Helsinki, Finlândia, 2014.

BALMER, Randall. *The Making of Evangelicalism: from revivalism to politics and beyond*. Waco: Baylor University Press, 2010.

CARTLEDGE, Mark J. Pentecostal Theology. In: ROBECK JR., Cecil M.; YONG, Amos (eds.). *The Cambridge Companion to Pentecostalism*. New York: Cambridge University Press, 2014.

____. Pneumatic Hermeneutics: A Replay to Respondents. In: SPAWN, Kevin L.; WRIGHT, Archie T. (eds.). *Spirit and Scripture: Examining a Pneumatic Hermeneutic*. New York: T & T Clark International, 2012.

____. *Testimony in the Spirit: Rescripting Ordinary Pentecostal Theology*. Farnham/Burlington: Ashgate, 2010.

____. Text-Community-Spirit: The Challenges Posed by Pentecostal Theological Method to Evangelical Theology. In: SPAWN, Kevin L.; WRIGHT, Archie T. (eds.). *Spirit and Scripture: Examining a Pneumatic Hermeneutic*. New York: T & T Clark International, 2012.

CROSS, Terry. The Rich Feast of Theology: Can Pentecostals Bring the Main Course or Only the Relish?. *Journal of Pentecostal Theology* 16 (2000), p. 27-47.

DEMPSTER, Murray W. Issues facing Pentecostalism in a Post-Modern World: An Introductory Overview. In: DEMPSTER, Murray W; KLAUS, Byron D.; PETERSEN, Douglas (eds.). *The Globalization of Pentecostalism: A Religion Made To Travel*. Oxford: Regnum, 1999.

____. Paradigm Shifts and Hermeneutics: Confronting Issues Old and New. *Pneuma: The Journal of the Society for Pentecostal Studies* 15.1 (1993), p. 129-135.

____. The Search for Pentecostal Identity. *Pneuma: The Journal of the Society for Pentecostal Studies* 15.1 (1993), p. 1-8.

FAUPEL, D. William. Presidential Address: Whither Pentecostalism?. *Pneuma: The Journal of the Society for Pentecostal Studies* 15.1 (1993), p. 9-27.

FISH. Stanley. *Is There a Text in this Class? The Authority of Interpretive Communitie*. Cambridge: Harvard University Press, 1980.

FRANKE, John R. The Nature of Theology: culture, language, and truth. In: PENNER, Myron B. (ed.). *Christianity and the Postmodern Turn: Six Views*. Grand Rapids: Brazos, 2005.

GREEN Chris E. W. *Sanctifying Interpretation: Vocation, Holiness and Scripture*. Cleveland: CPT, 2015.

____. *Toward a Pentecostal Theology of the Lord's Super: Foretasting the Kingdom*. Cleveland: CPT, 2012.

GREEN, Joel B. *Practicing Theological Interpretation: Engaging Biblical Texts for Faith and Formation*. Grand Rapids: Baker Academic, 2011.

GRENZ, Stanley. *Theology for the Community of God*. Grand Rapids: Eerdmans, 2000.

GREY, Jacqueline. *Three's A Crowd: Pentecostalism, Hermeneutics, and the Old Testament*. Eugene: Pickwick, 2011.

EXCURSO D
| Hermenêutica pentecostal: questões e desafios |

HALL, Christopher A. *Reading Scripture with the Church fathers*. Downers Grove: IVP, 1998.

HAUSTEIN, Jörg. Historical Epistemology and Pentecostal Origins: History and Historiography in Ethiopian Pentecostalism. *Pneuma: The Journal of the Society for Pentecostal Studies* 35 (2013), p. 345-365.

HEANEY, Robert S. Prospects and Problems for Evangelical Postconlonialisms. In: SMITH, Kay Higuera; LALITHA, Jayachitra; DANIEL, L. (eds.). *Evangelical Postcolonial Conversations: Global Awakenings in Theology and Praxis*. Downers Grove: IVP Academic, 2014.

HIRSCH, E. D. *Validity and Interpretation*. New Haven: Yale University Press, 1967.

HOLMES, Pamela M. S. A Never-Ending Canadian Pentecostal Challenge: What to Do with the Women. In: HUNTER, Harold D.; ORMEROD, Neil (eds.). *The Many Faces of Global Pentecostalism*. Cleveland: CPT, 2013.

JACOBSEN, Douglas. *The Worlds Christians: Wwho they are, where they are, and how they got there*. Wiley-Blackwell, 2001.

_____. *Thinking in the Spirit: Theologies of the Early Pentecostal Movement*. Bloomington: Indiana University Press, 2003.

KÄRKKÄINEN, Veli-Matti. Hermeneutics: From Fundamentalism to Postmodernism. In: YONG, Amos (ed.). *Toward a Pneumatological Theology: Pentecostal and Ecumenical Perspectives on Ecclesiology, Soteriology, and Theology of Mission*. Lanham: University Press of America, 2002.

_____. Pentecostal Hermeneutics in the Making: On the Way from Fundamentalism to Postmodernism. *Journal of the European Pentecostal Theological Association* 18 (1998), p. 76-115.

KLEIN, William W.; BLOMBERG, Craig L.; HUBBARD JR., Robert L. (eds.). *Introduction to Biblical Interpretation*. Dallas: Word, 1993.

LYNCH JR., Bobby L.; ARCHER, Kenneth J. Listening to the South: Quichua-Ecuador contribution to an Affective Pentecostal Hermeneutic. In: SYNAN, Vinson; YONG, Amos; ÁLVAREZ, Miguel (eds.). *Global Renewal Christianity: Latin America Spirit-Empowered Movements: Past, Present, and Future*. Lake Mary: Charisma, 2016.

MACINTYRE, Alasdair. *After Virtue: A Study in Moral Theory*, 2. ed. Notre Dame: University of Notre Dame Press, 1984.

_____. *Whose Justice? Which Rationality?* Notre Dame: University of Notre Dame Press, 1988.

MARSDEN, George M. *Understanding Fundamentalism and Evangelicalism*. Grand Rapids: Eerdmans, 1991.

MARTIN, Lee Roy. *Pentecostal Hermeneutics: A Reader*. Leiden: Brill, 2013.

MENZIES Robert P. *Pentecost: This Story is our Story*. Springfield: GPH, 2013.

_____. The Essence of Pentecostalism. Forum Conducted at the Asia Pacific Theological Seminary Chapel. *Paraclete* 26.3 (1992).

MILLER, Donald E.; YAMAMORI, Tetsunao. *Global Pentecostalism: The New Face of Christian Social Engagement*. California: University of California Press, 2007.

NEWMAN, Peter D. Whither Pentecostal Experience? Mediated Experience of God in Pentecostal Theology. *Canadian Journal of Pentecostal-Charismatic Christianity* 3 (2012), p. 1-40.

OLIVERIO JR., L. William. *Theological Hermeneutics in the Classical Tradition*. Leiden: Brill, 2012.

POLOMA. Margaret M. *The Assemblies of God at the Crossroads: Charisma and Institutional Dilemmas*. Knoxville: University of Tennessee Press, 1989.

PARKER, Stephan E. *Led by the Spirit: Toward a Practical Theology of Pentecostal Discernment and Decision Making*. Sheffield: Sheffield Academic, 1996.

PORTER, Stanley E.; STOVELL, Beth M. (eds.). Introduction: Trajectories in Biblical Hermeneutics. In: *Biblical Hermeneutics: Five View*. Downers Grove: IVP Academic, 2012.

ROBECK JR., Cecil M.; YONG, Amos (eds.). *The Cambridge Companion to Pentecostalism*. New York: Cambridge University Press, 2014.

RODRÍGUEZ, Darío López. *The Liberating Mission of Jesus: The Message of the Gospel of Luke*. Eugene: Pickwick, 2012.

SHAULL, Richard; CESAR, Waldo. *Pentecostalism and the Future of Churches: Promises, Limitations, Challenges*. Grand Rapids: Eerdmans, 2000.

SHEPHERD, Gerald T. Biblical Interpretation After Gadamer. *Pneuma: The Journal of the Society for Pentecostal Studies* 16.1 (1994), p. 121-141.

_____. Pentecostals, Globalization, and Postmodern Hermeneutics: Implications for the Politics of Scriptural Interpretation. In: DEMPSTER, Murray W.; KLAUS, Byron D.; PETERSEN, Douglas (eds.). *The Globalization of Pentecostalism: A Religion Made to Travel*. Oxford: Regnum, 1999.

SMITH, James K. A. The Closing of the Book: Pentecostals, Evangelicals, and the Sacred Writings. *JPT* 11 (1997), p. 49-71.

_____. *The Fall of Interpretation: Philosophical Foundations for a Creational Hermeneutic*. Downers Grove: IVP, 2000.

_____. *Thinking in Tongues: Pentecostal Contributions to Christian Philosophy*. Grand Rapids: Eerdmans, 2010.

_____. *Who's Afraid of Postmodernism? Taking Derrida, Lyotard and Foucault to Church*. Grand Rapids: Baker Academic, 2006.

SMITH, Kay Higuera; LALITHA, Jayachitra; DANIEL, L. (eds.). *Evangelical Postcolonial Conversations: Global Awakenings in Theology and Praxis*. Downers Grove: IVP Academic 2014.

SPAWN, Kevin L.; WRIGHT, Archie T. (eds.). *Spirit and Scripture: Examining a Pneumatic Hermeneutic*. New York: T & T Clark International, 2012.

STEPHENSON, Christopher A. *Types of Pentecostal Theology: Method, System, Spirit*. Oxford; New York: Oxford University Press, 2013.

STEPHENSON, Lisa P. *Dismantling the Dualisms for American Pentecostal Women in Ministry: A Feminist-Pneumatological Approach.* Leiden: Brill, 2012.

STEWART, Adam (ed.). *Handbook of Pentecostal Christianity.* DeKalb: Northern Illinois University Press, 2012.

TATE, W. Randolph. *Biblical Interpretation: An Integrated Approach.* 3 ed. Grand Rapids: Baker Academic, 2014.

THISELTON, Anthony C. *Hermeneutics: An Introduction.* Grand Rapids: Eerdmans, 2009.

THOMAS, John Christopher. Pentecostal Interpretation. In: MCKENZIE, Steven L. *The Oxford Encyclopedia of Biblical Interpretation.* Oxford: Oxford University Press, 2013.

_____. Women, Pentecostals, and the Bible: An Experiment in Pentecostal Hermeneutics. *Journal of Pentecostal Theology* 5 (1994), p. 41-56.

VANHOOZER, Kevin J. Reforming Pneumatic Hermeneutics. In: LIM, Johnson T. K. (ed.). *Holy Spirit: Unfinished Agenda.* Singapore: Genesis/Word N Works, 2014.

WADDELL, Robby. Whence Pentecostal Scholarship? The Coming of Age of the Pentecostal Critical Tradition and a Forecast for Its Future. In: FETTKE, Steve M.; WADDELL, Robby (eds.). *Pentecostals in the Academy: Testimonies of Call.* Cleveland: CPT, 2012.

WALSH, Arlene M. Sánchez. Pentecostals. In: APONTE, E. D.; DE LA TORRE, M. A. (eds.). *Handbook of Latina/o Theologies.* St. Louis: Chalice, 2006.

WESTPHAL, Merold. In God We Trust?: Biblical Interpretation and the Hermeneutics of Suspicion. In: SMITH, James K. A.; VENEMA, Henry Isaac (eds.). *The Hermeneutics of Charity: Interpretation, Selfhood, and Postmodern Faith.* Grand Rapids: Brazos, 2004.

_____. *Overcoming Onto-theology: Toward a Postmodern Christian Faith.* New York: Fordham University Press, 2001.

_____. The Philosophical/Theological View. In: PORTER, Stanley E.; STOVELL, Beth M. *Biblical Hermeneutics: Five Views.* Downers Grove: IVP Academic, 2012.

_____. *Whose Community? Which Interpretation? Philosophical Hermeneutics for the Church.* Grand Rapids: Baker Academic, 2009.

YONG, Amos. *Spirit-Word-Community: Theological Hermeneutics in Trinitarian Perspective.* Eugene: Wipf; Stock, 2002.

BIOGRAFIAS

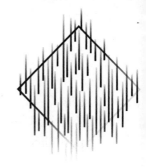

Autores

Gutierres Fernandes Siqueira é escritor. Graduado em Comunicação Social pela Faculdade Paulus (FAPCOM) e pós-graduado em Mercado de Capitais pela Universidade Presbiteriana Mackenzie. Edita o blog Teologia Pentecostal desde 2007. É autor dos livros *Revestidos de poder: Uma introdução à teologia pentecostal* (CPAD), *O Espírito e a Palavra: Fundamentos, características e contribuições da hermenêutica pentecostal* (CPAD) e *Reino dividido: Como o pecado do sectarismo sabota a vontade de Deus para a igreja* (GodBooks). Membro da Assembleia de Deus (Ministério do Belém) em São Paulo, SP.

Kenner R. C. Terra é pastor na Igreja Batista de Praia do Canto, ES. Iniciou sua formação teológica no Instituto Bíblico das Assembleias de Deus (IBAD), e graduou-se no Seminário Batista do Sul do Brasil, RJ (com integralização de crédito na EST). É mestre e doutor em Ciências da Religião pela Universidade Metodista de São Paulo (UMESP), e professor na graduação em Teologia e no Programa de Pós-graduação em Ciências das Religiões (Mestrado profissional) na Faculdade Unida de Vitória, ES. Atua como secretário da Associação Brasileira de Pesquisa Bíblica (ABIB) e é membro da Rede Latino-americana de Estudos Pentecostais (Relep). É autor dos livros *O Apocalipse de João: Caos, cosmos e o contradiscurso apocalíptico* (Recriar); *Experiência e hermenêutica pentecostal: Reflexões e propostas para a construção de uma identidade teológica* (CPAD); *Os anjos que caíram do* *céu: O livro de Enoque e o demoníaco no mundo judaico-cristão* (Cebi/Recriar/Unida). Publicou capítulos em diversas coletâneas e artigos em periódicos especializados em Teologia, História e Ciências das Religiões.

Colaboradores

Craig S. Keener é professor de Novo Testamento no Asbury Theological Seminary. É mestre em Teologia pelo Seminário Teológico das Assembleias de Deus em Springfield, Missouri, EUA, e recebeu Ph.D. em Estudos do Novo Testamento e Origens Cristãs da Universidade Duke, Durham, Carolina do Norte, EUA. É autor de inúmeros livros de referência, entre eles *Hermenêutica do Espírito* (Vida Nova) e *Acts: An Exegetical Commentary* (Baker Academic).

Kenneth J. Archer é doutor em Teologia pela Universidade de St. Andrews, Escócia. Foi professor no Seminário Teológico Pentecostal de Cleveland, Tennessee, EUA, e hoje é professor na Southeastern University, Lakeland, Flórida, EUA, ligada às Assembleias de Deus dos Estados Unidos. Além de seu ministério em educação teológica, ele serviu por vários anos como pastor nas Assembleias de Deus e é bispo ordenado na Igreja de Deus. Entre algumas obras, ele escreveu: *A Pentecostal Hermeneutic: Spirit, Scripture and Community* (CPT Press).

Robert P. Menzies é teólogo e missionário ligado às Assembleias de Deus dos Estados Unidos. Menzies fez mestrado no Fuller Theological Seminary, Pasadena, Califórnia, EUA, e é doutor em Novo Testamento pela Universidade de Aberdeen, Escócia, sob a supervisão de Ian Howard Marshall (1934-2015). É hoje missionário na China e desenvolve um ministério de ensino teológico em países da Ásia. Ele é autor de diversos livros e artigos acadêmicos e escreve regularmente no *Journal of Pentecostal Theology*. Entre algumas de suas obras, escreveu: *Empowered for Witness: The Spirit in Luke-Acts* (Bloomsbury); *Pentecostes: Essa história é a nossa história* (CPAD); *No poder do Espírito* (Vida) e *Christ-Centered: The Evangelical Nature of Pentecostal Theology* (Cascade).

| Biografias |

Veli-Matti Kärkkäinen é teólogo finlandês. É professor de Teologia Sistemática no Fuller Theological Seminary, Pasadena, Califórnia, EUA. Ministro luterano ordenado, ele também é um especialista de renome mundial em teologias pentecostal-carismáticas. É editor do *Dicionário global de teologia* (Hagnos) e autor de *Pneumatology: The Holy Spirit in Ecumenical, International, and Contextual Perspective* (Baker Academic); *The Holy Spirit: A Guide to Christian Theology* (Westminster John Knox), entre outros.

Este livro foi impresso pela Geográfica, em 2020, para a Thomas
Nelson Brasil. A fonte do miolo é Electra LT Std. O papel do
miolo é pólen soft 70g/m², e o da capa é cartão 250g/m²